Diccionario de Mitología y Religión de Mesoamérica

Yolotl González Torres

Con la colaboración de
Juan Carlos Ruiz Guadalajara

Av. Diagonal 407 Bis-10 08008 Barcelona | *Dinamarca 81 México 06600, D. F.* | *21 Rue du Montparnasse 75298 Paris Cedex 06* | *Valentín Gómez 3530 1191 Buenos Aires*

Dirección editorial
Aarón Alboukrek

Lectura de pruebas
Ma. de Jesús Hilario

DICCIONARIO DE MITOLOGÍA Y RELIGIÓN

PRIMERA EDICIÓN — 10ª reimpresión

ISBN 970-607-802-9

Impreso en México — Printed in Mexico

Semblanza de la autora

Yolotl González Torres nació en la ciudad de México. Cursó la carrera de antropología en la Escuela Nacional de Antropología del INAH, en donde obtuvo el grado de maestra en ciencias antropológicas con especialidad en etnología. Posteriormente realizó estudios de posgrado en la Universidad de Delhi en la India, y a su regreso a México obtuvo el doctorado en antropología en la UNAM. De 1960 a 1963 ocupó el cargo de directora del Centro de Estudios Asiáticos de la Universidad Iberoamericana, mismo que fundó al lado del doctor Felipe Pardinas. Fue investigadora y jefa de la sección de Etnología del Museo Nacional de las Culturas y del Departamento de Etnología y Antropología Social del INAH. Es autora de *El culto a los astros entre los mexicas* y de *El sacrificio humano entre los mexicas,* además de una gran cantidad de artículos especializados, sobre todo en el campo de la religión, que se han editado en libros colectivos y en diversas revistas de México, Estados Unidos, Europa y Asia. Es miembro de numerosas sociedades de estudios sobre la religión, y actualmente es directora del Museo de El Carmen, del INAH.

Introducción

Mesoamérica es un área geográfica que abarca casi todos los climas, en donde se desarrolló una cultura diferente de cualquier otra, con características culturales semejantes entre las que juegan un papel importante la religión y los mitos. Esta área comprendía hacia el siglo XVI en el norte, desde lo que es el actual estado de Sinaloa hasta el río Pánuco, pasando por el río Lerma, y en el sur, de la desembocadura del río Motagua al golfo de Nicoya, pasando por el Lago de Nicaragua. Es decir, incluye la parte sur de la República Mexicana, Guatemala, El Salvador, y algunas partes de Honduras, Nicaragua y Costa Rica. Estos límites geográficos, principalmente los del norte, variaron a través de su historia.

La gran área cultural mesoamericana se divide en 5 subáreas: 1) la oriental o costa del Golfo que incluye la huasteca, el totonacapan y los olmecas; 2) el centro o el altiplano; 3) el sur oriente o área maya; 4) Oaxaca, que incluye la mixteca y la región zapoteca; y 5) el occidente y el norte, que incluye la zona tarasca y las culturas de Jalisco, Colima, Nayarit, Michoacán, Guanajuato y Sinaloa. En estos lugares se hablaban lenguas pertenecientes a las lenguas zoquemaya, macro-otomangue, yutoazteca, hokana y otras como el tarasco y el cuitlateco.

Las características de la cultura mesoamericana ya están presentes entre 1200 y 900 a.C., cuando existe un patrón cultural común que va evolucionando y transformándose a través del tiempo, con características regionales, pero conservando una serie de rasgos comunes fundamentales. Aunque el término de *Mesoamérica* se utiliza especialmente para designar a los pueblos que vivieron antes de la llegada de los españoles, la cultura y la religión campesina mesoamericanas sobreviven hasta nuestros días en gran parte de los pueblos indígenas y en muchas de nuestras costumbres como la comida o la celebración de la ofrenda a los muertos.

Podríamos mencionar algunas características específicas de la religión en *Mesoamérica*: el politeísmo con dioses antropomorfos asociados al culto de fenómenos naturales, y da especial importancia al agua, al Sol y a Venus (*v.*). Grandes centros ceremoniales, templos con basamentos piramidales, juego de pelota con significación cósmica y ritual. Sacrificio humano por extracción del corazón y autosacrificios. Rituales asociados a los calendarios de 365 y 260 días, conceptos del *tona* (*v.*) y del *nahual* (*v.*).

Cronológicamente, la historia y desarrollo mesoamericanos han sido divididos en diversas formas y con múltiples criterios. La división más común es la que establece tres grandes horizontes culturales de desarrollo mesoamericano: Preclásico (*v.*) ca. 1200 o 900 a.C. a 200 d.C.), Clásico (*v.*) (200-300 d.C. a 900) y Posclásico (*v.*) (900 a 1521 o 1541). (Ver cuadro cronológico.)

La mayor parte de lo que conocemos acerca de la cultura mesoamericana se refiere a los pueblos que existían en el periodo posclásico y cuyos datos fueron registrados por algunos de los conquistadores y de los frailes españoles en el siglo XVI, los cuales escribieron acerca de los recién sometidos indígenas, sobre todo con el fin de poderlos evangelizar. Por esta misma razón, dieron una especial importancia a la descripción de las costumbres religiosas con el propósito de combatirlas. Pero la cultura mesoamericana también se ha conocido a través de los restos arqueológicos y de los documentos pictográficos —de los cuales quedaron muy pocos— llamados códices (*v.*), que fueron dibujados por los mismos indígenas. Para reconstruir la religión prehispánica también se toman datos de las creencias y prácticas de los indígenas contemporáneos, teniendo en cuenta precisamente, como se hizo notar antes, su continuidad con la religión prehispánica, aunque esta continuidad se encuentra exclusivamente en la religión campesina, porque la religión del Estado fue destruida totalmente por los conquistadores y por el celo de los frailes y sacerdotes católicos. La religión de los indígenas actuales tiene gran cantidad de sincretismos con el catolicismo, substituyéndose muchos de los antiguos dioses por santos, Jesucristo, la Virgen María, etc., quizá el ejemplo más conocido es el de la Virgen de Guadalupe y *Tonantzin* (*v.*). Sin embargo no hemos incluido en este diccionario datos sobre este culto sincrético porque la obra se ampliaría casi indefinidamente. Cabe aclarar que muchos de los datos etnográficos que se mencionan aquí eran vigentes hace treinta o cincuenta años aproximadamente; posiblemente ahora ya no lo son, debido entre otras cosas a la apertura de comunicaciones de todo tipo, desde las carreteras hasta la televisión, así como a la llegada de diferentes sectas protestantes que han luchado más que los católicos contra lo que ellos consideran supersticiones, ayudando a acabar así, desgraciadamente, con creencias milenarias.

En una obra de estas características, es imposible incluir absolutamente todos los datos conocidos sobre la religión de todos los grupos mesoamericanos desde 1200 a.C. hasta la fecha, por lo que se han dado las características más sobresalientes de cada uno de los periodos arqueológicos y de cada una de las culturas que son consideradas como las más importantes, algunas de las cuales corresponden a periodos específicos, otras a lugares geográficos. Hemos incluido dentro de las fichas del diccionario a las siguientes culturas que consideramos las más representativas: *mayas antiguos* (incluyendo el periodo Clásico y el Posclásico) y *modernos* (incluyendo datos de varios grupos, entre ellos los *mayas* de Yucatán y Quintana Roo, *lacandones, tzeltales, tzotziles y chortíes*), *nahuas* (*mexicas* y en general pueblos del altiplano central), *mixtecos, zapotecos, otomíes, tarascos, huaxtecos, huicholes* y *totonacos*. En cada una de las fichas del diccionario está señalado el grupo étnico al que se refieren los datos y hay un mapa que los ubica.

La mayor parte de las fichas incluidas aquí se refieren a la cultura mexica, porque existe mayor información acerca de este pueblo y porque se puede decir que, en términos generales, las creencias y las prácticas de los mexicas pueden hacerse extensivas a gran parte de *Mesoamérica* en el Posclásico. Hemos incluido bajo el término *nahuas*, los datos que se refieren a los pueblos hablantes de la lengua náhuatl que se encontraban en el altiplano central. *Los mayas* presentan mayores problemas porque hay poca información acerca de ellos, lo que dio lugar a muchas y diversas interpretaciones acerca de su cultura. Grandes estudiosos como Eric Thompson construyeron teorías acerca de los mayas que se volvieron clásicas y que han tenido que ser revisadas, después del desciframiento, por investigadores como Linda Schele, de prácticamente todos los glifos de la escritura maya del periodo Clásico que ha permitido conocer la historia de las casas reinantes de las diferentes ciudades-Estado de las tierras bajas mayas. En el caso de este pueblo, también hay muchos dioses que aunque se han identificado porque aparecen frecuentemente en los restos arqueológicos, no se sabe con seguridad cuáles eran sus nombres, ya que tampoco se sabe con certeza cuál de las lenguas mayenses se hablaba en las tierras bajas en la época Clásica, aunque ahora se supone que era el chol. A este respecto, en todos los casos, se ha procurado incluir sobre todo los datos de las fuentes y solamente las interpretaciones más difundidas y más aceptadas de algunos investigadores, en cuyo caso, tan sólo se menciona el nombre del autor. Las fuentes principales de donde se obtuvieron los datos están incluidas dentro del cuerpo del diccionario. En el caso del pueblo totonaco, hay muy pocos datos acerca de su antigua religión, por lo que casi todos los que se han consignado aquí se han tomado de la obra de Alain Ichon y de Isabel Kelly quienes hicieron investigaciones de este grupo étnico alrededor de la década de los cincuenta. De la etnia huichola no se tiene siquiera conocimiento de su existencia o su ubicación en la época prehispánica, los datos, por lo tanto, se deben considerar etnográficos.

Hay que hacer la aclaración que en muchos casos algunos textos de los mitos nos parecerán confusos e incongruentes: se mezclan animales con personas, un dios o personaje aparece con las mismas funciones que otros o un nieto aparece como padre del abuelo; ésta es una característica de los mitos en todas partes del mundo. Asimismo, los augurios parecen listas de palabras o frases sin sentido, porque en la mayor parte de los casos se trata de lenguaje esotérico que solamente los especialistas podían entender.

Esta obra fue posible gracias a la colaboración del investigador **Juan Carlos Ruiz Guadalajara**, egresado del Colegio de Historia de la Facultad de Filosofía y Letras de la UNAM, quien se encargó de la investigación y elaboración de las fichas correspondientes a los grupos mixteco, tarasco, otomí y zapoteco, de los cuadros, mapas, ordenamiento de las fichas, revisión de textos y, junto con la autora, la selección de ilustraciones y bibliografía.

Yolotl González Torres

SUBÁREAS DE MESOAMÉRICA

CULTURAS DE MESOAMÉRICA		**PRECLÁSICO**	**CLÁSICO**	**POSCLÁSICO**
	Subáreas	**1200 a.C. - 200 d.C.**	**200-900 d.C.**	**900-1521 ó 1541**
1	Oriental o Costa del Golfo	Cultura de Remojadas (2000 a.C.) y Olmecas (1200 a 600 a.C.)	Totonacos (Tajín) y Huaxtecos	Totonacos y Huaxtecos
2	Altiplano Central	Culturas de: Cuicuilco, Tlatilco, Tlapacoya y Copilco	Teotihuacanos	Toltecas Tolteca-Chichimeca Nahuas-Otomíes
3	Área Maya	Cultura de Izapa (500 a.C.)	Cultura maya de las tierras bajas: Palenque y Yucatán	Cultura maya del norte (Yucatán): maya-tolteca
4	Oaxaca Zapoteca Mixteca	Grupos Aldeanos	Zapotecos (Monte Albán)	Mixtecos y Zapotecos
5	Occidente	Grupos aldeanos de Michoacán y Jalisco	Tingambato	Tarascos

OCÉANO ATLÁNTICO
ARIDAMÉRICA
GOLFO DE MÉXICO
MAR CARIBE
5
2
1
3
4
MESOAMÉRICA
OCÉANO PACÍFICO
Límites de Mesoamérica en el siglo XVI
División política actual

Guía para el manejo del diccionario

CLAVE	EJEMPLO
Entradas en mayúsculas negras: nombres propios de deidades.	**HUITZILOPOCHTLI**
Entradas en minúsculas negras: nombres comunes.	**teponaxtle**
Entradas en mayúsculas-minúsculas negras: nombres genéricos de deidades y nombres propios.	**Totochtin**
Versalitas: cultura a la que se refiere la información.	NAHUAS
Entre comillas: traducciones literarias.	**ik.** "aliento", "vida"
Entre paréntesis y subrayado: nombres científicos.	(Aquila chrisaetus)
Cursivas: nombres nativos dentro de la ficha.	*chalchihuitl, Tláloc…*
Cambio de acepción: doble raya.	//
Para remitir a otro concepto dentro del texto: *v.* entre paréntesis después del concepto.	…al Sol (*v.*) y al jaguar (*v.*)
Para remitir a otras fichas: entre paréntesis *v.* seguido del o de los conceptos.	(*v.* agua, *Tláloc*)
Subrayado: fuentes o crónicas dentro del texto.	Códice Florentino

NOTA: Al final, el lector encontrará una lista de las fichas o entradas que contiene el diccionario, ordenadas por cultura o grupo étnico, así como una bibliografía de apoyo.

Presentación

La religión de los grupos precolombinos de Mesoamérica fue el eje de todas sus creaciones. Estudiarla y entenderla nos acerca plenamente a la forma en que concibieron el cosmos las culturas que habitaron el actual territorio mexicano. El mundo sobrenatural, alimentado a través de milenios en los que el hombre buscó respuestas a sus principales preguntas, fue la representación plena del quehacer humano. De esta forma, encontramos dioses relacionados con las enfermedades, la sexualidad, el comercio, la muerte, la vida, la danza, la música, el viento, el aire, el fuego, la tierra, el agua, la agricultura, las sequías, la fertilidad, el nacimiento, la guerra, la salud, los vicios, los rumbos del universo, la dualidad, las estrellas, el Sol, la Luna y Venus. Y de igual manera, se hallan muchos de los principios mágico-religiosos mesoamericanos, como el tona y el nahual, el espanto, el alma, los augurios, la cuenta del destino y otros.

Este es el mundo extraordinario que encuentran los españoles en su empresa conquistadora del siglo XVI. Enarbolando la bandera de la evangelización llegan a tierras americanas los primeros frailes, quienes comienzan a recopilar información sobre las religiones autóctonas con el fin de conocerlas para erradicarlas. Estos frailes dejan en sus escritos la valiosa información que ha servido de base a los estudios históricos que sobre la religión prehispánica se han realizado desde el siglo pasado. Se puede afirmar que, los trabajos para reconstruir la religión del hombre mesoamericano van desde el momento de la conquista, hace cinco siglos, hasta nuestros días. Pero es a partir de nuestro siglo cuando comienzan a aparecer en mayor cantidad libros que tratan los conceptos religiosos de los mesoamericanos. Muchas de estas obras, sobre todo las de la segunda mitad de siglo son de excelente profundidad y rigor académicos, sin embargo, casi todas fueron pensadas para un público especializado y muy pocas para el público en general. A esto debemos agregar la problemática que rige en torno al concepto Mesoamérica, que en últimas fechas ha obligado a su revisión profunda, y sobre todo la cuestión de las supervivencias, influencias y sincretismos que manifiestan muchos grupos indígenas de la actualidad en su religión y prácticas mágico-religiosas. Con base en lo anterior, el *Diccionario de Mitología y Religión de Mesoamérica* es de hecho el primer intento por mostrar en forma de diccionario el rico y complejo mundo religioso de esta área cultural, aspecto fundamental para la comprensión de la historia de México. En esta obra el lector encontrará una selección de los grupos más representativos que vivieron antes del arribo de los españoles y de algunos contemporáneos que no obstante la llegada del evangelio y de la moderna penetración ideológica que los afecta, mantienen muchas de las creencias de sus antepasados precolombinos. El lector podrá por lo tanto comparar el pasado con el presente y valorar la importancia que ha ejercido el legado cultural indígena en el México de hoy, a escasos años de finalizar el milenio.

Cabe decir que las limitaciones de espacio, propias de cualquier obra de consulta, llevaron a seleccionar también los aspectos religiosos más importantes de cada cultura; sin embargo, en las fichas se encuentra sintetizada la información más relevante sobre cada tema tratado, dando una visión de conjunto que ayuda a entender la religión de Estado que tuvieron estos hombres y que murió con la evangelización, así como la religión campesina, que ha sobrevivido. Por todo lo anterior, esta obra sentará un precedente importante, dado su carácter de divulgación, su fácil manejo, así como por la profundidad con la que se presenta la mitología y religión de Mesoamérica. Se trata ante todo de una invitación al estudio del mundo indígena, a partir del mundo de lo suprahumano, mismo que se revierte en explicaciones sobre la vida y pensamiento del hombre en su más intensa terrenalidad.

El editor

A

abejas. (Melipoma spp.). MAYAS. Los mayas yucatecos tenían dioses abejas llamados *Xmulzencab* (*v.*) o *Ah Muzenkab* (*v.*), que aparecen en la creación, tenían diferentes colores y se asociaban a determinada dirección o rumbo del universo (*v.*). La apicultura era una actividad muy importante, y los que se dedicaban a ella hacían una fiesta en el mes *zec* (*v.*) en honor de los *bacabes* (*v.*) y de los *hobnil* (*v.*).

abstinencia. *nezahualiztli.* NAHUAS. Cuando el ritual dictaba abstinencia penitencial no se comía durante todo el día; nadie se bañaba con jabón o en el *temazcal* (*v.*), ni se tenían relaciones sexuales. La abstinencia sexual de hombres y mujeres previa a muchas ceremonias religiosas era común en toda Mesoamérica; además, ciertos sacerdotes debían permanecer célibes toda su vida.

ABUELA CRECIMIENTO. HUICHOLES. *Taki' tzi Nakawé.* Una de las principales deidades femeninas que recibe aún culto en nuestros días. Es la diosa de la tierra y habita en el inframundo (*v.*), madre de los dioses y responsable de la vegetación. Es "dueña" de las estrellas y del agua, y creó a los "dueños" (*v.*) de ésta. Son varias sus advocaciones: como señora dei maíz y de los utensilios de cerámica; es también una serpiente de agua. Le pertenecen las calabazas, el frijol y las ovejas, así como los árboles (*v.*), el pecarí, el armadillo y el oso. Se la representa como una anciana, con un bastón hecho de otate, cuyo mango está formado con las raíces de esta planta. Se supone que el otate es la planta más antigua del mundo.

ACAN. MAYAS. Dios de la bebida llamada *balché* (*v.*).

Acan Chob. MAYAS LACANDONES. Uno de los nombres que dan los lacandones al Sol (*v.*).

ACANTE, ACANTÚN. "poste erguido", "piedra erguida", "columna que gime". MAYAS. Nombre que se daba a cada uno de los cuatro protectores del pueblo, mismos que se ubicaban en cada una de las entradas de éste. También representaban a los *bacabes* (*v.*). Cada *acantún* correspondía a un año diferente, a un rumbo del universo (*v.*), y tenía determinado color: *Chac Acantún*, de color rojo, correspondía al Este (*v.*), se le celebraba en los días nefastos o *uayeb* (*v.*) o de *kan* (*v.*), en el año *muluc* (*v.*); *Kanal Acantún*, de color amarillo, correspondía al Sur (*v.*) y se festejaba en el *uayeb* de *cauac* (*v.*) en el año de *kan*; *Ekel Acantún*, negro, correspondía al Oeste (*v.*) y se festejaba en el *uayeb ix* (*v.*), en el año *cauac*; y por último *Zac Acantún*, del Norte (*v.*), es de color blanco y se celebraba en el *uayeb muluc* (*v.*) en el año *ix*. Se les hacían ofrendas cada vez que había un ritual importante en el pueblo, pero sobre todo al finalizar el año, en los días aciagos o *uayeb*.

ACAT. MAYAS. Dios de los tatuadores.

ácatl. "caña". NAHUAS. Decimotercer signo del ciclo de 260 días o *tonalpohualli* (*v.*). Su jeroglífico está formado por una caña o por un haz de tres flechas; su dios patrono es un *Tezcatlipoca* (*v.*) con los ojos cegados. Es uno de los portadores de años (*v.* calendario) y está asociado al Este (*v.*). Se consideraban desafortunados los que nacían bajo este signo porque estaba regido por *Quetzalcóatl* (*v.*), dios del viento. Al empezar este signo se hacían ofrendas en el *calmécac* (*v.*) en donde estaba la estatua de *Quetzalcóatl*. El día

La Abuela Crecimiento, madre de todos los dioses, con sus atributos (dibujo tomado de Carl Lumholtz).

dos ácatl estaba regido por *Tezcatlipoca* y era un signo afortunado; en este día algunos llevaban a su casa la imagen de *Omeácatl* (*v.*). En el *nueve ácatl* reinaba *Tlazoltéotl* (*v.*) y era una fecha mal afortunada.

Acolhua. Acalhua. "el que tiene canoa". NAHUAS. Uno de los *Ometochtli* (*v.*) o *dos conejo*, dioses del pulque, era también numen de los canoeros. Su sacerdote, que también recibía el mismo nombre, tenía a su cargo los preparativos cuando moría el que representaba a este dios (*v.* imágenes vivientes de los dioses).

ACPAXAPO. OTOMÍES. Diosa de *Acpaxapocan* "lugar de Acpaxapo". Era adorada por los *xaltocameca*, quienes recibían de ella augurios (*v.*) sobre el futuro de su pueblo. Un anciano adivino (*v.* hechiceros) interpretaba los mensajes de esta diosa. Se le representaba en forma de culebra, con rostro y cabello de mujer.

ACUECUÉYOTL. "falda de agua", "onda de agua". NAHUAS. Otro nombre de la diosa del agua o *Chalchiuhtlicue* (*v.*).

ACUITZE-CATAPEME. "la serpiente que aprisiona". TARASCOS. *Nahual* (*v.*) de la diosa *Xarátanga* (*v.*) a la que se le ofrendaba maíz, chía, chiles y frijoles. Tenía relación con la guerra.

Aculmaitl. NAHUAS. (*v.* Sol).

Acxoyatl. NAHUAS. Planta conífera no identificada con exactitud. Se utilizaba mucho en ceremonias, y sobre ella se colocaban diversos objetos rituales o de penitencia.

AC-YANTO. "el que nos ayuda". MAYAS LACANDONES. Hermano de *Hachacyum* (*v.*).

AC ZAC IUAL. MAYAS. Dios cuyo ídolo (*v.* dioses, representaciones y designaciones) se veneraba en la actual ciudad de Valladolid, Yucatán. Cada cuatro años se celebraba una pelea para obtener el honor de llevar su estandarte, el cual se conservaba en lo alto de la pirámide dedicada a este dios.

ACH-BILAM. "señor de Yaxchilán". MAYAS. Deidad cuya estatua es una figura de piedra procedente de una fachada de algún templo antiguo. En la actualidad los lacandones hacen peregrinajes hasta ella antes de quemar sus milpas. Lo llaman también *Nohoch Bilam*. Una fuente dice que es un nombre ritual de *Nohoch Ac Yum*.

achiote. (Bixa orellana). Colorante rojo de origen vegetal empleado, sobre todo por los mayas, como condimento y también para pintarse el cuerpo cuando partían a la guerra o se preparaban para algunos ritos.

Achiutla. MIXTECOS. Importante sitio mixteco, en el que había un oráculo a través del cual un ídolo (*v.* dioses, representaciones y designaciones) de piedra verde, conocido como "Corazón del Pueblo", se comunicaba con los hombres que llegaban a consultarlo desde diversas regiones de la Mixteca. A este ídolo se le describe con un ave en la parte superior y una pequeña serpiente enroscada de arriba a abajo. Un grupo de sacerdotes se encargaba de interpretar sus mensajes. También se creía que éste era uno de los posibles lugares en donde se ubicaba el árbol del origen, del cual brotaron los mixtecos (*v.* árboles).

adivinación. NAHUAS. Eran varios los métodos utilizados para adivinar el futuro. El obligado, sobre todo cuando nacía un niño, era la consulta del *tonalpohualli* (*v.*), pero había muchos otros como el de arrojar granos de maíz o varitas en el suelo, atar cuerdas, u observar el agua en una escudilla. Los sueños y los trances tenían una función importante ya que por medio de ellos los dioses o los espíritus revelaban lo que acontecería en el futuro. Los dioses nahuas de la adivinación eran *Oxomoco* (*v.*) y *Cipactonal* (*v.*). // MAYAS. Una de las principales funciones del sacerdote o *chilam* (*v.*) era adivinar o profetizar, lo cual hacía a través de técnicas para entrar en trance y recibir la comunicación del dios, y a través de la consulta del calendario ritual *tzolkin* (*v.*). Entre los mayas zinacantecos existían los *h'ilolotik* (*h'ilol,* en singular), que eran chamanes videntes que se comunicaban con los dioses ancestrales. // OTOMÍES. Era realizada principalmente por ancianos videntes y por hechiceros (*v.*). Sus métodos fueron muy variados: echar suertes con cordel, por agua, por maíz, por paja, además de adivinar por medio de la observación de las manos (tal vez algo similar a la quiromancia). La adivinación por agua fue muy practicada y subsistió hasta después de la conquista española, consistía en el uso de una jícara llena de agua que se colocaba en el lecho del enfermo, y de acuerdo al color o movimiento que adquiría el agua era la magnitud del mal. También se usó este método para saber cuál de un grupo de sospechosos había robado. // TOTONACOS. En la actualidad, generalmente la adivinación se asocia al tratamiento médico; con ella se trata de averiguar la causa o las causas de la enfermedad. El curandero totonaca no es un chamán, y practica la adivinación utilizando cristales (*v.*) o cuarzos en los que ve la causa de la enfermedad.

agua. Por ser el elemento indispensable para la supervivencia, todos los pueblos prehispánicos tuvieron deidades del agua en sus distintas manifestaciones o relacionadas con ella. (*v. Tláloc, Chalchiuh-*

Árbol del origen de los mixtecos en Achiutla (Códice Selden).

tlicue, Cocijo, Chac, Ix Chel, Hachacyum, Abuela Crecimiento, truenos, Trueno Viejo, *Muye, Dzaui, Auicanime, Chupi-Tiripeme*). Los dioses se dividían en los del agua que caía del cielo y los del agua de la superficie terrestre; entre las aguas de la superficie estaban los ríos, las lagunas, los nacimientos de agua y los canales de irrigación, por ejemplo. Las lluvias benéficas se distinguían de las dañinas; las aguas más peligrosas fueron los diluvios, que destruyeron distintas edades cosmogónicas (*v.*). Para los mayas el agua de los ríos, lagunas y mares, no era diferente del agua de la lluvia. En la actualidad los totonacos creen que es "nuestro padre y nuestra madre", quien nos limpia y purifica. Se le debe agradecer y pedirle que perdone a los hombres por ensuciarla, para lo cual hay que hacerle ofrendas y después de cada ceremonia ir a un manantial para realizar una limpia (*v. atl*).

águila. (Aquila chrisaetus). NAHUAS. *cuauhtli.* Ave de gran importancia simbólica, sobre todo en la región del altiplano. Se asociaba al Sol (*v.*) y a las deidades celestes, en contraposición a la serpiente (*v.*), al jaguar (*v.*) y a las deidades ctónicas. También se le relacionaba con la guerra (*v.*); incluso los mexicas tenían una "orden" militar de los guerreros águila. La vasija en donde se colocaban los corazones de los sacrificados en honor del Sol o de las deidades solares se llamaba *cuauhxicalli* "la vasija del águila" y al corazón del sacrificado se le llamaba "tuna del águila". Existían también los *cuauhxicalco*, "lugar de la vasija del águila", que eran adoratorios de poca altura, dedicados al Sol, sobre los que había un ídolo u otro objeto de culto. El águila anunció a los mexicas el lugar en donde deberían fundar su ciudad; la encontrarían posada en un nopal y devorando una serpiente (*v.* Tenochtitlan). Es el decimonoveno signo del ciclo de 260 días o *tonalpohualli* (*v.*). Cuando se arrojaron al fuego (*v.*) los dioses que se convirtieron en el Sol y la Luna (*v.*), también se arrojó el águila y se le chamuscaron las plumas, por lo que le quedaron negruzcas. // MAYAS. Los mayas a veces representaban esta ave como el día *ahau* (*v.* calendario), aunque parece no haber tenido la importancia que este grupo étnico asignó a otras aves. // ZAPOTECOS. (*v.* *Lira Guela*).

AHALGANÁ. "productora de bilis". MAYAS. Deidad del inframundo (*v.*) que con *Ahalpuch* (*v.*) "productor de pus", hinchaba a los hombres y los ponía amarillos.

AHALMEZ. "productor de suciedad". MAYAS. Dios del inframundo (*v.*) que traía desgracias a los hombres; casi siempre aparecían muertos boca arriba cerca del lugar donde habitaban (*v. Ahal tocob*).

AHALPUCH. "productor de pus". MAYAS. Deidad del inframundo (*v.*) que, con *Ahalganá* (*v.*) "productora de bilis", hinchaba a los hombres (*v. Ah Puch*).

AHAL TOCOB. "productor de heridas". MAYAS. Deidad del inframundo (*v.*) que, con *Ahalmez* (*v.*), causaba desgracias a los hombres, generalmente cerca de su casa, dejándolos muertos boca arriba.

ahau. "señor". MAYAS. Vigésimo día de los veinte signos del *tzolkin* (*v.*) o calendario (*v.*) de 260 días. Equivale al día nahua *xóchitl* "flor". Está bajo el patrocinio del dios G, de *Kinich ahau* y de *Kinbentzilab* y asociado al Sur y al amarillo. El augurio de este día es el águila, la riqueza y la muerte, y el Señor de la cerbatana.

AHAU KATÚN. "señor del *katún*". MAYAS. Señor del período de 20 años que empezaba a ser reverenciado desde el decimosexto año del *katún* (*v.*) anterior, hasta el decimoquinto año del *katún* que él regía.

AHAU-KIN. "señor sol". MAYAS. Es una de las formas del dios G III de la tríada de Palenque (*v.*). Otro de sus nombres es *Mah kin tah balam* "señor antorcha jaguar señor". Su nariz es romana y sus ojos bizcos y cuadrados; además tiene un mechón de cabellos en la parte frontal de la cabeza y el signo de *kin* (*v.*) o día en una de sus mejillas o en la frente; sus dientes están cortados en forma de T. Es el dios del número 4 y del Sol diurno.

AH-BEOB. "los de los caminos". MAYAS. Seres sobrenaturales que protegen al caminante que abre brecha (*v. Yuntzilob*).

AH-BOLON-YACTE. "el de los nueve (o muchos) trancos". MAYAS. En los libros del *Chilam Balam* y en el *Códice de Dresden* se encuentra en relación con el *katún 11 Ahau*, probablemente como su gobernante o su apoyo. Se le considera uno de los dioses de los comerciantes y está asociado al tambor y a la matraca.

AH-BULUC-BALAM. "dios once jaguar". MAYAS. Uno de los cuatro dioses a quienes se recurre para luchar contra los males de los años *cauac*. El prefijo *ah* sugiere que tenía forma humana.

AH-CUXTAL. "nacimiento". MAYAS LACANDONES. Dios del nacimiento entre los lacandones.

AH CH' AB. MAYAS. (*v. Hunab Itzamná*).

AH-CHAC-MITAN-CH'OC. "el del gran olor a podrido". MAYAS. Según parece, era uno de tantos nombres dados a Venus (*v.*) como lucero matutino. Está relacionado con el día *1 Ahau*.

AH-CHUN-CAAN. "el de la base (o tronco) del cielo". MAYAS. Su imagen (*v.* dioses, representaciones y designaciones) se adoraba en Mérida. *Chun caan* era el lugar donde se reunían los *chaacs* (*v.*) y donde vivía su jefe, por lo que tal vez éste sea también un título del *Chac* principal.

AHCHURI-HIREPE. "la noche que se apresura". TARASCOS. Héroe mítico que representa a la noche y que sacrificó al "sol viejo" o *Cupantzieri* (*v.*) después de derrotarlo en el juego de pelota (*v.* Sol).

Ah Kin. "el del Sol". MAYAS. Sacerdote, miembro del clero regular, realizaba las funciones de párroco de una población y encabezaba las ceremonias religiosas (*v.* sacerdotes). // MAYAS. Uno de los nombres del dios solar (*v.* Sol).

AH-KIN-MAI. MAYAS. Sumo sacerdote de cada provincia.

Ah Koh Nar. "guardianes del maíz nuevo". MAYAS CHORTÍES. Eran cuatro elotes modelados en copal (*v.*) que se colocaban en el granero para proteger el maíz de los malos espíritus. Tres de ellos tienen nombres españoles, pero el cuarto es *Kumix*, "el pequeño".

AH KUMIX UINICOB. "ángeles menores". MAYAS CHORTÍES. En la temporada de secas se encuentran en los cuatro rumbos del universo (*v.*) en lugar de los *Ah Patnar Uinicob* (*v.*).

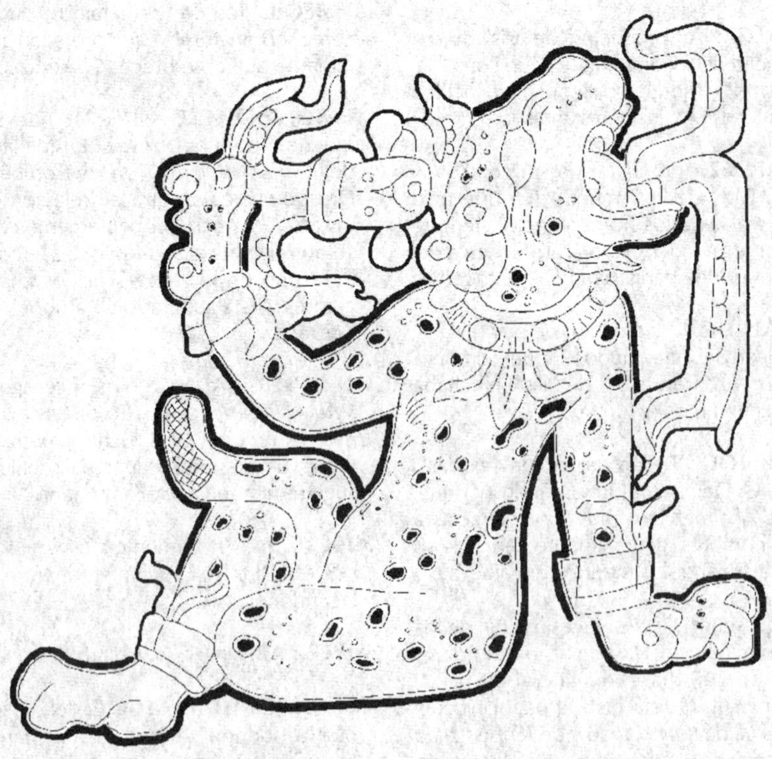

Ahau Kin o dios G III de la Tríada de Palenque.
(Tomado de Linda Schele y Ellen Miller, The Blood of Kings).

AH MUZENCAB. MAYAS. Deidades abeja, relacionadas con la apicultura y con los rumbos Este (*v.*) y Norte (*v.*).

Ah Nakum. MAYAS. Sacerdote que presidía los sacrificios humanos (*v.* sacerdotes).

Ah Nun. "maíz tierno". MAYAS. (*v.* maíz).

AH PATNAR UINICOB. "ángeles obreros" (*v. anhel*) o "dueños de los hombres de las jarras". MAYAS CHORTÍES. A veces se confunden con los *chicchanes* (*v. chicchán*) o están asociados a ellos; ambos producen fenómenos celestiales. Se encuentran en cada uno de los cuatro rumbos del universo (*v.*) y el principal de estos ángeles se encuentra en el Norte. Para producir la lluvia los *chicchanes* de tierra, baten las grandes extensiones de agua, y entonces ésta se eleva para formar nubes. Los *Ah Patnar Uinicob* golpean las nubes con sus hachas de piedra para que caiga la lluvia. Se dice que producen los rayos al atravesar con estas hachas las nubes. En la temporada de secas son reemplazados por los *Ah Kumix Uinicob* (*v.*) "ángeles menores".

AH PUCH. MAYAS. Dios de la muerte. Dios A. Patrono del día *cimi* (*v.* calendario) que significa muerte. Es el jefe de los señores del inframundo. Se representa con una cabeza de calavera y las costillas y la columna vertebral descarnadas: cuando aparece con carne tiene puntos negros que significan podredumbre. Lleva cascabeles atados a los cabellos, antebrazos y piernas y frecuentemente un collar. Su nombre se forma con dos jeroglíficos; el primero representa la cabeza de un cadáver con los ojos cerrados por la muerte y el segundo la cabeza del dios con la nariz trunca y las mandíbulas descarnadas; como prefijo lleva un cuchillo de pedernal para los sacrificios. Otro de sus nombres es *Yum Cimil* (*v.*).

AH TABAI. MAYAS. Espíritus malignos que moran en la ceiba, sus equivalentes femeninos son las *Xtabai* (*v.*).

ah t'up. "más joven" o "menor". MAYAS. Un personaje frecuente en la religión y el folklore maya; casi siempre era el más fuerte o el más prudente de un grupo de dioses o de hermanos divinos.

Ah Uaxac Yokauil. MAYAS. (*v.* maíz).

AH UAYNIH. "el durmiente". MAYAS CHORTÍES. Dios del sueño. Ayuda al dios de la muerte, quien sólo puede obrar cuando la persona está dormida o en coma. Es un ser bisexuado, y el elemento masculino hace dormir a las mujeres, mientras el femenino hace lo mismo con los hombres.

AHUILTÉOTL. "dios de los vicios". NAHUAS. Dios de los ociosos y de los vagabundos.

AH PUCH (*Códice Dresde*).

AH YAX AC. "señor tortuga (o enano) verde (o nuevo)". MAYAS. Estaba con otros dioses en Cozumel. Es quizá el *Bacab* (v.) que lleva una concha de tortuga.

AH YUM IKAR. "señor del viento". MAYAS CHORTÍES. Nombre que se da a varios dioses que llevan la lluvia por el mundo una vez obtenida de las nubes con las hachas de piedra. También van a caballo.

aire. *ehécatl* (v.). NAHUAS. Otro de los elementos deificados. Entre los mexicas *Ehécatl*, una de las advocaciones de *Quetzalcóatl* (v.), era el dios del aire y estaba muy relacionado con la lluvia y con el dios *Tláloc* (v.). Entre muchos pueblos indígenas actuales se considera que los aires, sobre todo los "malos aires", son una especie de espíritus que habitan en lugares frescos y que causan enfermedades. // MAYAS. También entre los mayas el agua y el aire están fuertemente vinculados, a veces se confunden los *chaacs* (v.) y los *pahuahtunes* (v.) como dioses del agua y de los vientos. Entre los *tzotziles* de Larranizar se cree que los *anhel* (v.) que viven en las cuevas mandaban las lluvias y los vientos, y que cuando sopla el viento es que un *anhel* respira en su cueva. Los chortíes llaman a los "señores de los vientos" *Ah Yum Ikar* (v.); los lacandones piden al viento que esparza cierto polvo sobre las nubes para que llueva. // TOTONACOS. El aire es una especie de potencia inmaterial que sin ser nefasta o impura por sí misma es siempre peligrosa y puede destruir el equilibrio vital del individuo. Ciertos individuos como los brujos y varios animales u objetos tienen un aire muy fuerte y son, por lo tanto, peligrosos; así mismo, los muertos, ciertas ceremonias religiosas o algunas danzas pueden acarrear "aire". A una persona afectada por un aire se le libera con una "limpia de barrido". // HUICHOLES. Entre este pueblo aunque también se asocia con el agua, pues transporta a la hija de la lluvia *Kaciwali*, su papel principal es como mensajero de los dioses y como tal se le personifica en forma de colibrí (v.). El viento se comunica con el chamán a través de sus sueños.

akbal. "oscuridad". MAYAS. (*uotan* en tzeltal). Tercer día de los veinte signos del *tzolkin* (v.) o calendario (v.) de 260 días. Equivalente al nahua *calli* (v.) "casa". Se asociaba al jaguar (v.) y al *Chac bolay* (v.), así como al Oeste y al color negro. Sus augurios eran la oscuridad y el jaguar.

alacrán. (Centruroides gracilis). A este arácnido se le da una connotación maligna y ctónica. En el altiplano, una de las constelaciones llevaba este nombre. En los códices nahuas y mixtecos simboliza el agua caliente y el fuego. En un mito, el penitente *Yappan* (v.) es transformado en alacrán.

albinos. NAHUAS. Eran considerados seres anormales y se les asociaba al Sol (v.), al que se le ofrecían como víctimas, sobre todo cuando había eclipses. En una de las leyendas del fin de Tula (v.) se cuenta que se encontraron en el monte a un niño albino y lo llevaron ante el rey; éste, teniéndolo como portador de mala suerte, les dijo que lo regresaran al sitio donde lo habían encontrado; pero entonces se le empezó a podrir la cabeza al niño, y despedía tan mal olor que originó la peste que dio muerte a gran parte de la población; desde entonces, dice la fuente, se quedó como ley que se sacrificara a los niños albinos.

alma. En general, los pueblos mesoamericanos creían que los seres humanos tenían alma o una entidad anímica que podía abandonar el cuerpo temporalmente durante el sueño y definitivamente cuando morían. Cuando esto ocurría, el alma se dirigía a alguno de los lugares de los muertos (v. muerte, inframundo). // NAHUAS. Alfredo López Austin ha hallado que los mexicas tenían tres entidades anímicas, el *teyolia*, el *tonalli* (v.) y el *ihiyotl*. // MAYAS ZINACANTECOS. Era el *ch'ulel*, especie de alma interna ubicada en el corazón de la persona, está compuesto de trece partes y la persona está expuesta a perder una o más de ellas. Casi todos los seres y los objetos poseen un *ch'ulel*. // TOTONACOS. *li-stakna*. Es el principio vital en donde está el pulso y se encuentra localizado en varias partes del cuerpo. Hay doce en la mujer y trece en el hombre, cuando estas almas salen del cuerpo, el individuo muere. *Li-katsin*, también es el principio de la inteligencia, del espíritu, y se encuentra en la cabeza; cuando viene el sueño, el alma, *li-katsin*, sale y pasea. El "espanto" (*v.*) es la pérdida del principio vital o de parte de éste.

alucinógenos. Tenían un importante papel en la religión de los mesoamericanos, sobre todo en la adivinación y en la curación. Aunque había una enorme cantidad de alucinógenos, los más conocidos eran los hongos o *teonanancatl* que siguen consumiéndose en varios lugares de México, como Huautla (Oaxaca); el *peyote* (*v.*), que forma parte importante del ritual huichol, el *toloache* o datura (*v.*), y el *ololiuhqui* o manto de la Virgen, también eran usados como alucinógenos.

amacalli. "casa de papel". NAHUAS. Era un tocado de papel en forma de corona que llevaban los dioses sobre todo los del agua, o los representantes de éstos (*v. tlaloques, Tláloc*).

amanteca. "trabajadores de la pluma". NAHUAS. Su dios era *Coyotlinahual* (*v.*), "coyote nahual".

amapame. NAHUAS. Nombre que se daba a dos cautivos que se sacrificaban en el juego de pelota, en el mes de *panquetzaliztli* (*v.*), en honor del dios *Amapan* (*v.*).

AMAPAN. "bandera de papel". NAHUAS. Dios en cuyo honor se sacrificaban dos cautivos llamados *amapame* (*v.*).

amaranto. (Amarantus hipocondriacus). *huauh-tli*. NAHUAS. Las semillas y las hojas de esta planta se utilizaban como alimento; además, con las primeras se hacía una masa para la fabricación de las imágenes de los dioses, entre ellas, la de *Huitzilopochtli* (*v.*) la de *Chicomecóatl* (*v.*) y también las de los montes o cerros (*v.*).

amatetehuitl. NAHUAS. Banderas de papel teñidas de hule, que se utilizaban en algunas fiestas, sobre todo en las relacionadas con el agua (*v. atlcahualo*).

AMIMITL. "dardo de agua". NAHUAS. Se trata de uno de los dioses mexicas adorado por los que se dedicaban a las granjerías del agua. Su cara y el cuerpo estaban pintados de gis, llevaba orejeras y tiras de papel sobre el pecho y un tocado de cuero en la cabeza. Con una mano sostenía una lanza y con la otra una canasta para la cacería.

amor. NAHUAS. (*v. Tlazoltéotl, Xochipilli* y *Xochiquetzal*). // MAYAS. (*v. Ixchel*). // TARASCOS. (*v. Mauina*). // (*v.* Luna).

Anáhuac. "agua alrededor o rodeado de agua". NAHUAS. Nombre que se daba a la región que comprendía lo que actualmente es el valle de México, donde estaban los lagos; posteriormente, se dio este nombre a todo el territorio ocupado por los mexicas.

Anales de los Cakchiqueles o **Memorial de Sololá**. Se escribieron en Sololá, Guatemala. Los redactaron en lengua cakchiquel miembros del linaje *Xahil*, y se escribieron con caracteres latinos a fines del siglo XVI y principios del XVII.

Angamu-curacha. "los abuelos o sacerdotes que están de pie en la puerta". TARASCOS. Eran los dioses de los montes (*v.* cerros); aunque se sabe poco de ellos, pudieron ser los venados, dada la importancia ritual otorgada a su piel, o los árboles (*v.*), proveedores de la leña para el fuego divino. Existe la posibilidad de que se trate de los coyotes, a los que el pueblo tarasco guardaba enorme respeto y temía, y de los que se han encontrado esculturas de piedra en varias ruinas de la región tarasca.

anhel. (ángel) o *Chauac.* MAYAS TZOTZILES Y CHORTÍES. Dioses de la lluvia, del trueno, del rayo, de los animales salvajes y de las milpas. Se cree hasta nuestros días que habitan las cuevas (*v.*) y las montañas (*v.* cerros), y que cada manantial tiene su *anhel* (*v. tlaloques*).

animales. Tienen especial importancia en la cosmovisión de los pueblos mesoamericanos; entre ellos destacan la serpiente y una especie de dragón (*v.*) o animal mítico que podía ser acuático, terrestre o celeste (*v. Quetzalcóatl*). Existió también un monstruo terrestre parecido a un cocodrilo (*v. imix, cipactli*). Entre los que tuvieron un culto e importancia especiales se encuentran el jaguar (*v.*), el venado (*v.*) y aves como el águila (*v.*). Muchos otros animales, como los siguientes, aparecen en los mitos: tapir (*v.*) o danta, el perro (*v.*), el mono (*v.*), el conejo (*v.*), el tlacuache o zarigüeya (*v.*), el murciélago (*v.*), la lechuza (*v.*), el buitre (*v.*), el zopilote (*v.*), la codorniz (*v.*), el halcón, el colibrí (*v.*), el guajolote (*v.*), la abeja (*v.*), la hormiga (*v.*), la mariposa (*v.*), el alacrán (*v.*), el sapo (*v.*), la rana (*v.*), la tortuga (*v.*), la iguana (*v.*), el tiburón (*v.*). Varios de ellos estaban especialmente asociados a determinados dioses, como el águila a los dioses solares. Muchos de los signos del calendario ritual, *tonalpohualli* (*v.*) o *tzolkin* (*v.*) tenían nombres de animales.

antangotu. "gran fiesta de los muertos". OTOMÍES. Mes del calendario (*v.*) solar. En este periodo se realizaba la fiesta más importante del grupo, dedicada a *Otontecutli* (*v.*), y en ella se celebraba el retorno de los muertos a la tierra; los sacrificados, guerreros y grandes señores regresaban en forma de ave. El festejo consistía en levantar un palo alto de pino que llevaba en la punta la imagen de *Otontecutli* hecha de semillas, en forma de ave o de fardo de muerto. Este palo se derribaba después de habérsele ofrendado comida y bailes; la imagen del dios, que también caía, se la disputaban los hombres para comerla, pues creían que de esa manera se volvían valientes. Participaban todos en la fiesta sin distinción de sexo; se adornaban los brazos con plumas y se pintaban la cara. En esta fiesta se permitía ingerir bebidas embriagantes, con la excepción de los jóvenes que nunca lo habían hecho.

antepasados. MAYAS. Aunque casi todos los pueblos mesoamericanos rindieron culto a los muertos, parece haber tenido especial importancia el culto a los antepasados entre los mayas, quienes sepultaban a los personajes ilustres en tumbas suntuosas, los adoraban, conservaban sus nombres en estelas y les rendían culto. Como casi todos los centros ceremoniales contienen las tumbas de los reyes ilustres, es posible que la religión maya le haya concedido lugar importante a la devoción a los reyes muertos. En ocasiones se conservaban las cabezas o parte de los cuerpos, los que se colocaban en estatuas. Los cráneos se cubrían de alguna substancia dándole forma a la cara. (*v.* linajes). // ZAPOTECOS. (*v. Guiquiag Yagtal* y cerros).

anthaxhme o **antzyni.** "tortilla blanca". OTOMÍES. Mes otomí del calendario solar. En este mes se celebraba la cosecha y se hacían las fiestas en honor de la diosa "Madre Vieja" (*v.*), a la que le ofrendaban frutos de la tierra recién cortados. Las fuentes mencionan que esta fiesta es muy antigua. Corresponde al *panquetzaliztli* (*v.*) de los nahuas.

antropofagia. Diversas fuentes (*v.*) mencionan la antropofagia ritual practicada por la mayoría de los pueblos mesoamericanos. Se sabe que se comía a hombres, mujeres o niños que habían sido sacrificados, excepto los que estaban dedicados a determinados dioses, los cuales eran enterrados. No se comía todo el cuerpo de la víctima sino solamente las piernas y los brazos. En el caso del cautivo sacrificado, el guerrero

Antropofagia ritual (*Códice Magliabecchiano*).

que lo ofrendaba no podía comer de su carne pues se consideraba al sacrificado como a un hijo.

anttzyngohmu. "pequeña fiesta de los señores". OTOMÍES. Mes del calendario solar correspondiente al *tecuilhuitontli* (*v.*) de los nahuas. Se celebraba con fiestas a los dioses del agua y se les ofrendaba copal, pulque, cacao, comida, plumas, *yauhtli* y sangre de autosacrificios, para que enviaran la lluvia a la tierra.

anttzyngotu. "pequeña fiesta de los muertos". OTOMÍES. En este mes del calendario solar se festejaba a los muertos con ofrendas de comida y bebida.

antzhoni. "vuelo". OTOMÍES. Mes del calendario solar, en el que los cazadores del valle de Toluca festejaban a *Tlamatzíncatl* (*v.*). Corresponde al mes *quecholli* (*v.*) de los nahuas.

año. *xíhuitl* en nahua y *haab* en maya. Año de 365 días, dividido en 18 meses (*v.*) cada uno de 20 días, durante los cuales se llevaban a cabo numerosas festividades específicas en honor de los distintos dioses del panteón mesoamericano (*v.* calendario).

Apanoayan. NAHUAS. En su marcha al *Mictlan* (*v.*), los muertos debían cruzar este río con ayuda de un perro color bermejo.

APANTZIEERI. "jugador de pelota". TARASCOS. Héroe mítico que representa al "sol viejo", también conocido como *Cupantzieeri* (*v.*) "sol despojado de los cabellos", y que es sacrificado por *Ahchuri-hirepe* (*v.*) "la noche que se apresura" (*v.* Sol).

APATZI. "comadreja". TARASCOS. Deidad de la muerte (*v.* inframundo).

Apetlac. "estera del agua". NAHUAS. Sitio que se encontraba en la base del Templo

Mayor de Tenochtitlan y que recibía también el nombre de "la mesa de *Huitzilopochtli*".

Apoala. MIXTECOS. Según la mitología en este lugar fueron creados los mixtecos, y se localiza el cerro (v.) o peña que "Uno Ciervo" (v.) hizo surgir de las aguas, sobre la cual construyó los palacios que le servirían de morada en la tierra. Se pensaba que era uno de los sitios en los que se encontraba el árbol (v. árboles) del origen de los mixtecos, del cual brotaron los hombres.

APOZONALOTL. "espuma del agua". NAHUAS. Otro de los nombres dados a la diosa *Chalchiuhtlicue* (v.).

araña. (Aracnidae). NAHUAS. Asociada con *Mictlantecuhtli* (v.), dios de los muertos. // TOTONACOS. Este insecto habita en el Este (v.), en el dominio de los dioses creadores, y ayuda a *Natsi'ni* (v.) a formar el feto. A través de sueños explica a las abuelas cómo se hace el ombligo de los niños.

árboles. Los habitantes de Mesoamérica consideraron sagrados algunos árboles y les asignaron carácter simbólico porque poseían características que llamaban su atención; entre los atributos estaban el tamaño y la longevidad del árbol, así como la dureza de la madera. // NAHUAS. En ocasiones, eran parte de un rito; por ejemplo, en la fiesta de *Xocotl Huetzi* los mexicas cortaban un árbol de gran tamaño al que llamaban "nuestro padre" y en *Tamoanchan* (v.) había un gran árbol cuyas flores estaba prohibido cortar. En algunos mitos los dioses se convierten en árboles, por ejemplo cuando *Quetzalcóatl* (v.) y *Mayáhuel* (v.) bajaron del cielo, para escapar de las *tzitzimime* (v. *Tzitzímitl*) se transformaron en un árbol con dos ramas, asimismo *Quetzalcóatl* y *Tezcatlipoca* (v.) se convirtieron en los árboles *quetzalhuexoch* y *tezcacuahuitl* respectivamente para sostener el cielo que se había caído. También se asociaban a cada uno de los cuatro rumbos del universo (v.) y del Centro (v.), y así aparecen ilustrados en muchos códices. Por ejemplo, en el Códice Borgia (v.), el árbol del Oriente tiene *chalchihuites*; el del Norte (v.) es un árbol con espinas y pintado mitad verde y mitad azul; el del Oeste (v.) tiene floraciones que parecen de maíz, y el árbol del Sur (v.) tiene espinas rojas. // MAYAS. Uno de los árboles más importantes entre los pueblos mayas es la ceiba (v.) o *yaxche*. // MIXTECOS. El origen mítico de los mixtecos se encuentra en un árbol del cual fueron desgajados. En general, los códices representan dicho árbol brotando de la cabeza de una mujer que se encuentra dentro de un río y junto a una cueva; de la punta de este árbol surgen los hombres desnudos. A veces se habla de dos árboles para explicar el origen de esta etnia. En varias escenas

Árbol de la vida sobre el cuerpo del rey Pacal (Templo de las inscripciones, Palenque, Chiapas).

también de códices se observa a dos sacerdotes tallando su tronco. El árbol del que surgen los hombres es tema frecuente de los códices de los mixtecos, quienes lo ubicaron unas veces en *Apoala* (*v.*) y otras en *Achiutla* (*v.*). La dendrolatría llegó, incluso, a practicarse a nivel doméstico, pues las fuentes refieren que los caciques poseían árboles en sus casas, a los que sacrificaban animales. El elemento mítico del árbol subsiste hasta nuestros días. En Santa Cruz Mixtepec, aún se tiene memoria de un hombre que tuvo relaciones sexuales con un árbol sagrado, del cual nació un enano conocido como "Catorce Fuerzas". Este personaje adoraba al árbol que lo parió, hasta que un día luchó en una cueva contra las piedras. El Sol (*v.*) se levantó por este hecho y mató a "Catorce Fuerzas" y a las piedras, que desde entonces son inanimadas. Es notable la constante relación que tienen en la cultura mixteca los árboles del origen y las cuevas (*v.*). // OTOMÍES. Su culto fue muy importante entre este grupo. Al pino, por ejemplo, se le encuentra relacionado con el culto al dios *Otontecutli* (*v.*). En la ceremonia del fuego nuevo, que se realizaba cada 52 años, los otomíes consideraban como señal de que el mundo no acabaría el hecho de que el viento siguiera soplando; para ello, tenían álamos en los patios de los templos, que al ser movidos por el aire daban la señal esperada. Las fuentes también mencionan la adoración de los árboles del monte, de los que se creía habían sido hombres en otro tiempo y

Árbol que brota del monstruo de la tierra (Templo de la Cruz, Palenque, Chiapas).

poseían alma, inclusive su culto sobrevivió hasta mucho tiempo después de la conquista española. Jacinto de la Serna narra cómo los habitantes de *Ocoyacac*, en el actual Estado de México, se vieron en la necesidad de colocar una viga para un puente, por lo que se organizó con todo el pueblo una procesión entera, con cirios y cantores, hacia el monte, donde cortaron un árbol, al que una anciana quitó las ramas para colocarlas sobre la base del tronco, a la cual consoló para evitar su disgusto, explicándole por qué cortaron el árbol. Además en el sitio donde éste cayó encendieron un cirio y arrojaron agua bendita y pulque. Al día siguiente, llevaron en alegre procesión, hasta su destino, la viga que sería colocada en el puente. El mismo De la Serna narra otro caso en *Tepexoiuca*, lugar azotado por fuerte epidemia, en donde un indio anciano dijo al pueblo que ésta terminaría cuando se enterrara un árbol que se hallaba tirado a una legua. El pueblo entero acudió al lugar con agua bendita, cirios, incienso y cera. Entonces trasladaron el árbol en gran procesión con cantos y lo enterraron en el cementerio de la iglesia, después de ofrecerle pulque y tamales.

astrología. Gracias a diversas fuentes (*v.*) se conoce el nombre que en el México antiguo se daba a algunas constelaciones. No se conoce con precisión el papel que tenía la astrología; se sabe que eran muy reverenciados el Sol (*v.*), la Luna (*v.*) y el planeta Venus (*v.*). En algunos lugares se dice que los sabios y los reyes conocían el movimiento de los astros. No se ha comprobado que el *tonalpohualli* (*v.*) o calendario ritual adivinatorio de 260 días estuviera basado en el movimiento de los astros.

astros. Como casi todas las culturas de la antigüedad, los mesoamericanos deificaron a los astros, que les servían de indicadores en el calendario (*v.*). La mayoría de los edificios estaban orientados de acuerdo con determinado astro o constelación. El Sol (*v.*), la Luna (*v.*) y Venus (*v.*) eran los que recibían mayor culto. En el área del altiplano, el Sol tenía una importancia especial (*v.* estrellas).

atamalqualiztli. "ayuno de pan y agua". NAHUAS. Esta ceremonia se celebraba cada ocho años y caía unas veces en el mes de *quecholli* (*v.*) y otras en el de *tepeilhuitl* (*v. huey pachtli*). Había un ayuno (*v.*) que duraba ocho días, y que consistía en comer a mediodía tamales sin sal cocidos en agua. Tenía como fin dejar que descansara el mantenimiento. Se hacía una fiesta llamada *ixnextia*, "buscar ventura", en la que todos los danzantes vestían imaginativos disfraces que podían ser animales, personas y muchas otras cosas. La danza se llevaba a cabo alrededor de la representación del dios *Tláloc* (*v.* dioses, representaciones y designaciones) y en esta ceremonia además, participaban unos hombres llamados mazatecas, que comían ranas y víboras vivas.

atemoztli. "bajada de agua". NAHUAS. Decimosexto mes del calendario (*v.*) solar, correspondiente al periodo diciembre-enero, en el cual se celebraba a los dioses del agua, los *tlaloques* (*v.*) y se les ofrecía comida. Parte del ritual consistía en degollar unas imágenes de los montes (*v.* cerros) llamadas *tepeme*, en los que se juntan las nubes fabricadas por ciertos sacerdotes con *tzoalli* o amaranto (*v.*).

Aticpac calqui cíhuatl. "mujer que tiene casa encima del agua". NAHUAS. Es uno de los nombres de la diosa del agua. Antes de sacrificar su imagen viviente, el sacerdote llamado *Aticpac teohuatzin xochipilli* "sacerdote de *Xochipilli* en *Aticpac*", se encargaba de proporcionar a esta imagen lo que necesitaba; ya sacrificada, un sacerdote vestía la piel de ésta y mordía una codorniz.

atl. "agua" (*v.*) NAHUAS. Noveno día del ciclo de 260 días o *tonalpohualli*, correspondiente al día maya *muluc* (*v.*). Su jeroglífico semeja la cabeza estilizada de un ave. Su patrono es el dios del fuego *Xiuhtecuhtli* (*v.*).

ATLACAMANI. NAHUAS. Uno de los nombres de la diosa del agua o *Chalchiuhtlicue* (*v.*).

atlachinolli. "agua quemada". NAHUAS. Símbolo de la guerra.

ATLAHUA. "el dueño del agua o de las playas de la laguna". NAHUAS. Era dios de las chinampas o jardines flotantes de Xochimilco. Se le representaba con la parte inferior de las extremidades pintadas de azul y con un antifaz negro con circulillos alrededor conocido como máscara estelar. En el rostro tenía pintadas figuras semejantes a la del "huacal"; la nuca y la frente llevaban adornos en forma de escudo y se le ataviaba al estilo de la gente de Chalman. En una mano llevaba un escudo con la mitad pintada de color rojo sangre y en la otra mano un bastón rojo.

Atlatlauhca. "agua colorada". OTOMÍES. Lugar famoso por tener un manantial al que acudían los guerreros heridos, pues se creía que sus aguas eran curativas. También se dice que en dicho manantial se arrojaba a los muertos, que finalmente eran devorados por diversas aves.

ATLATONAN. NAHUAS. Diosa de los leprosos y de otros enfermos contagiosos. Era también el nombre dado a la esclava que se sacrificaba en el mes de *ochpaniztli* (*v.*), después de la imagen viviente de la diosa *Chicomecóatl* (*v.*), cuyo cuerpo era enterrado (*v.* dioses, representaciones y designaciones). Recibía también este nombre una de las cuatro mujeres que se unían a la imagen viviente del dios *Tezcatlipoca* (*v.*) antes de que fuera sacrificada.

atlcahualo. "detención de agua", **atlmotzacuaya** "atajar el agua", **cuahuitlehua** "levantamiento de postes" o **xilomaniztli** "... de xilotes o elotes tiernos". NAHUAS. Primer mes de 20 días del calendario (*v.*) de 365 días o *xihuitl*, que corresponde a los meses de febrero y marzo. Estaba dedicado principalmente a los *tlaloques* (*v.*) o dioses del agua, a *Chalchiuhtlicue* (*v.*) y a *Quetzalcóatl* (*v.*), a quienes se suplicaba especialmente para que enviasen las lluvias. En ciertos cerros que se encontraban alrededor de *Tenochtitlan* y en el *epcoatl*, en el *Pantitlan* (*v.*), en el *Netotiloyan* y en *Chililico* (*v.*) se sacrificaban niños y cautivos en honor de dichos dioses, y se izaban en todas las casas grandes banderas manchadas de hule llamadas *amateteuitl* (*v.*).

atonatiuh. "sol de agua". NAHUAS. También conocido como *nahui atl* "cuatro agua". Es uno de los cinco soles o edades cosmogónicas (*v.*). En ésta *Chalchiuhtlicue* (*v.*) se convierte en sol por mandato de *Quetzalcóatl* (*v.*). Se asocia con el rumbo Sur (*v.*), el elemento agua y el color amarillo. Los hombres que vivieron en esta era se alimentaban de *acicintli*, especie de granos de una planta acuática; pero un gran diluvio inundó la Tierra, destruyéndolo todo, e hizo que los hombres se convirtieran en *tlaca-michin* "hombres peces". Según algunas versiones mitológicas, todos los macehuales se ahogaron y entonces se transformaron en las diferentes variedades de peces existentes. Otras versiones sobre este mito, cuentan que una pareja se salvó del desastre metiéndose al tronco de un *ahuehuete*. Sin embargo, algunas fuentes hablan de la destrucción total en la que no hubo sobrevivientes.

Auándaro. TARASCOS. Región del firmamento que se localizaba en el universo (*v.*) tarasco, y se dividía en cinco regiones (cuatro laterales con horizontes opuestos y uno central), cada una con su deidad de diferente color. Estaba habitado por dioses representados por astros y aves.

augurio o **agüero.** Pronóstico, presagio o anuncio que creen percibir los hombres sobre los hechos futuros. Implica prácticamente un conocimiento del porvenir. Las señales o anuncios objetos de agorería eran variadísimos; se incluyen desde ruidos de animales, fenómenos meteorológicos, cometas, planetas, hasta extrañas personificaciones de dioses. La gente contaba con diversos métodos para intentar contrarrestar sus efectos. Uno de los augurios más conocidos es el canto del tecolote, que presagiaba muerte y desgracia. Se decía que cuando se posaba a cantar sobre el techo de una casa alguno de sus moradores enfermaría o moriría, o bien su casa sería destruida; esta creencia ha pervivido hasta la actualidad en el dicho "cuando el tecolote canta, el indio muere". Otro augurio muy parecido es el de la lechuza, a la que se tenía como emisaria del señor de los muertos (*v. Mictlantecuhtli*), su canto presagiaba también muerte o enfermedad. El zorrillo, cuando entraba a las casas o se orinaba dentro de éstas, presagiaba también muerte; se le tenía por imagen de *Tezcatlipoca*. También el coyote era mal augurio cuando se le aparecía a los viajeros en los caminos, quienes pensaban que salteadores o alguna otra cosa les perjudicaría en su trayecto; se decía que también era *Tezcatlipoca* disfrazado. Los augurios jugaron un papel importante en la historia de la conquista española, pues las crónicas registraron posteriormente que *Moctezuma Xocoyotzin* recibió presagios sobre la caída del pueblo mexica, entre éstos el llanto nocturno de la diosa *Cihuacóatl* (*v.*), que pervivió en la Colonia bajo la forma de la "llorona" (*v.*), así como un cometa (*v.*) que durante los años previos a la conquista fue visible.

AUICANIME. "la necesitada, la sedienta". TARASCOS. Diosa del hambre. Cuando *Cuerauáperi* (*v.*) madre de las nubes, no enviaba hacia los diferentes rumbos de la Tierra a sus hijas las nubes sobrevenía la sequía. Entonces *Cuerauáperi* enviaba en su lugar a *Auicanime*, el hambre, en forma de mujer con orejas muy largas y portando en las manos un *uhcumo* o topo. Este animal era símbolo del Dios de la Muerte (*v.* inframundo). // También entre los tarascos *Auicanime* eran las mujeres que por morir en el primer parto, se convertían en guerreras. Descansaban en el Poniente, en *Uarichao* (*v.*), región de los muertos gobernada por los dioses de la guerra. Su patrona era *Mauina* (*v.*) la Luna (*v.*). Equivalen a las *cihuateteo* (*v.*) de los nahuas.

autosacrificio. Consistía en torturar de diferentes maneras el propio cuerpo. Es-

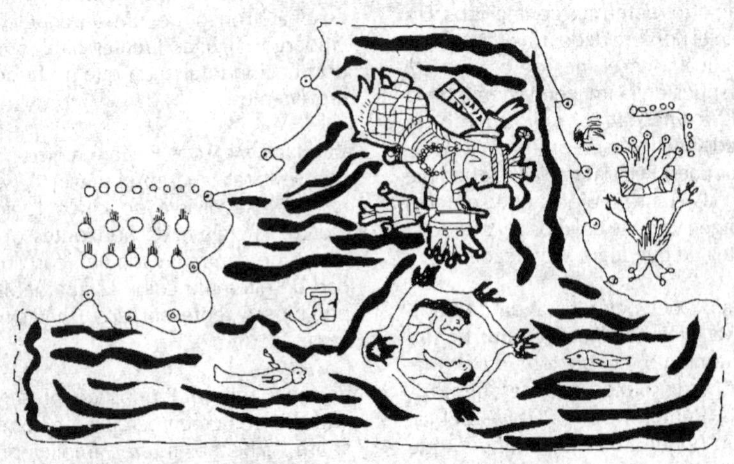

Atonatiuh o "sol de agua" (Códice Vaticano-Ríos).

taba sumamente difundido en toda Mesoamérica, y mediante esta práctica se intentaba ofrendar a los dioses la sangre derramada, ser purificado y entrar en estados alterados de conciencia (éxtasis o trances) para comunicarse con lo sobrenatural. Además de practicar el ayuno, la abstinencia sexual, la vigilia y soportar el frío, se hacían perforaciones en las pantorrillas, la lengua, las orejas y el pene, para lo cual se utilizaban punzones hechos de puntas de maguey, obsidiana, hueso y colas de mantarraya (Dasyatis americana), por ejemplo. // NAHUAS. Desde luego el autosacrificio era más extremo en el caso de algunos sacerdotes; se llegó a decir que en ocasiones pasaban hasta 400 "palos" por la lengua. También se menciona un autosacrificio en el cual los sacerdotes de la diosa *Cihuacóatl* (*v.*) dejaban que cayera sobre su cuerpo la resina ardiente que escurría de las antorchas encendidas. El *tlacoquixtiliztli* consistía en atravesarse el cuerpo con varas; la sangre derramada se arrojaba al fuego y hacia el Sol (*v.*) con el fin de vivificarse. Las espinas ensangrentadas se colocaban sobre papel o en bolas de heno y se ofrecían a los dioses. En el centro ceremonial de Tenochtitlan había un corral, llamado el *huiteztepehualco*, donde los sacerdotes arrojaban las espinas de maguey con las que se habían autosacrificado. También los mitos hablan del autosacrificio mediante inmolación en el fuego, hecha por los dioses *Nanahuatzin* (*v. Nanáhuatl*) y *Tecciztécatl* (*v.*); se cuenta que éstos se arrojaron al fuego y aparecieron en el cielo convertidos en Sol y Luna (*v.*) respectivamente, fue entonces que el Sol pidió el mismo sacrificio a todos los demás dioses. // MAYAS. Desde la época clásica (*v.* Clásico), el autosacrificio se representaba continuamente en esculturas, figurillas, vasijas y otros objetos. Los mayas se perforaban la lengua, orejas, pantorrillas, brazos y pene con espinas de maguey, colas de mantarraya o con punzones hechos de hueso de varios animales. También utilizaron navajuelas de obsidiana y, ya más elaborado, un punzón o cuchillo adornado con la cabeza del dios *K* (*v.* dioses, representaciones y designaciones). Los autosacrificios tenían varios fines: llegar a un estado de pureza ritual, hacer penitencia por alguna transgresión y obtener la fertilidad no sólo humana sino también de campos y animales. Además, la fertilidad se obtenía con el ayuno y la abstinencia (*v.*), prácticas que aparentemente llevaban a cabo los hombres de la clase gobernante. Uno de estos ritos consistía en pasarse una cuerda por un agujero hecho en el prepucio, quedando, en la mayoría de los casos, ensartados varios hombres, lo que hacía que el rito adquiriera un fuerte carácter de unión y fertilidad. La sangre se ofrecía a los dioses en vasijas o se untaba a los ídolos (*v.* dioses, representaciones y designaciones), o a pajillas que luego eran quemadas o en papeles que se ofrendaban. Los frutos de la tierra se rociaban con la sangre y se creía que daba vida a las imágenes recién manufacturadas untándolas con ella. Hay varios ejemplos de mujeres que se sacaban sangre de la lengua. // MIXTECOS. Entre los mixtecos la práctica del autosacrificio tiene un origen mítico. Los dioses "Viento de Nueve Cavernas" (*v.*) y "Viento de Nueve Culebras" la iniciaron al perforarse las orejas y la lengua y regar la sangre sobre los árboles y las plantas de los jardines que ellos mismos crearon. Con esto pedían al dios "Uno Ciervo" (*v.*) la creación de todas las cosas. El autosacrificio lo practicaban los nobles y sacerdotes, principalmente, y la población general de ambos sexos en fiestas y rituales; consistía en punzar las orejas y la lengua para obtener sangre. // OTOMÍES. Los otomíes utilizaron, principalmente, puntas de maguey y lo hacían con el propósito de ofrendar sangre a los dioses; también era una forma de purificación y penitencia que llegaba a combinarse con baños rituales tomados a media noche. Hombres y mujeres lo practicaban por separado.

Autosacrificio. Un personaje maya se atraviesa la lengua con una cuerda (Dintel de Yaxchilán, Chiapas).

aves. Ciertas aves eran símbolos de los dioses, entre ellas, el águila (*v.*), que simbolizaba al Sol (*v.*), el colibrí (*v.*) a *Huitzilopochtli* (*v.*) y la lechuza (*v.*) que tenía relación con la muerte (*v.*). Algunas de estas aves eran sacrificadas, como las codornices que eran la ofrenda favorita al dios del Sol. Las plumas de casi todas las aves se utilizaban en los atuendos de los dioses. Según el ave era el significado y uso de las plumas; las del águila, por ejemplo, formaban parte de los tocados o adornos de los dioses de la guerra. El llamado *xiuhtototl* "pájaro precioso" se asociaba a las deidades cálidas y las plumas verdes a las deidades del agua. El quetzal era un ave especialmente apreciada. Entre los mexicas estaba prohibido el uso de las plumas a los macehuales o plebeyos.

Axamiecha. "enviadores". TARASCOS. Nombre genérico que recibían los sacerdotes sacrificadores, debido a que sus víctimas se convertían en mensajeros de los hombres ante las deidades. De ahí que los sacrificios se hicieran ante representaciones de Venus (*v.*), "el mensajero celeste".

Autosacrificio. Perforación de la lengua con puntas de maguey (Códice Telleriano-Remensis).

Axolohua. NAHUAS. Nombre del sacerdote que con otro personaje llamado *Cuauhcóatl,* encontró el águila posada sobre un nopal y devorando una serpiente; esta era la señal que mostraría el sitio prometido a los mexicas para fundar su ciudad (*v.* Tenochtitlan).

axólotl. "ajolote". (Ambystoma mexicanum). NAHUAS. Batracio. En uno de los mitos sobre la creación del Sol (*v.*) se relata que cuando éste aparece por primera vez en el firmamento, rehusó moverse; para poder hacerlo pidió el sacrificio (*v.*) de todos los dioses. El dios *Xólotl* (*v.*) se negó a morir y para escapar se convirtió en *axólotl* y se escondió en el agua, hasta donde lo alcanzó la furia del Sol.

AYAUH. "niebla". NAHUAS. Uno de los nombres de *Chalchiuhtlicue* (*v.*).

ayauhcalco. "en la casa de la niebla". NAHUAS. Tipo de oratorios que se encontraban a la orilla de ríos, lagos o lagunas y en los cuales se llevaban a cabo ritos relacionados con el agua.

Ayauhmictlan. *Mictlan* (*v.*) o "lugar de la muerte con niebla". NAHUAS. Uno de los nombres que recibía el inframundo (*v.*), y como se le llamaba también al dios del fuego.

ayonanyëy. OTOMÍES. Con este nombre se designaba al mundo de los muertos (*v.* inframundo) así como al rumbo Norte.

ayuno. Era una práctica de autosacrificio (*v.*) indispensable como medio de purificación para ciertas ceremonias y, en forma extrema, para entrar en el trance que comunicaba con la deidad. Prácticamente en todos los ritos, el ayuno era un requisito, que variaba de acuerdo con la importancia de la ceremonia. El tiempo y el rigor del ayuno eran mayores cuando lo practicaban los sacerdotes. Variaba desde dejar de comer sal, chile y carne hasta comer solamente un par de tortillas al día; en este último tipo de ayuno debían participar diferentes sectores de la población. // NAHUAS. Entre los mexicas el rey efectuaba un ayuno solemne en honor de *Tláloc* (v.), del Sol (v.) y de *Mixcóatl* (v.); y era ayudado en este ritual por el *Acolnahuacatl acolmiztli*, sacerdote encargado de proporcionar la indumentaria que debería usar el rey para la ocasión. Los sacerdotes de *Tláloc* ayunaban en el mes de *etzalcualiztli* (v.); también ayunaban los dueños de los esclavos que iban a ser sacrificados durante cada una de las fiestas. Había un ayuno general en el que participaban hasta los "niños de cuna" y tenía lugar cuando caía el signo *nahui ollin*, "cuatro movimiento", fecha en que se celebraba al Sol. Los *ueueintin mozauhque* grandes o viejos ayunadores, eran posiblemente sacerdotes entrenados para esta práctica. El viejo sacerdote que representaba a *Mixcóatl* en la fiesta de *quecholli* (v.) tenía que ayunar durante los ochenta días previos a la celebración de esta fiesta. A los *manoxiuhuaque* o ayunadores de cuatro años que ayunaban en honor de *Huitzilopochtli* (v.), sólo les estaba permitido comer en todo el día una tortilla, sal y agua; sin embargo, el vigésimo día podían comer todo lo que quisieran. Los dioses se comunicaban con su pueblo a través de estos ayunadores y le predecían el futuro. // MAYAS. En toda ceremonia era y, sigue siendo, indispensable ayunar por varios días. A veces, durante estos días los hombres se pintaban el cuerpo de negro o se abstenían de lavarse y peinarse y permanecían en casas especiales cercanas a los templos.

azteca. NAHUAS. Habitante de *Aztlan* (v.).

Aztlan. "lugar de las garzas". NAHUAS. Lugar de origen de algunos de los grupos que habitaron el altiplano de México en el horizonte posclásico (v.). Desde allí iniciaron los mexicas su famosa peregrinación que culminó con el descubrimiento del lugar donde se posaba el águila (v.) que devoraba una serpiente, y que se convirtió en Tenochtitlan (v.). Aztlan ha sido ubicado, por la mayor parte de los investigadores, en Nayarit; e inclusive algunos estudiosos creen que pudiera ser la isla de *Mexcaltitlán*, ubicada en dicho estado. Clavijero creyó que se encontraba en la Alta California y Lorenzo Boturini pensó que se trataba de una provincia asiática; otros investigadores lo ubican en el mismo valle de México y Eduard Seler sostiene la idea de que se trata de un lugar mítico y por lo tanto inexistente. Como puede verse, su localización es muy problemática.

B

BACABES. MAYAS. Cuatro dioses de color diferente cada uno (rojo, blanco, negro y amarillo) que sostenían, con las manos en alto, las cuatro esquinas del cielo y que se representaron, durante el periodo tolteca, en Chichén Itzá; se esculpieron en la parte alta y al pie de las columnas vestidos con taparrabos especiales que terminaban en óvalos prolongados. También se encuentran representados en monumentos del periodo Clásico (*v.*), como los de Copán (Honduras). Eran protectores de las abejas (*v.*). Influían grandemente en la suerte del año. Eran actores o ejecutantes y se disfrazaban de zarigüeya (*v.*), es posible que encarnaran también estrellas o constelaciones. En la actualidad se cree son seres que cuidan de las cuatro puertas de las aldeas o de las cuatro esquinas de las milpas y que como tales reciben los nombres de *Nucuch Uinic* o *Nucuch Macob*, que significa los "hombres enormes" y *Yumi(l)-col* "señor de la milpa". Forman parte de los *Yuntzilob* (*v.*), seres sobrenaturales que pueblan el mundo maya. (*v.* Ritual de los *Bacabes*).

BACAB (Tomado de Linda Schele y Ellen Miller, The Blood of Kings).

baile. NAHUAS. (*v.* danza).

baktún. MAYAS. 144 000 días, es decir, veinte *katunes* (*v. katún*). Es el orden superior en las inscripciones cronológicas, llamadas series iniciales, que cuenta el tiempo transcurrido desde el día *4 Ahau 8 Cumkú*, inicio de la era maya.

balam. "jaguar" (*v.*) MAYAS. Los mayas clásicos (*v.* Clásico) tenían un dios jaguar, que no aparece en los códices (*v.*). Con frecuencia se asociaba al número siete, que es también el del signo de *akbal* (*v.*). // brujo.

balché. (Lonchocharpus longistulus). MAYAS. Árbol que se encuentra en la región maya. // MAYAS. Bebida embriagante que se utilizaba (y todavía se utiliza) como ofrenda ritual a los dioses. Se elaboraba con miel de abeja fermentada a la que se le añadía corteza del árbol *balché*. El dios de esta bebida era *Acán* (*v.*), aunque probablemente los dioses de los apicultores fueron también patronos del *balché*, ya que éste se hace de miel de abeja.

bañados. *tealtiani*. NAHUAS. Se daba este nombre a los esclavos que recibían un baño ritual purificatorio que les permitía representar a los dioses como imágenes vivientes (*v.*) y que posteriormente serían sacrificados.

baños. NAHUAS. En muchos casos, bañarse era una ceremonia de purificación, sobre todo si se hacía en ciertas fechas y en ciertos lugares rituales, como el *ayauhcalco* (*v.*); además, existía un baño purificatorio medicinal o *temazcal* (*v.*).

Varios de los edificios del Templo Mayor de Tenochtitlan (*v.*) eran lugares dedicados al baño de los sacerdotes. // HUICHOLES. Cuando se bañan en la mañana antes de que salga el Sol, entonan canciones a Venus (*v.*) matutina, la estrella cantante. Creen que con practicar el baño obtienen poderes para hacer llover. Todo huichol debe bañarse una vez al año, y los niños en ciertas estaciones en las cuevas sagradas de *Kutsa'la*, de la Abuela Crecimiento. // TARASCOS. Al baño de vapor indígena con fines religiosos y medicinales se le llamaba *huringuequa* y la deidad patrona era *Pehuame* (*v.*).

barrer. NAHUAS. Tanto el barrido matutino diario de la casa, como de los templos, se consideraba una ceremonia ritual; después de barrer se hacían ofrendas a los dioses. Otro barrido ritual era el del pasto sobre el que se colocaban las ofrendas y las varas ensangrentadas que se habían utilizado en el autosacrificio (*v.*). // OTOMÍES. (*v. Muye*).

Batab. "el que empuñaba el hacha". MAYAS. Nombre que se daba al jefe de una población, con funciones civiles y religiosas.

bautizo. NAHUAS. La ceremonia que podría considerarse equivalente al bautismo tenía lugar unos días después del nacimiento de la criatura. Se seleccionaba un buen signo, de acuerdo a la cuenta del *tonalpohualli* (*v.*), para que la partera ofrendara el recién nacido al Sol (*v.*) y al agua y se le diera nombre; la ceremonia variaba un poco de acuerdo con el sexo, ya que cuando se trataba de un niño se ofrecían al Sol un arco y unas flechas y enterraba además el cordón umbilical cerca del campo de batalla; si era una niña enterraban el cordón umbilical debajo de las piedras del fogón y ofrendaban un huso para tejer. Se hacían grandes banquetes y se repartían regalos para celebrar el acontecimiento.

ben. MAYAS. Decimotercer día de los veinte signos del *tzolkin* (*v.*), o calendario de 260 días, y que corresponde al día *ácatl* (*v.*) "caña" entre los nahuas. Le correspondía el Este (*v.*), el color rojo, y el dios del maíz y del alimento. Auguraba abundancia de alimentos, maíz verde, y su glifo representa el crecimiento del maíz.

BILANIJA. ZAPOTECOS. Espíritu o divinidad doméstica de la que se tiene poca información.

BIMAZOPHO. "cosechero". OTOMÍES. Dios de las sementeras y de las cosechas. Parece muy relacionado con la "Madre Vieja" (*v.*).

BISABUELO COLA DE VENADO. *"Tato'tsi ma'ra kwa'ri"*. HUICHOLES. Es el hijo del "Abuelo Fuego", que surgió de las plumas de su padre. Es también la chispa que se produce al golpear un pedernal y la yesca. Él, junto con el fuego, son más viejos que el Sol (*v.*) y sus nombres son los más mencionados por el chamán que canta. A él se le ruega en la siembra de la semilla de calabaza con la que se confeccionan jícaras de tabaco. Le pertenece el águila de cola blanca.

bolomac. (*¿Bolón Mac?*, "nueve hombres"). MAYAS. Nahual de los *manche choles*. Tal vez sea el mismo que *Bolón ti Ku* (*v.*).

BOLON DZ'ACAB. "nueve o muchas generaciones". MAYAS. Una de las manifestaciones de *Itzamná* (*v.*), sobre todo en forma de divinidad de la vegetación. Se le identifica con el dios *K* y con el dios *G11* de la tríada de Palenque (*v.*), así como con el dios del "cetro de maniquí". Tiene representación zoomorfa y con frecuencia un pie en forma de serpiente. Su característica más sobresaliente es un espejo perforado con un hacha humeante que lleva en la frente. Al dios *G11* se le puede llamar el "espejo de obsidiana". Este dios era particularmente importante para los linajes de nobles y gobernantes y se le relaciona estrechamente con el sacrificio (*v.*), en especial con el autosacrificio (*v.*).

BOLON TI KU. "nueve dioses". MAYAS. Se asocian al inframundo (*v.*), la tierra y la oscuridad. Corresponden, en cierta forma, a los "nueve señores de la noche" de los mexicas. Gobernaban, en interminable sucesión, un ciclo o "semana" de nueve días. El *Chilam Balam de Chumayel* los menciona con frecuencia en oposición a los *Oxlahun ti Ku* (*v.*).

borrachos. NAHUAS. Todas aquellas personas que no fueran "principales", guerreros valientes o ancianos tenían prohibido tomar pulque (*v.*): si el que no perteneciera a estos grupos se emborrachaba, recibía fuertes castigos; por otra parte, se creía que los borrachos estaban poseídos por alguno de los dioses del *pulque*, por lo que no se les consideraba culpables de los actos cometidos durante el estado de embriaguez.

BOLON DZ'ACAB, o dios K (Códice Dresde).

buitre. (Sarcoramphus papa). MAYAS. Es un ave asociada a la muerte. En muchos relieves mayas se le representa recibiendo los intestinos de los sacrificados. Según uno de los mitos la diosa de la Luna (*v.*) abandonó a su esposo, el Sol, para irse con el rey buitre.

bulto sagrado. Era un objeto muy importante en Mesoamérica, ya que en él estaban depositados ciertos objetos sagrados; la mayoría de las veces, éstos eran reliquias de algún personaje deificado, fragmentos de la indumentaria o de las armas, espinas de autosacrificio (*v.*), etcétera. Se guardaban con sumo cuidado y respeto, se adoraban como si fuera la deidad misma y se reverenciaban más que a la imagen de madera o de piedra (*v.* dioses, representaciones y designaciones). // NAHUAS. *tlaquimilolli*. Cada una de las tribus que emigraron de Aztlan (*v.*) hacia el valle de México llevaba el bulto sagrado de su deidad. Varios códices (*v.*) muestran estos bultos guardados en templos. El bulto sagrado de *Camaxtle* (*v.*), por ejemplo, consistía en instrumentos para producir fuego y plumas de diversos colores. Se dice en una versión del mito de la creación del Sol que los *tlaquimilolli*, tuvieron su origen cuando éste, para poder moverse, pidió el sacrificio de todos los dioses, al cual sólo se rebeló *Xólotl* (*v.*), aunque después el mismo Sol lo sacrificó. Los devotos envolvieron las mantas de todos los dioses a un palo, y le pusieron por corazón piedrecitas verdes o la piel de serpientes o jaguares. Los sacerdotes también llevaban sus envoltorios donde cargaban diferentes objetos como idolillos o piedrecillas.

BULUC CH'ABTÁN. "once". MAYAS. Thompson lo identificó como el dios *R* (*v.* dioses, representaciones y designaciones), al que considera como dios de la Tierra.

BULUCTE TI CHUEN. "once *chuen* (o *chuenes*)". MAYAS. Ser mítico que rige un *tun* (*v.*) en unión con *Buluc Ch'abtán* (*v.*) en el *Chilam Balam de Tizimín* (*v. Chuen*).

C

caban. "tierra". MAYAS. Decimoséptimo día de los veinte signos del *tzolkin* (*v.*) o calendario de 260 días correspondiente al *ollin* "movimiento" náhuatl. Está bajo el patrocinio de la diosa *I* (*v.* dioses, representaciones y designaciones), joven diosa del maíz (*v.*) y de la Luna (*v.*), *Ix Chel* (*v.*) y *Sak Chup*, le corresponde el Sur (*v.*) y el color amarillo y su augurio es el valor, la desgracia y ladrón. Se le asocia con la medicina y el comercio exitoso.

CABRAKAN. "dos piernas". MAYAS. Gigante que es la personificación del terremoto, hermano de *Zipacná* e hijo de *Vucub Caquix* y *Chimatmat*. Fue muerto por los gemelos *Hunahpú* y *Xbalanqué* (*v. Popol Vuh*).

CABTANILCABTAN. MAYAS. Dios de uno de los distritos de la capital putún de *Itzamkanac*.

cacao. (Theobroma cacao). MAYAS. El cacao que tenía valor como moneda también era utilizado en las ofrendas. Los dueños de los árboles de cacao celebraban una fiesta en honor de *Ek chuah* (*v.*), *Chac* (*v.*) y *Hobnil* (*v.*), en el mes de *muan*; en ésta sacrificaban a un perro con manchas de color cacao, iguanas azules, plumas y copal, después de lo cual hacían un banquete.

Cacaxtla. Importante sitio arqueológico ubicado en el estado de Tlaxcala, muy cerca de su capital. Descubierto recientemente, ha venido a mostrar que este lugar, que tuvo su apogeo entre 600 y 750 de nuestra era, estuvo habitado, posiblemente, por los olmeca-xicalancas, que compartían rasgos teotihuacanos y mayas. Lo más sobresaliente de este lugar son sus murales o frescos, que muestran batallas entre hombres-águila y hombres-jaguar.

CACOCH. MAYAS LACANDONES. Uno de los cuatro dioses de la creación. Encargado de llevar ofrendas a algunos dioses. Vive en la orilla oriental del lago Petha.

caimán o **cocodrilo.** (*v. cipactli, imix* y dragón).

calendario. Los pueblos mesoamericanos daban gran importancia al tiempo, que era registrado en dos calendarios: el de 365 días, *xihuitl* (*v.*) en náhuatl y *haab* (*v.*) en maya, que era el solar o agrícola, compuesto por 18 meses de 20 días, más cinco días "inútiles" o "aciagos"; y la cuenta de los destinos de 260 días, llamada *tonalpohualli* (*v.*) en náhuatl y *tzolkin* (*v.*) en maya, que tenía más bien carácter adivinatorio. Éste está dividido en 13 meses de 20 días cada uno. Cada día tiene un nombre y se combina rotando con un número del 1 al 13, hasta completar los 260 días (13 veces 20 = 260). Cada día con su numeral tiene una carga energética que lo conecta con la fuerza del cosmos, y está bajo la protección de un dios, se relaciona a un rumbo del universo y a un color, y tiene un augurio (*v.*) asociado. Los nombres de los días en náhuatl son los siguientes: *cipactli* (*v.*), *ehécatl* (*v.*), *calli* (*v.*), *cuetzpallin* (*v.*), *coátl* (*v.*), *miquiztli* (*v.*), *mazatl* (*v.*), *tochtli* (*v.*), *atl* (*v.*)., *itzcuintli* (*v.*), *ozomatli* (*v.*), *malinalli* (*v.*), *ácatl* (*v.*), *ocelotl* (*v.*), *cuauhtli* (*v.*), *cozcacuauhtli* (*v.*), *ollin* (*v.*), *técpatl* (*v.*), *quiauitl* (*v.*), *xóchitl* (*v.*). En el área maya el *tzolkin* sigue vigente y se utiliza por los sacerdotes y curanderos para la adivinación. Los nombres de los veinte días en maya yucateco son: *imix* (*v.*), *ik* (*v.*), *akbal* (*v.*), *kan* (*v.*), *chicchán* (*v.*), *cimi* (*v.*), *manik* (*v.*), *lamat* (*v.*), *muluc* (*v.*), *oc* (*v.*), *chuen* (*v.*), *eb* (*v.*), *ben* (*v.*), *ix* (*v.*), *men* (*v.*), *cib* (*v.*), *caban* (*v.*), *etznab* (*v.*), *cauac* y *ahau* (*v.*). Los 18 meses del calendario de 365 días, recibían los siguientes nombres en-

Días mayas

DÍA	*SIGNO*	*DÍA*	*SIGNO*
1. **imix.** "caimán o cocodrilo" ***DIOS(ES) PATRONO(S)*** *Cocodrilo de la tierra.*		6. **cimi.** "muerte" ***DIOS(ES) PATRONO(S)*** *Kizin y Dios A.*	
DÍA 2. **ik.** "aliento o vida" ***DIOS(ES) PATRONO(S)*** *Dios B y Chak-Kaxix.*	***SIGNO*** 	***DÍA*** 7. **manik.** ***DIOS(ES) PATRONO(S)*** *Buluc Ch'abtán y Dios R.*	***SIGNO*** 
DÍA 3. **akbal.** "oscuridad" ***DIOS(ES) PATRONO(S)*** *Chac Bolay.*	***SIGNO*** 	***DÍA*** 8. **lamat.** ***DIOS(ES) PATRONO(S)*** *Lahun Chan.*	***SIGNO*** 
DÍA 4. **kan.** "maíz maduro" ***DIOS(ES) PATRONO(S)*** *Dios E.*	***SIGNO*** 	***DÍA*** 9. **muluc.** ***DIOS(ES) PATRONO(S)*** *Ah Xoc.*	***SIGNO*** 
DÍA 5. **chicchán.** "serpiente celeste" ***DIOS(ES) PATRONO(S)*** *Serpiente.*	***SIGNO*** 	***DÍA*** 10. **oc.** "perro" ***DIOS(ES) PATRONO(S)*** *Perro del inframundo.*	***SIGNO*** 

Días mayas

DÍA	SIGNO	DÍA	SIGNO
DÍA 11. **chuen.** "artesano" *DIOS(ES) PATRONO(S)* *Ah chuen.*	*SIGNO* 	*DÍA* 16. **cib.** "cera" *DIOS(ES) PATRONO(S)* *Diosa N.*	*SIGNO* 
DÍA 12. **eb.** "rocío" *DIOS(ES) PATRONO(S)* *Dios de las lluvias dañinas.*	*SIGNO* 	*DÍA* 17. **caban.** "tierra" *DIOS(ES) PATRONO(S)* *Ix Chel y Sak Chup.*	*SIGNO* 
DÍA 13. **ben.** *DIOS(ES) PATRONO(S)* *Dios del maíz.*	*SIGNO* 	*DÍA* 18. **etznab.** "instrumento filoso" *DIOS(ES) PATRONO(S)* *Dios Q.*	*SIGNO* 
DÍA 14. **ix.** "jaguar" *DIOS(ES) PATRONO(S)* *Dios jaguar.*	*SIGNO* 	*DÍA* 19. **cauac.** *DIOS(ES) PATRONO(S)* *Itzamná.*	*SIGNO* 
DÍA 15. **men.** *DIOS(ES) PATRONO(S)* *Diosa lunar O.*	*SIGNO* 	*DÍA* 20. **ahau.** "señor" *DIOS(ES) PATRONO(S)* *Kinich Ahau y Dios G.*	*SIGNO* 

Días nahuas

DÍA 1. **cipactli.** "caimán o cocodrilo" ***DIOS(ES) PATRONO(S)*** *Tonacatecuhtli.*	***SIGNO*** 	***DÍA*** 6. **miquiztli.** "muerte" ***DIOS(ES) PATRONO(S)*** *Teccistécatl.*	***SIGNO*** 
DÍA 2. **ehécatl.** "viento" ***DIOS(ES) PATRONO(S)*** *Quetzalcóatl.*	***SIGNO*** 	***DÍA*** 7. **mazatl.** "venado" ***DIOS(ES) PATRONO(S)*** *Tláloc.*	***SIGNO*** 
DÍA 3. **calli.** "casa"	***SIGNO*** 	***DÍA*** 8. **tochtli.** "conejo" ***DIOS(ES) PATRONO(S)*** *Mayáhuel.*	***SIGNO*** 
DÍA 4. **cuetzpallin.** "lagartija" ***DIOS(ES) PATRONO(S)*** *Huehuecóyotl.*	***SIGNO*** 	***DÍA*** 9. **atl.** "agua" ***DIOS(ES) PATRONO(S)*** *Xiuhtecuhtli.*	***SIGNO*** 
DÍA 5. **cóatl.** "serpiente" ***DIOS(ES) PATRONO(S)*** *Chalchiuhtlicue.*	***SIGNO*** 	***DÍA*** 10. **itzcuintli.** "perro" ***DIOS(ES) PATRONO(S)*** *Esqueleto.*	***SIGNO*** 

Días nahuas

DÍA	SIGNO	DÍA	SIGNO
DÍA 11. **ozomatli.** "mono" *DIOS(ES) PATRONO(S)* *Xochipilli.*	*SIGNO* 	*DÍA* 16. **cozcaquauhtli.** "zopilote" *DIOS(ES) PATRONO(S)* *Itzpapálotl.*	*SIGNO* 
DÍA 12. **malinalli.** "yerba torcida" *DIOS(ES) PATRONO(S)* *Patécatl.*	*SIGNO* 	*DÍA* 17. **ollin.** "movimiento" *DIOS(ES) PATRONO(S)* *Xólotl.*	*SIGNO* 
DÍA 13. **ácatl.** "caña" *DIOS(ES) PATRONO(S)* *Tezcatlipoca.*	*SIGNO* 	*DÍA* 18. **técpatl.** "pedernal" *DIOS(ES) PATRONO(S)* *Huaxólotl Tezcatlipoca.*	*SIGNO* 
DÍA 14. **océlotl.** "jaguar" *DIOS(ES) PATRONO(S)* *Tlazoltéotl.*	*SIGNO* 	*DÍA* 19. **quiahuitl.** "lluvia" *DIOS(ES) PATRONO(S)* *Tonatiuh.*	*SIGNO* 
DÍA 15. **cuauhtli.** "águila" *DIOS(ES) PATRONO(S)* *Tezcatlipoca rojo.*	*SIGNO* 	*DÍA* 20. **xóchitl.** "flor" *DIOS(ES) PATRONO(S)* *Xochiquetzal y Xochipilli.*	*SIGNO* 

Meses mayas y sus signos

NOMBRE 1. **Pop** *EQUIVALENCIA* 16 julio-4 agosto.	*SIGNO* 	*NOMBRE* 6. **Xul** *EQUIVALENCIA* 24 octubre-12 noviembre.	*SIGNO* 
NOMBRE 2. **Uo** *EQUIVALENCIA* 5 agosto-24 agosto.	*SIGNO* 	*NOMBRE* 7. **Yaxkin** *EQUIVALENCIA* 13 noviembre-2 diciembre.	*SIGNO* 
NOMBRE 3. **Zip** *EQUIVALENCIA* 25 agosto-13 septiembre.	*SIGNO* 	*NOMBRE* 8. **Mol** *EQUIVALENCIA* 3 diciembre-22 diciembre.	*SIGNO* 
NOMBRE 4. **Zotz** *EQUIVALENCIA* 14 septiembre-3 octubre.	*SIGNO* 	*NOMBRE* 9. **Chen** *EQUIVALENCIA* 23 diciembre-11 enero.	*SIGNO* 
NOMBRE 5. **Tzec** *EQUIVALENCIA* 4 octubre-23 octubre.	*SIGNO* 	*NOMBRE* 10. **Yax** *EQUIVALENCIA* 12 enero-31 enero.	*SIGNO* 

Meses mayas y sus signos

NOMBRE 11. **Zac** *EQUIVALENCIA* 1 febrero-20 febrero.	*SIGNO* 	*NOMBRE* 16. **Pax** *EQUIVALENCIA* 12 mayo-31 mayo.	*SIGNO* 
NOMBRE 12. **Ceh** *EQUIVALENCIA* 21 febrero-12 marzo.	*SIGNO* 	*NOMBRE* 17. **Kayab** *EQUIVALENCIA* 1 junio-20 junio.	*SIGNO* 
NOMBRE 13. **Mac** *EQUIVALENCIA* 13 marzo-1 abril.	*SIGNO* 	*NOMBRE* 18. **Cumkú** *EQUIVALENCIA* 21 junio-10 julio.	*SIGNO* 
NOMBRE 14. **Kankin** *EQUIVALENCIA* 2 abril-21 abril.	*SIGNO* 	*NOMBRE* 19. **Uayeb** *EQUIVALENCIA* 11 julio-15 julio.	*SIGNO* 
NOMBRE 15. **Muan** *EQUIVALENCIA* 22 abril-11 mayo.	*SIGNO* 		

Las equivalencias de los meses mayas con el calendario gregoriano fueron tomadas del estudio introductorio que aparece en: Landa, Fray Diego de, *Relation des choses de Yucatán*, 2 v., Texte espagnol et traduction française en regard, París, J. Genet, 1928-1929.

Meses nahuas y sus signos

NOMBRE / EQUIVALENCIA	SIGNO	NOMBRE / EQUIVALENCIA	SIGNO
NOMBRE 1. **Atlcahualo** *EQUIVALENCIA* febrero-marzo.	*SIGNO* 	*NOMBRE* 6. **Etzalcualiztli** *EQUIVALENCIA* junio.	*SIGNO* 
NOMBRE 2. **Tlacaxipehualiztli** *EQUIVALENCIA* marzo.	*SIGNO* 	*NOMBRE* 7. **Tecuilhuitontli** *EQUIVALENCIA* junio-julio.	*SIGNO* 
NOMBRE 3. **Tozoztontli** *EQUIVALENCIA* abril.	*SIGNO* 	*NOMBRE* 8. **Huey tecuilhuitl** *EQUIVALENCIA* julio.	*SIGNO* 
NOMBRE 4. **Huey tozoztli** *EQUIVALENCIA* abril-mayo.	*SIGNO* 	*NOMBRE* 9. **Tlaxochimaco** *EQUIVALENCIA* agosto.	*SIGNO* 
NOMBRE 5. **Tóxcatl** *EQUIVALENCIA* mayo-junio.	*SIGNO* 	*NOMBRE* 10. **Xócotl huetzi** *EQUIVALENCIA* agosto-septiembre.	*SIGNO* 

Meses nahuas y sus signos

NOMBRE 11. **Ochpaniztli** *EQUIVALENCIA* septiembre.	*SIGNO* 	*NOMBRE* 16. **Atemoztli** *EQUIVALENCIA* diciembre-enero.	*SIGNO* 
NOMBRE 12. **Pachtontli** *EQUIVALENCIA* octubre.	*SIGNO* 	*NOMBRE* 17. **Tititl** *EQUIVALENCIA* enero.	*SIGNO* 
NOMBRE 13. **Huey pachtli** *EQUIVALENCIA* octubre-noviembre.	*SIGNO* 	*NOMBRE* 18. **Izcalli** *EQUIVALENCIA* febrero.	*SIGNO* 
NOMBRE 14. **Quecholli** *EQUIVALENCIA* noviembre.	*SIGNO* 	*NOMBRE* 19. **Nemontemi** *EQUIVALENCIA* febrero.	*SIGNO* 
NOMBRE 15. **Panquetzaliztli** *EQUIVALENCIA* diciembre.	*SIGNO* 		

tre los nahua: *atlcahualo* (v.) o *cuahuitlehua* o *xilomaniztli*, *tlacaxipehualiztli* (v.), *tozoztontli* (v.), *hueytozoztli* (v.), *tóxcatl* (v.), *etzalcualiztli* (v.), *tecuilhuitontli* (v.), *hueytecuil-huitl* (v.), *tlaxochimaco* (v.) o *miccailhuitontli hueymiccailhuitl* (v.), *ochpaniztli* (v.), *pachtontli* (v.) o *teotleco*, *hueypachtli* (v.) o *tepeilhuitl*, *quecholli* (v.), *panquetzaliztli* (v.), *atemoztli* (v.), *tititl* (v.), *izcalli* (v.); los "meses" mayas son los que se usaban en Yucatán en el siglo XVI: *pop* (v.), *uo* (v.), *zip* (v.), *zotz* (v.), *tzec* (v.), *xul* (v.), *yaxkin* (v.), *mol* (v.), *chen* (v.), *yax* (v.), *zac* (v.), *ceh* (v.), *mac* (v.), *kankin* (v.), *muan* (v.), *pax* (v.), *kayab* (v.) y *cumkú* (v.). Pero hay muchos nombres diferentes en otras partes del área maya. Los mexicas creían que fue inventado por *Oxomoco* y *Cipactonal* (v.) y los zapotecos por *Cosana*. Estos pueblos dividían el calendario solar en 5 períodos de 73 días, especie de estaciones a los que llamaban *cocij* (v. *Cocijo*): *cocij cogaa*, era el tiempo del agua y del viento simbolizado por el cocodrilo; *cocij col lapa*, era el tiempo de las cosechas, representado por el maíz; *cocij piye chij*, era el tiempo santo o de fiesta, representado por el águila o el guerrero; *cocij piye cogaa*, tiempo de secas e inicio del calendario; *cocij yoocho*, tiempo de las enfermedades y las miserias, representadas por el tigre. Los otomíes tenían un calendario solar del cual conocemos los nombres de los meses que usaban: *ambaxi* "barrimiento", corresponde al *ochpaniztli* de los nahuas; *ambuoe* "crecimiento" correspondiente al *izcalli* de los nahuas. *Ambuoendaxi* "crecimiento de jilotes", durante este mes, los otomíes hacían fiestas relacionadas con el ciclo agrícola; *ancandehe* "caída de las aguas" corresponde al mes *atemoztli* de los nahuas; *aneguoe oeni* "carne de guajolote" coincidía con el comienzo de las lluvias, con este motivo se celebraba a las deidades del agua con actos que incluían peregrinaciones a las lagunas (v.) del *Chiuhnauhtécatl* o Nevado de Toluca (v. cerros), este mes corresponde al *etzalqualiztli* de los nahuas; *antaboxygui* "heno grande" tal vez dedicado a los dioses del agua y de los cerros, corresponde al *tepeilhuitl* (v. *huey pachtli*) de los nahuas; *antangohmu* "gran fiesta de los señores" que corresponde al mes *hueitecuilhuitl* de los nahuas; *antatzhoni* "gran vuelo"; *antangotu* (v.) "gran fiesta de los muertos" correspondiente al *xocotl huetzi* o *huey miccailhuitl* de los nahuas; *anthaxhme* (v.) o *antzyni* "tortilla blanca" corresponde al mes *panquetzaliztli* de los nahuas; *anthudoeni* "siembra de flores"; *anttzayoh* "desollamiento de perros"; *anttzynboxygui* "heno pequeño" estaba dedicado a todos los dioses y correspondía al *teotleco* (v. *pachtontli*); *anttzyngohmu* (v.) "pequeña fiesta de los señores", corresponde al *tecuilhuitontli*; *anttzyngotu* (v.) "pequeña fiesta de los muertos"; *antzhoni* (v.) "vuelo"; *antzhontho* "vuelo pequeño"; *atzibiphi* "humo", cuyas fiestas estaban dedicadas a las deidades del agua.

calmécac. "casa de la cuerda o del linaje". NAHUAS. Lugar donde dormían los sacerdotes (v.) llamados *tlamacazque* y en donde los jóvenes mexicas nobles recibían una educación muy estricta que incluía además de conocimientos guerreros, astronomía y otras artes. En el día podían hacer trabajos comunales y gran parte de la noche la pasaban en oraciones y penitencias. Su patrón era el dios *Quetzalcóatl* (v.). Los niños que estudiarían en el *calmécac* eran ofrecidos a éste desde pequeños. En Tenochtitlan había varios *calmécac*, posiblemente correspondientes a los principales linajes o *calpullis*. Los sacerdotes *mexicatl teohuatzin* y *tepan teohuatzin* estaban a cargo del *calmécac*.

calpulli. NAHUAS. Es una institución mesoamericana muy importante, originalmente gentilicia, que reconocían una ascendencia mítica común, que generalmente habitaba en un territorio definido. Los especialistas en cierto oficio también solían ser miembros de un *calpulli*. Posteriormente y sobre todo en Tenochtitlan, el *calpulli* se convirtió en una especie de barrio y una forma administrativo organizativa de división de la tierra por los gobernantes. También recibían este nombre unos edificios pequeños en el templo mayor que seguramente correspondían a cada *calpulli-linaje*.

CALPULTÉOTL. "Dios del *calpulli* o del linaje". NAHUAS. Dios tutelar que era uno de los del panteón general.

calli. "casa". NAHUAS. Tercer signo del ciclo de los veinte días del calendario de 260 días o *tonalpohualli* (*v.*). Equivalente al *akbal* maya. Su jeroglífico se representaba normalmente con la forma de una casa o de un templo. Ese signo estaba gobernado por un jaguar (*v.*) y por la Luna (*v.*) y representaba al Poniente.

CAMAUAPERI. "la que contiene en el vientre a los vivientes". TARASCOS. Una de las deidades de la isla de Pacanda. Hermana de *Unazi-irecha*.

CAMAXTLE. NAHUAS. Dios de la caza y de los chichimecas. Era el principal dios de Tlaxcala y de Huexotzinco en donde tenía un imponente templo. En una de las leyendas de la creación es considerado como uno de los primeros cuatro hijos de la pareja creadora primigenia con el nombre también de *Tezcatlipoca* (*v.*) rojo. Después de la creación y las respectivas destrucciones de las cuatro eras o soles (*v.* Sol). *Camaxtle* subió al octavo cielo y creó a los hombres y las mujeres para que dieran de comer al Sol. Este mismo *Camaxtle* después se convirtió en chichimeca y con un venado de dos cabezas que convirtió en dios de los de Cuitláhuac, subyugó a las otras tribus chichimecas; más tarde encontró a una de las cinco mujeres creadas por *Tezcatlipoca* y en ella tuvo a *Ce Ácatl* (*v.* *Quetzalcóatl*). La imagen de *Camaxtle* era muy semejante a la de *Mixcóatl* (*v.*), con quien se le identifica, con el cuerpo pintado de rayas blancas, con un taparrabo y llevando en una de las manos arco y flechas, y en la otra una canasta especial para recoger la caza.

canán. "guardián". MAYAS LACANDONES. Título aplicado a diversas deidades, por ejemplo: *Canán Balché*, "Guardián de los Animales Silvestres"; *Canán Kax*, "Guardián de las Selvas"; *Canán Cacab*, "Guardián de la Aldea"; *Canán Era*, "Guardián de las Milpas" (**era** es la palabra española adoptada por los mayas); y *Canán Semillaob*, "Guardián de las Semillas". *Canán Chul Chan*, "Guardián del Cielo Santo", era un nombre tzeltal del lucero matutino. *Canam* (sic) *Lum*, "Guardián de la Tierra", era un apelativo de Chiapas.

canhel. "serpiente dragón". MAYAS. Serpiente emplumada mítica, relacionada con la lluvia y el agua primordial.

canibalismo. (*v.* antropofagia).

cantos. NAHUAS. Había un sacerdote encargado de supervisar y aprobar los cantos rituales, que recibía el nombre de *epcoaua cuacuilli tepictototon*: sacerdote rapado de *epcoua*. Cada dios tenía su canto especial.

caracol. (Strombus spp.). Tenía asociaciones lunares y de fertilidad, así como con el viento. *Quetzalcóatl* (*v.*) por ejemplo, llevaba un pectoral hecho de un caracol cortado transversalmente. El dios de la Luna (*v.*) nahua era representado junto a un caracol (*v.*). También era un importante instrumento musical.

cargadores de los años. Eran cuatro de los 20 signos del *tonalpohualli* (*v.*) o *tzolkin* (*v.*), que coincidían con el inicio del año de 365 días o *xihuitl*, y le daban nombre a éste. En la época de la conquista, los únicos días que podían caer en esta posición, y por lo tanto le daban nombre a los años eran, para los nahuas, *ácatl* (*v.*), *técpatl* (*v.*), *calli* (*v.*) y *tochtli* (*v.*); para el área maya eran *kan* (*v.*), *muluc* (*v.*), *ix* (*v.*) y *cauac* (*v.*). Estos cuatro signos se sucedían en el orden mencionado, cambiando con un numeral del 1 al 13, por lo que los años podían llamarse: *1 ácatl, 2 técpatl, 3 calli, 4 tochtli, 5 ácatl,*

Cargador maya de año.

6 técpatl, etcétera, hasta llegar al trece y volver a empezar con *1 técpatl*, etcétera, hasta completar un ciclo de 52 años, cuando se volvía a empezar con el año *1 ácatl*. Cada uno de estos cuatro signos estaba asociado, y de hecho los simbolizaba, a un rumbo del universo: *ácatl* el Este (*v.*), *técpatl* el Norte (*v.*), *calli* el Oeste (*v.*) y *tochtli* el Sur (*v.*) (*v.* calendario, fuego).

casa. (*v. calli*). NAHUAS. Signo del *tonalpohualli* (*v.*). Es uno de los cuatro portadores del año y estaba asociado con el Occidente.

cauac. MAYAS. Decimonono día de los veinte signos del *tzolkin* (*v.*) o calendario de 260 días, equivalente al *quiahuitl* "lluvia" náhuatl. Está regido por el dios *Itzamná* (*v.*), el dragón celestial y el dios *D*. Su color es el negro y su rumbo el Oeste. Su augurio es el quetzal que envía la lluvia y las tormentas.

CAUAC (Estela D. Copán, Honduras).

caza. Era una importante actividad de los grupos mesoamericanos, ya que con ésta obtenían las proteínas animales que no podían tener debido a los pocos animales domésticos que criaban. La actividad de la caza era muy prestigiada y por lo tanto los dioses de la caza eran muy venerados, sobre todo por los cazadores. // NAHUAS. Los dioses de la caza eran principalmente *Mixcóatl* y *Camaxtle* (v.), en el mes de *quecholli* (v.) había una cacería ritual en su honor, en la cual participaban los cazadores y los principales. // ZAPOTECOS. El dios *Chilaiagobitza* ayudaba a los hombres en la caza. También *Copijcha* (v.) // MAYAS. Los dioses de la caza eran *Acanum, Zuhuy zip, Tabai, Ah Cancum, Ah Tabai, Ku bolay* y *Ceh Lac*. Se celebraban sus fiestas el séptimo día del mes *Zip*, en el que efectuaban una danza en la que llevaban en la mano un cráneo de venado pintado de azul y una flecha. Se autosacrificaban sacándose sangre e ingerían bebidas intoxicantes. Consideran al planeta Venus (v.) patrón de la caza. // HUICHOLES. Caza del peyote y del venado. Para los huicholes peyote y venado son sinónimos, el primer peyote que es visto por el jefe de los cazadores, contiene la esencia del "Hermano Mayor" (v.) "jefe, señor de las especies de venados", y se manifiesta él mismo como venado (v.). Por ello se le arrojan flechas antes de sacarlo de la tierra y dividirlo ritualmente entre los participantes. *Palikata* es el dios de la caza, que era ayudado por los dioses de la lluvia.

Ce Ácatl Topiltzin. NAHUAS. Nombre calendárico de *Quetzalcóatl* (v.).

ceh. "venado". MAYAS. Duodécimo mes de los dieciocho signos del *haab* (v.) o ciclo de 365 días. Tiene como patrono un dios celeste. Número asociado el 11.

ceiba. (Ceiba pentandra). MAYAS. (v. *yaxche*).

cenotes. MAYAS. Oquedades que se forman en la roca caliza de la península de Yucatán en cuyo fondo se concentra el agua. Eran considerados sagrados y se les hacían ofrendas que incluían sacrificios humanos. Uno de los más grandes y el más famoso es el de Chichén-Itzá a donde se arrojaban, como ofrenda, tanto niños como adolescentes y adultos.

Centro. Importante punto del universo mesoamericano, que se creía era el *omphalos*, el ombligo del mundo, y al que se referían los cuatro rumbos del universo. Los mexicas pensaban que era el lugar donde habitaba *Xiuhtecuhtli* (v.), el dios del fuego y del año; entre los mayas se creía que en el centro del universo se encontraba la "gran madre ceiba", cuyas raíces penetraban en el inframundo (v.) y su fronda se levantaba hasta los cielos. Los zapotecos creían que el centro estaba presidido por *Cocijo* (v.) (v. rumbos del universo, universo concepción de).

cerros. Los cerros, como las cuevas y los nacimientos de agua, se consideraban sagrados y se les asociaba con los dioses del agua, principalmente. // NAHUAS. *tépetl*. En muchos de ellos, especialmente donde se juntaban las nubes, se ofrecían sacrificios a las deidades del agua, los *tlaloques* (v.). Los grandes cerros como el *Iztaccíhuatl* (v.), *Popocatépetl* (v.) y *Matlalcueye* eran considerados dioses. En el *Cuauhtépetl, Tepetzinco, Yoaltécatl* y *Poyautla*, cerros del valle de México, se sacrificaban niños en la fiesta de *atlcahualo* (v.). En el mes de *tepeilhuitl* (v. *huey pachtli*) se hacían imágenes de los cerros con *tzoalli* o semilla de amaranto y se les rendía culto. En el *Huizachtécatl*, actual cerro de la Estrella se efectuaba la ceremonia del fuego nuevo cada 52 años. El cerro de *Chapoltépec* "lugar del gran manantial", aparece en los códices relacionado a la peregrinación que los mexicas hicieron desde Aztlan; surtía además de agua a Tenochtitlan. // MIXTECOS. En la región mixteca se consideraban las cumbres de los cerros como sitios sagrados; en ellas se construían templos para las deidades locales y se celebraban sacrificios. Entre los cerros más importantes estaban el *Yucuñudahui* y el Monte Negro. En el templo de *Achiutla*, construido sobre la cumbre del *Apoala* (*v.*), se adoraba a los dioses creadores de los mixtecos. También en esta población se localiza el *cahua-caa-ancihui* o "cerro donde está soportado el cielo", que se ha identificado con la peña que "Uno Ciervo" (*v.*) hizo surgir de las aguas antes de la creación de las cosas. // OTOMÍES. En el valle de Toluca se enviaba a los niños a un cerro a ofrecer una coa y a las niñas a ofrendar instrumentos de tejer. Entre los cerros más conocidos estaban el *Xocotépetl* y el *Yauhqueme* (*v.*), aunque sin duda el más importante era el volcán *Chiuhnauhtécatl* "nueve cerros", llamado así por los nueve cerros que lo rodean y que actualmente se conoce como Nevado de Toluca. Tuvo un culto especial relacionado con las deidades acuáticas, sobre todo por las lagunas (*v.*) que se encuentran en su cráter y en las que se realizaban importantes ceremonias, no sólo de los grupos otomianos sino también de los nahuas, especialmente en el mes *aneguoe oeni* (*v.*). Aún después de la conquista, los indios de diversas regiones acudían a la cima de este volcán a dejar ofrendas. // ZAPOTECOS. Algunos cerros eran considerados morada de dioses, o bien como dioses mismos; por esta razón, se les hacían diversas ofrendas. En Yazona, pueblo asentado en un cerro, se le ofrendaban a éste piedras, plumas y perrillos, entre otras cosas. En otra población, Yalagui, se adoraba a otro cerro; en ambos lugares los cerros estaban relacionados con el culto a los antepasados. El cerro más famoso es el *Cempoaltépetl*, de la región *mixe*, que fue y sigue siendo objeto de culto de muchos pueblos, se le consideraba una deidad protectora y de los antepasados. Algunas de las ofrendas que se le hacían eran copal y guajolotes en sacrificio. Otros cerros de la región zapoteca importantes por ser lugares de culto eran el *Istaltepeque*, *Ayacastepeque*, *Cuicoba* y el *Guzaiazo binio*.

cib. "cera". MAYAS. Decimosexto día de los veinte signos del *tzolkin* (*v.*) o calendario de 260 días, correspondiente al día *cozcaquauhtli* nahua. Regido por la diosa *N*, corresponde al Sur y al amarillo, el augurio es el dios venado y las almas como insectos.

cielo. NAHUAS. Se concebía al cielo como formado por varios estratos, generalmente 13, pero a veces se habla de 12 o de 9, en donde habitaban diversas deidades. En los códices generalmente es dibujado como una franja horizontal de tres colores, rojo, amarillo y azul, abajo de la franja o sobre ellas aparecen estrellas. En el Códice Vaticano Latino 3738 están ilustrados 12 estratos del cielo con sus diferentes dioses o entidades sagradas: en el primer y más inferior cielo estaba la Luna (*v.*) y el *Tlalocan* (*v.*), en el segundo la diosa *Citlalicue* (*v.*), en el tercero el Sol, al cuarto se le llama *Huixtitlan* o lugar de la sal, en el quinto está el *mamalhuaztli* (*v.*), que es un barrenador para sacar fuego y una constelación, el sexto es negro, el séptimo verde, el octavo de lajas de obsidiana, el noveno blanco sagrado, el décimo amarillo sagrado, el onceavo sagrado rojo, y el doceavo la dualidad sagrada. En la parte superior de los cielos habita *Ometéotl* (*v.*), el dios 2 o dualidad sagrada. En un principio cielo y tierra eran un todo, pero *Tezcatlipoca* y *Quetzalcóatl* (*v.*) los separaron, y el cielo fue sostenido por estos dioses convertidos en árboles y por cuatro hombres. // MAYAS. Hay varias tradiciones, en una de ellas el cielo era concebido como formado por 13 estratos, en donde habitaban diversos dioses; también podía adquirir una forma piramidal con 6 escalones y un lugar superior; pero de acuerdo a Thompson, también se concebía como formado por las iguanas (*v. Itzam*). En el mito cosmogónico del *Popol Vuh* (*v.*), se dice que lo primero que existía era el cielo, y que el aspecto celeste del universo era Corazón del Cielo. En el cielo residía la Serpiente de vida, principio vital cósmico que fue robada por los nueve dioses (*v. Bolon Tiku*). En el cielo habitan varias deidades como los *chacs* que arrojan su agua desde las cuatro esquinas. Pero los dioses asociados con los trece estratos celestes son los *Oxlahun tiku* (*v.*) o trece deidades. Los mayas yucatecos contemporáneos creen que en los distintos estratos celestes habitan deidades que cuidan del bienestar del hombre sobre todo en relación con la agricultura, pero los tzotziles creen que en el cielo habitan trece dioses malignos que toman formas de animales como el jaguar, el halcón, etcétera. También se ha creído que en el cielo estaba una deidad suprema conocida como *Hunab ku* (*v. Hunab Itzamná*), al que también se relaciona con otras deidades como *Itzamná* (*v.*). El cielo es representado también como una banda dividida en compartimentos, en cada uno de los cuales está el símbolo de una estrella, constelación o planeta. Estas bandas celestes pueden aparecer como el cuerpo del Monstruo Celeste o en otros sitios.

CIHUACÓATL. "Mujer serpiente". NAHUAS. Parece que también recibía el nombre de *Quilaztli*, *Yaocíhuatl* "mujer guerrera", *Tonantzin*, "nuestra madre" y *Huitzilincuatec* "cabeza de colibrí" (*v.*). Diosa madre mexica. Es una deidad femenina relacionada con las tribus del norte. Tenía gran importancia en la guerra y en el sacrificio. Sahagún dice que esta diosa daba cosas adversas como pobreza, abatimiento, trabajos. Se la describe como una mujer madura, con la cara pintada la mitad roja y la mitad negra, con hule derretido alrededor de los labios. Lleva una corona de plumas de águila. Su blusón es rojo y su falda blanca bordada con caracolillos y en una mano lleva su escudo de plumas de águila, y en la otra un instrumento para tejer, a veces también lleva una sonaja de niebla o *ayachicahuaztli* o es representada con una máscara de calavera. Su templo se llamaba el *Tlillan* y en donde habitaban los sacerdotes dedicados a su servicio se llamaba el *Calmécac* negro. Se habla de *Cihuacóatl* como una deidad guerrera que dio la victoria a los mexicanos sobre sus enemigos, y como la hermana de los *mimixcoa* (*v.*), los dioses de las planicies del norte de México. De acuerdo a otro mito ella fue la que molió los huesos de los muertos que trajo *Quetzalcóatl* del *Mictlan* (*v.*), para crear la nueva humanidad. A veces se la veía en la noche vestida como gran señora aullando, y a veces se aparecía en el mercado cargando una cuna, la que dejaba abandonada y cuando se asomaban a ver lo que había dentro se encontraban con un cuchillo de obsidiana, lo que quería decir que la diosa tenía hambre y necesitaba que le ofrecieran un sacrificio. En la estructura política mexica había un soberano llamado *tlahtoani* y una especie de primer ministro que llevaba el nombre de *Cihuacóatl*. En el mes de *tititl* se sacrificaba una mujer en su honor en el templo de *Huitzilincuatec*. // OTOMÍES. También tuvo culto entre este grupo.

CIHUAPIPILTIN. (*v. Cihuateteo*).

CIHUATÉOTL. "diosa". NAHUAS. Otro de los nombres de *Toci* (*v.*).

CIHUACÓATL (Códice Borbónico).

CIHUATETEO. "mujeres deificadas" o **CIHUAPIPILTIN.** "mujeres nobles". NAHUAS. Mujeres que habían muerto en el primer parto. Ayudaban al Sol en su recorrido por el cielo, recogiéndolo en el cenit y llevándolo hasta occidente. Se las equiparaba a los guerreros muertos en la guerra o en el sacrificio. Bajaban a la tierra en la trecena del *tonalpohualli* (v.) que empezaba con el signo 1 lluvia y causaban enfermedades sobre todo a los niños. Sus imágenes tenían la cara, brazos y piernas pintadas de blanco, iban vestidas de blanco, con una falda de rayas verticales de color negro, encima otras enaguas de papel con pintura de puntas de obsidiana. Sus templos estaban en las encrucijadas de los caminos y se llamaban *cihuateocalli iteopan* o *cihuateopan*.

Cihuatlamacazque. NAHUAS. Sacerdotisas de 15 a 20 años que vivían en el Templo Mayor dedicadas a servir, durante un año, al templo de *Huitzilopochtli* (v.).

Cihuatlampa. "lugar de las mujeres". NAHUAS. Occidente. Donde vivían las *Cihuateteo* (v.), y en donde dejaban ellas al Sol (v.) después de haberlo recogido en el cenit.

cimi. "muerte". MAYAS. Sexto día de los veinte signos del *tzolkin* (v.) o calendario de 260 días. Equivalente a *miquiztli* "muerte" nahua. Su animal augural es el búho, Dios A y *Kisin-Yum Tse'k*. Su rumbo es el norte y su color es el blanco.

Cincalco. "lugar de la mazorca tierna". NAHUAS. Sitio que se encontraba en el occidente. Era un lugar de la fertilidad.

CINTÉOTL. "Dios del maíz tierno". NAHUAS. Es una deidad que puede asumir sexo masculino o femenino. Era esposo de *Xochiquetzal* (v.) e hijo de *Toci* (v.). Había varios templos dedicados en su honor, que recibían el nombre de *Cintéotl iteopan*, uno era del *Iztac Cintéotl* o *Cintéotl* blanco, otro del *Tlatlauhqui Cintéotl* o *Cintéotl* rojo. En uno de los cantos rituales que le eran dedicados se dice que nació en *Tamoanchan*, de donde descendió. En un mito perteneciente

CINTÉOTL (Códice Borgia).

al pueblo de Chalco, se dice que *Cintéotl* nació de la unión de los dioses *Xochiquetzal* y *Piltzintecuhtli* (v.). *Cintéotl* se metió debajo de la tierra, lo que se puede interpretar como que se murió y de sus cabellos salió el algodón; de cada una de sus orejas, así como de su nariz brotó una semilla comestible diferente. De los dedos nació un tubérculo llamado camote, de las uñas una especie de maíz, y del resto del cuerpo muchos otros frutos. Se le festejaba también en el mes de *huey tozoztli* junto con la diosa *Chicomecóatl*, a quien estaba estrechamente asociado. En el mes de *huey tecuilhuitl* se sacrificaba a una cautiva en su honor. En el mes de *ochpaniztli*, dedicado a la diosa *Toci*, cuando la imagen de ésta era sacrificada y desollada, la piel de su muslo era usada como máscara por el sacerdote del dios *Cintéotl*. En el templo llamado *Ococalco* había un sacerdote llamado *Cinteutzin Xilonen Tenantzin* encargado de los objetos que se necesitaban cuando caía la fiesta del dios y era sacrificada su imagen viva.

Cinteteo. los *Cintéotl*. NAHUAS. Eran de cuatro colores: blanco, amarillo, rojo y negro. En *ochpaniztli* (v.), cuatro sacerdotes vestidos con la piel de 4 sacrificados representaban a estos *Cintéotl*.

cipactli. NAHUAS. Animal mítico parecido a un dragón, caimán o cocodrilo. Monstruo terrestre que fue creado por los hijos de la pareja creadora. // NAHUAS. Primer día del *tonalpohualli*. Está formado por una cabeza de reptil sin la mandíbula inferior. Tiene como patrono a *Tonacatecuhtli* (v.) señor de los alimentos. Su equivalente en el calendario maya es *imix* (v.).

CIPACTONAL. "Calor o brillo de *cipactli*". NAHUAS. Personaje aparentemente masculino que junto con *Oxomoco* (v.) descubrieron el calendario y las formas de adivinación. Frecuentemente son representados en la primera página del *Tonalámatl* (v.).

CIT BOLON UA. "Padre Nueve, mentiroso o entrampador". MAYAS. Es una fuerza del mal, aspecto o patrón de los *katunes 8 Ahau* y *10 Ahau*.

CIT-CHAC-COH. "padre rojo o gran puma". MAYAS. Deidad felina que era celebrada por los guerreros en el mes *pax*.

CITLALICUE o **CITLALCUEYE.** "la de la falda de estrellas". NAHUAS. También era conocida como *Citlaltónac*, "brillo de estrellas". Era la diosa de la Vía Láctea, deidad creadora que se identificaba en ocasiones con el principio engendrador que envía a los niños al nacer. Según varios autores es una manifestación de la deidad femenina vieja, madre de los dioses. A veces se le considera esposa de *Mixcóatl* (v.), quien también es una deidad de la Vía Láctea. Su imagen se representaba como una mujer con una falda pintada con estrellas. La imagen viva tenía una falda de cuero con la parte inferior cortada en tiras de la que colgaban caracolillos que aparentemente significaban estrellas. Según un mito los dioses nacieron de un pedernal que *Citlalicue* dio a luz y que fue arrojado a la tierra. Se mencionan como hijos de esta diosa a *Quetzalcóatl, Huitzilopochtli, Tezcatlipo-*

CIPACTONAL y OXOMOCO (Códice Borbónico).

ca, Tonacatecuhtli, Tlahuizcalpantecuhtli y *Yoaltecuhtli.* También se dice que la diosa *Citlalicue* mandó desde el cielo a 1 600 hijos, los que murieron al llegar a Teotihuacan. A *Citlalicue* y a *Citlaltónac* les fue encargado por los demás dioses que crearan de nuevo a la humanidad. *Quetzalcóatl*, el héroe cultural, cuando vivía en Tula dirigía sus oraciones a *Citlalicue* y *Citlaltónac.* Al nacer un niño, la partera le dedicaba parte de sus oraciones diciéndole: "Señora, que sóis madre de los cielos, y os llamáis *Citlaltónac* y también *Citlalicue*, a vos se enderezan mis palabras y mis voces, y os ruego imprimáis vuestra virtud, cualquiera que ella es, dadla, inspiradla en esta criatura." También se dirigían a ella cuando enfermaba alguna persona: "Madre mía, la de la saya estrellada, tú hiciste a éste, tú le diste la vida, pues ¿cómo tú también estás contra él? ¿Cómo te has vuelto en contra? Cierto es que tú le hiciste vida, cierto es que en tus manos recibió el ser." Fuera de estas oraciones y de su papel de creadora de la humanidad, *Citlalicue* no recibía otro tipo de culto.

CITLALMINA. "flecha de estrella". NAHUAS. Guarda también el primer cielo.

CITLALTÓNAC. "brillo de estrella". NAHUAS. Otro nombre de *Citlalicue* (*v.*). Se encontraba en el primer cielo (*v.*).

Citlaxonecuilli. NAHUAS. Constelación con la forma del *xonecuilli*, que era un adminículo con una forma parecida a un signo de interrogación o a una S que llevaban en la mano algunos dioses como *Quetzalcóatl*.

CITLI. "liebre". NAHUAS. Personaje que arrojó flechas al Sol (*v.*) porque permanecía sin moverse en el cielo, pero éste se las devolvió matándolo.

CIZIN. MAYAS. (*v. Kizin*).

Clásico. (200 o 300 d.C. a 900 d.C.). Este horizonte cultural está caracterizado por ciudades estado en el área maya y grandes centros urbanos como Teotihuacan que implicaban una compleja organización sociopolítica y religiosa, con un activo intercambio comercial y posibles colonias en diferentes lugares, como de teotihuacanos en la zona maya. El sacerdocio adquiere especial importancia al monopolizar el conocimiento de la escritura, el calendario y la religión. Los elementos de culto surgidos en el Preclásico (*v.*) se enriquecen durante esta etapa. En Teotihuacan (*v.*) destacan deidades del agua como un antecedente muy semejante a *Tláloc* (*v.*), así como la mano como símbolo de otorgar abundancia, dioses con máscaras de águila y lechuza, algunas deidades con armas en las manos, posiblemente el dios del Sol representado como ave de rapiña y como búho. Las imágenes de los dioses como *Tláloc, Xipe* (*v.*), *Quetzalcóatl* (*v.*) y *Huehuetéotl* (*v.*), aparecen ya en el Altiplano. Adquieren especial importancia las deidades del agua como *Tláloc* y *Chac* así como los dragones que parecen ser tanto terrestres, como celestes y acuáticos, los árboles de la vida, la sangre sacrificial y el juego de pelota ritual. Aparecen personajes ricamente ataviados que son reyes o sacerdotes que probablemente estaban representados presidiendo diversos ritos. Existen evidencias de la existencia de sacrificios humanos (*v.* sacrificio) en este periodo, los principales centros urbano-religiosos del clásico son: Teotihuacan, Cholula, Xochicalco y Cacaxtla en el Altiplano Central; Monte Albán y Yagul en el área de Oaxaca; Tajín en la zona totonaca del Golfo; Bonampak, Palenque, Tikal, Uaxactún, Kaminaljuyú y Copán en el área maya. El final del periodo clásico es marcado por la caída de los grandes centros urbanos.

coailhuitl. "fiesta universal". NAHUAS. Era la fiesta también llamada *tlacaxipehualiztli* (*v.*). Se dice que era una fiesta tan importante que se celebraba en todas partes.

Coateocalli. "templo de serpientes". NAHUAS. Lugar en donde se encontraban las imágenes de los dioses de las provincias conquistadas.

Coatepantli. "muro de serpientes". NAHUAS. Formado con cabezas de serpientes que rodeaba el Templo Mayor de Tenochtitlan (*v.*).

Coatepec. "cerro de la serpiente". NAHUAS. Lugar mítico del nacimiento milagro de *Huitzilopochtli* (*v.*). Era también el nombre que recibía el Templo Mayor de Tenochtitlan.

cóatl. "serpiente" (*v.*) NAHUAS. Este animal era uno de los más representados en la iconografía mexica, estaba asociado sobre todo con el agua. Es el quinto día del ciclo de 260 días o *tonalpohualli* (*v.*). Está regido por la diosa *Chalchiuhtlicue* (*v.*) "falda de jade". Día indiferente, malo o bueno, porque se va la fortuna como el agua. Equivale al *chicchan* (*v.*) maya.

Coatlan. NAHUAS. Barrio de los floristas (*v.* flores) cuya diosa patrona era *Coatlicue* (*v.*) o *Coatlantonan*, en el mes de *tlacaxipehualiztli* (*v.*) hacían unos tamales especiales que le ofrecían en su templo, que era el sexagésimo quinto edificio del Templo Mayor de Tenochtitlan y también se llamaba *Coatlan*, aquí sacrificaban cautivos en honor de los *Centzon Huitznahua* (*v. Huitznahua*) en el mes de *quecholli* y cuando se encendía el Fuego Nuevo.

COATLANTONAN. NAHUAS. Otro nombre de *Coatlicue* (*v.*), bajo esta advocación era diosa de las flores y de los floristas (*v. Coatlan* y flores), los que a finales del mes de *tlacaxipehualiztli* (*v.*), le rendían culto en el templo de *Coatlan* y de *Yopico*, ofreciéndole las primicias de la floricultura.

COATLICUE. "falda de serpientes". NAHUAS. Es una de las formas de la diosa madre, que se ha confundido o fundido con otras diosas. Su representación clásica es la enorme escultura en piedra que se encuentra en el Museo Nacional de Antropología. Este monolito es un monstruo femenino con falda de serpientes, cabeza formada por dos cabezas de serpientes, collar hecho de manos y corazones y manos y pies en forma de garras. Sin embargo en algunos manuscritos aparece con los labios pintados de hule y una mancha, también de hule, en las mejillas. Lleva tocado de algodón con serpientes, vestido blanco y, a veces, una falda corta de caracoles llamado faldellín de estrellas. En una mano tiene un escudo de oro perforado y en la otra una escoba. En algunos mitos, aparece como esposa de *Mixcóatl* (*v.*), en lugar de *Chimalma* (*v.*), y como madre de *Quetzalcóatl* (*v.*); aunque su papel más importante es el de madre de *Huitzilopochtli* (*v.*). Se dice que estando *Coatlicue* barriendo penitencialmente en el cerro de

COATLICUE (Museo Nacional de Antropología).

Coatepec (*v.*), cayó de repente un plumón del cielo, mismo que guardó en su regazo y del que quedó embarazada. Al darse cuenta de su estado, sus otros hijos, los llamados *Centzon Huitznahua* (*v. Huitznahua* y *Totochtin*) los "cuatrocientos *huitznahua*" y *Coyolxauhqui* (*v.*), "la de cascabeles en la cara", intentaron matarla, pero en ese momento nació *Huitzilopochtli* y destruyó a todos sus hermanos. Se cuenta que el rey *Moctezuma I* pidió a sus brujos que fueran a buscar a *Coatlicue* a *Culhuacan*, el lugar de donde salieron los mexicas, y en viaje chamánico llegaron los brujos hasta aquella comarca. *Coatlicue* vivía en un cerro que tenía el poder de rejuvenecer al que lo subía y envejecer al que lo bajaba; una vez llegados los brujos entregaron entonces a la diosa los regalos que le enviaba *Moctezuma I* y ella les preguntó por su hijo, el que había partido hacía mucho tiempo prometiendo regresar pronto después de llevar a los siete barrios a la tierra prometida, y de someter a todos los pueblos, diciendo que de la misma forma que él ganaría en la guerra, después él mismo sería echado por gente extraña y entonces regresaría con su madre. *Coatlicue* le pide a los emisarios que le digan a su hijo *Huitzilopochtli* que regrese pronto y le envía una manta y un *maxtlatl* o taparrabo de henequén. *Coatlicue*, en su forma de *Coatlantonan*, es la patrona de los floristas (*v. Coatlantonan* y flores).

cocij. ZAPOTECOS. Cinco periodos o estaciones de 73 días cada uno dedicados a *Cocijo* (*v.*) que dividían el calendario (*v.*) solar. *Cocij cogaa* era el tiempo del agua y del viento simbolizado por el cocodrilo. *Cocij col lapa* era el tiempo de las cosechas representado por el maíz. *Cocij piye chij* era el tiempo santo o de fiesta y lo representaban el águila (*v.*) o el guerrero. *Cocij piye cogaa* estaba dedicado a *Cocijo* (*v.*) en su advocación de *Xipe*. Era el tiempo de secas o inicio del calendario. *Cocij yoocho* era el tiempo de las enfermedades y de las miserias y estaba representado por el tigre.

COCIJO, GOZIO, GOCIO, LOCIO, LOCIYO, BETAU GUCIO, GUCI, QUECHETAO, YACTAO o **QUECELAO.** ZAPOTECOS. Deidad del rayo, del agua, de la fertilidad, del paraíso y de los campesinos. Fue el dios más importante y tal vez el más venerado entre los zapotecos. Está representado por el glifo "trece flor". Dios de la salud, las enfermedades, la sal, la guerra y la muerte. Asimismo era el abogado de las sementeras; los agricultores lo invocaban durante las diversas etapas del ciclo agrícola; lo mismo hacían los pescadores, por lo que se relaciona a los ríos y los peces. En el tocado llevaba la representación de *Cosana* (*v.*) o "trece tecolote", con el que estaba relacionado. Se sabe que recibía en ofrenda sacrificios de niños. Una de sus advocaciones era *Xipe,* forma bajo la cual representaba la resurrección de la naturaleza y el comienzo del año. Sus representaciones fueron muy variadas, pero generalmente aparece con el símbolo del rayo en la mano izquierda y con ricos tocados con nubes de las que sale *Cosana* acompañado de chorros de agua. Presidió los rumbos del universo zapoteco (Este, Norte, Sur, Oeste), y los calendarios ritual (*piye*) y solar (*yza*). Su esposa era *Nohuichana* (*v.*). Una de las ceremonias para pedir agua a *Cocijo* era la del palo del volador (*v.*), en la cual un sacerdote subía a la punta de éste a bailar; en esta fiesta se incluían sacrificios y bailes. En el periodo colonial pervivió el culto a este dios bajo formas cristianas, como San Miguel, San Rafael, San Gabriel y San Isidro, entre otros.

códice. Manuscrito en forma de biombo hecho en papel de amate o de piel de venado en donde se dibujaban con caracteres probablemente ideográficos historias de los pueblos y de los linajes, delimitaciones de tierras, tributos, ceremonias y escenas del simbolismo religioso, pero sobre todo almanaques o *tonalpohualli* (*v.*) "cuentas del destino". Estos códices fueron elaborados antes y después de la conquista. Solamente 16 son los que quedan de los que fueron escritos antes de la conquista, uno de ellos proviene del México central: el Códice Borbónico. El grupo del Códice Borgia, cuya procedencia no es clara, pero se ubica en Puebla-Tlaxcala o la región occidental de Oaxaca. De la región occidental de Oaxaca son los códices Bodley, Nuttal y Colombino, y de la región maya el Códice Dresden (*v.*), el Códice Madrid (*v.*) y el Códice de París o Peresiano (*v.*). Entre los manuscritos elaborados en la Colonia son importantes los *Primeros Memoriales*, el Códice Florentino, el Códice Ríos y el Telleriano Remensis, el Maglibechhi, etcétera. Los códices de la región mixteco-Puebla y los del valle de México comparten las mismas deidades, pero éstas son diferentes en la zona maya (*v.* fuentes).

Códice Borbónico. Existen distintas versiones acerca del fechamiento de este códice, de si fue hecho antes o después de la conquista. Trata, además del *tonalpohualli* (*v.*), de las fiestas del calendario (*v.*) de 365 días, así como de la fiesta del "fuego nuevo" (*v.* fuego), que se celebraba cada 52 años.

Códice Borgia. Realizado en la época prehispánica en la región de Puebla-Tlaxcala. Contiene importante información sobre las deidades del altiplano central, la cuenta del *tonalpohualli* (*v.*), los periodos de Venus (*v.*) y la descripción de diversos rituales. Seguramente tuvo usos adivinatorios.

Códice Chimalpopoca. Anales de Cuauhtitlán y Leyenda de los soles. Escrito alre-

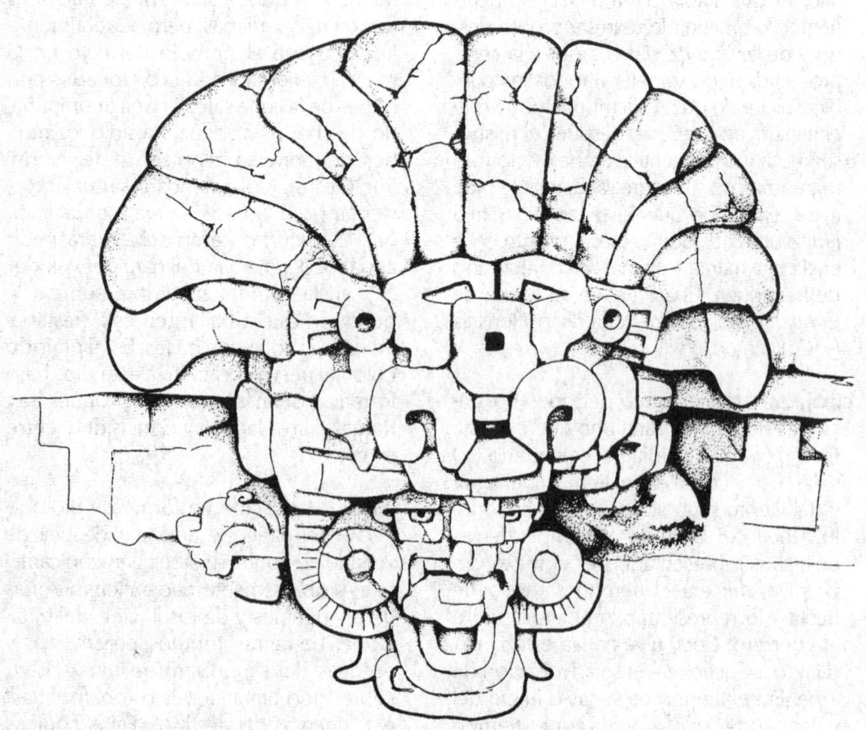

COCIJO (Lambityeco, Oaxaca).

dedor de 1558-1570 y de autor o autores anónimos. Su redacción parece estar describiendo una pintura a la vista, por lo que seguramente este documento es producto de la lectura de un códice. Su contenido se refiere a la cosmogonía nahua, la creación de los hombres y el principio del reino tolteca.

Códice de París o **Peresiano**. MAYAS. Se ubica entre los siglos XIII y XV, se refiere a los dioses patronos y a los once *katunes* (*v. katún*). Posiblemente el original se escribió entre 1224 y 1441. Su contenido es ritualístico, adivinatorio y calendárico, refiriéndose especialmente al ciclo agrícola anual y a las influencias lunares y solares así como a las deidades que influyen sobre los cultivos.

Códice Dresden. MAYAS. Copia de un manuscrito, posiblemente realizado entre 1200 y 1250; contiene almanaques sagrados y cuentas de los 365 días del año con fines adivinatorios; material astronómico-astrológico en las tablas de los eclipses y de Venus (*v.*); profecías para el año y el *katún* (*v.*), invocaciones y adivinaciones en relación al tiempo, agricultura, extracción de fuego, enfermedad y medicina, matrimonios, nacimientos, mercaderes, etc.

Códice Florentino. Forma parte de los manuscritos que, junto con sus colaboradores indígenas, elaboró Fray Bernardino de Sahagún (*v.*) en el siglo XVI. Las ilustraciones que contiene, ya con influencia europea, muestran a los dioses, las ceremonias, los templos y, en general, todo lo relacionado con la cultura de los mexicas.

Códice Madrid o **Tro-Cortesiano.** MAYAS. Copia de uno posiblemente hecho entre los siglos XIII y XV. Contenido religioso y civil. Las primeras páginas se refieren a ritos dirigidos a *Kukulkán* e *Itzamná*, al ciclo de 260 días y a divinidades que intervienen en el trabajo agrícola, especialmente en la preparación de la siembra. Hay también ritos relacionados con otras actividades como la cacería, la guerra, el comercio, la preparación de bebida y de comida, la apicultura, la muerte y la purificación.

Códice Matritense. Ilustra una de las versiones recogidas por Sahagún en la región de Tezcoco, en el siglo XVI, referente a las costumbres de los mexicas. Son especialmente interesantes los párrafos relativos a las fiestas, ritos, sacerdotes y dioses.

codorniz. (Cyrtonyx montezumae). NAHUAS. En los ritos mexicas tiene un importante papel como ofrenda de sacrificio al dios del Sol (*v.*). En el mito nahua de la creación del hombre, se dice que cuando *Quetzalcóatl* (*v.*) bajó al *Mictlan* (*v.*) por los huesos con los que crearía la nueva humanidad, las codornices "horadaron" los caracoles que llevaba el dios y lo hicieron caer.

Colhuacan o **Culhuacan**. "cerro torcido" NAHUAS. Cerro mítico de los antepasados, donde se localizaban las siete cuevas de las que salieron las tribus nahuas, una de las cuales era la de los mexicas. También fue la capital de los colhuas que llegaron al valle de México antes que los mexicas y se encontraba cerca de Chalco.

colibrí. (Troquilidae). Ave de gran importancia en la cosmovisión de todos los pueblos mesoamericanos por su peculiar forma de volar, esto es, por estar en continuo movimiento; es muy valerosa y se creía que no moría porque hiberna. La máxima deidad de los mexicas recibió el nombre de *Huitzilopochtli* (*v.*) o "colibrí de la izquierda". El yelmo que cubría la cabeza de esta deidad tenía la forma de la cabeza del colibrí. Existió también la diosa llamada *Huitzilincuatec*, "cabeza de colibrí", que es una advocación de *Cihuacóatl* (*v.*). // MAYAS. Entre los grupos mayenses, como los cakchiqueles, se cree todavía que el Sol se transforma en colibrí para volverse amante de la Luna. //

MAYAS TZOTZILES. Se cree que es el nahual de la pareja creadora *Totilme'iletik* (v.) padre-madre antepasado que vivió en la tierra como Sol y Luna. También el Sol se convierte en colibrí para cortejar a la Luna. *Ah Kin Xoc* (v.) aparece como colibrí y se casa con la flor de mayo o plumería de cinco pétalos. // TARASCOS. *tzintzuni.* Al dios *Curita Caheri* (v.) se le representa como colibrí en su advocación de mensajero de la guerra, y *Tzintzunzan* (v.) "donde está el colibrí", fue una importante ciudad tarasca dedicada a este dios.

COLTZIN. "torcidillo". OTOMÍES. Deidad de la agricultura en la zona del valle de Toluca. Su representación era antropomorfa, con un tocado retorcido. Le ofrendaban sangre humana obtenida mediante el sacrificio (v.) por red, y que era derramada sobre la tierra, lo que acentuaba el carácter agrícola de la deidad.

comercio. Actividad de suma importancia en toda Mesoamérica. // NAHUAS. Los comerciantes recibían el nombre de *pochteca* (v.) y su dios principal era *Yacatecuhtli* (v.). // MAYAS. *Ek Chuah* (v.) era el dios de los comerciantes.

cometas. Como otros pueblos del mundo, los mesoamericanos consideraban a los cometas portadores de malos augurios.

comida. Cada ceremonia y cada rito era generalmente acompañado por un banquete, o por el reparto y el consumo de determinado tipo de alimento. El maíz (v.) era el principal, el cual se preparaba de la misma manera que se prepara ahora, en forma de tortillas; *tamalli,* bollos de masa de maíz, envueltos en hoja del mismo maíz, o de plátano y platanillo y cocidos al vapor; *pozol* que es una bebida hecha de masa con agua; pozole, que son granos de maíz cocidos con carne; pinole, que es un polvo de maíz tostado y molido. Muy importante era también el amaranto (v.), que se utilizaba para comer y para fabricar estatuillas de los dioses, que después se solían comer de manera ritual; también el cacao (v.) tenía usos alimenticios, medicinales, e incluso comerciales, y con éste se elaboraba una bebida llamada chocolate, que era utilizada en ciertas fiestas y como alimento para los nobles y señores. Estos alimentos, junto con el frijol, la calabaza, el chile y gran variedad de hierbas y frutas, se preparaban de diferentes maneras según las fiestas en las que eran utilizados.

conejo. (Sylvagus floridanus). NAHUAS. *tochtli.* Es el vigésimo signo del calendario (v.) ritual de 260 días o *tonalpohualli.* Era uno de los cuatro portadores de año, estaba asociado con el Sur (v.) y su signo presagiaba males. Se le asocia a la Luna

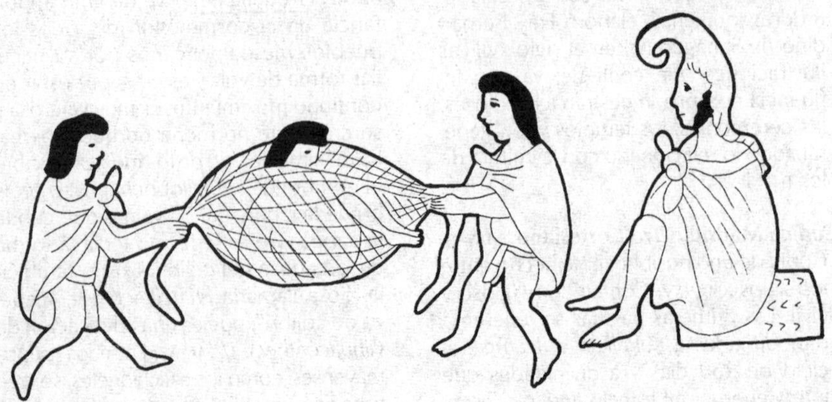

COLTZIN presenciando el sacrificio por red (Códice Florentino).

(*v.*) dentro de la que puede verse su figura. En el mito de la creación del Sol (*v.*) y de la Luna, cuando aparecen los astros en el cielo y ambos brillan por igual, se le arroja un conejo a la Luna para restarle brillo. Además, en el panteón mexica los dioses del pulque recibían el nombre de *ome tochtli* "2 conejo", y, en conjunto, los *centzontototchtin* o "400 conejos" (*v. Totochtin*). Asimismo, los sacerdotes que los atendían y los templos, recibían estos mismos nombres. En un mito huaxteco actual, se cree que el conejo levantó los árboles (*v.*) que el día anterior tiró un campesino para sembrar su milpa.

confesión. NAHUAS. La confesión de los pecados era una práctica que se podía llevar a cabo una vez en la vida, ante un sacerdote; generalmente, la persona se confesaba cuando era anciana. Se dirigían especialmente a la diosa *Tlazoltéotl* o *Tlaecuani* (*v.*) "comedora de inmundicias" y al dios *Tezcatlipoca* (*v.*). El sacerdote imponía la penitencia, de acuerdo con la magnitud de los pecados cometidos. Por ejemplo, las penitencias eran duras cuando los pecados eran de carácter sexual, como el adulterio. // MAYAS. La confesión se hacía antes de alguna ceremonia importante y también cuando una persona estaba gravemente enferma. // TOTONACOS. En una fase de la ceremonia llamada "concertación", los participantes comienzan a confesar en voz alta sus faltas, si han participado en habladurías o si han tenido arranques de cólera recientemente.

continencia. Como en el caso del ayuno, era indispensable guardar abstinencia antes de cualquier ceremonia importante y durante ella; estas privaciones eran mucho más estrictas cuando se trataba de los sacerdotes.

copal. Resina y corteza olorosa extraída del árbol Bursera jorullensis, que se utiliza como incienso y es indispensable en cualquier ceremonia religiosa. El humo del copal honraba a los dioses pues los perfumaba y eliminaba las impurezas del aire. Se sigue utilizando en la actualidad en las iglesias y para otros ritos indígenas.

cope vitoo. "guarda de los dioses". ZAPOTECOS. Sacerdotes asistentes del *huijatao* (*v.*) o Sumo Sacerdote. Su misión era mantener en orden todo lo concerniente al culto y su ritual; cuidaban los santuarios y los ídolos y también se encargaban de organizar las fiestas y realizar los sacrificios humanos.

COPIJCHA, COPUIJCHA, COCICHACOCE, LICUICHA, NIYOA o **UBIDZA.** ZAPOTECOS. Dios solar de los zapotecos, hijo de la pareja creadora formada por *Cosana* y *Xonaxi* (*v.*). Tuvo cuatro personificaciones relacionadas con cada uno de los equinoccios y solsticios, los rumbos del universo (*v.*) y así como sus colores. Las personificaciones eran: *Pitao Peze, Pitao Zig, Pitao Cozobi* y *Copijcha* (*v.*), siendo esta última el Sol, propiamente dicho, relacionado con el Sur y con el color azul, por lo que era tenido como dios de la guerra, de las armas, de los sacrificios, de los guerreros y de la cacería.

COPIL. NAHUAS. Hijo de *Malinalxoch* (*v.*), la hermana que *Huitzilopochtli* (*v.*) abandonó en Malinalco durante la peregrinación mexica. Para vengar a su madre, *Copil* sublevó contra los mexicas que se encontraban en Chapultepec a las tribus establecidas en el valle de México. Pero *Copil* fue derrotado por *Huitzilopochtli* y su corazón arrojado a la laguna. En ese sitio, conocido como *Acopilco* "agua del lugar de Copil", posteriormente nació el nopal mismo en el que se posó el águila que señaló el lugar prometido a los mexicas para que erigieran la ciudad de Tenochtitlan (*v.*).

COQUI XEE, COQUITELA, PIJE, PIYE XOO, LETA AQUICHINO, LIRA AQUITZINO o **COQUICILLA.** "lo sin principio, el incognoscible". ZAPOTECOS. Dios "trece movimiento". Es el principio crea-

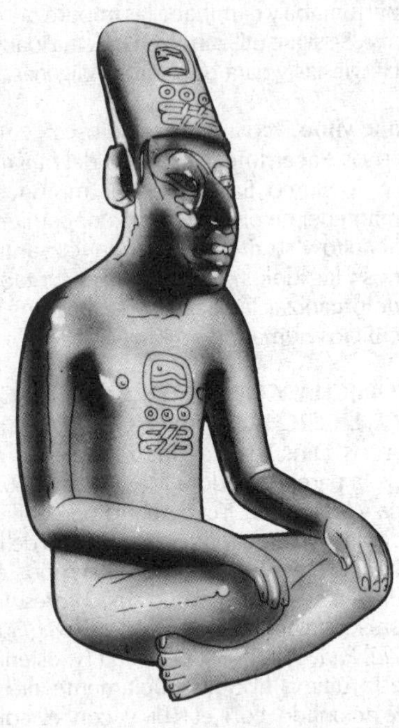

COQUI XEE.

dor de la energía y del movimiento universal. Representa las apariciones de la luna durante el año, por lo que es el primero en la jerarquía de los trece dioses principales del panteón zapoteco. Engloba en sí mismo la idea de un solo dios de donde parten las demás deidades, a manera de aspectos o advocaciones de este principio supremo o fuerza. Es el creador de la pareja de dioses engendradores *Cosana* (v.) y *Xonaxi* (v.), que representaban la luz y la oscuridad. Era objeto de la adoración de cazadores y pescadores principalmente (v. caza).

corazón. El corazón humano era la ofrenda más apreciada por los dioses nahuas. Se le llamaba metafóricamente, *cuauhnochtli*, "tuna del águila".

COSANA, COSANAGUELA, COSANATO o HUENEXEHUENCILLA. ZAPOTECOS. Es el elemento fuego. Dios de los antepasados conocido como el "señor de la noche" o "trece tecolote". Forma parte de la pareja creadora y junto con su esposa *Xonaxi* (v.) "trece turquesa" creó el Sol, la Tierra, a los hombres (los linajes) y a los demás dioses. Por lo tanto es el padre de las generaciones. También inventó el calendario y el arte adivinatorio. Se le representa de diversas formas: como tortuga; con un fémur en la mano y con una bolsa de copal en la cintura. En Xaquija, hoy Teotitlan del Valle, se le dedicaban sacrificios humanos y ofrendas. Su culto ha pervivido relacionado con los muertos.

cosmovisión. Hay dos concepciones, una geométrica y otra animal y vegetal. De acuerdo con la primera, el cosmos estaba constituido por tres planos o niveles horizontales sobrepuestos: el cielo (v.) o supramundo, la tierra (v.) o mundo medio y el inframundo (v.). Estos tres planos estaban delimitados por los cuatro pun-

COSANA y XONAXI (Lambityeco, Oaxaca).

tos solsticiales o "esquinas" del universo, formando los cuatro rumbos del universo: Este (*v.*), Norte (*v.*), Oeste (*v.*), y Sur (*v.*). En cada una de las "esquinas" del plano terrestre había unos dioses o árboles que sostenían el cielo. // NAHUAS. De acuerdo con la concepción animal, los mexicas creían que la tierra y el cielo habían formado parte de un monstruo primigenio que fue dividido. // MAYAS. Tanto la tierra como el cielo eran concebidos como animales monstruosos. // TARASCOS. El universo tarasco era concebido en forma de tres planos superpuestos, todos de igual importancia: *Auándaro* (*v.*) o región del cielo, *Echerendo* (*v.*) o región de la tierra, y *Cumiechúcuaro* (*v.*) o inframundo (*v.*). Cada uno de ellos estaba dividido en cuatro rumbos y un centro, los cuales tenían asociado un dios y un color. // HUICHOLES. Zingg dice que los huicholes consideran que la tierra es un disco chato, al que rodea un mar poblado de serpientes acuáticas.

COYOLXAUHQUI. "la de los cascabeles en la cara". NAHUAS. Hermana de *Huitzilopochtli* (*v.*), al enterarse de que su madre estaba embarazada trató de matarla junto con sus hermanos los cuatrocientos *huitznahua*, por lo que fue muerta y despedazada por *Huitzilopochtli*. Recientemente una gran imagen de la diosa despedazada fue encontrada al pie de lo que fue el Templo Mayor en la ciudad de México. También se conserva una enorme cabeza de piedra de la diosa en el Museo Nacional de Antropología.

COYOLXAUHQUI (Museo del Templo Mayor).

COYOTLINAHUAL. "nahual de coyote". NAHUAS. Deidad de los *amanteca* (v.).

COZCAMIAUH. "collar de espigas". NAHUAS. Otro de los nombres asignados a la diosa *Cihuacóatl* (v.).

cozcaquauhtli. "zopilote". NAHUAS. Decimosexto signo del ciclo de 260 días o *tonalpohualli*. Corresponde al día *cib* (v.) maya. Está regido por la diosa *Itzpapálotl* (v.) o "mariposa de obsidiana". *1 cozcaquauhtli* era muy buen signo, predecía una larga, próspera y alegre vida.

creación del mundo y de los hombres. NAHUAS. *Ometéotl* (v.) "la dualidad sagrada", se desdobló en *Ometecuhtli* (v.) y *Omecíhuatl* (v.), los que a su vez crearon a los cuatro *Tezcatlipocas* (v.). Éstos crearon a todos los dioses, incluyendo a *Tláloc* (v.) y a *Mictlantecuhtli* (v.), así como la tierra (v.), los cielos (v.), las plantas, los animales y al hombre. En los mitos acerca de los soles cosmogónicos (v. Sol) se habla de varias creaciones y destrucciones del hombre (v. *Quetzalcóatl, Tezcatlipoca*). // MAYAS. Los mayas como los mexicas, creían en varias creaciones del mundo. En el *Popol Vuh* (v.) se habla de tres creaciones. La primera vez, los dioses hicieron al hombre de barro, pero "...se deshacía, estaba blando, no tenía movimiento, no tenía fuerza, se caía, estaba aguado, no movía la cabeza, la cara se le iba para un lado, tenía velada la vista, no podía ver hacia atrás. Al principio hablaba pero no tenía entendimiento. Rápidamente se humedeció dentro del agua y no se pudo sostener..." Este resultado enfureció a los dioses y lo desbarataron. En la segunda ocasión, los dioses hicieron al hombre del *tzité*, árbol pito, y a las mujeres de carrizo. El árbol pito tenía mejor substancia que el carrizo. Ese hombre veía, hablaba y se multiplicaba, pero carecía de alma y de cerebro. Su carne era amarilla, no tenía expresión, no sabía quién era su creador y no le ofrendaba; por lo tanto, también fue destruido. Durante la segunda creación una densa resina cayó del cielo hasta oscurecer la tierra, y una lluvia negra no cesaba ni de día ni de noche. Los animales demoniacos devoraban la carne de la gente. Animales y utensilios domésticos atacaban a sus dueños; los perros preguntaban a los hombres de palo por qué no los alimentaban y, en cambio, siempre les pegaban, y también los guajolotes y perros, traídos para servir de alimento decían: "ahora es nuestro turno", igualmente las ollas y las piedras del fogón clamaban venganza por haber sido quemadas. Entonces los hombres de palo subieron a los techos para salvarse pero ahí se convirtieron en monos. Por fin, en la tercera creación el hombre fue hecho de maíz blanco y de maíz amarillo, mezclado con sangre de tapir y de serpiente. Primero se crearon cuatro hombres y cuatro mujeres que agradecieron a los dioses el haberlos creado, pero eran demasiado sabios y existía el peligro de que se volvieran dioses, por lo que "corazón del cielo" sopló un vapor que cubrió los ojos de los

Creación de los mixtecos. Surgen del Árbol del Origen (Códice Vindobonensis).

hombres, y así vieron menos y disminuyó su sabiduría. Esos hombres fueron los antepasados de los mayas. Por otra parte, el dios *Hunchouen* (*v.*) creó el cielo, los planetas, la tierra, el agua, el fuego y el hombre. *Hunab Itzamná* (*v.*) es otra deidad creadora. // MAYAS LACANDONES. *K'akoch* es un dios alejado de los hombres, quien creó primero a la Tierra, al Sol y a la Luna y a la flor de mayo (*nicté*), y de esta flor nació *Hachakyum* (*v.*) el creador activo de la Tierra, de los cielos y el inframundo y de los mundos subsecuentes, del hombre, de los animales, del otro Sol y de la muerte. Los demás dioses fueron sus ayudantes. Hizo a los lacandones para que le rezaran, los modeló de barro y les puso dientes de granos de maíz. También a los animales los hizo del mismo material. Hubo varias destrucciones del mundo y de los hombres por el primer creador *K'akoch*, pero *Hachakyum* volvió a crearlos. Se tiene la creencia de que el dios *Menzabac* (*v.*) creó a los mexicanos, a los guatemaltecos y a los tzeltales. // TARASCOS. La diosa *Cuerauáperi* (*v.*) era considerada la madre de todos los dioses terrestres. // MIXTECOS. Los dioses fueron creados por "Uno Ciervo" (*v.*). Existió, además, el dios "creador de todas las cosas" deidad no identificada pues no se tienen suficientes datos sobre ella; lo único que mencionan las fuentes es que después de un diluvio, en el que perecieron muchos dioses, el "creador de todas las cosas" restauró el cielo, la tierra y a los actuales mixtecos. Asimismo, se creía que el origen de los mixtecos estaba en un árbol del origen (*v.* árboles). Otra explicación sobre el origen mítico de los mixtecos, dice que éstos brotaron de la tierra, o bien de los cerros y las rocas; inclusive los soberanos sostenían que su origen se encontraba en la tierra. Por este motivo, a los "verdaderos mixtecas" se les conoció como "hombres de tierra". // ZAPOTECOS. El dios *Coqui Xee* (*v.*) dio vida a la pareja creadora *Cosana* (*v.*) y *Xonaxi* (*v.*), mismos que crearon el Sol (*v.*), la Tierra (*v.*), los demás dioses y a los hombres. // OTOMÍES. El dios del viento *Edahi* (*v.*) creó el mundo por mandato de la pareja suprema, mientras que el dios "Padre Viejo" (*v.*) fue el creador de los otomíes y del fuego. El concepto de destrucciones cíclicas del mundo, tenía significado parecido a los soles cosmogónicos de los nahuas, con quienes debieron compartir muchos elementos al respecto, pues incluso participaban de manera importante en la fiesta del "fuego nuevo" (*v.*) cada 52 años. Las fuentes indican que se tenía memoria de una destrucción del mundo como resultado de un diluvio. // TOTONACOS. Prácticamente no hay datos relacionados con la creación del mundo y del hombre entre los totonacos, solamente los relacionados con la creación del Sol (*v.*) y del maíz (*v.*). // HUICHOLES. La creación se llevó a cabo en el mundo subterráneo donde habitaban "nuestras madres" y "nuestros padres", quienes extendieron sus esteras de juncias en el agua primordial hacia los cuatro rumbos del universo. En medio de las esteras crecieron los distintos dioses (*v.* Sol, fuego). En el tiempo mítico los dioses, los animales y los hombres compartían el mundo. Se dice que en un principio el agua estaba llena de víboras perversas que devoraban a la gente, *Nakawé*, la Abuela Crecimiento (*v.*), ordenó a las estrellas que mataran a las serpientes, de las cuales sólo sobrevivió una, de la cual creó *Nakawé* a los dioses del agua y de la lluvia y el Padre Sol creó gente para que combatieran a los hombres de la lluvia. Hubo varias creaciones de hombres, en una de las últimas *Kauymáli* (*v.*) se salvó, junto con una perrita, de un diluvio provocado por *Nakawé*. La perrita resultó ser una mujer con la que tuvo hijos que fueron los mexicanos. El personaje *Tumu Saúwi*, quien podía hablar el lenguaje de los venados, fue el padre de los huicholes. Primero tuvo cinco hijos de las mujeres que hasta ese momento habían tenido las vaginas dentadas, las que les habían sido limadas con un cuerno de venado por *Kauymáli* (*v.* Sol, Tierra, hombre, fuego, concepción del mundo).

creadores, dioses. NAHUAS. Hay varias instancias de dioses creadores, ya que *Ometecuhtli* (*v.*) y *Omecíhuatl* (*v.*) que también reciben el nombre de *Tonacatecuhtli* (*v.*) y *Tonacacíhuatl* (*v.*) crean a los cuatro dioses: *Tezcatlipoca* (*v.*), *Camaxtle* (*v.*), *Quetzalcóatl* (*v.*) y *Huitzilopochtli* (*v.*) que son en realidad los creadores activos. Por otra parte la diosa *Citlalicue* (*v.*) juega un papel importante en la creación de los niños en los cielos superiores. // MAYAS. Deciden y realizan la creación del mundo, forman parejas y en su mayoría tienen naturaleza animal; por ejemplo: *Tzacol y Bitol*, "el creador y formador" siendo a la vez diosa madre y dios padre engendradores; *Hunahpú Utiú*, "cazador coyote", dios de la noche y su pareja *Hunahpú Vuch*, "cazadora tlacuache", la diosa del amanecer; *Nim Ac*, "gran jabalí montés"; *Zaquí-Nima-Tziis*, "gran pizote blanco", diosa madre vieja. También se incluye a *Gucumatz* (*v.*), "serpiente emplumada", a quien se identifica con *Huracán* (*v.*). Todos como parte del consejo de dioses creadores. En el *Popol Vuh* (*v.*) se habla de una especie de pareja primigenia, creadora, que recibe el nombre de *E Qualom* "engendrador de hijos" y *E Alom* "concebidora de hijos". // MAYAS TZOTZILES. Entre este grupo todavía se cree en una divinidad padre-madre engendradora y un "dios todopoderoso" que exterminó a los jaguares para que el hombre pudiera habitar el mundo. // MAYAS LACANDONES. Los lacandones creen que los dioses descienden de la unión de las flores de mayo rojas y blancas que fueron creadas por el dios *Kacoch*, el que también creó el nenúfar del que descienden los demás dioses.

cristales o **cuarzos.** TOTONACOS. Los curanderos los utilizan para adivinar. Son cristales que se encuentran de manera milagrosa en el campo, accidentalmente en el camino, o bajo la cama y les indican su vocación como curanderos. Son enviados por los dioses como signo de don o facultad para el uso exclusivo de una persona; nadie más puede utilizarlos. Al morir la persona poseedora, se entierran con ella y con los objetos que le pertenecían. // HUICHOLES. *tévari*. Son pequeñas piedras producidas por los chamanes con fines ceremoniales; representan a personas muertas o vivas, como si fueran espíritus astrales que regresan en forma de cuarzo.

cuahuitlehua. "germinación de árboles". NAHUAS. Primer mes del año, otro nombre de *atlcahualo* (*v.*).

CUAHUITLICAC. NAHUAS. Uno de los *Centzon Huitznahua* (*v. Huitznahua*). Traicionó a sus hermanos al avisar a *Huitzilopochtli* (*v.*), cuando éstos iban a atacarlo.

CUATLAPANQUI. "cabeza rota". NAHUAS. Uno de los *Centzontotochtin* (*v. totochtin*) o dioses del pulque (*v.*).

cuatro. El número cuatro es fundamental en la cosmovisión de todos los pueblos mesoamericanos. Está especialmente relacionado con los cuatro rumbos del universo (*v.*), que a su vez están delimitados por los cuatro puntos solsticiales. Son cuatro también los días o signos con que se inician el *tzolkin* o *tonalpohaulli* (*v.*) o ciclo calendárico de 260 días y que corresponden a cada uno de los cuatro rumbos del universo, a los que le están asociados también cuatro colores, cuatro dioses, cuatro árboles, etcétera.

cuauhtli. "águila". NAHUAS. Decimoquinto signo del ciclo de 260 días o *tonalpohualli* (*v.*) regido por *Tezcatlipoca rojo* (*v.*) y correspondía al día *men* (*v.*) de los mayas. El día 1 *cuauhtli* descendían del cielo las más jóvenes de las diosas *cihuateteo* (*v.*), las que eran especialmente peligrosas para los niños, a los que causaban enfermedades; adornan sus adoratorios y le ofrendaban papeles y comida. Los que nacían en este día serían habladores y altaneros y los hombres morirían en la guerra.

CUCHUMATIC. "jefe de sangre". MAYAS. Dios residente en el inframundo (*v.*), provocaba el derramamiento de sangre entre los hombres (*v.* enfermedad).

CUECUEX. OTOMÍES. Uno de los nombres de *Otontecutli* (*v.*), principal deidad de los otomíes. También se le llamaba *Cuecuex* a los señores muertos que eran deificados.

CUERAUÁPERI. "la que desata en el vientre" "la que hace nacer". TARASCOS. Es la esposa de *Curicaueri* (*v.*) y representa a la Luna (*v.*) en su advocación de deidad terrestre. Es a la vez la madre y el padre de todos los dioses terrestres. Simboliza la dualidad de la vida y la muerte. Se ubicaba en el Oriente, en *Tzinapécuaro*. La auxiliaban cuatro deidades que eran sus hijas: Nube Roja, Nube Blanca, Nube Amarilla y Nube Negra, a las que crió y mandaba a los cuatro rumbos de la Tierra. Cuando no enviaba a su hijas hacían su aparición la sequía y, por lo tanto, el hambre, de las que se hacía responsable. Estaba ataviada con cascabeles en las piernas, y en la cabeza llevaba una guirnalda de trébol y un ave. Se presentaba ante los hombres en forma de mujer. Su principal ofrenda era la sangre humana con la que se alimentaba. Los hombres consideraban a la plata como el excremento de esta diosa. *Cerauáperi* tenía dos principales advocaciones: *Xarátanga* (*v.*) y *Pehuame* (*v.*).

cuerda. MAYAS. Es una forma de comunicación entre el mundo sobrenatural y el de los hombres. Los dioses las utilizaban para enviar su sabiduría pero sobre todo para gobernar a los hombres. En pinturas o en códices pueden verse cuerdas por las que se descuelgan los dioses. También eran utilizadas para el autosacrificio (*v.*); atravesaban la lengua con una cuerda.

cuetzpallin. "lagartija". NAHUAS. Cuarto día del ciclo de 260 días o *tonalpohualli* (*v.*). Está gobernado por el dios *Huehuecóyotl* (*v.*) o "coyote viejo", divinidad de la danza y del deseo sexual. Su jeroglífico es una lagartija. Corresponde al *kan* maya.

cuevas. Tenían y siguen jugando un importante papel tanto en los mitos como en el ritual. Casi todos los pueblos mesoamericanos tienen su origen mítico en cuevas (*v. Chicomoztoc*). Las cuevas están asociadas sobre todo al culto de los dioses de la tierra y del agua, y son lugares de comunicación con los antepasados. Se utilizaban para entierros y se les relacionaba con la Luna (*v.*), inclusive, en uno de los mitos de creación ésta sale de una cueva. Entre los olmecas aparecen gran cantidad de representaciones de personajes que están dentro o surgen de cuevas, representadas como monstruos zoomorfos. La cueva que se encuentra bajo la pirámide del Sol en Teotihuacan (*v.*), parece haber tenido un papel fundamental en la fundación de esta ciudad. // MAYAS. El agua virgen o *zuhuy ha* (*v.*) para la ceremonia del *Ch'achac* (*v.*) se sacaba de los nacimientos de agua localizada en la profundidad de las cuevas. // MIXTECOS. Tenían un papel fundamental en el culto mixteco; las utilizaron como cementerios de los grandes señores, a los que se les colocaban altares pequeños con imágenes de los dioses del lugar. Las cuevas, eran también lugares de culto a deidades del agua, a las que se les ofrendaban pajas rociadas con la sangre del autosacrificio; las estalagmitas hacían las veces de ídolos, sobre todo cuando estaban en manantiales dentro de las cuevas. En *Yanhuitlán* había cinco cuevas, que seguramente eran objeto de culto. *Chalcantongo* contaba con una cueva cementerio asociada, tal vez, con un culto a las flores (*v.*), ya que las cuevas eran consideradas una entrada a las florestas del más allá. En diversas fuentes las cuevas aparecen como el lugar del nacimiento mítico de los grupos mixtecas; cada uno tenía su propia cueva de origen. Esta tradición liga su origen a las creencias del altiplano, en el Posclásico (*v.*). En algunos códices se ven grupos de hombres saliendo de cuevas representadas como monstruos de la tierra. // OTOMÍES. Las cuevas eran importantes sitios de culto, y estaban relacionadas con elementos acuáticos. La cueva más famosa es la del dios *Oztotéotl* (v.). También *Otontecutli* (v.) vivió con *Xochiquetzal* (v.) en una cueva. // TOTONACOS. Son la residencia de los pequeños dueños del trueno y del dueño del maíz "cinco serpiente". Algunas son el lugar donde se guardan las imágenes de los dioses del poblado.

cuingo. TARASCOS. Fiesta del rejuvenecimiento del Sol (v.) y de la renovación. Corresponde a la *tlacaxipeualiztli* (v.) de los nahuas.

culebra. (v. serpiente).

Cumiechúcuaro. TARASCOS. (v. inframundo).

cumkú. MAYAS. Decimoctavo mes de los dieciocho signos del *haab* (v.) o ciclo de 365 días. Su dios patrono era una especie de cocodrilo.

CUPANTZIEERI. "Sol despojado de los cabellos". TARASCOS. Héroe mítico que representa al "Sol viejo", también conocido como *Apantzieeri* "jugador de pelota", y que fue sacrificado por *Ahchurihirepe* "la noche que se apresura" (v. Sol). Su cadáver fue rescatado de la casa de la noche por su hijo, *Sira-tatáperi* (v.), que representaba al "Sol joven". Entonces *Cupantzieeri* resucitó en forma de *tuitze* (v.) o venado con crines y cola larga y se fue hacia el Norte (v.) la región del universo (v.) que se encuentra hacia "la mano derecha". También se le considera el abuelo de la humanidad.

CURICAUERI. "el gran fuego" o "la gran hoguera". TARASCOS. Dios del fuego (v.). Se le consideraba como la deidad más antigua de los tarascos; se piensa que él es el origen de todas las demás deidades. Su hijo el Sol moría cada día en el Poniente, víctima de la Noche, y era desenterrado por el Sol joven o *Curicaueri* nieto, formando la trinidad del fuego: padre, hijo y nieto, misma que estaba representada en el cielo por tres estrellas que semejan la *paráhtacuqua* o instrumento que utilizaban los tarascos para prender fuego (estas estrellas son Aldebarán, Beta y Gama que forman parte de la constelación de Tauro). Sus principales ofrendas eran tabaco, mantas y sangre; el tabaco se arrojaba al fuego en forma de pelotillas y se creía que su olor agradaba a *Curicaueri*; se ofrecían ricas mantas o *quapímecua* y también el cadáver del *Cazonci* que se quemaba como ofrenda máxima a *Curicaueri*; la sangre del autosacrificio (v.), se arrojaba al fuego. Cuando una persona moría víctima de un rayo o "fuego del cielo", era deificada. La importancia de este dios trascendió su carácter estatal, convirtiéndose en el culto doméstico más desarrollado, mismo que luego derivó en prácticas religiosas familiares relacionadas con el fogón. Toda la vida religiosa del pueblo tarasco y su ritual giró en torno a las hogueras; el humo que producían era el único contacto entre los hombres y los dioses de

CURICAUERI

la región del firmamento, quienes se alimentaban con él. Por otra parte, *Curicaueri* tenía cinco hermanos conocidos como los *Tiripemencha* (v.), que gobernaban las cinco casas divinas del plano terrestre del universo (v.). En la región de Tzacapu (v.), *Curicaueri* era conocido como *Querenda-angápeti* (v.) "la peña que está en el templo". Está representado por animales solares como el guajolote, que era alimento exclusivo de sacerdotes y señores, así como de las águilas que se encontraban en cautiverio en la casa del *Cazonci*. Sus transformaciones son múltiples, sin embargo se sintetizan en una tríada que engloba el universo tarasco: el águila en el supramundo, el coyote en el plano terrestre, y la serpiente el inframundo. Sus sacerdotes, por ser ancianos, recibían el nombre genérico de *curiti* o *curita*, de *cura* "abuelo". El principal sacerdote de este dios recibía el nombre de *Curí-htsit-acha* "el señor que arregla el fuego" y también existían los *Curí-pecha* "los que arreglan el fuego en los templos".

CURITA-CAHERI. "el gran sacerdote fuego". TARASCOS. Nombre que recibía Venus (v.) en su advocación de sacerdote del Sol (v.) y en su doble carácter de estrella matutina y vespertina. Es también el mensajero de la guerra, al igual que *Hozqua-quangari* y como tal, está representado por el *tzintzuni* (v.) o colibrí (v.). Entre sus múltiples advocaciones pueden citarse: *Sirunda-arhan* "el negro que adelanta el paso", *Pungarancha* "los señores emplumados o de las plumas" y *Mano-Uapa* (v.) "hijo movimiento".

CH

CHAAC. MAYAS. (*v. Chac*).

Chaacs. MAYAS. (*v. Chacs*).

CHAC. MAYAS. Dios del agua y de la lluvia. Es el dios *B* de los códices (*v.* dioses, representaciones y designaciones). Se caracteriza por tener una larga nariz colgante que termina en un rizo; a veces boca desdentada; la pupila del ojo en forma de voluta y abajo de aquél una espiral; de la boca le cuelga una especie de hilo curvado. Suele llevar en la cabeza una serpiente, o bien ir montado en ella. En los códices blande un hacha con mango de madera. Equivale al *Tláloc* (*v.*) de los nahuas.

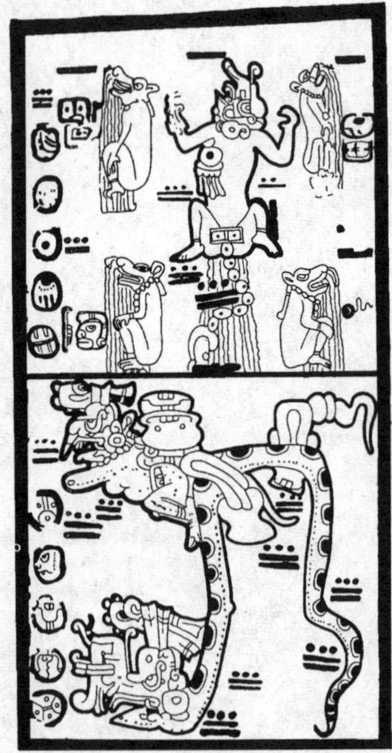

(Arriba) CHAC y ranas echando agua por el ano y bocas respectivamente. (Abajo) CHAC sobre una serpiente (Códice Madrid).

CHACAM PAT. MAYAS LACANDONES. Se cree que este dios vivió en una construcción palaciega de la antigua ciudad maya de Yaxchilán.

CHAC BOLAY o **CHAC BOLAM.** "el jaguar del nenúfar". MAYAS. Es el símbolo máximo del carácter fúnebre del inframundo (*v.*), y en él se enfatiza el sentido de la muerte y del renacimiento.

CHAC MOOL. Aparentemente, se trata de una deidad de origen tolteca que se representa recostada con las rodillas y la cabeza en alto y con una vasija en el vientre, que se utilizaba para colocar ofrendas, mismas que se encargaba de hacer llegar a los dioses, por lo que se puede decir que era un mensajero de éstos. Se han encontrado en Yucatán, en todo el centro de México, incluyendo Tula y en las excavaciones del Templo Mayor. El nombre de *chac mool* fue puesto por Le Plongeon, al encontrar una figura de estuco de este dios en *Chac Mool*, Quintana Roo. // TARASCOS. Entre este grupo se llama *Uaxanoti* (*v.*), "el que está sentado en el patio".

Chacs o **Chaacs.** MAYAS. Deidades muy antiguas del agua y de las milpas, que aparecen representadas en códices (*v.*) y esculturas (*v. Chac*). Varios investigadores han calificado de ofidios los rasgos de estas divinidades, que además suelen blandir un hacha de piedra con mango de madera. Predominan en los almanaques adivinatorios y se les representa vertiendo agua con vasijas u orinando. Su fiesta, llamada *ocná*, "entrar en la casa", se celebraba en el mes *chan* o *yan*. Los mayas actuales los imaginan montados a caballo y como viejos de pelo blanco, a menudo barbados y, según algunos, altos. Están asociados a los cuatro rumbos del universo (v.) y cada uno

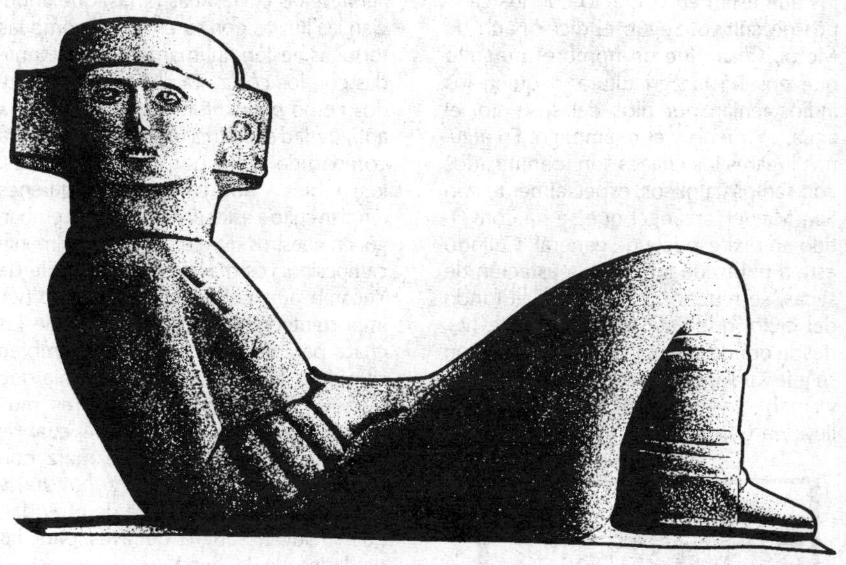

CHAC MOOL

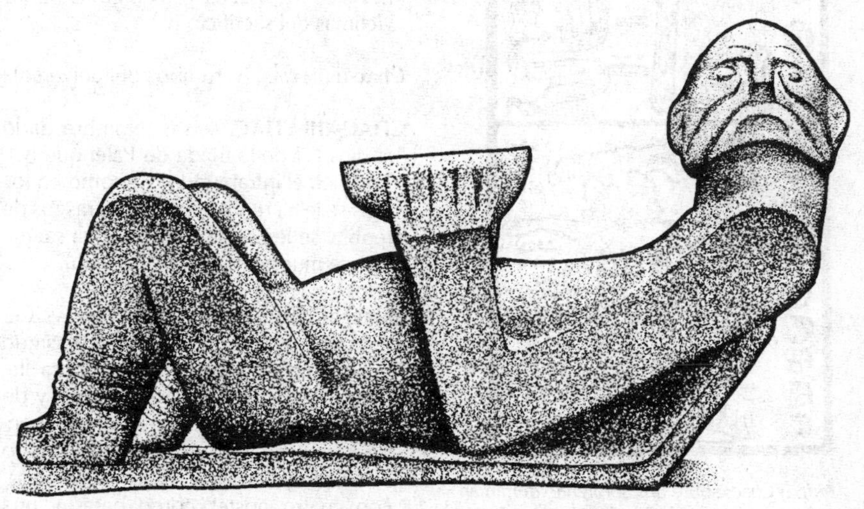

UAXANOTI o CHAC MOOL tarasco (Museo Nacional de Antropología).

tiene un color. También reciben el nombre de *Ah Hoyaob*, "los que riegan" o "los que orinan". El culto es especialmente importante para los hombres, que son los que están en contacto con los campos de cultivo. Según el diccionario de Motul, *Chaac* fue un hombre muy alto que enseñó la agricultura, a quien los indios tenían por dios del sustento, el agua, el trueno y el relámpago. En algunos lugares los *chaacs* son identificados con santos católicos, especialmente con San Miguel, arcángel que se ha convertido en una especie de general. Cuando está a punto de terminar la estación de secas, se reúnen los *chacs* en el fondo del cielo, que está situado al Este (*v.*), desde donde salen, por una puerta, con su jefe *Kunkú Chac* "*Chac* sagrado tierno y amable", y cruzan los cielos. Cada uno lleva en una mano su calabaza de agua

(Arriba) Chacs sobre una serpiente, derraman agua al voltear sus ollas. (Abajo) Un chac acompaña a la diosa IX CHEBEL YAX que derrama agua por las axilas (Códice Madrid).

y en la otra un objeto parecido a un machete, que es un "rayo", y entonces ocupan sus puestos en los cuatro rumbos del universo, desde donde arrojan el agua de las lluvias. Las ranas, que anuncian las lluvias con su croar así como las tortugas, están íntimamente relacionadas con los *chacs*. También son conocidos como *pahuahtun* (*v.*). Aunque en la antigüedad el culto a los dioses *chacs* era compartido tanto por los gobernantes, los nobles y los campesinos, quienes rendían culto a estas divinidades; sin embargo, en nuestros días su culto es totalmente campesino. Los mayas de la península de Yucatán aún celebran el *ch'achac* (*v.*), importante ceremonia en honor de los *chacs* para llamar a las lluvias. También se pide la lluvia en otra ceremonia que termina el 3 de mayo y que es muy parecida al *ch'achac*, y en la cual se prepara comida a base de maíz con agua virgen o sagrada (*v. zuhuy ha*) y después se hace una serie de ofrendas, que incluyen sangre de aves para las deidades de la tierra (*v. tlaloques*). // Entre los mayas de la antigüedad también recibían el nombre de *chaacs* los sacerdotes inferiores que debían mantener fijos los brazos y las piernas de las víctimas del sacrificio (*v.*).

Chac-te. MAYAS. (*v.* rumbos del universo).

CHAC-XIB-CHAC. MAYAS. Nombre dado al dios *G1* de la tríada de Palenque (*v.*). Tanto en el inframundo (*v.*) como en los ritos se le ha representado con rasgos de reptil y se le asocia con la danza sacrificial de muerte (*v. Bolon Dz'Acab*).

ch'achac. "llamar a los chacs". MAYAS. Ceremonia de cuatro días que se sigue practicando en la actualidad para llamar a los *chaacs* (*v.*) y a la lluvia, y de la cual están excluidas las mujeres, consideradas ritualmente impuras. Primero se construye un altar en forma de mesa, con cuatro postes como patas y una tabla cubierta de hojas de *habín*. Al mediodía todos los hombres acompañan al

CHAC-XIB-CHAC (Dibujo de una vasija cilíndrica del Metropolitan Museum of Art, New York).

h-men (*v.*) a una cueva profunda en donde toma agua virgen o *zuhuy* (*v.*), en unas calabazas que se colocan en la noche junto al altar. Durante esas cuatro noches los hombres se quedan a dormir junto al altar para guardar abstinencia. El tercer día tiene lugar la ceremonia más importante; sobre el altar se colocan gran cantidad de ofrendas, de acuerdo con números considerados sagrados: sopa, diferentes tipos de harina, calabacitas llenas de *balché* (*v.*); asimismo, se sacrifican muchas gallinas a las que previamente se les ha dado a beber *balché*. Cuatro niños, disfrazados de ranas, y que imitan el croar de este batracio, son amarrados a las patas del altar y un anciano que hace las veces del jefe de los *chacs*, es llevado en hombros al lugar que representa la morada de éstos. El *h-men* o sacerdote menor llama a los dioses mientras sus ayudantes riegan *balché* en el altar y ponen copal (*v.*) en el incensario. Los niños-rana croan y el jefe de los *chacs* blande una vara que figura el rayo. Todos los alimentos son consagrados y se retiran después de que los *chacs* han tomado su parte; sólo hasta entonces los asistentes participan del festín.

chachalmeca. NAHUAS. Sacerdotes encargados de sujetar a las víctimas humanas que iban a ser sacrificadas. Llevaban el cuerpo y la cara pintados de negro y vestían indumentaria (*v.*) blanca con bordados negros. Se detenían con cintas de cuero el cabello encrespado.

CHALCHIUHCÍHUATL. "mujer preciosa". NAHUAS. Uno de los nombres que recibía la diosa *Chicomecóatl* (*v.*).

CHALCHIUHCUEYE. "falda de piedras preciosas". NAHUAS. Uno de los nombres dados a la diosa del agua *Chalchiuhtlicue* (*v.*).

CHALCHIUHTLICUE o **CHALCHIUHCUEYE.** "falda de jadeíta". NAHUAS. También llamada *Acuecuéyotl*, "olas de agua", *Apozonalotl*, "espuma de agua". Era la diosa del agua corriente. Sahagún señala al respecto: "...pintábanla como mujer, y decían que era hermana de los dioses de la lluvia que llaman *tlaloques*; honrábanla porque decían que ella tenía poder sobre el agua del mar y de los ríos, y hacer tempestades y torbellinos en ellas, y anegar los navíos y barcas y otros que caminaban por el agua. Los que eran devotos a ella y la festejaban eran todos aquellos que tienen sus granjerías en el agua, como son los que la venden en canoas, y los que las venden en tinajas en la plaza..." La representaban con la clásica falda y el huipil, ambas con motivos que representaban el agua, gorro de papel y adornos de plumas de quetzal. En una mano llevaba un escudo con un nenúfar pintado y en la otra un palo-sonaja (*v.* indumentaria). Las cuatro deidades, hijas de los dioses primigenios, crearon a esta diosa, al mismo tiempo que a *Tláloc* (*v.*) su esposo. Para alumbrar al universo se convirtió en el primer Sol (*v.*). *Chalchiuhtlicue* tuvo un hijo con *Tláloc*, el que arrojó a una hoguera de la que salió convertido en Luna (*v.*). Aunque su principal fiesta tenía lugar en el mes de *etzal-*

cualiztli (v.), se celebraba otra en el mes de *atlcahualo* (v.). El sacerdote rapado de *Chalchiuhtlicue*, *acatonal*, era el encargado de proporcionar todo lo que se ofrecía cuando se sacrificaba la imagen viviente de *Chalchiuhtlicue* (v. imágenes vivientes).

CHALMECACÍHUATL. "mujer de Chalma". NAHUAS. Hermana de *Yacatecuhtli* (v.) y esposa de *Chalmecatecuhtli* (v.). En su honor los mercaderes sacrificaban una mujer.

CHALMECATECUHTLI. "señor de Chalma". NAHUAS. Uno de los nombres dados a *Tzontemoc*, Señor del inframundo (v.).

CHAMIABAC. "báculo de hueso". MAYAS. Uno de los alguaciles de *Xibalbá* o el inframundo (v.) que junto con *Chalmiaholom* "báculo de cráneo", otro alguacil, enflaquecían a los hombres hasta causarles la muerte.

chaneque. "los habitantes". NAHUAS. En algunos lugares del México actual se les considera enanos con rostro infantil que persiguen a las mujeres y molestan a los niños. Son espíritus chocarreros que han hecho de las cascadas y de los ríos sus lugares favoritos. Se cree que causan enfermedades y comen el cerebro humano, traen la lluvia y dominan a los animales y a los peces.

CHANTICO. NAHUAS. A esta diosa del fuego se le representaba con la mitad del rostro teñido de rojo, los labios pintados de hule, con *quechquémitl* (v. indumentaria) de plumas con puntas de obsidiana, su escudo estaba hecho de mosaico

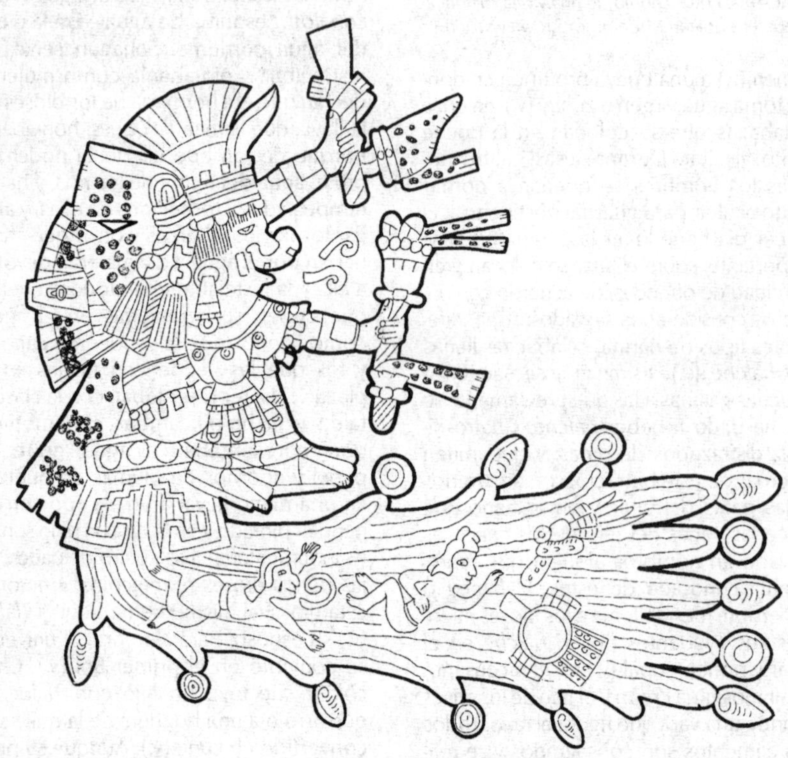

CHALCHIUHTLICUE (Códice Borbónico).

de plumas de águila y en la espalda llevaba un adorno de "manojo de luz". Era la deidad patrona del *calpulli* (*v.*) de *Cihuatecpan*. Su imagen viviente (*v.* imágenes vivientes de los dioses) se sacrificaba en su templo, el *Tetlanman*, que era el vigésimo séptimo edificio del centro ceremonial de Tenochtitlan, el día *1 flor*.

CHAOB. MAYAS LACANDONES. Dioses de los vientos que habitaban los cuatro rumbos del universo. Los lacandones creen que estos seres junto con un temblor de tierra serán responsables de la destrucción del mundo.

chen. "agujero, cueva". MAYAS. Noveno mes de los dieciocho signos del *haab* (*v.*), calendario (*v.*) o ciclo de 365 días. Su patrona era la diosa de la Luna y tenía asociado el número 1. Era un mes propicio para la fabricación de estatuas de los dioses.

CHICCHÁN. "serpiente celeste". MAYAS. Es el dios del número nueve y se le representa (glifo 1003) como un joven con manchas de jaguar. En los códices aparece con el signo serpentino de hachurado del día *chicchán* en la sien, y en la frente lleva el signo del mes *yax* (*v.*), que representa simbólicamente el día *chicchán*. Ya que presenta rasgos de jaguar, no cabe duda que este importante dios es un dios de la lluvia. También *chicchán* es el nombre del quinto día de los veinte signos del *tzolkin* (*v.*), que corresponde al *cóatl*, serpiente de los nahuas; está bajo el patrocinio de la serpiente celeste *chicchán* que envía las lluvias; está asociado al rojo y al Este (*v.*) y su augurio (*v.*) es la serpiente. // MAYAS CHORTÍES. En la parte oriental de Guatemala se cree que son dioses de la lluvia, por lo que vienen a ser equivalentes a los *chacs* (*v.*). Son cuatro serpientes gigantescas que moran en el fondo de una gran extensión de agua en cada uno de los cuatro rumbos del universo; se cree que los gritos de estas serpientes producen el trueno y que son dueñas de éste. También provocan los temblores de tierra cuando se mueven en el cielo. Las acompañan los *Ah Patnar Uinicob* (*v.*). La serpiente principal reside en el Norte (*v.*). A veces se les encuentra representadas con la parte superior en forma humana y la inferior de serpiente. El *chicchán* hembra o *chicchán* de las "aguas grandes", es una sirena (*v.*). Se cree también en *chicchanes* para los lugares secos, que moran generalmente en una colina.

chickabán. MAYAS. Fiesta que se celebraba en honor de *Kukulcán* (*v.*) en el mes *xul* (*v.*) del *haab* (*v.*) o año de 365 días.

CHICOME EHÉCATL. "siete viento". NAHUAS. Uno de los nombres de *Quetzalcóatl* (*v.*). Su templo se llamaba *Chicomehécatl Teopan* y era el septuagésimo octavo

CHANTICO (Códice Matritense).

edificio del centro ceremonial de Tenochtitlan (*v.*). En dicho templo se sacrificaba a algunos cautivos en la noche, cuando empezaba a reinar el signo *1 calli* (*v.* calendario).

CHICOMECÓATL. "siete serpiente". NAHUAS. Es el nombre que recibía la diosa del maíz. Sahagún compara esta deidad con la Ceres de los romanos y dice de ella lo siguiente: "...era la diosa de los mantenimientos, así de lo que se come como de lo que se bebe... debió esta mujer ser la primera que comenzó a hacer pan y otros manjares y guisados. La pintaban con una corona de papel en la cabeza, y en una mano un manojo de mazorcas y en la otra una rodela con una flor de sol, su falda y blusón adornados con flores acuáticas". Por lo que dice un canto entonado en su honor, se deduce que vivía en el *Tlalocan* (*v.*) y que cuando terminaba de fructificar el maíz, regresaba a su morada. Su templo recibía el nombre de *Chicometéotl iteopan* y se le celebraba especialmente en el mes de *huey tozoztli* o la "gran vigilia". Los mexicas colocaban gran cantidad de ofrendas, sobre todo de alimentos, frente a los dioses de las casas y de los templos y posteriormente todo era llevado al templo de *Chicomecóatl*, donde comían todos los presentes. Luego de celebrarse la fiesta de *Toci* (*v.*), en el mes de *Ochpaniztli*, especialmente dedicado a esa diosa, los sacerdotes encargados de realizar el ritual de la diosa *Chicomecóatl*, se vestían con las pieles de los cautivos sacrificados el día anterior y se subían sobre un templete desde donde arrojaban a la gente ahí reunida semillas de maíz y calabaza de diversos colores. Las jóvenes que servían en el templo de la diosa, llevaban brazos y piernas adornadas con plumas y la cara con marmaja, y cargaban sobre la espalda siete mazorcas de maíz chorreadas de hule y envueltas en papel. De estas mazorcas se obtenían las semillas para el siguiente año. Como parte de la celebración se ungía a una joven que personificaba a la diosa *Chicomecóatl* (*v.* imágenes vivientes de los dioses) y que llevaba en la cabeza una pluma verde que simbolizaba la espiga de maíz; al anochecer, le cortaban la pluma y el cabello y los ofrecían a la imagen de la diosa. Al día siguiente decapitaban a la joven sobre las mazorcas y se le desollaba frente a un sacerdote, que luego vestía la piel de la joven. También en esta ceremonia sacrificaban por flechamiento a varios cautivos.

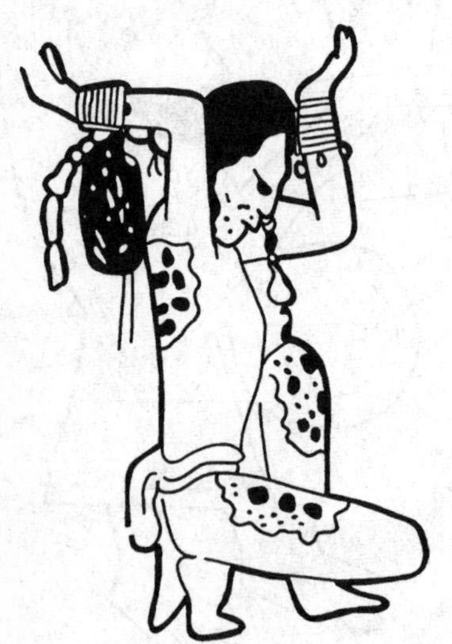

CHICCHÁN, dios del número 9. (Tomado de Linda Schele y Ellen Miller, The Blood of Kings).

CHICOMEXÓCHITL. "siete flor". NAHUAS. Junto con *Xochiquetzal* (*v.*) eran dioses de las flores.

Chicomoztoc. "siete cuevas". NAHUAS. Lugar mítico de origen de las siete tribus. Se ha comparado con el vientre materno y en lenguaje esotérico se refiere a los siete orificios del cuerpo humano. Posiblemente fue un santuario desde donde iniciaron su migración las tribus michuacas, toltecas, tepanecas, acolhuas, chalcas, huexotzincas y tlaxcaltecas; los mexicas fueron los últimos en salir. También se dice que en este lugar cayó el pedernal (*v.*) que según una versión dio a luz *Ilancueytl* (v.) haciendo brotar mil seiscientos hombres. Otra versión dice que en *Chicomoztoc*, los dioses *Iztac Mixcóatl* e *Ilancueytl* engendraron a *Xelhua, Tenoch, Ulmécatl, Xicaláncatl, Mixtécatl* y *Otomitl*, de los que proceden las grandes generaciones.

chiconahuapan. "nueve aguas". NAHUAS. Río que tenían que cruzar los muertos en su viaje al inframundo (v.).

CHICONQUIAHUITL. "cinco lluvia". NAHUAS. Era uno de los hermanos de *Yacatecuhtli* (v.). Durante el mes de *panquetzaliztli* (v.) se celebraba a estos dos hermanos.

Chichihualcuauhco. "lugar del árbol de las mamas". NAHUAS. Los niños de pecho que morían iban al *Xochiatlalpan* o *Cincalco*, lugar donde existía un árbol lleno de mamas que los alimentaba (v. inframundo, muerte y árboles).

Chichimecas. "linaje de perro". La designación de este o estos pueblos no es muy clara, ya que aunque se refiere, de manera general, a los pueblos nómadas cazadores bárbaros que vivían al norte del altiplano central mexicano o Aridamérica, no parecen corresponder a un solo pueblo sino tener lengua y cultura diferentes, entre otros se mencionan los nahua-chichimecas, otonchichimecas y cuexteca-chichimecas. También con el término de chichimecas se designa a pueblos de alta cultura, como los tolteca-chichimeca y los nonoalca-chichimeca.

CHILAIAGOBITZA. ZAPOTECOS. Dios de los venados y montes (v. cerros), que ayudaba a los hombres en la cacería de los venados.

chilam. "el que es boca". MAYAS. Sacerdote-profeta que interpretaba los mensajes de los dioses y los signos de los libros antiguos para elaborar profecías.

Chilam Balam. MAYAS. Profeta jaguar o brujo del pueblo de Maní que posiblemente vivió poco antes de la conquista española y que tuvo gran reputación de profeta. Sus profecías, como las de otros *chilames* (v. *chilam*), están incluidas en los libros sagrados. Cada poblado escribió su libro, por lo que existen el Chilam Balam de Maní, Tizimín, Chumayel, Kaua, Ixil, Tecax, Nah y el de Tusik. El más importante es el Chilam Balam de Chumayel, escrito en el siglo XVI, en lengua maya con caracteres latinos y en papel europeo. Contiene relatos históricos, cosmogónicos, astronómico-cronológicos, rituales y médicos, entre otros.

Chililico. NAHUAS. Es el edificio cuadragésimo séptimo del Templo Mayor de Tenochtitlan (v.) en el que se sacrificaba, a media noche, cuatro esclavos que regalaban los señores el día "7 viento" en el mes de *atlcahualo* (v.).

CHIMALMA. "la que carga escudo". NAHUAS. Fue la madre de *Quetzalcóatl* (v.). Según un mito este dios fue engendrado por *Iztacmixcóatl*, según otro por *Camaxtle* y un tercero afirma que por una piedra verde que cayó en el seno de

Chichihualcuauhco o "árbol de mamas" (Códice Vaticano Latino).

Chimalma cuando barría. En la "peregrinación" de las tribus nahuas también aparece una *teomama* o "cargadora de dios" con el nombre de *Chimalma*.

CHIMALPANÉCATL. "morador de las chinampas". NAHUAS. Era uno de los dioses del pulque (*v. Totochtin*).

Cholula o **Chalollan.** Ciudad del actual estado de Puebla que fue un importantísimo centro religioso y en la que se construyó un santuario dedicado a *Quetzalcóatl* (*v.*). Según la leyenda, después de que *Quetzalcóatl* huyó de *Tollan* y de la destrucción de esta ciudad, algunos de sus habitantes se fueron a *Tlillan Tlapallan* y los otros fundaron *Chalollan*. De acuerdo con otra leyenda, fueron gigantes los que hicieron el enorme cerro (*v.*) sobre el que estaba el templo de *Quetzalcóatl*.

CHUEN. MAYAS. Dios en forma de mono, patrono de las artes y de las artesanías. Posiblemente fuera el dios C, carpintero, tejedor y maestro de todas las artes. // **chuen**. "artesano". Es el undécimo día del ciclo de 260 días o *tzolkin* (*v.*), correspondiente al *ozomatli* "mono" de los nahuas. Su patrono es el dios *Ah chuen*, su color el negro y estaba relacionado con el Occidente (*v.* Oeste). Su presagio es el buen juicio y la felicidad, los que nacen en este día son maestros en las artes.

ch'ulel. MAYAS. (*v.* alma).

D

danza. Tenía una importancia primordial en los rituales de los pueblos mesoamericanos, sobre todo entre los nahuas y específicamente los mexicas. Las danzas podían ser rituales o de esparcimiento. En prácticamente todas las ceremonias mexicas grandes grupos de gente bailaban en la plaza que se encontraba frente al templo de *Huitzilopochtli* y de *Tláloc;* en estas danzas participaba toda la población de acuerdo con ciertas reglas estrictas. Había algunas danzas en las que solamente participaban los guerreros o las médicas, o algún otro grupo social. Los de danzantes bailaban con la imagen viviente del dios que posteriormente sería sacrificada o bien con el sacerdote que personificaba al dios al que se rendía homenaje. Los participantes eran guiados por expertos en la danza y había pasos precisos para cada ocasión. Todos los días los jóvenes de ambos sexos eran llevados, estrictamente vigilados, a la plaza a ensayar las danzas y también los guerreros bailaban todos los días en dicho lugar. A las futuras víctimas del sacrificio se les obligaba a bailar durante la noche anterior a su inmolación o momentos antes. Aunque la danza también tenía gran importancia en otras culturas, no está tan bien documentada como en el caso de la mexica; por ejemplo, los mayas tenían una danza sacrificial de muerte y otra llamada el *gakbatzulu* (*v.*) "baile de flechamiento", con la que celebraban la victoria de los *cakchiqueles* sobre los *tzutuhiles.*

datura. (Datura meteloides). En huichol *kieri*, "árbol del viento", en náhuatl *toloache*. En la actualidad su uso está muy generalizado entre los grupos indígenas; no sólo como elemento ritual sino también como afrodisíaco o brebaje mágico para el amor y para el tratamiento de algunas enfermedades físicas. Sus semillas, raíces y flores se pueden conseguir en casi cualquier mercado de yerbas. De acuerdo con el mito huichol, *Kieri Téwiyari* "persona kiéri" nació del viento y aún siendo muy pequeño arrojó de su boca, entre ráfagas de colores brillantes, murciélagos, lobos y serpientes venenosas. Estaba destinado a ser el jefe de los brujos, a quienes enseñaba el uso del *toloache*, la brujería, sobre todo para conquistar mujeres, y el arte de convertirse en animales. *Kieri Téwiyari* actúa como un *marakame* (*v.*), canta, utiliza el tambor chamánico y las flechas ceremoniales. Pero *Kauymáli* "hermano mayor" utiliza toda su inteligencia y poder para destruir a *Kieri*, y en una lucha tremenda que se entabla entre los dos enemigos, *Kieri* se transforma en diferentes animales y *Kauymáli* lo hiere con flechas; *Kieri*, a su vez, se defiende vomitando cosas malas, como animales venenosos, en forma de colores brillantes. *Kauymáli* utiliza el peyote para neutralizar a su enemigo, a quien mata clavándole una quinta flecha en el corazón. Cuando muere *Kieri* disemina una serie de enfermedades entre la población; en realidad no muere, sólo es transformado en el "árbol del viento", la datura.

día. *tonalli* NAHUAS, *kin* MAYAS. Periodo que abarca un día. Cada día recibía el nombre de uno de los trece numerales combinado con uno de los veinte signos de los días (*v.* calendario, *tonalpohualli* y *tzolkin*), era gobernado por un dios llamado *tonaltéotl* (en plural *tonalteuctin*), y tenía por acompañante a uno de trece animales voladores que eran 12 aves y una mariposa.

diablo. No existía en la cosmovisión mesoamericana, sino que fueron los españoles quienes le dieron el nombre de diablos a los dioses prehispánicos en general y de infierno a su concepción del inframundo; por ende, al señor de éste también lo denominaron diablo. Un ejemplo del sincretismo religioso ocurre entre los totonacos, quienes relacionan al diablo o señor del inframundo con el fuego y el "mulato"; también se le asocia con el trapiche y el "refino" o alcohol de caña que fue introducido por los negros. Los asesinos los lleva el diablo cuando mueren y entonces se convierten en vientos nefastos.

diluvio. El mito del diluvio o la destrucción de los hombres por una gran inundación, existe entre los pueblos mesoamericanos como una de tantas destrucciones de la humanidad. // NAHUAS. Los mexicas tuvieron cuatro edades o soles que fueron destruidos. Los hombres que vivían en uno de los soles o edades cosmogónicas fueron destruidos por el agua y se convirtieron en peces. Según una creencia antigua todavía vigente en algunos lugares, una deidad reveló a una pareja la inminente inundación de la tierra y le aconsejó encerrarse en una caja o en un tronco de madera ahuecado. La pareja se encerró en el tronco que flotó por mucho tiempo hasta que se dieron cuenta que la lluvia había cesado. De acuerdo con otras versiones, no se trata de una pareja, sino de un hombre y una perra, que después se convirtió en mujer (*v.* creación, Sol). // HUICHOLES. El mito huichol del diluvio relata que la diosa *Nakawé* le ordena a un hombre que en algunas versiones es el mismo *Kauymáli* (*v.*) que ahueque un árbol y entre en él porque pronto lloverá ininterrumpidamente; el hombre lo hace llevándose cinco granos de frijol y cinco de maíz, lumbre y una perra prieta. Durante cinco años flota a la deriva sobre el agua, hasta que puede salir, y entonces se va a limpiar su campo para sembrar y cada vez que regresa a su casa se encuentra conque ya le estaban hechas las tortillas, por fin descubre que la que lo hacía era una mujer que se ponía la piel de la perra, ésta se convierte en su esposa con la que procrea innumerables hijos que son los mexicanos.

Dios de las batallas. OTOMÍES. Deidad no identificada. Las fuentes la mencionan relacionada con los guerreros valientes, quienes le ofrendaban cautivos en sacrificio (*v.* sacrificio humano).

dioses de la mano derecha. TARASCOS. Son las deidades primogénitas que habitaban en el rumbo del Norte (*v.*). Tal vez eran las almas de los antepasados (*v.*), cuyo culto estaba arraigado en el pueblo tarasco.

dioses de la mano izquierda. TARASCOS. (*v.* *Uirauanecha* y Sur).

dioses, representaciones y designaciones. Son representados con características híbridas de hombres y de animales, sobre todo de serpientes, felinos y aves. Sin embargo, se puede decir, salvo contadas excepciones que a los dioses mexicas y mixtecos, se les representaba de manera antropomorfa. Sus imágenes podían hacerse de barro, madera, piedra, oro, copal, papel y semillas comestibles, especialmente amaranto (*v.*), y se les vestía con ricos ropajes (*v.* indumentaria); también se podía representar a los dioses con bultos o envoltorios sagrados (*v.*), que contenían reliquias, y mediante "imágenes vivientes", ya fueran sacerdotes vestidos con la indumentaria de los dioses o bien futuras víctimas del sacrificio (*v.*). Casi siempre los dioses nahuas y mixtecos, tenían un nombre calendárico por lo menos además del propio. Las imágenes se colocaban en templos, cerros, encrucijadas de caminos, y a veces en *icpallis*, es decir, en cierto tipo de sillas o tronos. // MAYAS. En los códices y restos arqueológicos aparecen muchos dioses mayas de los que no se saben nombres por lo que han sido designados con letras: *A*, *B*, *C*, *D*, *E*, *F*, etcétera, y últimamente con el nombre de la Tríada de Palenque (*v.*). A algunos de estos dioses se les han dado nombres específicos o se les ha identificado por sus características o propiedades particulares: agua (*v.*), Sol (*v.*), muerte (*v.*), etcétera, *Ix Chel* (v.), *Chac* (v.). Especial importancia tienen las deidades de los diferentes periodos. Como el *uinal* (v.), el *tun* (v.), el *katún* (v.), también son deificados. // MIXTECOS. Casi todas las deidades fueron materializadas para objeto de culto en ídolos a los que se les dio nombre calendárico. Se contaba con gran cantidad de éstos y por lo general representaban deidades locales. De hecho cambiaban los ídolos de un pueblo a otro. Por lo general estaban hechos de piedra verde o *chalchíhuitl* y eran antropomorfos. Bárbara Dahlgren da la lista completa de los ídolos que mencionan las fuentes (v.): *Guacusachi, Guaguisacuchu, Xicuiyo, Xiyo, Cachi* y *Xacuv* en *Yanhuitlán; Toyna xiñuho* "moño de agüeros" que era el dios de los mercaderes en *Chila; Quacosa quaha* y *Yaha Chiquhu* en *Acatlán; Huchi* y *Xaqua aho* en *Petlalcingo; Cuaqusiqhi* en *Justlahuaca* y *Putla; Qhumaqhuhuyzu* en *Mixtepec; Qhñuquiqhsi* en *Ayusuchiquilazala; Yyacoo* en *Xicayan; Yahatujyuty* y *Nañahuconuhu* en *Zacatepec; Yaguinzi* y *Yanacuu* en *Tejupa*; el Sol (v.) tenía varios ídolos de oro y piedras preciosas en *Mitlantongo; Tetzahutéotl* en *Ycxitlan; Ometochtli* en *Piaztla; Tiçono, Toyna, Siquiui, Xiv, Quequiyo* "ídolo del pueblo", *Quaquxio* y *Quaquxiq* sin localización exacta. Además en el oráculo de *Achiutla* (v.) se encontraba el ídolo conocido como Corazón del Pueblo. // OTOMÍES. Los dioses fueron materializados como ídolos de piedra, madera, varas o masa, y llegaban a ser ricamente vestidos con mantas de algodón, prendas de papel y ataviados con diversos adornos. Su principal sitio eran los templos, aunque también se les colocaba en cuevas, cerros, lagunas y en las encrucijadas de los caminos, en donde a su paso los viajeros les ofrendaban sangre de autosacrificio en recipientes de piedra. A veces se les sentaba en *icpalli*. Podían ser antropo y zoomorfos, o bien mixtos, de acuerdo a la deidad que representaban. Las deidades enviaban mensajes a través de sus representaciones materiales y eran interpretados por ancianos videntes o adivinadores (v. hechiceros). Existió además un difundido culto a ídolos domésticos, que eran ofrendados con copal, candelas, papel manchado de sangre, comida, oraciones y bailes, principalmente con el objeto de pedir por el bien de las sementeras.

Dios jorobado. OTOMÍES. Deidad local de Tepotzotlán "lugar del jorobado", de la que no se tienen datos.

Dios Supremo. NAHUAS. Entre los mexicas se conocía con el nombre de *Tloque Nahuaque* (v.), el "señor del cerca y del junto". // MAYAS. Entre este grupo era *Itzamná*. // ZAPOTECOS. Era *Pije Tao* (v. creación).

dragón. Recientemente se ha dado este nombre a los monstruos que los olmecas y los mayas representaban como serpiente (v.) o reptil fantástico y que simbolizan el cielo, la tierra y el agua.

dualidad cósmica. Es una de las características de la cosmovisión de los pueblos mesoamericanos que posiblemente se percibe con más claridad en la religión. // NAHUA. En esta cultura el principio creador recibe el nombre de *Ometéotl* (v.), dios dual que se refleja en todos los aspectos sagrados y de la naturaleza, como lo femenino, *Omecíhuatl*, y como lo masculino, *Ometecuhtli*, lo frío y lo caliente, la luz y la oscuridad, lo húmedo y lo seco, etcétera.

"dueños" o **"amos".** TOTONACOS. Se puede decir que son deidades menores que producen ciertos fenómenos de la naturaleza, como los rayos, o que habitan y protegen lugares como los manantiales o los ríos. Intervienen en todos los aspectos de la vida de los totonacos. Viven además en la tierra y son dueños de las barrancas, los manantiales, las montañas, el suelo, las plantaciones, la cosecha, los bosques y de distintas especies de animales, incluyendo los domésticos, así como del horno y del temazcal. Los "dueños" actúan contra los hombres si no reciben ofrendas.

Durán, Fray Diego. Fraile dominico, autor de la Historia de las Indias de Nueva España e Islas de la Tierra Firme, en la que se incluye el libro de los ritos, fiestas, ceremonias y celebraciones, así como un libro sobre el calendario (*v.*) antiguo. Además de los temas antes mencionados, el libro también trata sobre las costumbres de los pueblos nahuas, no sólo de Tenochtitlan (*v.*) o Tezcoco, sino de los pueblos que se hallaban más allá de sus límites geográficos y políticos (Tlaxcala, Huexotzinco, Acolhuacan, por ejemplo). La obra del fraile está acompañada con una serie de ilustraciones, conocidas como Atlas de Durán, que son pinturas con influencia europea, que ilustran a los dioses, las ceremonias, el calendario y la historia de los mexicas, desde su salida de Aztlan (*v.*). El manuscrito original, elaborado entre 1570-1579, se encuentra en la Biblioteca Nacional de Madrid (*v.* fuentes).

DZAUI o **ZAGUII.** MIXTECOS. Deidad del agua y de la lluvia. Para propiciar las lluvias se le ofrecían en sacrificio niños, copal, pelotas de hule quemadas, agua, perros, plumas, palomas, codornices, papagayos y sangre de autosacrificio (*v.*). Sus rituales, por lo general, se celebraban en las cimas de los cerros (*v.*) más altos. El sacerdote incineraba los corazones de los sacrificados en honor del dios y con las cenizas hacía un envoltorio que incluía al ídolo del dios (*v.* dioses, representaciones y designaciones) hecho casi siempre de piedra verde o *chalchíhuitl*; este envoltorio se guardaba. Su culto debió estar muy arraigado y extendido, pues incluso los mixtecos se llamaban en su lengua *ñusabi*, y en náhuatl eran nombrados *quiahuizteca*; ambos términos significan "gente de lluvia".

DZ'IBAAN NA. "el que tiene que ver con la escritura". MAYAS LACANDONES. Según una fuente este dios era hermano menor de *Menzabac*, curaba las enfermedades y vivía en una isla del lago *Menzabac*. Otra fuente lo considera guardián de las montañas y cazador.

E

eb. "rocío". MAYAS. Duodécimo día de los veinte signos del *tzolkin* (*v.*) o calendario (*v.*) de 260 días. Equivalía al día *malinalli* (*v.*) "yerba torcida" de los nahuas. Su patrono era el dios de las lluvias dañinas. Se le asociaba con el color amarillo y el rumbo que le corresponde es el Sur (*v.*). Su augurio era la generosidad, la solidaridad y la riqueza.

eclipses. Los eclipses solares y lunares causaban temor entre los habitantes de Mesoamérica, ya que se creía, por ejemplo, que si los astros no volvían a aparecer bajarían del cielo las *tzitzimime* (*v. Tzitzímitl*), o monstruos nocturnos. Los nahuas consideraban que los eclipses presagiaban desgracias. Los eclipses lunares podían ocasionar el nacimiento de niños con labio leporino o convertidos en ratones (*v.* Luna), por lo que encerraban a las mujeres cuando se presentaba este fenómeno. Temían en particular a los solares porque creían que el astro desaparecería definitivamente (*v.* Sol). Entre los mayas chortíes el dios *Ah-Ciliz* provocaba eclipses; cuando se enojaba se comía el Sol.

echerendo. TARASCOS. Plano terrestre del universo. Era habitado por deidades con apariencia de hombres y animales. Estaba dividido en cuatro regiones o rumbos (*v.* rumbos del universo) que partían de un centro, cada uno con su deidad de diferente color.

edades cosmogónicas. (*v.* Sol).

EDAHI. "viento" (*v.*). OTOMÍES. Dios del viento. Creó al mundo por mandato de la pareja suprema. Su imagen (*v.* dioses, representaciones y designaciones) era antropomorfa y llevaba una máscara con dos bocas. Tiene estrecha relación con *Ek'emaxi*, que representa a la serpiente emplumada (*v.*) entre los otomíes. Es muy parecido a los dioses nahuas *Ehécatl* (*v.*) y *Quetzalcóatl* (*v.*).

EHÉCATL. "viento". NAHUAS. Dios del viento (*v.*) y una de las advocaciones de *Quetzalcóatl*. (*v.*). // Segundo signo del calendario de 260 días o *tonalpohualli* (*v.*). Su jeroglífico muestra una cara humana con barba, pico y un ojo de muerto fuera de la órbita, que simboliza a un astro. Este día estaba gobernado por *Quetzalcóatl* y corresponde al día *ik* (*v.*) maya.

ehecatonatiuh. "sol de viento". NAHUAS. Se conoce también como *Nahui Ehécatl* "cuatro viento". Es uno de los cinco soles o edades cosmogónicas (*v.*). Su color es el blanco, su rumbo el Oeste (*v.*) y está asociado con el viento. En esta era *Quetzalcóatl* (*v.*) se convirtió en el Sol. Los mitos narran que los hombres que vivieron en este tiempo se alimentaban de mezquite, fueron convertidos en monos y emigraron a los montes, después de que fuertes vientos lo destruyeron todo. A este cataclismo sobrevivió una pareja humana que se refugió en una cueva y fue la encargada de poblar nuevamente el mundo.

ehelaicacózcatl. "el joyel del viento". NAHUAS. Caracol cortado transversalmente que servía de pectoral-insignia a *Quetzalcóatl* (*v.*).

EK CHUAH. "estrella negra". MAYAS. Era el dios de los comerciantes, estaba íntimamente ligado con el cacao, que fue una especie de moneda base para las transacciones comerciales. Landa menciona que en el mes *muan* (*v.*) los dueños de plantaciones de cacao festejaban a *Ek Chuah* junto con *Chac* y *Hobnil* (*v.*), y sacrificaban un perro con manchas color cacao. Es el dios *M* de los códices (*v.*). Era representado como mercader, gene-

Ehecatonatiuh o "sol de viento" (Códice Vaticano-Ríos).

ralmente con nariz muy larga, tipo Pinocho, el cuerpo pintado de negro, con *mecapal* (correa en la frente) y cargando un paquete en la espalda. Aparece en los murales y en los discos de cobre de Chichén Itzá. Ha sido identificado como el dios *M* (*v.* dioses, representaciones y designaciones).

EK' EMAXI. OTOMÍES. (*v.* serpiente emplumada).

enfermedad. En general, los pueblos mesoamericanos creían que algún dios causaba la enfermedad (o enfermedades) como castigo por haberlo ofendido o por haberse comportado mal, sobre todo en lo sexual. En diversas fuentes aparecen registrados gran cantidad de conjuros nahuas y mayas usados para curar las enfermedades. // NAHUAS. Los *tlaloque* (*v.*) producían gota y tullimiento; *Xipe Totec* (*v.*), sarna y apostemas; las *Cihuateteo* (*v.*) causaban enfermedades a los niños; *Atlatonan* (*v.*), lepra, "gafedad" e incordios; *Cuetlacíhuatl* producía las enfermedades secretas de las mujeres y *Xochipilli* (*v.*) las de los hombres. *Titlacahuan* (*v.*) castigaba con enfermedades como la lepra, gota, sarna, bubas e hidropesía, a quien no cumplía el voto de ayuno y de abstención. Las enfermedades del frío procedían de los montes. Los dioses que producían las enfermedades eran los mismos que podían curarlas. La diosa *Toci* (*v.*) era la patrona de las médicas y parteras. // MAYAS. Muchos de los dioses que habitaban en *Xibalbá* (*v.*) provocaban la muerte por enfermedad, por ejemplo *Ahal-tocob* (*v.*), *Ahalgana* (*v.*), *Ahalmez* (*v.*) y *Ahalpuch* (*v.*). Tenemos varios ejemplos de enfermedades, como el *kak*, producida por el calor (*v.* espanto, aire).

EK CHUAH (Códice Dresde).

envoltorio sagrado. (v. bulto sagrado).

eraquaréquaro. TARASCOS. Muro de cráneos. Equivalente al *tzompantli* (v.) de los nahuas. Se trata de un muro en el que se dejaban descarnar las cabezas de los sacrificados, para después enterrarlas en cajetes durante la fiesta *Uni-insperánsquaro* (v.) "enterramiento de huesos".

espanto. Nombre que se le da a una enfermedad que se cree es el resultado de que una persona se haya espantado y se le haya salido una de sus entidades anímicas. Esto puede ocurrir, por ejemplo, al cruzar un río, por haberse caído, por pasar cerca de un lugar sagrado o maligno, o de un arco iris. La curación consiste en atraer otra vez, generalmente por medio de ofrendas, esa entidad anímica o quitársela al espíritu que se la llevó. A la curación puede llamársele "levantar la sombra". Los mayas zinacantecos atribuyen esta enfermedad a la pérdida de parte del *ch'ulel* o alma (v.).

Este. NAHUAS. Rumbo por donde sale el Sol (v.), la cara del Sol, *tlauhcampa, tonatiuhixco*. Era el lugar donde estaba el paraíso del Sol, que habitaban los guerreros muertos en la guerra o en el sacrificio. En el Este también se encontraba el *tlalocan* (v.), el paraíso de *Tláloc* (v.). Este rumbo se relacionaba con el lugar mítico del *Tlillan Tlapallan* (v.). Le correspondía el signo caña o *ácatl* (v.). // MAYAS. Se le relacionaba con el signo *muluc* (v.), su color era el rojo y su árbol la ceiba; se le asociaban, así mismo, el zapote, el bejuco, el pedernal, el *pucté*, el pavo y la deidad *Ah Chak Muzenkab*. // TOTONACOS. Los grandes dioses creadores o héroes civilizadores, los santos y sus esposas, las madres, el Sol (v.), la Luna (v.) y el planeta Venus (v.) como estrella de la mañana habitan todos en este rumbo del universo (v.). Los curanderos, danzantes y músicos que tienen en la muerte un destino privilegiado, son recogidos en el dominio de los dioses del Este, rumbo en el que también están las almas de los niños que volverán a nacer. // TARASCOS. Hacia este rumbo se encontraba el camino al inframundo (v.); su color era el rojo. // ZAPOTECOS. El Este estaba relacionado con el color anaranjado, la riqueza y la fortuna. Era el rumbo del sol *Pitao Peze* (v.) y lo presidía *Cocijo* (v.).

estrellas. NAHUAS. *Citlalicue* (v.) "la de la falda de estrellas", y *Mixcóatl* (v.) eran deidades de la Vía Láctea. Las Pléyades, servían como marcador del fin de un ciclo de 52 años y el principio de otro. A *Tezcatlipoca* (v.) se le identificaba con la actual constelación de la Osa Mayor, a la que le encontraban forma de jaguar. El *mamalhuaztli*, que era un palo para prender fuego, se le identificaba con el actual Cinturón de Orión. // MAYAS. Existen muchas representaciones de constelaciones y planetas que no han sido identificados todavía. // MAYAS LACANDO-

NES. En la actualidad, entre este grupo se cree que las estrellas son las raíces de los árboles que *Hachacyum* hizo para recubrir su selva celeste. Cada vez que en la selva lacandona se tumba un árbol, muere una estrella y desaparece en el cielo. Las estrellas fugaces son chispas del puro que fuma *Hachacyum* cuando descansa en su hamaca en el cielo. // TARASCOS. A tres estrellas de la actual constelación del Toro (Aldebarán, Beta y Gama) se les identificaba con la trinidad del fuego de *Curicaueri* (*v.*) padre, hijo y nieto; semejaban, además, la forma de la *paráhtacuqua*, instrumento que utilizaban para hacer fuego. // TOTONACOS. Desempeñan un papel muy importante en la vida de los individuos. Se cree que cada hombre nace con una estrella que lo protege o lo castiga y a la que debe presentar ofrendas para que no envíe enfermedades. Casi siempre su nombre va de acuerdo con el color o constelación que forman. Hay estrellas "flechadoras", que velan por los seres humanos y los protegen de los jaguares (*v.*) a los que arrojan flechas. Son cuatro estas estrellas flechadoras y se encuentran en las cuatro esquinas del cielo; en las ceremonias importantes estas estrellas son representadas por cuatro recién nacidos que se colocan en las esquinas de una mesa, misma que simboliza el mundo. Al lanzar sus flechas hacia el Sol (*v.*) éstas lo ayudan a subir al cielo. Las estrellas son macho y hembra a la vez; son collares y aretes del Sol; son asistentes de la Luna (*v.*); son los ojos del cielo y envían en la noche el sereno. Las estrellas del Este (*v.*) ayudan al Sol en su ascenso al cenit y son patronas de las curanderas. Las estrellas del Oeste (*v.*) son nefastas, "matadoras", pues viven en el lado de los muertos y ayudan al Sol en su descenso del cenit; son 17, entre ellas está Venus. Se tiene por mala la constelación de la Osa Mayor porque se mete a la tierra cabeza abajo. // HUICHOLES. La diosa *Nakawé* o "Abuela Crecimiento" (*v.*) fue la que hizo que aparecieran las estrellas en el cielo, y es la dueña de éstas. Las estrellas comandadas por *Nakawé*, lanzándose desde el cielo, mataron a todas las víboras (con excepción de una) que estaban en el agua y que constantemente devoraban gente.

etzalcualiztli. "comida de maíz y frijoles". NAHUAS. Sexto mes del ciclo de 365 días, que correspondía al mes de junio y al solsticio de verano. En este mes, ayunaban en el templo llamado *poyauhtla*, durante cuatro días, los dos principales sacerdotes *Totec Tlamacazque* y *Tlalocan Tlanamacac* (*v.* sacerdotes). Se celebraba especialmente a los dioses *Tláloc* (*v.*) y *Quetzalcóatl* (*v.*), cuyas imágenes, representadas por esclavos previamente purificados (*v.* imágenes vivientes), eran sacrificadas a media noche en el templo de *Tláloc*. En las celebraciones participaban más activamente los *tlamacazque*, que eran los sacerdotes de estos dioses, los cuales ayunaban y hacían ofrendas en lugares especiales de la laguna llamados *ayauhcalli* o "casa de la niebla". Los sacerdotes mencionados adornaban los templos con los carrizos que habían recogido en el *Citlaltépec* "cerro de la estrella". El *etzalli* era una comida hecha de maíz cocido que hacían y se comían el día de la fiesta de *Tláloc* en todas las casas. Ese mismo día los sacerdotes del dios se arreglaban y pintaban de azul, practicaban una serie de ritos en el templo de *Tláloc* y llevaban a castigar a la laguna a los sacerdotes que se habían portado mal; en todas estas ceremonias llevaban una gran sonaja llamada el *ayachicahuaztli*. A la medianoche se iniciaba en el templo de *Tláloc* el sacrificio de cautivos así como de las imágenes vivientes del dios; al día siguiente llevaban los corazones de los sacrificados y otras ofrendas preciosas y las arrojaban en el *Pantitlan* (*v.*) en la laguna.

etzalli. NAHUAS. Comida hecha de maíz cocido que se comía especialmente en la fiesta de *Tláloc* (*v.*) en el mes de *etzalcualiztli* (*v.*).

etznab. "instrumento filoso". MAYAS. Decimoctavo día de los veinte signos del *tzolkin* (*v.*) o calendario (*v.*) de 260 días, equivalente al día *técpatl* (*v.*) o "pedernal" de los nahuas. Está bajo el patrocinio del dios de los sacrificios, probablemente el dios *Q*. Su color asociado era el blanco, y su rumbo el Norte (*v.*). Su augurio indica pedernal filoso, curaciones, curanderos, valiente, "sangrador" para quitar fiebres.

exequias. Al sobrevenir la muerte, era necesario hacer todo lo indicado para que el alma del individuo se alejara y dirigiera al sitio donde permanecería indefinidamente, según el tipo de muerte (*v.*) era el lugar al que se llegaba. // NAHUAS. Los mexicas tenían dos formas de deshacerse del cadáver: por incineración o por enterramiento. Se enterraba a los ahogados, a las mujeres muertas en el parto y a los niños de pecho. Los cadáveres eran vestidos con indumentarias de papel imitando los de un determinado dios, según la muerte que habían tenido o de acuerdo al oficio del difunto; por ejemplo, a los mercaderes los vestían con la indumentaria de *Yacatecuhtli* (*v.*) y a los ahogados con la de *Tláloc* (*v.*). Se realizaban una serie de acciones para ayudar al alma en el largo y arduo camino que tenía que seguir para llegar a su destino final, mataban a un perro y lo quemaban con las cosas del muerto; le ponían al difunto una piedra en la boca, le amarraban las piernas dobladas contra el tronco del cuerpo y lo envolvían con papel; por último lo incineraban y colocaban los restos que quedaban en una vasija, que se guardaba en un lugar específico, de acuerdo con la importancia que había tenido en vida la persona; este lugar podía ser la misma casa o algún templo. A los dos días hacían otras ceremonias que repetían a los cuatro días, al año y por fin a los cuatro años, que era cuando se terminaba el duelo. A quienes habían sido importantes en vida se les sacrificaba esclavos y esclavas para que los acompañaran. // MAYAS. La información que existe es escasa, excepto la que se puede inferir de los restos arqueológicos, sobre todo de los de personajes importantes. Los restos de las personalidades se colocaban encima de petates, y se les vestía con sus mejores ropas y alhajas, sepultándolos en tumbas especiales, los acompañaba un perro, y en ocasiones varias personas sacrificadas. En las tumbas de los nobles se colocaban vasijas con escenas del *Popol Vuh* (*v.*), que era una especie de "libro de los muertos", es decir, indicaciones para el viaje al más allá (*v.* inframundo).

Ezapan. "en el agua de sangre". NAHUAS. Estanque que se encontraba en el centro ceremonial de Tenochtitlan (*v.*) y en el que se bañaban los sacerdotes después de autosacrificarse (*v.* autosacrificio).

F

falo, culto al. MAYAS. En la zona *Puuc* de Yucatán y en la adyacente de Campeche se han encontrado abundantes restos de esculturas fálicas.

flechas votivas. HUICHOLES. Estas flechas ceremoniales representan al individuo que las hace y a través de ellas envían su mensaje a los dioses.

flores. Eran un elemento indispensable en los ritos y tenían simbolismo múltiple: era uno de los signos del calendario, representaban la sangre del sacrificio, el amor, el placer sexual, la belleza, los juegos, entre otras alegorías. // NAHUAS. Las deidades nahuas de las flores eran *Xochipilli* y *Xochiquetzal*, pero los *xochimanque*, grupo dedicado al cultivo de las flores, tenían su propio *calpulli* (*v.*) y su propia patrona que era diosa la *Coatlantonan* o *Coatlicue* (*v.*), y a la que ofrecían en el mes de *tlacaxipehualiztli* las primeras flores. Se utilizaban especialmente las *cempoalxóchitl*, pero muchas otras se asociaban a alguna deidad o aspecto de la naturaleza; por ejemplo la *chimalxóchitl* o girasol se asociaba al Sol (*v.*) y los nenúfares se relacionaban con deidades del agua. Con estas flores se adornaban los escudos de las deidades solares, acuáticas y de la tierra respectivamente. // MAYAS. Entre los mayas el nenúfar aparece continuamente asociado a lo húmedo y a la oscuridad y muchas veces con el jaguar. Por otro lado, la flor llamada de mayo o *nicté*, tiene una connotación erótica y aparece en muchos mitos mayas sobre la creación.

formativo. (*v.* preclásico).

fuego. NAHUAS. Fue un elemento indispensable para iluminar, calentarse y cocinar; puede ser el fuego telúrico, celeste o del hogar. Es además, con el agua, un elemento purificador. En la región del altiplano es uno de los dioses más antiguos y se le representaba como un anciano cargando un brasero (*v. Huehuetéotl*). En la tradición mexica, el fuego fue creado por los dioses *Quetzalcóatl* (*v.*) y *Huitzilopochtli* (*v.*), poco tiempo después de que crearon la Tierra. Pero el fuego que utiliza el hombre fue creado por la pareja *Tata* y *Nene*, que sobrevivieron al diluvio refugiándose dentro de un tronco ahuecado. Mediante este elemento fueron purificados y convertidos en el Sol (*v.*) y en Luna (*v.*) los dioses *Nanáhuatl* (*v.*) y *Tecistécatl* (*v.*) respectivamente. En el reino mexica cada 52 años se apagaban todos los fuegos y se encendía uno nuevo, en el corazón de un cautivo, en una gran ceremonia celebrada en el cerro del *Huixachtécatl* (*v.* cerros), conocido actualmente como cerro de la Estrella, en *Iztapalapa*. Los instrumentos para encender el fuego se llamaban *mamalhuaztli*, y eran dos barrenos que se frotaban uno contra otro. Los dioses del fuego eran *Xiuhtecuhtli* (*v.*), *Huehuetéotl*, o *Ixcozauhqui* y la diosa *Chantico* (*v.*), que era la diosa del fuego del hogar. En algunos sacrificios en el mes de *xócotl huetzi* (*v.*) y *teotleco* los cautivos eran arrojados al fuego, y a medio quemar eran sacados para extraerles el corazón. Una ofrenda importante para los dioses era el fuego que ardía en unos braseros de mano. El *teccalco* o "lugar del fuego", era el decimoséptimo del centro ceremonial de Tenochtitlan (*v.*), donde había un gran fogón dedicado al dios del fuego. En este fogón se arrojaba a los cautivos en la fiesta de *teotleco*; *tecanman* era otro templo en el que había un sacerdote, al *tecanmanteohua*, encargado de las teas para quemar en el templo y de toda la parafernalia del que representaba al dios (*v.* imágenes vivientes). *Ixcozauhqui tzonmolco teohua* era el sacerdote del dios del fuego encargado de la leña, de que fueran los adolescentes a recogerla al bosque y de que la apilaran después. Aunque cada año, en el mes de *izcalli* (*v.*) se celebraba al dios del fuego, se hacía una ceremonia mucho más solemne cada cuatro años, y en ella se sacrificaban las imágenes vivientes de los cuatro colores del dios. El culto doméstico al fuego era también muy importante y se le ofrendaban alimentos, sangre y el primer pulque entre otras cosas. // MAYAS. Aparentemente, el culto al fuego no fue muy importante para los mayas antiguos. *Itzam Cab*, quien a veces lleva como tocado un glifo del fuego, y es uno de los aspectos de *Itzam Na*, puede considerarse como dios del fuego. Entre los lacandones, *Kaak* (*v.*) es el dios del fuego y además el que envía las enfermedades. En el *Popol Vuh* (*v.*) se dice que sólo los quichés conocían el secreto de producir el fuego y que posteriormente los cakchiqueles se los robaron (*v. Gacavitz, Kakal ku*). // OTOMÍES. Los dioses eran "Padre Viejo" y *Otontecutli* (*v.*). En la ceremonia del fuego nuevo (*v.* fuego) de los mexicas, participaban también los otomianos, encabezados por el sacerdote de *Copolco*, barrio otomí del valle de México. El culto doméstico al fuego era muy importante. Entre las principales ceremonias dedicadas a este elemento se encuentran la del pulque nuevo y la de la casa nueva. La primera consistía en ofrecer pulque en hojas de maíz al fogón, además de comida y flores, para luego comer de todo lo ofrendado. En la ceremonia de la casa nueva también se ofrecía pulque al fuego, además de sangre de aves sacrificadas, con la que se untaba las cuatro partes de la casa. También las parteras rendían especial culto al fuego, cerca del cual hacían una pequeña cama de paja en la que daba a luz la preñada; al cuarto día del nacimiento, la partera pasaba al recién nacido por el fuego y le ofrendaba a éste pulque y comida, en un acto parecido al bautismo. // TOTONACOS. *Taqsjoyut*. En general, tiene un carácter benéfico. El culto se dirige a un sinnúmero de "dueños" (*v.*) que habitan todos los lugares donde se hace fuego: la lumbre doméstica, el horno para el pan, el del trapiche, el del temazcal y otros. // HUICHOLES. Se

Incineración del Cazonci como ofrenda al fuego (Relación de Michoacán).

creía que el fuego existió antes que el Sol, cuando había sólo oscuridad; según un mito, fue creado con unos palitos en los tiempos primigenios, cuando dioses, hombres y animales no estaban diferenciados, entonces, llegó a llamarse *Tatéwari* "nuestro abuelo". Otro mito cuenta que el hombre necesitaba del fuego para alumbrarse y para cocinar, pero era guardado celosamente por un grupo de deidades animales. Los hombres intentaron robarlo enviando a diferentes animales que fallaron, hasta que la zarigüeya (*v.* tlacuache) lo logró robar con su larga cola y escondiendo las brasas en su bolsa. *Tatéwari* era el dios del fuego, de la vida y de la salud; construyó el primer templo, fue el primer chamán y dirigió la primera peregrinación en busca del peyote (*v.*). Cada nueva cacería del peyote es una representación ritual en la que el jefe de los peyoteros se convierte en *Tatéwari*; es benévolo siempre y cuando se le hagan los sacrificios adecuados. Deidad de los chamanes, también se le implora cuando se hacen redes para pescar o cargar. // TARASCOS. *Curicaueri* (*v.*) era el dios del fuego. Sus ofrendas incluían desde sangre de autosacrificio (*v.*) hasta el cadáver del *Cazonci*, que era incinerado. Los gobernantes, así como varios tipos de sacerdotes (*v.*), se encargaban especialmente de juntar madera y tener fuego perpetuo, así como de todos los rituales relacionados con éste. Existió, además, un fuerte culto al fuego doméstico, que giró en torno a la hoguera o fogón familiar, cuyo humo se consideraba enlace entre los hombres y los dioses del cielo. // ZAPOTECOS. El dios del fuego era *Cosana* (*v.*). // MIXTECOS. (*v.* Sol).

fuentes. Las fuentes para conocer acerca de la religión mesoamericana son varias. En primer lugar están los restos arqueológicos, después los antiguos escritos de los pueblos precolombinos, entre ellos los que se encuentran pintados, tallados o esculpidos en piedra o en otros materiales localizados en sitios arqueológicos y manuscritos pictóricos llamados códices (*v.*) en los que los distintos grupos mesoamericanos escribieron con jeroglíficos sus historias, sus creencias, sus mitos y posiblemente todo lo relacionado con sus rituales. Hay otros manuscritos, realizados por los indígenas en su propia lengua, con caracteres latinos, en los que relatan antiguas tradiciones, oraciones o fórmulas mágicas; pueden citarse los escritos en lengua maya, como el Popol Vuh (*v.*), los *Chilames* —Chilam Balam de Chumayel y Chilam Balam de Tizimín— (*v. chilam*) y el Ritual de los Bacabs. Otras fuentes las constituyen los relatos de los conquistadores (soldados, sacerdotes y funcionarios); las más importantes en el área nahua son las de Motolinia (*v.*), Durán (*v.*), Sahagún (*v.*), Torquemada, Ruiz de Alarcón, La historia de los mexicanos por sus pinturas (*v.*) y el Códice Chimalpopoca (*v.*). Para la historia de los mayas contamos con los escritos de Landa (*v.*). Para los tarascos es la Historia de Michoacán. También hay que considerar a los indígenas que después de la conquista española intentaron recuperar su historia y sus tradiciones, como Cristóbal del Castillo y Fernando de Alva Ixtlilxóchitl, así como los relatos de viajeros, y las investigaciones etnológicas modernas.

G

GACAVITZ. "montaña de fuego". MAYAS. Una de las tres divinidades de los quichés y antecesor mítico de los cakchiqueles. Él junto con *Zakitzumín*, cubiertos de calabazas, cañas verdes de maíz, hojas frescas y provistos de agua, entraron al volcán *Gagagxanul* y "cautivaron" el espíritu del volcán, de esta manera obtuvieron el fuego y la piedra de sílex con la que se produce el fuego por fricción. Este mismo personaje se enfrentó a *Tolgom* (*v.*), "el hijo del lodo que tiembla", al que capturó y después ejecutó disparándole flechas y arrojando su cuerpo a la laguna, a la que *Gacavitz*, a su vez, se arroja después, convirtiéndose en *Quetzalcóatl-Gucumatz*, "la serpiente emplumada".

gakbatzulú. "baile del flechamiento". (*v.* danza). MAYAS. Ceremonia que tenía lugar en el mes de *uchun*, quinto mes cakchiquel. En éste se celebraba la victoria de los cakchiqueles sobre los tzutuhiles y la muerte de *Tolgom* (*v.*) después de haber sido vencido por *Gacavitz* (*v.*) y su establecimiento en el lago de Atitlán.

gavilán. NAHUAS. *tlotli*. Actúa como emisario o mensajero entre los dioses y el hombre. En una de las leyendas nahuas de la creación del Sol (*v.*), los dioses lo envían para que pida a este astro que continúe su camino. Varios de los dioses llevan adornos de plumas de gavilán.

gemelos. MAYAS. Los gemelos tienen gran importancia en el simbolismo maya y parecen representar oposiciones pareadas, tales como la luz y la oscuridad, lo cual se ve claramente en el *Popol Vuh* (*v.*); también aparecen en la mitología del periodo clásico como los gemelos *Hun Ahau* (*v.*) y *Balam* que indudablemente corresponden a las mismas divinidades gemelas del Popol Vuh. Ambas divinidades tienen características de jaguar: el primero parece representar a la estrella matutina y al dios *H*, y *Balam* es el dios del número 9 al que se le ha designado como *Chicchán* en el Códice Dresde (*v.*). Los gemelos son muy activos en las escenas narrativas mayas: disparan dardos, se enfrentan a los dioses viejos y practican el juego de pelota. Los gemelos también son representados a veces como monos escribas y son los dioses de la escritura, de los artistas y de los artesanos. Otros gemelos son "los remeros", deidades asociadas especialmente a la terminación de algún periodo y a ritos de derramamiento de sangre (*v.* Venus).

graniceros. NAHUAS. *teciuhtlazque*. Eran personas conocidas también como los "arrojadores de granizo". Con el fin de proteger las sementeras, se encargaban, mediante conjuros generalmente dirigidos a los *tlaloque* (*v.*), de espantar a las nubes que amenazaban con tormenta de granizo, a las que increpaban con ademanes, ayudándose con una vara o palo que tenía una serpiente enroscada. También eran llamados para invocar las lluvias. Para ahuyentar el granizo la gente común esparcía en el patio de su casa las cenizas del fogón doméstico. Esta práctica ha subsistido hasta nuestros días y es efectuada por los *teciutleros*. // OTOMÍES. (*v. Muye*).

guacamaya. (Ara macao). MAYAS. La guacamaya se asocia con el dios del Sol (*v.*), que también era llamado *Kimich Kamko* (*v.*) "guacamaya de fuego". // ZAPOTECOS. Una de las representaciones de la diosa *Xonaxi* (*v.*) era una guacamaya que llevaba un pectoral con la representación de la Vía Láctea.

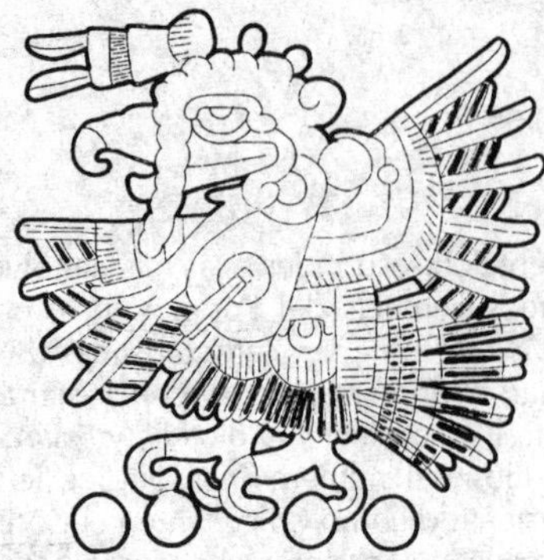

Guajolote (Códice Borgia).

guajolote. (Meleagris gallopavo). NAHUAS. *huaxólotl.* Era uno de los disfraces de *Tezcatlipoca* (v.) y como tal era regente del cuarto periodo del *tonalpohualli* (v.). Había la creencia de que los guajolotes pequeños podían morir si sus dueños cometían adulterio o llevaban una vida licenciosa, por lo que era tomado como presagio. // TARASCOS. Este animal personificaba al dios *Tares-Upeme* (v.) "el anciano engendrador" y también era alimento para sacerdotes y águilas en cautiverio.

gucumatz. "serpiente emplumada". MAYAS. Se le identificaba con *Huracán* (v.) y era el principio vital, como el agua generadora que da origen al mundo.

guerra. NAHUAS. Era una actividad tan importante, sobre todo en la sociedad mexica, que en uno de los mitos (v. *mimixcoa*), se dice que los dioses crearon a los hombres para que hicieran la guerra y dieran de comer al Sol (v.) y a la Tierra. La guerra era la actividad que confería mayor prestigio tanto en la vida como en la muerte. Los que morían en la guerra o en la piedra de los sacrificios; después de haber sido hechos cautivos íban al paraíso del Sol. A los guerreros en la tierra les esperaban todo tipo de privilegios como tierras, esclavos, el uso de ciertas insignias y ocupar puestos importantes de acuerdo al número de cautivos que hubieran ofrendado a los dioses. El dios de la guerra entre los mexicas era *Huitzilopochtli* (v.) y el símbolo de la guerra era el *atlachinolli*, "agua quemada". // MAYAS. *Ek Chuah* (v.), el dios *M*, es el dios de la guerra y de los comerciantes. Se le representa pintado de negro con un labio rojo colgante. A veces lleva una lanza en la mano en actitud de combatir o ser vencido por otros dioses de la guerra. Al dios *F* también se le puede considerar dios de los sacrificios humanos y de la guerra, con frecuencia está acompañado por *Ah Puch* (v.), el dios de la muerte. El dios *F* tiene una línea negra en la cara que le rodea parcialmente el ojo y se prolonga hacia la mejilla. El glifo de su nombre es la cabeza del dios con el número 11 (v. linajes, antepasados). // TARASCOS. *Curita Caheri* (v.) era el mensajero de la guerra.

Guiquiag Yagtal. ZAPOTECOS. Con este nombre se conocía a las deidades familiares llamadas "cabezas de mis abuelos", que son las representaciones o imágenes de los antepasados míticos o linajes divinizados de los zapotecos, cuyo culto ha perdurado. Estaban representados, entre otras cosas, por ídolos y pinturas, a los que ofrendaban animales en sacrificio.

haab. MAYAS. Calendario de 365 días, de carácter agrícola y solar, formado por la combinación de 18 meses de 20 días, más 5 días "inútiles" o *uayeb* (*v.*). Equivale al *xíhuitl* (*v.*) nahua. (*v.* calendario).

HACHACYUM. MAYAS LACANDONES. Es posiblemente la más importante deidad lacandona, es el creador activo del mundo, de los hombres y de la muerte. Los demás dioses son sus ayudantes. En las diferentes creaciones de mundos, hombres y animales, participó *Hachacyum*. Creó también el Sol (*v.*) para alumbrar al mundo y salvó a unos hombres y animales cuando vino el diluvio (*v.*). Es el que manda al dios *Hahaná Ku* "dios de la casa de muchas lluvias" a comprar polvo negro de *Menzabac* (*v.*) con el que llena un pequeño calabazo. Después, desde el cielo sobre las montañas lanza el polvo y moviendo una pluma de guacamaya (*v.*), hace que el viento (*v.*) sople y lo reparta sobre las nubes. Para que haya rayos golpea la pluma de guacamaya sobre un hacha (*v.* agua).

Halach Huinic. "hombre verdadero". MAYAS. Jefe hereditario y sacerdote *ex oficio* de cada una de las provincias en que estaba dividido el norte de Campeche.

HANABUINICOB. "servidores de la casa de la lluvia". MAYAS LACANDONES. Dioses de los vientos (*v.* viento) que ayudaban a traer la lluvia (*v.* agua, lluvia).

hechiceros. Hombres y mujeres que a través de manipulaciones de lo sobrenatural pueden causar daños y sobre todo enfermedades. // NAHUAS. Conocidos genéricamente como *tlacatecólotl* "hombre-búho". Los nahuas tenían varios tipos de hechiceros, entre ellos los que se convertían en nahuales (*v. nahual*) a través de los cuales podían llegar a matar a sus víctimas. También se podían hacer invisibles con ayuda de ciertos fetiches, como en el caso de los mexicas, que utilizaban el brazo de una mujer muerta en el parto, para poder entrar en una casa a robar y a violar a las mujeres sin ser notados. Los hechiceros, a diferencia de los curanderos, eran mal vistos y podían ser, incluso, condenados a muerte. // OTOMÍES. Los grupos otomianos tuvieron y tienen fama de grandes hechiceros. En la sierra de Puebla en la actualidad al nahual se le llama *Pux'jwai*, el cual es un hombre normal durante el día, pero que en la noche se transforma en animal que vaga en busca de víctimas a las cuales pueda chupar la sangre, preferentemente niños. Las actividades de hechicería fueron desarrolladas también por mujeres, y ya en la época colonial se les asimiló al concepto occidental de brujas. En las zonas montañosas al este del valle de Toluca, y en algunas otras partes de la zona otomí todavía se cree que las brujas aparecen en la noche como bolas de fuego. En la sierra de Puebla las brujas adoptan forma de aves, merodean por las casas, sobre todo donde hay niños, en busca de la sangre que chupan con un hilo que lanzan al corazón de la víctima.

HERMANO MAYOR. *Pálikata*. HUICHOLES. Dios del *hikuri* o peyote (*v.*) y del venado (*v.*), aparece bajo distintas representaciones: venado, pino, lobo y remolino. Es el marido de la diosa *Keamukáme*, que fue la que estableció las ceremonias del maíz. Este dios salvó al primer niño huichol que estaba enfermo y había sido abandonado por sus padres y lo transformó en una diosa de la lluvia. El "Hermano mayor" es el mensajero de los dioses, y cuando los chamanes cantan les comunica sus deseos y oraciones a los dioses. Para dar forma al mundo tuvo que luchar con los habitantes del inframundo; fue él quien enseñó a los antepasados todo lo que tenían que hacer para acatar lo que los dioses querían en las cuatro esquinas del mundo: los cuencos y las sillas ceremoniales, cazar venados y beber *hikuri* o peyote. Es el dios particular de los cazadores (*v.* caza) y ayuda a las mujeres en sus trabajos textiles.

HERMANO MAYOR LOBO. HUICHOLES. (*v.* *Kauymáli*).

Historia de los mexicanos por sus pinturas. Posiblemente un fragmento de un libro escrito alrededor de 1558-1570 por Fray Andrés de Olmos, tomando como base los antiguos libros de los indios. Incluye los mitos de la creación del hombre y de la sucesión de los soles cosmogónicos (*v.* fuentes, Sol).

HITUAYUTA o **YOCO SITAUYUTA.** MIXTECOS. Deidad de la multiplicación del género humano a la que se le ofrendaba copal (*v.*) y plumas (*v.*) de papagayo.

H-men. MAYAS. Son los rezadores o sacerdotes menores de los mayas actuales y se encargan de todos los ritos de la comunidad, sobre todo los relacionados con el campo y con la selva.

HOBNIL. MAYAS. Era el *bacab* (*v.* *Bacabs*) relacionado con el Este (*v.*) y el color rojo. Lo celebran especialmente los dueños de árboles de cacao en el mes *muan* (*v.*) y los apicultores en el mes *zec* (*v.*).

hombre, creación. (*v.* creación).

hormiga. (Atta arriata). Este insecto aparece en muchos mitos de distintos pueblos de Mesoamérica como descubridor del maíz (*v.*); que se encontraba escondido dentro de una roca.

Huaxtecos. Este pueblo vivía en lo que actualmente se conoce como la Huaxteca, que abarca parte de los estados de Tamaulipas, Veracruz, San Luis Potosí e Hidalgo. Los primeros datos arqueológicos datan de 1500 a.C. Se sabe muy poco de sus antecedentes prehispánicos y de sus expresiones arqueológicas; la información que se tiene proviene de otros pueblos, que aparentemente adoptaron varias de sus deidades, pero que al mismo tiempo los veían con cierto desprecio, considerándolos inmorales y borrachos. En uno de los mitos del descubrimiento del pulque (*v.*) el cacique de los huaxtecos se emborrachó y se quitó el *máxtlatl* o taparrabo, descubriendo sus genitales; por esta acción fue reprobado y tuvo que huir con toda su gente hacia *Pantlan* o *Pánuco*, en donde se quedaron adoptando la costumbre de no usar *máxtlatl* y recibieron el nombre de *tohueyo* "nuestro prójimo" y *cuextécatl*. También existe la leyenda del huaxteco o *tohueyo* que vendía chiles en Tula y la hija del rey *Huémac* (*v.*) enfermó de amor al verlo. Este huaxteco era *Tezcatlipoca* (*v.*) disfrazado y fue una de las causas de la caída de Tula. Una de las deidades mexicas que se dice vino de la Huaxteca es *Tlazoltéotl* (*v.*) o *Ixcuina*, y el dios del pulque *Patécatl* (*v.*). A los sacerdotes de la diosa *Toci* (*v.*) se les llamaba huaxtecos. Se consideran también de origen huaxteco algunos de los ornamentos de los dioses mexicas, entre ellos se encuentra el gorro cónico de piel de jaguar, el pectoral llamado por Beyer de cazador y las orejeras de concha. En algunos pasajes de los mitos, se dice que *Quetzalcóatl* (*v.*) pasó por la Huaxteca y que una parte de los *olmeca uixtotin*, después de la dispersión, regresaron a la región huaxteca bajo las órdenes de *Cuextócatl*. La región huaxteca se caracteriza por sus edificios religiosos cónicos o cónico truncados y por tener ritos particulares como curtir la cabeza de los cautivos de guerra. El juego de pelota es infrecuente en esta región. Se piensa que muchos de los adornos de *Quetzalcóatl*, como la orejera o *epcololli*, el pectoral de concha o *ehelaicacózcatl*, el abanico de pluma, el gorro cónico o *copilli* de piel de jaguar y el *máxtlatl* de borde redondeado son de origen huaxteco, por lo que se plantea la teoría de que el culto de esta deidad nació de una transmutación de *Huracán* (v.), la deidad huaxteca del viento y de la lluvia.

huebee pijze. ZAPOTECOS. Eran sacerdotes especializados en el manejo e interpretación del *piye* (v.) o calendario ritual. Se encargaban de los pronósticos, que influían en las acciones de la comunidad.

HUEHUECÓYOTL. "coyote viejo". NAHUAS. Junto con *Macuilxóchitl* (v.) es el dios del canto y de la danza. Se le representa con una máscara de coyote y preside la cuarta trecena del *tonalpohualli* (v.). // OTOMÍES. Dios de la danza y del canto. Las fuentes dicen que era un símbolo de la discordia entre los hombres, por lo que se le asociaba con el origen de las guerras.

HUEHUETÉOTL. "dios viejo". NAHUAS. Bajo esta advocación se conocía al dios del

HUEHUECÓYOTL (Códice Borgia).

fuego (*v. Ixcozauhqui* y *Xiuhtecuhtli*), al que se representaba como un anciano jorobado que lleva un brasero sobre la espalda. Aparece desde el Preclásico (v.) en *Cuicuilco*, en *Ticomán* y en *Tlapacoya*, sitios ubicados en el altiplano central mexicano.

huehuetl. Tambor utilizado con el *teponaxtli*, como instrumento musical, en casi todas las ceremonias.

Huehuetlapallan. "*Tlapallan* antigua". Lugar de origen de los toltecas del que decían haber partido antes de llegar a *Tollan* (v. Tula).

Huémac. Personaje mítico e histórico que gobernó Tula (v.) y al que se le adjudica, como a *Quetzalcóatl* (v.), la caída de esta ciudad. Se decía que *Huémac* jugó contra los *tlaloques* (v.) sus *chalchiuites* y plumas de quetzal y les ganó. Los *tlaloques* le ofrecieron elotes, pero él reclamó los *chalchiuites* después de lo cual sobrevino una gran sequía que duró varios años, hasta que aparecieron los *tlaloques* y pidieron que les fuera sacrificada la hija del mexicano *Tozcuecuex*, lo cual fue hecho en el *Pantitlan* (v.) después de lo cual los *tlaloques* vaticinaron la abundancia de alimentos para los mexicanos y la destrucción de los toltecas. También se dice que *Huémac* era un gobernante muy déspota que hacía toda clase de peticiones absurdas a sus súbditos; una de ellas fue que le trajeran una mujer de caderas muy anchas. También era el padre de la joven que se prendó del *tohueyo* (v. huaxtecos).

hueymicailhuitl. NAHUAS. (*v. xócotl huetzi*).

huey pachtli "gran heno" o **tepeihuitl** "fiesta de los cerros". NAHUAS. Decimotercer mes del calendario (v.), correspondiente a octubre-noviembre. Se celebraban principalmente dioses relacionados con el agua (v.), con los cerros (v.) y con el pulque (v.): *Tláloc* (v.), *Matlalcueye* (v.), *Xochitécatl*,

HUEHUETÉOTL (Museo Nacional de Antropología).

Mayáhuel (v.), *Milnáhuatl*. También se celebraban los dioses *Napatecuhtli* (v.), *Chicomecóatl* (v.) y *Xochiquetzal* (v.) y se sacrificaban dos mujeres jóvenes nobles en honor de esta última divinidad. Los ritos tenían lugar en los altares de los dioses del pulque y en el de *Napatecuhtli* y en *Tochinco*. Para honrar a los montes altos en donde se juntan las nubes, y a los que habían muerto por el agua o por el rayo, hacían unas imágenes con palos cubiertos de amaranto (v.), las colocaban sobre rodetes especiales hechos de carrizo y les ofrecían comida.

huey tecuilhuitl. "gran fiesta de señores". NAHUAS. Octavo mes del calendario (v.), correspondiente a julio. Se celebraban los dioses *Xilonen* (v.) y *Chicomecóatl* (v.), *Quilaztli-Cihuacóatl* y *Ehécatl* (v.). En los templos *Cinteopan* y *Huitznahuac*, durante los primeros días de este mes, se hacía un gran reparto de comida para los pobres, pues coincidía con época de escasez. También se hacía un suntuoso baile de "señores" en el que participaban sólo éstos, los guerreros y las doncellas de los barrios, todos hermosamente adornados. El décimo día del *huey tecuilhuitl* se sacrificaba la imagen viviente (v. imágenes vivientes) de la diosa *Xilonen*. Antes de esto las mujeres, los guerreros y los sacerdotes danzaban con ella. En este mes se desacralizaba el maíz y se podía empezar a comerlo.

Huey Teocalli. "Templo Mayor". NAHUAS. También se le llama *Coatepec* (v.) o "cerro de la serpiente"; en memoria del cerro donde nació *Huitzilopochtli* (v.).

Era el principal y más grande templo de Tenochtitlan, del que dice Sahagún: "La principal torre de todas estaba en el medio y era más alta que todas, era dedicada al dios *Huitzilopochtli* o *Tlacahuepan Cuexcotzin*. Esta torre estaba dividida en lo alto, de manera que parecía ser dos y así tenía dos capillas o altares en lo alto, cubierta cada una con su capitel, y en la cumbre tenía cada una sus insignias o divisas distintas, en una de ellas y la más principal estaba la estatua de *Huitzilopochtli*, que también la llamaban *Ilhuícatl xoxouhqui;* en la otra estaba la imagen del dios *Tláloc*, delante de cada una de estas estaba una piedra redonda a manera de tajón que llaman *téchcatl*, donde mataban a los que sacrificaban a honra de aquel dios..." En este templo se efectuaban las más imponentes ceremonias del pueblo mexica. El templo, símbolo del poderío mexica, fue construido con muchos esfuerzos y en él se inmolaron un sinnúmero de prisioneros durante el corto tiempo que los mexicas dominaron gran parte del territorio de la actual república mexicana. Los estratos más antiguos del Templo Mayor de Tenochtitlan fueron descubiertos recientemente bajo los edificios coloniales que los cubrían, en el centro de la ciudad de México. Ahí se ha construido un museo que resguarda todos los hallazgos.

huey tozoztli. "gran velación". NAHUAS. Era el cuarto mes del calendario (*v.*) que coincidía con los meses de abril y mayo. Se celebraba, principalmente, a los dioses del maíz *Cintéotl* (*v.*) y *Chicomecóatl* (*v.*) y en segundo lugar a *Tláloc* (*v.*) y a *Quetzalcóatl* (*v.*). Como parte del rito se sacrificaban niños y las imágenes vivientes de los dioses (*v.*) y se repartía entre los que vivían en el *telpochcalli* y en el *calmécac* (*v.*) una mazamorra. Se recogían cañas tiernas de maíz que se adornaban con flores, y se llevaban a la diosa. En cada casa se hacía ofrenda de comida a la diosa del maíz, *Chicomecóatl*, comida que luego era llevada a su templo en donde la ofrecían a una imagen de la diosa hecha de amaranto (*v.*); finalmente la familia consumía los alimentos ofrendados. A este mismo templo, jóvenes doncellas llevaban a consagrar las mazorcas del maíz que se sembrarían el año siguiente.

Huicholes. Grupo indígena que vive en el occidente de México, en parte de las sierras de Jalisco, Nayarit y San Luis Potosí. Su lengua pertenece al tronco yutoazteca y está muy vinculada a la subfamilia náhuatl. Fue hasta finales del siglo XVII y principios del XVIII que fueron sometidos, aunque nunca aceptaron ser congregados en pueblos, por lo que siguen viviendo en "ranchos" dispersos y aislados en la sierra. Estos "ranchos" son habitados por parientes y están bajo el control de un jefe o "anciano". Todos los "ancianos", son chamanes. La comunidad se dedica, básicamente, al cultivo de la tierra con el sistema de roza y utilizando, aún, la coa o bastón plantador. Su territorio está dividido en cinco regiones separadas y autogobernadas por un gobernador huichol, al cual eligen los ancianos de la comunidad. Los huicholes no son un grupo totalmente homogéneo, y aunque hay diferencias en las creencias y en los rituales, se puede decir que comparten una sola visión del mundo. Es uno de los grupos indígenas que más ha logrado conservar su cultura y su religión, por lo que las influencias que ha recibido del cristianismo son mínimas. La mayor parte de los dioses huicholes encarnan a las fuerzas de la naturaleza, otros son "dueños" de distintas especies de animales y, en los mitos, los hombres y los animales parecen confundirse. A todos estos seres sobrenaturales se les aplican términos de parentesco: Hermano Mayor (*v.*), Abuela, Madre, etcétera. Para los huicholes, los primeros seres que habitaron el mundo eran personas y animales al mismo tiempo. El culto al peyote (*v.*) y al venado (*v.*) son de los más importantes (*v.* Abuela Crecimiento, Bisabuelo cola de venado, Hermano Mayor Lobo, *Kauymáli*, *marakame*, *Palikata*).

Recinto del Templo Mayor con el Huey Teocalli (Primeros Memoriales de Sahagún).

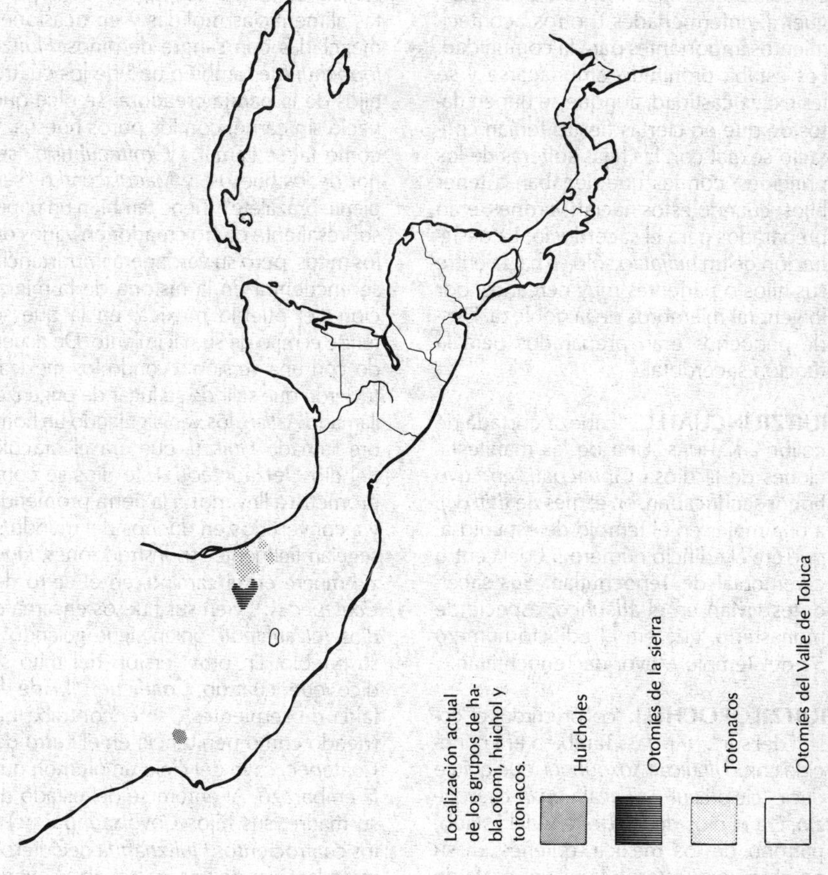
Localización actual de los grupos de habla otomí, huichol y totonacos.
Huicholes
Otomíes de la sierra
Totonacos
Otomíes del Valle de Toluca

Huijatao o **huipatoo.** "grande atalaya y el que ve todo". ZAPOTECOS. Sumo sacerdote encargado de las principales actividades del culto. Su función era consultar a las deidades mediante estados de éxtasis, a lo que llegaba, seguramente, con la ayuda de hongos alucinógenos (*v.*), lo consultaban los gobernantes en caso de guerra, enfermedades u otros acontecimientos importantes para la comunidad. Les estaba prohibido embriagarse y se les exigía castidad, aunque se tienen datos de que en ciertas fiestas tenían contacto sexual con las hijas solteras de los príncipes, con las que llegaban a tener hijos; cuando éstos nacían varones, eran preparados para el sacerdocio. La designación de un *huijatao* sólo se hacía entre sus hijos o parientes muy cercanos, por lo general miembros de la nobleza. Desde pequeños eran preparados para la función sacerdotal.

HUITZILINCUATEC. "cabeza cortada de colibrí". NAHUAS. Una de las manifestaciones de la diosa *Cihuacóatl*, en cuyo honor sacrificaban, en el mes de *tititl* (*v.*), a una mujer en el templo de esta diosa, que era el edificio número 53 del centro ceremonial de Tenochtitlan. Sus sacerdotes vivían en el *atlauhco*, especie de monasterio, que era el edificio número 51 del Templo Mayor de Tenochtitlan.

HUITZILOPOCHTLI. "colibrí zurdo" o "colibrí del sur". NAHUAS. También era conocido como *Ilhuícatl Xoxouhqui*, que quiere decir "cielo azul" y *Tlacahuepan cuexcotzin*. Era el dios de la guerra y del Estado, patrono de los mexica, quienes en su nombre conquistaron la mayor parte de Mesoamérica en el Posclásico (*v.*). Ha sido identificado por muchos investigadores con el Sol (*v.*). Generalmente, su imagen era representada con un yelmo de colibrí en la cabeza, con una mano sostiene una serpiente de turquesa y con la otra un escudo con cinco adornos de plumones, una bandera ritual de papel y el *xiuhcóatl* "serpiente preciosa", su arma mágica. Con frecuencia también cargaba en la espalda un adorno llamado el *anecúyotl*, que es la cabeza de un animal fantástico; su cuerpo estaba pintado de azul, y a veces su cara con rayas horizontales azules y amarillas o bien llevaba la llamada "careta estelar". La imagen podía ser hecha con masa preparada con semilla de amaranto (*v.*) y de otras plantas alimenticias molidas y en ocasiones mezcladas con sangre de niños. *Huitzilopochtli* fue también uno de los cuatro hijos de la pareja creadora; se dice que nació sin carne, con los puros huesos, y como tal se llamaba *Omitecuhtli* o "señor de los huesos" y *Maquizcóatl* o "serpiente brazalete". Tiene también un papel sobresaliente como creador en varios de los mitos, pero su verdadera importancia se encuentra en la historia de la migración del pueblo mexica, en la que se funde el mito de su nacimiento. De acuerdo con una versión, cuando los mexicas tuvieron que salir de su lugar de origen, el llamado *Aztlan*, los venía guiando un hombre llamado *Huítzitl*, que era el oráculo del dios *Tetzauhtéotl*. Este dios se comprometió a llevarlos a la tierra prometida y a convertirlos en dueños del mundo si seguían fielmente sus instrucciones. *Huítzitl* muere en el camino, en el cerro del *Coatepec* (*v.*), y en sus huesos encarna el dios *Tetzauhtéotl*, quien sigue guiando a su pueblo. En otra versión del mito se dice que cuando *Coatlicue*, "la de la falda de serpientes", se encontraba barriendo como penitencia en el cerro del *Coatepec*, cayó del cielo un plumón que la embarazó. Al enterarse del estado de su madre, sus hijos *Coyolxauhqui* (*v.*) y los cuatrocientos *Huitznahua* decidieron matarla. Cuando se aprestaban a hacerlo nació milagrosamente *Huitzilopochtli* totalmente armado, y con la *xiuhcóatl*, "serpiente de turquesa", destruyó a sus hermanos, despedazando a *Coyolxauhqui*. El cerro del *Coatepec*, que no solamente es importante en el nacimiento de *Huitzilopochtli*, sino en muchos otros mitos, era representado en el Templo Mayor de Tenochtitlan (*v.*), centro del mundo, en donde se adoraba también a *Tláloc* (*v.*), el dios del agua. Había muchos ritos en honor de *Huitzilopochtli*, pero se le festejaba especialmente en los meses (*v.*) de *tlaxochimaco*, *tóxcatl* y *panquetzaliztli*. De éstos el más importante era *panquetzaliztli*, cuando se celebraba su nacimiento, escenificando de forma realista su lucha contra los *huitznahua*. En ese mismo mes había una ceremonia particularmente notable en la que participaba activamente el importante gremio de los comerciantes o *pochteca* (*v.*). Éstos ofrendaban, para ser sacrificados, gran número de esclavos comprados para dicho fin. En el mes de *tlaxochimaco*, en el edificio número 72 del centro ceremonial, llamado el *itepeyoc*, se hacía su imagen de semillas de amaranto para luego "sacrificarla" y repartirla entre un grupo selecto de jóvenes de Tenochtitlan y Tlatelolco, que la comía en una ceremonia llamada "comerse al dios". Previamente se había llevado a cabo un estricto ayuno. Aparte de todas estas ceremonias a *Huitzilopochtli* se le festejaba en ocasión de las victorias de los mexicas, en cada etapa de la construcción de su templo y, después, cada vez que se le agregaba un elemento nuevo. El festejo culminaba con el sacrificio de los prisioneros obtenidos en las guerras de conquista. Su culto fue impuesto a muchos de los pueblos conquistados.

HUITZITL. NAHUAS. Personaje mítico que sacó a los mexicas de Aztlan (*v.*) y que posteriormente se convirtió en *Huitzilopochtli* (*v.*).

HUITZNAHUA. NAHUAS. Se puede traducir como "los del sur" o "de la tierra de las espinas". Era una tribu o linaje que formó parte de la migración de *Aztlan* junto con los mexicas. En el mito del

HUITZILOPOCHTLI (Códice Borbónico).

nacimiento de *Huitzilopochtli* (*v.*), los *Centzon Huitznahua* o los cuatrocientos *Huitznahua* aparecen como sus hermanos, contra los que lucha y vence cuando intentan matar a *Coatlicue* (*v.*), la madre, porque se enteran de su embarazo. Se les ha identificado con las cuatrocientas estrellas del Sur (*v.*). En el mes de *panquezaliztli* (*v.*) había una lucha ritual en la que participaban los del barrio o *calpulli* (*v.*) de *Huitznahua*. En el conjunto de edificios del Templo Mayor de Tenochtitlan, el número 73 recibía el nombre de *Huitznahua calpulli* y el número 19 era llamado *Huitznahuacteocalli*, donde se sacrificaban las imágenes vivientes (*v.*) de los *Centzonhuitznahua* y los cautivos en honor de *Huitzilopochtli*, también en el mes de *panquetzaliztli*. Tenían un *calmécac* (*v.*) a cuyo cargo estaba el *huitznahua teohuatzin omeácatl* "sacerdote dos caña de *Huitznahua*". No hay ninguna descripción por la que podamos saber cómo representaban a estas deidades.

Huitztlampa. "lugar de las espinas". NAHUAS. (*v.* Sur).

HUIXTOCÍHUATL. NAHUAS. Diosa de la sal y hermana mayor de los *tlaloques* (*v.*). La representaban con falda, blusón adornado con olas de agua y jadeíta, en la cabeza un tocado del que salían muchas plumas verdes y en los tobillos traía amarrados cascabeles o caracolillos. En una de las manos llevaba una rodela con una flor acuática y en la otra tres grandes flores de papel y plumas de quetzal. Sahagún dice que por cierto problema que tuvo esta diosa con los *tlaloques*, "la persiguieron y desterraron a las aguas saladas, y allí inventó la sal, de la manera que ahora se hace con tinajas y con amontonar la tierra salada, y por esta invención la honraban y adoraban los que trataban la sal". Su fiesta se celebraba en el mes de *tecuilhuitontli*; durante diez días bailaban la mujer que representaba a la diosa (*v.* imágenes vivientes) y las mujeres que hacían la sal. Al finalizar este periodo, y tras velar toda la noche, la mujer junto con varios cautivos eran sacrificados en el templo de *Tláloc*.

hule. Látex del árbol también llamado hule (Castilla elástica), que servía para hacer las pelotas que se utilizaban en el juego de pelota (*v.*), también se usaba como pintura ritual, sobre todo asociada con los dioses del agua o de la tierra. Se utiliza desde el periodo Preclásico, principalmente por los olmecas (*v.*). Muchas deidades llevaban la cara adornada con hule y los papeles que se ofrendaban solían estar también manchados con este material. Actualmente muchos grupos étnicos lo aprovechan para hacer figuritas de sus dioses, mismas que posteriormente son quemadas, pues se cree que el humo lleva un mensaje para los dioses.

HUNAB ITZAMNÁ, HUNAB KU, YAXCOCAHMUT, COLOP U UICH KIN o **AH CH'AB.** MAYAS. Son diferentes nombres del dios creador maya. Thompson cree que, como entre otros pueblos mesoa-

HUIXTOCÍHUATL (Códice Matritense).

mericanos, tiene un carácter dual. Es un dios muy complejo de origen serpentilíneo. Tiene muchos aspectos: *Itzamná Kauil, Itzamná* "de la buena cosecha"; *Itzamná Kinich ahau* "...del rostro del sol"; *Itzamná Kabul* "...productor con sus manos"; *Itzam Cab* o *Itzam Cab Ain* "...tierra o cocodrilo de tierra". *Bolon D'zacab* era un dios de los jerarcas y enviaba también la lluvia del cielo. *Itzamná* tiene cuatro aspectos asociados con los colores rojo, blanco, negro y amarillo que correspondían al Este (*v.*), Norte (*v.*), Oeste (*v.*) y Sur (*v.*) respectivamente (*v.* creación).

HUN AHAU. "*1 ahau*". MAYAS. Dios de la muerte y nombre calendárico de Venus en su aparición heliacal. A este planeta se le asociaba con el inframundo (*v.*) porque parecía que acababa de salir de éste.

HUNAHPÚ. MAYAS. Uno de los héroes del Popol Vuh (*v.*) que después de vencer a los señores del inframundo (*v.*) se convierte en Sol (*v.*). Hijo de *Hun Hunahpú* (*v.*) e *Ixquic* (*v.*). Hermano gemelo de *Xbalanqué* (*v.*).

HUNBATZ y **HUNCHOUEN.** MAYAS. Hijos de *Hun Hunahpú* (*v.*) e *Ixbaquiyab* (*v.*) (*v.* Popol Vuh). Grandes artistas que dominaban la escultura, la pintura y el manejo de la cerbatana.

HUN-CAMÉ. "uno muerte". MAYAS. Uno de los jueces supremos del inframundo (*v.*) maya (*v. Xibalbá*).

HURACÁN. "una pierna", "cojo". MAYAS. Dios del rayo y del trueno, también conocido como "corazón del cielo". Participó activamente en la creación del hombre. *Huracán* se transformó en lo que actualmente se conoce como constelación de Orión.

HURENDE-QUAHUE-CARA. "el que va por delante". TARASCOS. Es Venus (*v.*) en una de sus múltiples manifestaciones. Sus colores son el blanco y el rojo, los colores del Este (*v.*) y del Oeste (*v.*), por lo que esta deidad representa a Venus en su dualidad de estrella de la mañana y estrella de la tarde, misma que está formada por *Tirípeme-Quarencha* y *Tirípeme-Tupuren* (*v. Tiripemencha*), hermanos de *Curicaueri* (*v.*) en su calidad de "gemelos (*v.*) preciosos". También era el dios del mar, por lo que los tarascos le ofrendaban conchas y caracoles.

I

ICNOPILTZIN. "huerfanito". NAHUAS. Uno de los nombres del dios *Cintéotl* (*v.*).

iguana. (*v. Itzamná*).

IH P'EN O TULUNTA. MAYAS CHORTÍES. Personificación de la tierra y patrón del crecimiento de las plantas, la fecundidad, la vida familiar, y en general todos los demás bienes. Además de tener carácter bisexual, es el espíritu pasivo del maíz y consorte del espíritu femenino del frijol. En la actualidad se les concibe en forma humana como San Manuel y su mujer o compañera la Virgen María. Con el fin de llamar a la lluvia cuando se va a sembrar, a estos personajes y a los *chicchán* (*v.*) se les hace una ofrenda de pollos y guajolotes.

ik. "aliento", "vida". MAYAS. Segundo día de los veinte signos del *tzolkin* (*v.*) o calendario de 260 días, correspondiente al *ehécatl* o "viento" nahua. Se le asociaba con el Norte (*v.*) y el color blanco, y estaba presidido por el dios *B* (*v.* dioses, representaciones y designaciones) de la lluvia, la germinación y fructificación y con *Chac-Kaxix*; su augurio era de aliento y vida.

IKAL AHAU. "señor negro". MAYAS. Para los tzotziles de Larrainzar es el dios de la muerte que vaga de noche para atacar a la gente. Le gusta la carne humana cruda y de día vive en una cueva; también se cree que mora en las torres de las iglesias de San Juan Chamula y de Santo Domingo, en San Cristóbal de las Casas, Chiapas.

ILAMATECUHTLI. "señora vieja". NAHUAS. Podría ser uno de los nombres que se daba a las diosas *Cihuacóatl* (*v.*) o a *Citlalicue* (*v.*). Su fiesta se celebraba en el mes de *tititl* (*v.*) y con ese motivo se sacrificaba en el templo de *Huitzilopochtli* (*v.*) a una esclava que la representaba y que iba vestida con *huipil* y falda blancos (*v.* indumentaria) y encima de ésta llevaba otra de cuero, la parte de abajo de la cual estaba cortada en tiras y de cada una de éstas colgaba un caracolito; a esta falda se le llamaba *citlalicue* "falda de estrellas". La mitad superior de su cara estaba teñida de amarillo y la inferior de negro, y en la cabeza llevaba plumas de águila (*v.*) pegadas a la cabellera, llevando en una mano un escudo blanco y en la otra un palo o espada de tejer. Esta mujer bailaba, como todas las víctimas, antes de ser sacrificada pero, a diferencia de las demás mujeres, a ella se le permitía llorar y quejarse de su suerte. Había también un sacerdote que la representaba y que portaba una máscara con una cara adelante y otra atrás, con los ojos saltones y las bocas abiertas. En la mano cargaba un bordón hecho de una vara de otate con las raíces formando el mango. Después de sacrificada la imagen viviente de la diosa (*v.* imágenes vivientes), el sacerdote que también la representaba bailaba llevando en la mano la cabeza de la mujer muerta.

ILANCUEITL. "faldas de vieja". NAHUAS. Se puede identificar con *Cihuacóatl* (*v.*). Fue la primer mujer de *Iztac Mixcóatl* y de ella nacieron *Xelhua, Tenoch, Ulmécatl, Mixtécatl, Xicalancatl* y *Otomitl* (*v.*). También se dice que *Ilancueitl* dio a luz un pedernal que cayó en *Chicomoztoc* (*v.*) y de él nacieron mil seiscientos hombres.

ilhuícatl. (*v.* cielo).

ilhuitl. "fiesta" (*v.* meses).

imágenes vivientes de los dioses. NAHUAS. Entre los mexicas los dioses, además de ser materializados con imágenes de madera, piedra, semillas de amaranto (*v.*), etcétera (*v.* dioses, representaciones y designaciones) eran representados por sacerdotes, por cautivos o por esclavos; estos dos últimos habían sido purificados y eran vestidos con la indumentaria (*v.*) de los dioses y, después de hacer el papel de éstos por un tiempo, eran sacrificados (*v.* bañados).

imix. "caimán o cocodrilo", "monstruo de la tierra". MAYAS. Primer día del ciclo de los veinte signos del *tzolkin* (*v.*) o calendario de 260 días, equivalente al *cipactli* "cocodrilo" nahua. Era un signo relacionado con el Este (*v.*) y con el color rojo y su augurio se asociaba al maíz y a la flor *nicté* o flor de mayo.

indumentaria de los dioses. Los dioses mesoamericanos en general, son representados con la indumentaria que utilizaban los hombres y las mujeres de sus pueblos. Las prendas masculinas constaban de un *máxtlatl* o taparrabo, que era una tela que pasaba entre las piernas y rodeaba la cintura dejando los extremos colgando por delante y por detrás del cuerpo. A veces los hombres llevaban una especie de delantal que cubría las caderas al que se ha dado el nombre de paños de cadera. Una manta o pedazo de tela confeccionada de diferentes materiales, usada sobre los hombros a manera de capa, completaba la indumentaria básica masculina. A ésta se le agregaban, para la gente de alcurnia, las sandalias con diferentes adornos, collares, pectorales, pulseras, ajorcas, adornos en las pantorrillas, orejeras, narigueras y bezotes, además de penachos y tocados de diversos materiales, pero sobre todo de plumas. Los guerreros y los dioses llevaban además, cargando en la espalda, una estructura hecha posiblemente de carrizo con diversos adornos, por ejemplo el dios del fuego llevaba una figura en forma de *xiuhcóatl* o "serpiente preciosa" hecha de plumas. Las prendas femeninas consistían en una enagua, una tela enredada de la cintura hasta abajo de la rodilla o a los tobillos, el torso generalmente (aunque no siempre) era cubierto por un blusón largo llamado huipil (*huipilli* en náhuatl). En algunos lugares se cubrían con otra prenda de forma triangular que se pasa por la cabeza, llamada *quechquémitl* (ambas prendas se siguen usando entre varios grupos indígenas contemporáneos). También las mujeres iban adornadas con collares, pulseras, brazaletes, sandalias, orejeras, narigueras y tocados en la cabeza. Tanto hombres como mujeres se pintaban la cara y el cuerpo. Una indumentaria particular era la piel de un hombre desollado que caracterizaba al dios *Xipe Totec* (*v.*). La mayor parte de las imágenes de los dioses llevaban en las manos algún objeto, en el caso de los dioses mexicas un escudo en una mano y en la otra otro objeto. También solían llevar máscaras. Los dioses mayas parecen combinar más atributos animales con los humanos; tienen complejas y monstruosas máscaras. Los tocados parecen ser más

Indumentaria de la diosa TEZCACOAC AYOPECHTLI: tiene hule en los labios, lleva tocado de papel en la cabeza, un collar de piedras preciosas, huipil con flores acuáticas, faldellín blanco, sandalias blancas y en las manos porta un escudo y un bastón (Códice Matritense).

elaborados incluyendo a veces pájaros completos, y las orejeras y otros adornos varían un poco del de los mexicas, destacando quizá una elaborada faja a manera de cinturón con un adorno al frente. Cada objeto, color, posición, lugar en donde es colocado, etcétera, del atuendo del dios tienen significado.

inframundo. NAHUAS. *Mictlan*. "lugar de los muertos". Región a donde iban los que habían fallecido de muerte natural. Se suponía que estaba formado por nueve pisos y que era un lugar en donde reinaba eternamente la oscuridad. Se encontraba en el Norte (*v.*), rumbo conocido con el término de *Mictlampa*. Estaba presidido por *Mictlantecuhtli* (*v.*) y *Mictecacíhuatl* (*v.*). Para llegar al *Mictlan*, el muerto debía pasar por un camino azaroso donde encontraría unas piedras que chocaban entre sí, ocho desiertos y ocho colinas, un cocodrilo llamado *Xochitonal*, viento de obsidianas y, por último, un río de nueve aguas llamado el *chiconahuapan* (*v.*). Este río sólo se podía cruzar con la ayuda de un perrito que había sido sacrificado e incinerado en los funerales de la persona. Al llegar al *Mictlan* el muerto tenía que presentarse ante *Mictlantecuhtli* y *Mictecacíhuatl* y entregarles regalos; éstos, a su vez, le indicaban a qué lugar debía de ir. Según un mito, *Quetzalcóatl* (*v.*) bajó al *Mictlan* a recoger los huesos de los muertos para crear la nueva humanidad. // MAYAS. Era un lugar que se encontraba dentro de la tierra y a él iban, generalmente, la mayoría de las almas de los muertos. Aunque hay diferentes tradiciones, todas afirman que se trataba de un lugar oscuro e inaccesible. Recibía el nombre de *Metnal* (*v.*) o *Xibalbá* (*v.*) y de *Olontuc* entre los tzotziles. Para llegar a este sitio había que pasar por un difícil camino y se necesitaba de la ayuda de un perro. En el Popol Vuh (*v.*) se le llama *Xibalbá*, y se señala que su entrada estaba en Carchá, que es un pueblo cercano a Cobá en Guatemala. El camino al inframundo está lleno de dificultades: se bajan unas escaleras muy inclinadas, se tiene que cruzar un río de rápida corriente que corre entre dos árboles de jícara muy espinosos, otro río de podre, otro más de sangre y por último uno de agua que está entre dos barrancos. Después, se llega a un sitio en donde cruzan cuatro caminos: negro, rojo, blanco y amarillo. El primero es el que lleva a *Xibalbá*. Aquí hay una sala de consejo en donde se encuentran los asientos de los doce dioses o señores del inframundo y otro más de piedra ardiente que quema al que se sienta en él. Hay, además, un jardín con flores y aves propias del inframundo y que pertenece a los jueces supremos *Hun-Camé* (*v.*) "uno muerte" y *Vucub-Camé* (*v.*), "siete muerte"; este último tiene también un juego de pelota. Asimismo hay una fuente de la que brota un río y seis casas llamadas "lugares de tormento". En el interior de la casa oscura sólo había niebla, y dentro de la casa donde tiritaban soplaba un viento frío insoportable. Las otras casas eran: una de los tigres y la otra de los murciélagos en donde atacaban estos animales; la de las navajas en donde éstas volaban cortando; y la del fuego que era una especie de horno. Además de *Hun-Camé* y *Vucub-Camé*, existían los otros dioses que habitaban el inframundo, casi todos ellos causantes de enfermedades. Eran: *Xiquiripat* (*v.*), "lazo corredizo", y *Cuchumatic* (*v.*) "jefe de sangre", causaban derrames de sangre entre los hombres; *Ixquic*, que era hija de *Cuchumatic* y la madre de *Hunahpú* (*v.*) y *Xbalanqué* (*v.*); *Ahalpuch* (*v.*), "productor de pus", *Ahalganá* (*v.*), "productora de bilis"; *Chamiabac*, "báculo de hueso" y *Chamiaholom*, "báculo de cráneo", eran los alguaciles de *Xibalbá* y como su nombre lo indica, llevaban báculos de hueso y enflaquecían a los hombres hasta producirles la muerte; *Ahalmez*, "productor de suciedad" y *Ahaltocob*, "productor de heridas", les ocasionaban alguna desgracia a los hombres generalmente cerca de sus casas, dejándolos muertos boca arriba. También existe la referencia de otros dioses de la muerte como: los nueve dioses o *Bolon Ti Ku* (*v.*) que siempre estaban en lucha contra las *Oxlahun Ti Ku* (*v.*) o trece dioses celestes; *Kisin* (*v.*) o *Ah Puch* (*v.*) y *Hunhau* (*v. Hun Ahau*) al que se asocia con la oscuridad. El inframundo de los mayas era un lugar de enfermedades y olores nauseabundos, cuyos habitantes llevaban adornos de ojos de muertos en lugar de jade y su símbolo especial era el signo % parecido al de porcentaje. // TARASCOS. El inframundo se conocía principalmente como *Cumiechúcuaro* y se localizaba debajo de la tierra. Era una región habitada por deidades con apariencia de hombres y animales. Se dividía como la tierra en cuatro rumbos, cada uno con su deidad de diferente color. Se entraba a éste por el Este (*v.*), rumbo por donde surge el Sol (*v.*). Existió también un paraíso para los muertos por ahogamiento conocido como *Pátzcuaro* (*v.*), cuya entrada era el Lago de Pátzcuaro. // TOTONACOS. La vida en el inframundo es similar a la del mundo, con campos de maíz, iglesias, jueces, etcétera. No hay un camino largo y peligroso para llegar a él. Se cree que después de un tiempo de habitar ahí se renace en otra persona y en otro pueblo. El inframundo tiene un dueño, el que con sus ayudantes, los muertos y los aires malos, amenazan constantemente a los pobres totonacos con enfermedades, sobre todo si en los sueños se apoderan de sus almas (*v. Montizón* y muerte).

IPALNEMOANI. "aquél por quien vivimos". NAHUAS. Uno de los nombres que recibía *Tezcatlipoca* (*v.*), como el dios creador.

Itacai. MAYAS CHORTÍES. Espíritus montañeses gigantes, de figura humana, que se cree viven en una ciudad compuesta de montañas, cada una de las cuales es el hogar de un *Itacai*.

ITZAM. MAYAS. iguana. *Itzamná* (*v.*), según Thompson era el aspecto celeste de la iguana e *Itzam Cab Ain*, su manifestación terrestre.

ITZAMNÁ. "casa de iguanas". MAYAS. Según Thompson era la máxima deidad maya que, además de ser concebida con forma de reptil, la identifica con el viejo dios creador *D* y, en su advocación de dios de la vegetación, como el anciano dios *K*. El mismo autor creía que *Itzamná* era el universo que incluía dentro de sí casi todos los atributos de los demás dioses, sobre todo cuando se trataba de la dualidad de las fuerzas positivas y negativas del cielo-tierra, lluvia-sol, masculino-femenino; por ejemplo, *Itzamná* propiamente, era la parte celeste e *Itzam Cab Ain* la terrestre, aspectos que identificó con los dragones celestes y terrestres, pero investigadores modernos como Linda Schele dicen que el dios *D* es el único al que se le puede ligar con un glifo de *Itzamná*. Éste aparece representado como un viejo con los ojos cuadrados con pupilas en forma de espiral. Su distintivo más característico es una banda en la cabeza con unos adornos que llevan el glifo *akbal* que significa oscuridad, símbolo que también es parte de su glifo de nombre. Usa un pectoral de caracol y un ornamento, también de caracol, en la cabeza. Según las tradiciones recogidas por los primeros cronistas, se dice que *Itzamná* fue un personaje prodigioso, sacerdote y jefe de su tribu, que llegó a Yucatán a la cabeza de ésta. Se le atribuye ser el introductor de la cultura maya en esta zona y quien dio nombre a las cosas, inventó la escritura, repartió las tierras entre el pueblo y dictó las leyes. Tuvo un gobierno teocrático que heredó a sus sucesores y fundó la ciudad de Izamal. La tradición dice que este personaje podía predecir el futuro, curar a los enfermos y resucitar a los muertos; al morir fue deificado y en la pirámide que se erigió en su honor se representa su mano, motivo por el cual se le conoce también como *Kabul*: "la mano creadora". Se le invocaba en las fiestas de año nuevo para que evitara las calamidades públicas y en el mes *uo*, en una festividad en la que se le rendía culto como dios Sol, cuando los sacerdotes consultaban los libros sagrados para conocer los agüeros del siguiente año.

ITZAM NA KAUIL. "abundancia de nuestro sustento". MAYAS. Posiblemente uno de los nombres del dios del maíz (*v.*).

itzcuintli. "perro". NAHUAS. Décimo día del ciclo de 260 días o *tonalpohualli* (*v.*) y equivale al maya *oc* (*v.*). Su dios patrono era un esqueleto. En general era un signo afortunado, pero *itzcuintli* lo era especialmente, porque en él reinaba *Xiuhtecuhtli* (*v.*), el dios del fuego. Al que festejaban sacando en este día sus insignias e imagen al Sol (*v.*) para que las viera el pueblo y le ofrecían codornices y muchas otras cosas que quemaban; en las casas también le hacían ofrendas al fuego. Era fecha propicia para elegir a los señores que serían venturosos en su oficio. En este día también sentenciaban a los acusados a muerte y liberaban a los esclavos presos injustamente, y los criadores de perros les pintaban a éstos la cabeza con almagre; el día 4 *itzcuintli* era bueno para los que se dedicaban a criar estos animales. El día 5 *itzcuintli* estaba regido por *Mictlantecuhtli* (*v.*) y era desafortunado para el que nacía en él.

ITZTLACOLIUHQUI. "cuchillo de obsidiana torcido". NAHUAS. Dios del hielo, de la ceguera y del frío. Presidía la doceava trecena del *tonalpohualli* (*v.*) y se le representaba blanco como el hielo y empuñando un manojo de escobas.

ITZPAPÁLOTL. "mariposa de obsidiana". NAHUAS. Parece haber sido una deidad

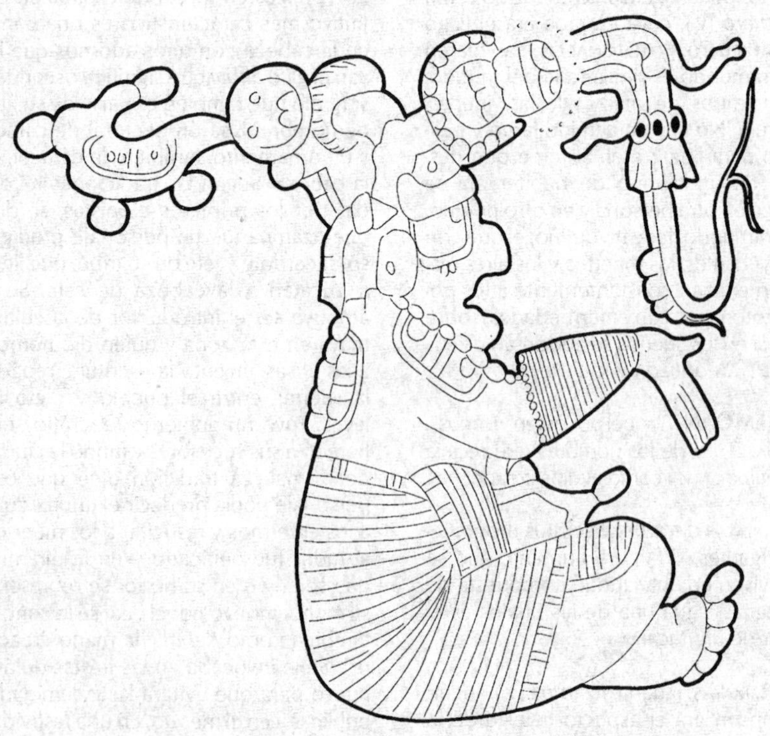

ITZAMNÁ (Tomado de Linda Schele y Ellen Miller, The Blood of kings).

estelar de las tribus nómadas del Norte. Era una de las *tzitzimime* (*v. Tzitzimitl*), pero aparece también como deidad madre de dioses o legiones de hombres. Está también muy relacionada con *Mixcóatl* (*v.*) y se le representaba como una fiera mujer con una especie de antenas, ojos y alas de mariposa, pero sus manos y pies eran garras. A veces era representada con un *máxtlatl* o taparrabo. Fue una de las diosas expulsadas de *Tamoanchan* (*v.*).

ix. "jaguar". MAYAS. Decimocuarto día del ciclo de los veinte signos del *tzolkin* (*v.*) o calendario de 260 días, equivalente al *océlotl* "jaguar" náhuatl. Lo regía el dios jaguar, relacionado con la tierra y el inframundo (*v.*) y le corresponden el rumbo Este (*v.*) y el color rojo.

IXBALANQUÉ. MAYAS. (*v. Xbalanqué*).

IXBAQUIYAB. MAYAS. Mujer de *Hun Hunahpú*, con quien procreó a los gemelos *Hunbatz* (*v.*) y *Hunchouen* (*v.*). (*v.* Popol Vuh).

IXCOZAUHQUI. "cariamarillo". NAHUAS. Uno de los nombres del dios del fuego (*v. Xiuhtecuhtli*).

IXCUINAN. NAHUAS. Uno de los nombres de *Tlazoltéotl* (*v.*).

IX CHEBEL YAX. MAYAS. Anciana diosa de la pintura, el brocado y el tejido, equivalente a la diosa *O* y consorte de *Itzamná* (*v.*) en su advocación del viejo dios *D*. Con un pincel pintó de rojo la tierra, las hojas de algunos árboles y la corteza del gumbolimbo (Bursera simaruba) así como la cresta del pájaro carpintero. Probablemente otros de sus nombres son *Colel Lab*, "dueña de la tierra" y *X Kan Le Ox*, en su advocación de hacedora de lluvia. Casi siempre se representaba con serpientes en el tocado.

IX CHEL. MAYAS. Diosa de la Luna, esposa del dios solar se le identifica con la diosa *I*. Patrona de la medicina, del tejido, del parto y de las inundaciones. En su cabeza lleva una serpiente retorciéndose y en la falda tiene bordados huesos formando cruces. Estaba rodeada casi siempre de símbolos de muerte y ponían su ídolo debajo del lecho de las mujeres que iban a dar a luz. Era una de las más importantes deidades de los mayas, principalmente de los putunes y también de los de Yucatán, Xicalanco, Tabasco y Campeche. Una imagen de barro de la diosa era muy venerada en *Cozumel*. Se le festejaba en el mes *zip* (*v.*), bajo su advocación de diosa de la medicina. En esta ocasión, se reunían los curanderos llevando envoltorios que contenían imágenes de la diosa, medicinas y amuletos, y con ellos a cuestas hacían un banquete y después bailaban; además la noche anterior a la fiesta bailaban una danza a la Luna. Posiblemente como sucede con otros dioses mayas, había cuatro mani-

IX CHEBEL YAX (*Códice Dresde*).

festaciones de *Ix chel*, de cuatro colores diferentes y asociadas con los cuatro rumbos del universo (*v.*). Su glifo era el del día *caban* (*v.*).

IX KANAN MYA. MAYAS CHORTÍES. Espíritu de los frijoles y esposa del espíritu del maíz.

IXMUCANÉ. MAYAS. Bisabuela de los héroes gemelos *Hunahpú* (*v.*) y *Xbalanqué* (*v.*), (*v. Popol Vuh*).

IXPICAYO. MAYAS. Bisabuelo de los héroes *Hunahpú* (*v.*) y *Xbalanqué* (*v.*), (*v. Popol Vuh*).

IXQUIC. "la de la sangre". MAYAS. Personaje del *Popol Vuh* (*v.*) al que se consideraba una forma de la diosa madre. Estaba asociada con la vegetación y con la fertilidad y es, asimismo, la madre de *Hunahpú* y *Xbalanqué* (*v.*).

IXTAB. "la de la cuerda". MAYAS. A esta diosa del suicidio se le relacionaba con la vida futura paradisíaca y los suicidas por ahorcamiento recibían su protección. En el Códice Dresde aparece pendiente del cuello, con los ojos cerrados por la muerte y un círculo negro en la mejilla, que se interpreta como símbolo de descomposición.

IXTLILTON. "el de la cara negra". NAHUAS. Dios de la medicina y del pulque (*v.*) o vino de maguey. Se le representaba con el rostro teñido de negro y una cresta de pedernales en la cabeza, en la espalda llevaba un adorno solar y con una de las

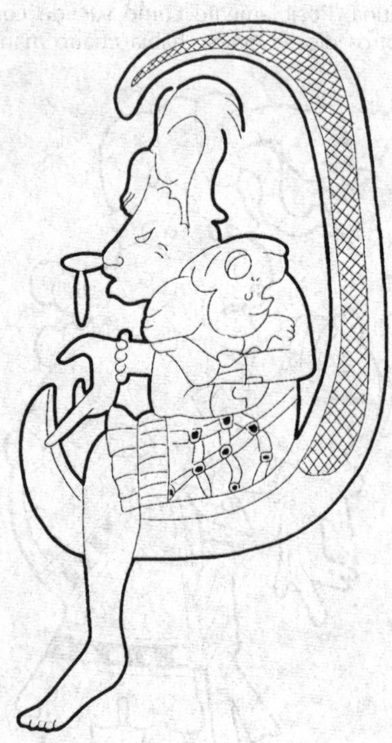

IX CHEL (Grabado en un vaso cilíndrico, American Museum of Natural History, New York).

IX CHEL copulando con el dios CHAC (Códice Dresde).

manos sostenía bastón de corazón y con la otra un escudo con la insignia solar. Sahagún dice que tenía "...un oratorio de tablas pintadas como tabernáculo, donde estaba su imagen. En este oratorio había muchos lebrillos y tinajas de agua, todas tapadas con tablas y comales; llamaban a esta agua *tlilatl*; 'agua negra'...". Se creía que esta agua tenía propiedades curativas para los niños, a los que daban de beber de ella en el templo de *Ixtlilton* cuando enfermaban. Una de las formas de festejar al dios consistía en que un sacerdote vestido como su imagen (v. imágenes vivientes) fuera bailando de casa en casa de los

IXTAB (Códice Dresde).

que hacían el pulque y ahí abría las tinajas que contenían el líquido y que habían estado tapadas por cuatro días.

iyapáraqua. TARASCOS. Piedra del sacrificio. Losa de aproximadamente un metro de altura, clavada al piso y con la parte superior curva, en donde la "víctima" apoyaba la espalda.

Izapa. Nombre de un lugar de Chiapas que probablemente fue un importante centro religioso y que se caracterizó por la gran integración de la arquitectura y la escultura. Corresponde a una cultura intermedia o antecedente de los mayas de aproximadamente 500 a.C.; en ella aparecen muchos rasgos olmecoides, entre otros, escenas esculpidas en relieve dentro de bocas estilizadas de animales, formas de vegetales, animales, humanas y de monstruos imaginarios; entre estos seres destacan los dragones celestes, terrestres y acuáticos y a veces animales que combinan la forma de la serpiente y del jaguar. También aparece un personaje con la nariz hacia abajo que después será muy común entre los mayas. Aunque las escenas representadas son míticas, no dejan de estar relacionadas con necesidades vitales como la alimentación y, por lo tanto, con la agricultura y el agua. Hay además escenas de rituales como el de un sacrifico humano (v.) por decapitación.

izcalli. "crecimiento". NAHUAS. Decimoctavo mes del calendario solar de 365 días, correspondiente a febrero. En Tlatelolco se festejaba al dios del fuego *Ixcozauhqui-Xiutecuhtli* y a los dioses *Cihuatontli* y *Nancotlaceuhqui*. La imagen del dios del fuego se hacía con una estructura de palitos a la que se cubría con un manto de plumas, colocándole en la cabeza una máscara de turquesa con un enorme penacho de plumas de quetzal. La estatua estaba sentada sobre un trono cubierto con una piel de jaguar que conservaba la cabeza y las garras. Se hacían unos tamales especiales, llamados *huauhquiltamalli* y *chalchiuhtamalli* (*v.* comida), que se entregaban a los muchachos que iban a ofrendar a la imagen del dios del fuego aves, culebras y peces. A los diez días volvían a hacer la imagen del dios del fuego de la misma forma mencionada anteriormente, pero le ponían una máscara hecha de mosaico de concha adornada con piedras de colores. En esta ocasión la imagen recibía el nombre de *Milintoc* (*v.*). Volvían los jóvenes a arrojar los animales que habían cazado al fuego y recibían otro tipo de pan llamado *macuextlaxcalli*. Cada cuatro años se hacían fiestas más elaboradas y en ellas se sacrificaban las imágenes vivientes (*v.*) del dios del fuego y de su esposa, a los que vestían con la indumentaria (*v.*) de los dioses hecha de papel. Mataban primero a los cautivos y después a las imágenes vivientes. Los rituales tenían lugar en el *Tzonmolco*. Luego se llevaba a cabo un baile solemnísimo que se iniciaba en la parte superior del templo y en el que sólo participaban el señor y los principales. En esta fiesta se les agujereaban las orejas de los niños nacidos durante los cuatro años previos, para lo cual se buscaba padrinos y madrinas.

izquitlan tehuatzin. NAHUAS. Sacerdote del lugar del maíz tostado, uno de los templos de los dioses del pulque, que tenía a cargo recoger el aguamiel que todavía no había sido probado.

IZTACCÍHUATL. "mujer blanca". NAHUAS. Montaña que se encuentra limitando el valle de México por el Oriente y que fue deificada por los nahuas. Su fiesta coincidía con la de *Tláloc* (*v.*), y en ella se sacrificaba en Tenochtitlan (*v.*) a una mujer como imagen viviente (*v.*) de la diosa; además, en la misma montaña, sacrificaban a dos niños y a dos niñas. Para poder llevar a cabo estos últimos sacrificios, tanto sacerdotes como nobles se iban dos días a la sierra para ayunar. En Tenochtitlan había una imagen de la diosa que Durán (*v.*) describe "vestida de azul".

J

jaguar. (Felis onca). Es uno de los animales más frecuentemente representados, sobre todo en las primeras fases de la cultura mesoamericana. Se le ha asociado al poder político, a los poderes ocultos de los magos y de los hechiceros (*v.*), así como al mundo nocturno y subterráneo (*v.* inframundo), a las cuevas, a las fuentes, a la fertilidad de la tierra, al valor, a la fuerza, a la oscuridad y a la noche. Era un motivo favorito entre los olmecas (*v.*). // NAHUAS. *"océlotl"*. Era el segundo signo del ciclo de 260 días o *tonalpohualli* (*v.*). En el mito de la creación del Sol (*v.*) se dice que después de que salieron el Sol y la Luna (*v.*) de la hoguera, se arrojaron un águila (*v.*) y un jaguar; éste se "chamuscó" y quedó manchado de negro y blanco. En una de las edades cosmogónicas (*v.*), *Quetzalcóatl* (*v.*) le da un puntapié a *Tezcatlipoca* (*v.*) quien se convierte en jaguar, mismo que es la constelación de la Osa Mayor. También se dice que los jaguares se comieron a los gigantes que habitaron en la primera edad cosmogónica (*v. tlalchitonatiuh*). Entre los mexicas había una orden de guerreros llamados *océlotl*. // MAYAS. Es el *balam* (*v.*). La piel moteada de este animal se asocia al cielo estrellado. Asimismo, simboliza poder y se le representa como el jaguar del inframundo, el de la Tríada de Palenque y como el jaguar del nenúfar. También, es una de las manifestaciones del dios *G111* de la Tríada de Palenque (*v.*) y de *Ahau kin* (*v.*) o "señor sol", quien posiblemente como dios jaguar es el sol del inframundo. Es el patrón del día 7 y, se cree, lo es de la guerra porque aparece con mucha frecuencia en los escudos. Tiene nariz romana, dientes incisivos puntiagudos, cejas en forma de rizo, ojos cuadrados y en medio de éstos lleva una madeja enredada.

Jaguar olmeca humanizado (Proviene de San Lorenzo, Veracruz).

juego de pelota. Lo practicaron casi todas las culturas del área mesoamericana y tenía un fuerte sentido ritual, aunque entre los mexicas, por lo menos, era además una diversión. Se cree que los pueblos mesoamericanos concebían al universo como una cancha de pelota, generalmente en forma de dos letras T invertidas, en la que viajaba el Sol (*v.*) como pelota de hule, y en la que se entablaba un juego-lucha entre las fuerzas de la luz y de las tinieblas. Casi todos

Decapitación ritual de un jugador de pelota (Friso de Chichén Itzá).

los centros ceremoniales incluían una cancha de juego de pelota. En el caso de la cultura huaxteca, no se han encontrado testimonios mediante los cuales podamos afirmar que también tuvieron esta estructura. En la actualidad sobrevive entre varias comunidades, aunque ya ha perdido su carácter ritual. // NAHUAS. Se le llamaba *tlachtli*; en Tenochtitlan (v.) había varios, entre ellos el *Teotlachco* y el *Tezcatlachco*. Los jugadores llevaban cinturones y guantes especiales y golpeaban la pelota con la cadera. En un gran número de relieves arqueológicos de varias culturas mesoamericanas, el perdedor aparece sacrificado por decapitación. // MAYAS. Aparentemente el juego de pelota tenía fines rituales, y en muchos de los casos los enemigos capturados eran obligados a jugar para luego ser sacrificados. En el Popol Vuh (v.) se relata que los hermanos *1 Hunahpú* y *7 Hunahpú* (v.) pasaban la vida jugando, hasta que el ruido que hacían molestó a los señores del inframundo o *Xibalbá* (v.), quienes enviaron a unas lechuzas mensajeras para invitar a los hermanos a jugar en el inframundo (v.), en donde los sometieron a una serie de pruebas y, finalmente, los sacrificaron. Los dioses enterraron el cuerpo de *7 Hunahpú* en el juego de pelota y colgaron la cabeza de *1 Hunahpú* en un árbol de jícaros. La cabeza de *7 Hunahpú* fecundó a la diosa *Ixquic* (v.) al arrojarle un escupitajo y como resultado, nacieron los héroes gemelos *Hunahpú* (v.) y *Xbalanqué* (v.). Estos siguieron los pasos de su padre y tío y se pusieron a jugar pelota, y también fueron llamados por los dioses del inframundo, pero en esta ocasión los héroes los vencieron. Entre los mayas, el juego de pelota se inició en la época clásica (v. Clásico), aunque la forma de la "cancha" varió de forma según las regiones y las épocas. Parece ser que tuvo gran importancia en los sacrificios rituales, en los que se decapitaba a los jugadores que perdían, que eran cautivos importantes; el rito posiblemente se relacionaba con la unción de un rey. // MIXTECOS. Hay restos arqueológicos que prueban su existencia en la región mixteca, aunque las fuentes sólo mencionan que los sacerdotes (v.) rompían su encierro para jugar pelota, lo que confirma la creencia de que en la mixteca también tuvo carácter ritual. // OTOMÍES. A pesar de las pocas referencias que existen, se sabe que los otomíes conocieron el juego de pelota con el nombre de *maxei*, que se jugó con pelota de hule y que seguramente tuvo sentido ritual.

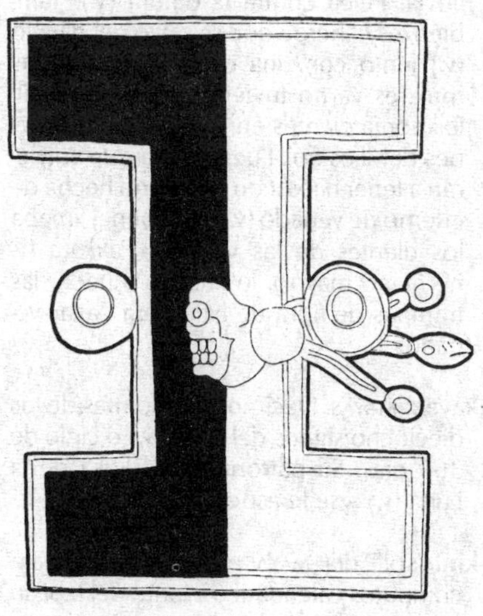

Representación del juego de pelota (Códice Borbónico).

JUGLAR. MAYAS. Es un dios que como tiene apariencia de juglar se le ha denominado así y en relieves del periodo Clásico (v.) se le representa con frecuencia como emblema de realeza.

K

KAAK. "fuego". MAYAS LACANDONES. Además de ser el dios del fuego es quien provoca las enfermedades. Actualmente también es el patrón de los caminos, y protege a los viajeros del ataque de los jaguares y de las serpientes, y a quienes pierden una flecha les ayuda a encontrarla. Vive en una cueva en el lago Metzebac.

KACOCH. MAYAS LACANDONES. (*v. Cacoch* y creadores, dioses).

KAI YUM. "señor cantador". MAYAS LACANDONES. En la actualidad es el dios de la música (*v.*) que vive en el cielo y ayuda a *Cacoch* (*v.*). Se le representa con un brasero pintado de blanco y con la cabeza de este dios.

KAKAL KU. "dios del fuego" o quizá "dios del Sol" (*v.*). MAYAS. (*kak* designa al Sol en algunas lenguas mayas, pero no en el maya de Yucatán). Los mayas yucatecos le dirigían una oración cuando se llevaba a cabo el sacrificio de dos niños: "Señor Dios todopoderoso, proporciónanos lo que necesitamos. Danos agua y lo necesario para nuestro sustento", lo que parece indicar también que era un dios de la lluvia.

KAK NE XOE. "tiburón cola de fuego". MAYAS. Uno de los dioses peces (*v.* pescadores).

kan. "maíz maduro". MAYAS. Cuarto día de los veinte signos del *tzolkin* (*v.*) o calendario de 260 días. Equivale a *cuetzpallin* (*v.*) "lagartija" del calendario nahua. Estaba regido por el dios *E* y *Ah Mun-Yum Uil*, su dirección era el Sur (*v.*) y su color el amarillo. Su augurio era riqueza, sabiduría y habilidad, madurez y maíz.

kankin. "sol amarillo". MAYAS. Decimocuarto mes de los dieciocho signos del *haab* (*v.*) o ciclo de 365 días. Su dios patrono era el monstruo de la tierra.

kan-te. MAYAS. (*v.* rumbos del universo).

katún. MAYAS. Periodo de 7 200 días o veinte *tunes* (*v. tun*), o años del calendario maya, que se reverenciaban bajo el nombre de *Ahau Katún*.

kauil. MAYAS. (*v.* maíz).

KAUYMÁLI o **KAUYMARI.** "hermano mayor lobo". HUICHOLES. Es un héroe cultural "medio malo", especie de *trickster* o embustero, nacido de una sandalia del Sol (*v.*). Ayuda al padre Sol en su lucha contra las diosas de la temporada de lluvia. Pelea contra la datura (*v.*). También, es el héroe que se salvó del diluvio (*v.*) junto con una perra. Para que las mujeres ya no tuvieran hijos, Kauymáli les ponía dientes en la vagina, por órdenes del dios Sol. Luego, para que volvieran a tener hijos, con una sierra hecha de cuerno de venado (*v.*) en el pene, limaba los dientes de las vaginas. *Palikata* (*v.* hermano mayor), le enseñó a hacer las trampas de fibra de ixtle para cazar venados.

kayab. MAYAS. Decimoséptimo mes de los dieciocho signos del *haab* (*v.*) o ciclo de 365 días. Su patrona es la diosa de la Luna (*v.*) y se le asocia el número 1.

kin. "sol". día. MAYAS. Unidad básica para cómputos calendáricos, tanto del *tzolkin* (*v.*) como del *haab* (*v.*).

KIN COBÓ. MAYAS LACANDONES. Héroe legendario de los lacandones y probablemente dios ancestral del linaje de *Cobó*. Tuvo muchas aventuras en el inframundo. *U Zucún Yum* cambió al hijo de *Kin Cobó* en cuatro pares de ardillas y puso una pareja en cada rumbo del mundo (*v.* rumbos del universo).

KINCHIL KOBA. "chachalaca del Sol". MAYAS. Montaba guardia, como un centinela, sobre los *itzaes* de Tayasal. Su estatua coronaba un pequeño cerro vecino. El nombre se encuentra también en los libros de *Chilam Balam* (*v. chilam*).

KINICH AHAU. MAYAS. Es uno de los patrones de las cuatro series de los años. Thompson lo considera un aspecto del dios iguana en su nombre de *Itzamná Kinich Ahau* "...del rostro del Sol". A veces, la cabeza de este dios aparece en las fauces de *Itzamná* (*v. itzam*, *Hunab Itzamná*). También es uno de los nombres del Sol (*v.*) como deidad.

KINICH KAMCO. "rostro u ojo solar, guacamaya de fuego". MAYAS. Aparece en el Códice Dresde (*v.*) como un aspecto del Sol (*v.*). Tiene cabeza de guacamaya (*v.*) y cuerpo humano, y lleva en una mano una antorcha, símbolo del calor abrasador. Había un templo importante de este dios en la plaza de Izamal.

KIZIN. "hedor". MAYAS. Una de las más importantes deidades de la muerte (*v.*), cuyo culto se extendía desde Yucatán hasta el territorio Pokoman. Se le identifica con el dios *A*; está representado con la nariz, el maxilar inferior y la columna vertebral descarnados, a veces la cabeza es una calavera; muestra las costillas, lleva un collar de ojos ensartados en hilos de cabellos, y su cuerpo suele tener manchas amarillas y negras. Parece ser que tuvo una esposa, que originalmente fue *Xtabai* (*v.*).

KUKULCÁN. "serpiente emplumada". MAYAS. deidad. Se cree que el culto a *Kukulcán* fue central entre los mayas, ya que en el área maya del periodo Clásico (*v.*) se encuentran representados los símbolos de la deidad "serpiente emplumada" o de un dragón con plumas. Después de

KIZIN o Dios A (Tomado de Linda Schele y Ellen Miller, The Blood of Kings).

que llegaron a dicha área los grupos procedentes del altiplano central, en los comienzos del periodo Posclásico (*v.*), los símbolos de la deidad se fundieron con las nacientes tradiciones sobre el *Kukulcán* histórico y con elementos de culto a la "serpiente emplumada" procedentes del altiplano, adquiriendo, así, un simbolismo sumamente complejo (*v. Quetzalcóatl*). // MAYAS. Personaje histórico originario de Tula (*v.*), conocido como *Quetzalcóatl* (*v.*) en el altiplano central. Llegó a la región maya por el Oeste, cuando huía de sus enemigos de Tula, probablemente hacia 987 d.C. Primero pasó a Putún y finalmente llegó a Chichén Itzá, posiblemente con los *itzaes*, llevando la influencia tolteca. Se le asociaba al *Katún 4 ahau* y al quetzal.

KUNKU CHAC. MAYAS. Entre los mayas contemporáneos *Kunku Chac* significa o representa al jefe de los *chaacs* (*v.*). Encabeza al ejército de los *chaacs*, que salen, en sus caballos, del "fondo del cielo", situado en el Este (*v.*), y atraviesan el cielo con una calabaza en una mano y un machete en la otra. En el ritual del *ch'achac* (*v.*) es representado por un anciano sacerdote.

KUKULCÁN
(Dintel de Yaxchilán, Chiapas, México).

L

lagartija. (Sceloporus spp.). NAHUAS. *cuetzpallin* (*v.*). Decimosegundo signo del calendario (*v.*) de 260 días o *tonalpohualli* (*v.*).

lagunas. NAHUAS. El gran lago que rodeaba a Tenochtitlan, cuyas aguas eran en parte saladas y en parte dulces, jugó sin duda un importante papel en la cosmovisión del pueblo mexica, ya que era, entre otras cosas, fuente de sustento y motivo de temor, pues su furia provocaba inundaciones a la ciudad. Posiblemente la diosa más estrechamente relacionada con la laguna era *Chalchiuhtlicue* (*v.*), pero también lo eran las deidades que se asociaban a oficios que tenían que ver con la pesca, caza y recolección de animales y plantas acuáticas. Un sitio de esta laguna con un gran significado sagrado fue el *Pantitlan* (*v.*), en donde se formaba un gran remolino; aquí se llevaban a cabo numerosos ritos y sacrificios. // TARASCOS. Este grupo desarrolló una cultura lacustre que se reflejó en sus concepciones religiosas. El lago más importante fue el de Pátzcuaro (*v.*), que se consideraba entrada a uno de los mundos de los muertos. Existieron una serie de dioses relacionados con el hábitat propio de los tarascos, por ejemplo: *Patzin-auae* "la tía de los tules", *Zucur-aue* "la que brota en el fondo del agua", *Camexan* "el que entra presto en el agua" y *Cuiris-tucupacha* "el dios pato". // OTOMÍES. Eran importantes sitios de culto. Las que se encuentran en la cumbre del volcán *Chiuhnauhtécatl*, hoy conocido como Nevado de Toluca (*v.* cerros), fueron objeto y sede de múltiples ceremonias religiosas, incluyendo procesiones, sacrificios y ofrendas a las deidades del agua en los meses *atzibiphi* y *aneguoe oeni*. También se acudía a estas lagunas para pronosticar la suerte de la siguiente cosecha. Dicho culto sobrevivió hasta mucho después de la conquista española, pues las fuentes indican que en el siglo XVII aún se hacían peregrinaciones a estas lagunas e incluso se buscaban sus aguas, que se consideraban curativas.

Lahun Chan, uno Ahau. MAYAS. (*v.* Venus).

lamat. MAYAS. Octavo día de los veinte signos del *tzolkin* (*v.*) o calendario de 260 días, equivalente a *tochtli* o "conejo" náhuatl. Lo regían Venus (*v.*) y *Lahun Chan*, se le asociaba al Sur (*v.*) y le correspondía el color amarillo. Le tocaban como augurio el perro y el jaguar; además, sembraba la discordia y propendía a la embriaguez.

Landa, Fray Diego de. Evangelizador y obispo de Yucatán del siglo XVI quien, por una parte, quemó en Maní (ciudad yucateca) los códices que llegaron a sus manos por considerarlos como producto de la superstición y la idolatría indígenas; y por otro lado, escribió la Relación de las cosas de Yucatán, en la que recabó lo que es el más importante *corpus* de datos sobre la civilización maya del Posclásico (*v.*).

lechuza. (Tyto alba). Ave de rapiña nocturna bastante representada desde el periodo Clásico (*v.*) en Teotihuacan (*v.*), en donde uno de los dioses principales lleva su máscara. // NAHUAS. El *chicuatli* (lechuza) y el *tecólotl* (tecolote) fueron dos tipos de aves nocturnas que genéricamente se han denominado como lechuza o búho. El canto de ambas aves auguraba muerte o desgracia a quien lo escuchaba (*v.* augurio). Eran *ohuican chaneque*, mensajeros de la muerte, y también del dios *Mictlantecuhtli* (*v.*). Su simbolismo ha pervivido hasta la actualidad, pues es conocido el dicho "cuando el tecolote canta, el indio muere". // MAYAS. Estas aves eran las mensajeras de los señores de *Xibalbá* (v.) o reino de los muertos (v. inframundo). // ZAPOTECOS. *Cosana* (v.), el dios creador, era designado como *13 tecolote,* y también *Pitao Pecelao,* dios de la muerte, se le representaba a veces como lechuza.

limpia. Es un término que se da a una ceremonia de purificación que todavía se practica, para "limpiar" el organismo humano de impurezas que lo dañan. Generalmente las limpias son realizadas por especialistas curanderos, quienes utilizan cierto tipo de yerbas con propiedades limpiadoras, además de humo de copal (v.) y otros objetos. // TOTONACOS. Las limpias se dividen en barrido y lavamiento; la primera trata de sacar del individuo el "aire" maligno que lo está afectando, y la segunda, de limpiarle los contactos con las impurezas o las suciedades que podríamos llamar sobrenaturales. Las limpias de barrido constan de varias partes: el barrido propiamente, el reforzamiento de las almas, el lavamiento y el refrescamiento.

linajes, dioses de. // NAHUAS. Parece ser que la base de los *calpullis* fueron los linajes. // MAYAS. Thompson piensa que los dioses de los linajes pudieron haber sido guerreros divinizados, como *Zacal Puc* y sus compañeros, a quienes se les describe como los cuatro linajes del cielo. Posiblemente, éstos fueron los jefes de los cuatro grupos invasores putunes. Entre los grupos mayas actuales han desaparecido los ancestros personificados de la nobleza, quedando en su lugar el culto general de los antepasados, que al final se fundió con "nuestros padres y nuestras madres", los dioses de las montañas. Recientemente se ha comprobado la gran importancia que tuvieron los linajes en el periodo Clásico (v.). // ZAPOTECOS. *Cosana* (v.) es el padre de los linajes (v. *Guiquiag Yagtal*). // TARASCOS. Las *petátzequa* (v.) eran piedras que representaban a los antepasados totémicos de los tarascos (v. antepasados).

LIRA GUEDXE o **PICHANO GOBEDXE.** ZAPOTECOS. Dios sacerdote. Se le conocía también como "tigre de flores" y es una de las advocaciones de *Cocijo* (v.). Era la deidad de las plantas, las flores, los animales, el amor, las artes, los placeres, la penitencia, las curaciones, la salud (v. enfermedad), la resurrección de la naturaleza, los agüeros y los sacrificios (v.). En sus representaciones lleva un tocado con el numeral trece, y en las manos una bolsa de forma fálica para sahumar copal. Una de sus advocaciones era *Pichanato* (v.) y su pareja era *Lira Guela* (v.).

LIRA GUELA o **XONAXI BISIA.** ZAPOTECOS. Se le conocía como "nuestra madre águila" y era diosa de la milpa, las plantas, las flores, las aves, el nacimiento, el amor, los agüeros, las curaciones, los animales, las artes, los placeres y la penitencia. Como diosa de la fertilidad tenía relación con la Luna, la fecundidad y las aguas. Era pareja de *Lira Guedxe* (v.).

Luna. Hay una serie de creencias relacionadas con la Luna, sobre su influencia en la fertilidad, la siembra y el corte de madera, cabello, etcétera, que son prácticamente universales. // NAHUAS. *metztli.* A pesar de su aparente importancia, este astro, como tal, no parece tener un culto específico. Entre los nahuas la deidad lunar tiene género masculino. Los mexicas la llamaban *Teccistécatl* "el del caracol" o *Nahui Técpatl* "cuatro pedernal". En el mito de la creación del Sol (v.) y de la Luna en Teotihuacan, *Teccistécatl* era un dios rico y hermoso que estaba llamado a convertirse en Sol; el día del sacrificio en la hoguera llevaba ricos presentes que ofrendar, pero el miedo lo hizo arrojarse después que *Nanáhuatl* (v.) lo había hecho, razón por la que cayó en las cenizas y ya no tuvo suficiente brillo. Según otros relatos, cuando salió del fuego, la Luna brillaba tanto como el Sol, pero le lanzaron un conejo a la cara para opacar su brillo, o fue recibida en la orilla del cielo por *Papaztac* (v.), uno de los dioses del pulque, quien le rompió "una taza de conejo" en la cara y los demonios y los duendes la recibieron en la encrucijada de los caminos honrándola con andrajos. En otra versión del mito de la creación, *Tlalocantecuhtli* (*v. Tláloc*) y *Napatecuhtli* (*v.*) llamaron a *Nahui Técpatl* (*v. Teccistécatl*) para que se convirtiera en Luna. No hay mención del culto directo a este astro. A pesar de que el dios de la Luna es masculino hay un sinnúmero de deidades (tanto masculinas como femeninas), que tienen muchas asociaciones lunares y/o que están muy vinculadas con la Luna; éstas son, sobre todo, las deidades que tienen que ver con la fertilidad, la tierra y el agua. Entre estas deidades están todos los dioses del pulque, *Mayáhuel* (*v.*) y los *Centzontotochtin* (*v. Totochtin*), que llevan adornos lunares en su indumentaria (*v.*). Las diosas *Xochiquetzal* (*v.*) y *Toci* (*v.*) también tienen características lunares, e incluso se les ha considerado como aspectos de la luna joven y la luna vieja, respectivamente. Asimismo, *Coyolxauhqui* (*v.*) ha sido considerada como deidad lunar. A la Luna se le representaba como una vasija hecha de un hueso dentro de la que se encuentra un pedernal o un conejo y con frecuencia está rodeada de "ojos estelares"; también se le representaba de la misma forma que el Sol, pero más pequeña (*v.* eclipses). // MAYAS. *u* o *uh* es el nombre dado por los mayas a la Luna. En muchos pueblos mayas actuales se confunde con la Virgen María. Tanto a la Virgen como a la Luna se les da el título de "señora". *Ix chel* (*v.*), la principal diosa maya, tenía características relacionadas directamente con la función que los mayas le adjudicaban a la Luna. Kekchis, tzotziles, chortíes y lacandones, la consideran patrona del parto, y la veneran bajo la apariencia de la Virgen de Esquipulas. Se cree que las mujeres embarazadas corren grave peligro cuando hay eclipse lunar. Bajo el nombre de *Ix U Sihnal*, "señora Luna de nacimiento", se invoca este astro para curar las úlceras. En la parte de los códices que tratan las enfermedades, la diosa de la Luna aparece como la diosa *I*. Según el mito, cuando la Luna estaba tejiendo atrajo al Sol, que se convirtió en su esposo; fueron ellos los primeros en tener relaciones sexuales, después de que se formaron los órganos sexuales de ella, a través del casco hendido de un venado. Su conducta era muy licenciosa, y engañó al Sol con Venus (*v.*), su cuñado, y después se fugó con el rey buitre. La Luna también tiene una fuerte asociación con el agua subterránea, así como fuentes y lagos y, desde luego, con la oscuridad, con la tierra, y con el crecimiento. Compartía el patrocinio del tejido con la diosa *O* de los códices. *Xbalanqué* (*v.*), uno de los héroes del Popol Vuh (*v.*), después de vencer a los señores del inframundo se convierte en Luna. // TOTONACOS. *matkuyu*. Actualmente entre los totonacos, la Luna recibe también los nombres de Santo Manuel, Diego, Mateo, Marcos, Pascual o Aurelio, y es un hombre que interviene en la formación del feto para determinar el destino del niño; además, es el encargado de enviar cada mes la menstruación a las mujeres. Se le considera dueño de los animales salvajes y patrono de los cazadores. Se le asocia el color rojo. // HUICHOLES. *metsa'ka*. Se le considera compañera del "Abuelo fuego" y no es muy reverenciada entre los huicholes, quienes le dan el nombre de "Nuestra abuela". Guía con su luz a la gente que viaja de noche; ayuda al Sol a proteger a los huicholes contra el dios de la muerte, y con su ayuda la bebida intoxicante se vuelve fuerte. // OTOMÍES. Fue objeto importante de la adoración de este grupo. Parece ser que su culto fue independiente del de la Madre Vieja (*v.*) (que era diosa de la Tierra y de la Luna) y existieron varios centros, tales como Xaltocan, Tototepec y Metztitlan "lugar de la luna", dedicados a su culto. Se le hacían ofrendas y sacrificios especiales. Según las parteras, los eclipses de Luna provocaban malformaciones físicas en los niños que nacían ese día o cuando las embarazadas no se protegían a tiempo de los rayos de la Luna en eclipse. // TARASCOS. En la religión tarasca la Luna formaba, con el Sol y Venus una trinidad. Representaba el aspecto femenino como esposa del Sol y madre de Venus, complementando así el concepto de pareja engendradora. Su culto es anterior a la llegada de los chichimecas-tarascos a la región del Lago de Pátzcuaro (*v.*) (*v. uacúsecha*), grupo que integró a la Luna a su mitología celeste. La isla de Xaráquaro (*v.*) "donde está la luna", era su principal centro de culto. Sus advocaciones eran múltiples, pues regía a las deidades del plano terrestre, por lo que fue la diosa de los mantenimientos y la fertilidad. La encontramos principalmente como *Cerauáperi, Pehuame* y *Xarátanga* (*v.*).

LL

llorona. En el México colonial y aún en la actualidad, la llorona es una mujer que se aparece en la noche, a veces en las encrucijadas de los caminos, con cabello largo y vestida de blanco, llamando con fuertes llantos y aterradores lamentos a sus hijos. Aparentemente tiene su origen en varias deidades prehispánicas (*v. Xtabai, Xonaxi Queculla, Auicanime, Cihuacóatl*).

lluvia. NAHUAS. *quiahuitl.* (*v.*). Era el decimonoveno signo del *tonalpohualli* (*v.* agua y calendario).

M

mac. "cubrir o rodear". MAYAS. Decimotercer mes de los dieciocho signos del *haab* (*v.*) o ciclo de 365 días. Sus dioses patronos son los del viento y la lluvia. Su número asociado era el 3. En este día se hacían fiestas en honor de *Chac* (*v.*) y de *Itzamná* (*v.*).

MACUILTOCHTLI. "cinco conejo". NAHUAS. Uno de los dioses del pulque al que se representaba con una hachuela en una mano y con un escudo de "cristal" en la otra; en la cara tiene pintada una mano y lleva un gorro de plumas finas (*v. Totochtin*).

MACUILXÓCHITL. "cinco flor". NAHUAS. Era dios de las flores (*v.*) y de los que moraban en las casas o en los palacios de los señores o principales; también, hería con almorranas y otras enfermedades (*v.*) las partes secretas del cuerpo humano. Se le representaba con el rostro pintado de rojo, con una flor en la boca y gorro de plumas finas; en la espalda llevaba un adorno con una bandera "solar" y plumas de quetzal, y con un paño de caderas, con un bastón de corazón en las manos y un escudo con un signo solar. Su fiesta se llamaba *xochilhuitl* "fiesta de la flor" y se celebraba en uno de los días del *tonalpohualli* (*v.*). En esta fiesta un hombre se vestía como el dios (*v.* imágenes vivientes de los dioses) y se ayunaba durante cuatro días. También en esta fecha los mayordomos entregaban los esclavos que se iban a sacrificar.

Madre nuestra. NAHUAS. *Tonantzin*. Personificación de la madre universal. Posiblemente se trate de las diosas *Toci* (*v.*) o *Tonantzin* (*v.*), esta última adorada en el cerro del *Tepeyacac* y que posteriormente se convirtió en la imagen de la Virgen de Guadalupe.

Madres. HUICHOL. *tate*. Nuestras madres, son cinco importantes deidades femeninas, a cuatro de las cuales Lumholtz les da el nombre de los cuatro rumbos del universo (*v.*) y a la quinta la llama "Madre Águila Joven". En el Este estaba la serpiente roja "Madre Agua" del Este, que trae la lluvia de este rumbo y cuya falda esta formada de flores nacidas como resultado de las lluvias. El ganado, las mulas y los caballos están bajo su protección y el relámpago es su bastón. La serpiente "Madre Agua" del Oeste, trae las lluvias de ese rumbo; es la niebla matinal del otoño, que a veces hiela el maíz. A esta deidad pertenecen el venado, el maíz y los cuervos. La serpiente azul o "Madre Agua" del Sur trae la lluvia de ese rumbo; es la laguna de Magdalena, y una especie de lagarto; está muy relacionada con el chamán del can-

MACUILXÓCHITL (Códice Matritense).

to y le pertenece el maíz. La serpiente "Madre Agua" del Norte, color de lluvia y "niebla colgando de los árboles" vive al lado de un pez en un lago en las montañas, al norte del territorio huichol; le pertenecen el maíz, la calabaza, el frijol, las flores y el ganado. Por último, de acuerdo a una creencia, la deidad "Madre Águila Mujer Joven" es la madre del Sol y se le vincula al culto de éste. Cuida todas las cosas del supramundo en donde habita y en donde viven los muertos. Su vestimenta son las estrellas.

Madres del tlecuil o **de las tres piedras del fogón.** TOTONACOS. También conocidas como "abuelitas". Son catorce, cada una con su respectivo esposo. Se dice que representan a las almas de las parteras y ellas revelan a los curanderos la causa de la enfermedad (*v.*) de algunas personas.

MADRE VIEJA. OTOMÍES. Diosa de la Luna (*v.*) y de la Tierra, quien con su pareja, el dios "Padre Viejo" (*v.*), crearon a los otomíes y las cosas. Tiene carácter agrícola y de fertilidad. En las fiestas que se le dedicaban, en el mes *anthaxhme* (*v.*), se le ofrecían frutos de la tierra. Su imagen estaba hecha de varas y se le vestía con naguas y huipiles de algodón (*v.* creación del mundo y de los hombres, dioses, representaciones y designaciones, indumentaria).

Madrid, Códice. MAYAS. (*v.* Códice Madrid y fuentes).

maguey. (Agave atrovirens spp.). Fue una de las plantas más útiles que se cultivaron desde la más remota antigüedad en las regiones semiáridas de Mesoamérica. Además del pulque (*v.*), la bebida fermentada del líquido que mana del maguey cuando es cortado, se obtenía de la planta (incluso en la actualidad) una fibra que servía para tejer la tela con la que se elaboraba la ropa que usaba el común de la gente; también se fabricaba papel y sus espinas se utilizaban como agujas o punzones; con las hojas se hacían techos y ya secas servían de combustible. Hay un importante grupo de deidades relacionadas con el pulque, que son la diosa *Mayahuel* (*v.*) y los *Centzontotochtin* (*v. Totochtin*) o "400 conejos".

maíz. (Zea maiz). Fue y sigue siendo el alimento básico de los pueblos mesoamericanos. Se cocinaba (y se sigue cocinando) en diferentes formas, principalmente como "tortillas", tamales, atole, *pozol*, etcétera. // NAHUAS. Se le deificaba de diversas maneras (*v. Cintéotl, Xilonen*). De acuerdo con uno de los mitos el dios *Cintéotl*, hijo de *Xochiquetzal* (*v.*) y *Piltzintecuhtli* (*v.*), murió y de su cuerpo salieron diversos alimentos, entre ellos el maíz. Según otro mito, cuando los dioses crearon a los hombres se preguntaron qué comerían éstos, en-

YUM KAAX, dios maya del maíz (Códice Dresde).

tonces *Quetzalcóatl* vio que unas hormigas cargaban unos granos de maíz y averiguando supo que estaba dentro del *Tonacatépetl* "cerro de nuestra comida". Se convirtió el dios en hormiga negra, entró al cerro, sacó unos granos de maíz y se los llevó a *Tamoanchan* (*v.*); ahí los dioses lo dieron de alimento a los hombres. Pero era necesario encontrar la forma de sacar el maíz del *Tonacatépetl*; la pareja *Oxomoco* (*v.*) y *Cipactonal* (*v.*), echando suertes con el maíz, indicaron a los dioses que *Nanáhuatl* (*v.*), "el buboso", era el único que lo podía sacar. Lo llamaron y éste golpeó el cerro con palos y pudo sacar el maíz blanco, azul, amarillo y rojo, y otras semillas como el frijol, el amaranto y la chía, que los *tlaloques* (*v.*) entregaron a los hombres. // MAYAS. Se ilustra con el glifo de *tun* o piedra preciosa y recibe los nombres de *Kauil* (*v.*), *Ah Uaxac Yokauil* (*v.*), *Itzam Na Kuil* (*v.*) "abundancia de nuestro pan cotidiano" y *Ah Nun* (*v.*) "maíz tierno". Estaba asociado al número 8 y al signo *kan*, que es el signo del maíz. Se le representaba como un joven hermoso en la cima de su fuerza y belleza. De la parte superior de su cabeza salen hojas de maíz y con frecuencia una espiga; también lo adorna el glifo del maíz. Se ha identificado con el dios *E* (*v.* dioses, representaciones y designaciones) con el nombre de *Yum Kaax*. Gran parte de los ritos que se llevaban a cabo en el ciclo anual eran para propiciar el crecimiento de esta planta. También hay numerosos mitos relacionados con su descubrimiento, casi todos ellos dicen que el grano estaba escondido en una roca y que las hormigas lo descubrieron, después de lo cual los dioses enviaron a varios animales para que siguieran a estos insectos y encontraran el maíz. Aunque son varios los animales que hacen el intento de encontrarlo, sólo uno lo logra. Sin embargo, es generalmente el trueno —*Chac* (*v.*) entre los mayas, *mams* entre los mayas mopanes— quien rompe la piedra y logra sacar el maíz, el cual se representa como un joven de cabello largo. // TOTONACOS. "señor o dueño del maíz", se le llama también *saciskukiliwatkan*, que quiere decir "señor de nuestra carne". Es un aspecto del dios Sol, que organiza al mundo. Su nombre esotérico es "5 serpiente" o *kitsis-luwa*. Hay una relación muy estrecha entre el Sol, el maíz, la serpiente y el relámpago. Además entre este grupo el maíz es un héroe civilizador. El mito relata que fue un niño pequeño que nació de un grano de maíz verde que arrojó su madre al agua y que recogió una tortuga en cuyo carapacho fue paseado y vivió hasta que creció. Enseñó a los peces a esconderse para que no los pescaran y a su madre "la costumbre", es decir, las ceremonias tradicionales; además la designó abuela de todas las criaturas. Le gustaba mucho tocar el violín y los de la presidencia, que son los truenos (*v.*), enviaron a buscarlo, primero a la mosca, luego al zopilote, al gavilán y por fin otra vez a la mosca, que lo encontró y lo condujo ante los truenos. Estos jugaron con él a la pelota, con la intención de ganarle y matarlo, pero el niño los venció en esta y otras pruebas que le pusieron. El niño enseñó después a los truenos cómo hacer lluvias torrenciales; para ello les dio unos pedazos de la lengua que le cortó a un caimán y un carrizo con el sudor del agua que se convierte en nubes. A cambio, les pidió que le enviaran agua para crecer y a los vientos para que lo mecieran; asimismo, les hizo saber que nacería cada año. Envió los truenos a cada uno a los cuatro rumbos del universo (*v.*). // HUICHOL. *Otuanaka*, una de las diosas del maíz fue creada por *Nakawé*. Su marido era el dueño del maíz *Komaláme* y sus hijitos eran los niños maíz, de los cuales uno, la niña maíz, domesticó esta planta. Esta niña fue dada en matrimonio a un hombre, y los niños maíz le proporcionaban el grano, pero cuando la suegra la puso a molerlo, a la niña se le deshicieron las manos, como si fueran pulpa, igual que el maíz, lo que molestó a su padre quien se la llevó otra vez con él; pero como ella se había enamorado de su marido regresó con él y se hizo un rito para que se pudiera desacralizar el maíz y ella pudiera molerlo sin peligro. Según otro mito, el maíz fue venado alguna vez y brotó de las astas de este animal. Al brotar el grano de maíz cuando *Keamukame* instituyó la ceremonia del maíz, lloró como un venadito, y luego como un niño. A los niños de maíz se les ofrece carne de venado que comen hambrientos. El maíz también es peyote (*v.*) y le están asociadas las diosas *Nakawé* y *Olianaka*. El mito del origen del maíz es muy semejante entre los huicholes, los coras y mexicaneros de Durango.

MALINALXOCH. "flor de malinalli". NAHUAS. Hermana de *Huitzilopochtli* (*v.*), que fue abandonada por los mexicas por practicar la brujería y se fue a vivir a Malinalco, donde tuvo a su hijo *Copil* (*v.*).

malinalli. "yerba torcida". NAHUAS. Duodécimo signo del ciclo de 260 días o *tonalpohualli* (*v.*). Se representa como una calavera con un manojo de pasto encima. Es regido por el dios *Patécatl* (*v.*), uno de los dioses del pulque (*v.*). Su equivalente maya es el día *eb* (*v.*).

MAM o **MAXIMOM.** MAYAS. Es el espíritu del mal infraterrestre, que salía en tiempos de duelo y tensión y durante los 5 *uayeb* (*v.*) o días aciagos, y que era representado por un pedazo de madera vestido, al que le ofrendaban alimentos y bebida. En la actualidad se le confunde con Simón o con Judas Iscariote y se le "celebra" en Semana Santa, con alegría, por el término de su reinado.

mamalhuaztli. "perforador". NAHUAS. Palos para sacar fuego. Se daba también este nombre a la constelación formada por las estrellas Aldebarán, Beta y Gama, que forman la cabeza del Toro, y tenía importancia simbólica por ser el instrumento que generaba al fuego.

Mames. MAYAS. Entre los mopanes de San Antonio, Belice, existe la creencia de que los *Mames* son los dioses del trueno que envían la lluvia (*v.* agua). Hay cuatro principales y otros menores. El más viejo y más grande es *Yaluk*. Todos ellos tuvieron que ver en el descubrimiento del maíz (*v.*) arrojando sus rayos a la roca donde estaba escondido; los *Mames* dieron a los hombres el maíz para que lo sembraran.

manik. MAYAS. Séptimo día de los veinte signos del *tzolkin* (*v.*) o ciclo de 260 días, equivalente al día *mázatl* o "venado" en náhuatl. Estaba bajo el patrocinio de los dioses *R* (*v.* dioses, representaciones y designaciones) y *Buluc Ch'abtan* (*v.*), y se le asociaba al rumbo Oeste y al color negro. El augurio que le correspondía era de las aves *Ah Xop* y *Ah Yaxum*.

MANO-UAPA. "hijos juntos" o "hijo movimiento". TARASCOS. Una de las advocaciones de Venus (*v.*) en su calidad de mensajero del Sol (*v.*). Era hijo de *Curicaueri* (*v.*) y *Xarátanga* (*v.*), esto es, del Sol y de la Luna (*v.*).

marakame. HUICHOLES. Chamán que es el encargado de la comunicación con lo sobrenatural. El *marakame* principal es la cabeza espiritual de la comunidad, establece las fechas para las fiestas y ceremonias, de acuerdo con las comunicaciones que recibe directamente de los dioses; y desempeña un papel fundamental en las decisiones que toma la comunidad en relación al gobierno.

mariposa. (Papilio multicaudatus). NAHUAS. Aunque no existen muchos mitos acerca de este insecto, parece haber tenido gran importancia, sobre todo entre los pueblos del altiplano. Una de las diosas principales recibía el nombre de *Itzpapálotl* (*v.*) "mariposa de obsidiana". La mariposa aparece en diversas manifestaciones del arte mexica, como pectorales, narigueras y otros adornos que llevaban en la espalda los guerreros. Es el acompañante del séptimo *Tonalteuhctin* (*v.*) o sea *Cintéotl* (*v.*).

MATLALCUEYE. "falda azul". NAHUAS. Otro nombre que recibía la diosa *Chalchiuhtlicue* (v.). También es el nombre que le daban los de Tlaxcala al cerro de la Malinche.

MAUINA. TARASCOS. Es la diosa del amor y la fertilidad, encarnación de *Xarátanga* (v.), la Luna (v.). Habitaba bajo el arco iris. Un pasaje de La Relación de Michoacán narra que *Mauina* se instalaba en el mercado, en un pabellón o *Xupáquata* (nombre tarasco del arco iris) lleno de mantas, y se encerraba con los mancebos hermosos que pasaban por ahí, "y todo el día se juntaba con ellos". Se le dedicaba el *tzitziquiuaraqua* "baile de la flor". Era también la deidad patrona de las *auicanime* (v.).

MAYÁHUEL. NAHUAS. Diosa del pulque y del maguey (v.). Generalmente se la representa saliendo de una planta de maguey o junto a ella. Su representación es parecida a la de *Tlazoltéotl* (v.), lleva siempre una nariguera en forma de luna y está pintada de amarillo. Según el mito, *Mayáhuel* vivía en el cielo con otras *tzitzimime* (v. *Tzitzimitl*). En una ocasión, estando éstas dormidas, subió *Quetzalcóatl* (v.) y convenció a *Mayáhuel* de que bajara con él a la Tierra, pero cuando su abuela despertó y vio que no estaba la persiguió; *Quetzalcóatl* y *Mayáhuel* se habían convertido en un árbol (v. árboles) con dos ramas, una llamada *quetzalhuexoch* "sauce quetzal" que correspondía a *Quetzalcóatl*, y la otra *xochicuahuitl* "árbol flor" que era la de *Mayáhuel*. Sin embargo las *tzitzimime* reconocieron la rama de la diosa a la que despedazaron y comieron. *Quetzalcóatl* recogió los huesos y los enterró y de ahí surgió el maguey, del que se hace el pulque. El interprete del Códice Vaticano A dice que *Mayáhuel* era una mujer con cien senos y que los dioses la transformaron en maguey. También se dice que era esposa del dios *Patécatl* (v.). En el mes de *tepeilhuitl* (v. *huey pachtli*) se sacrificaba una esclava con su nombre.

MAYÁHUEL (Códice Borbónico).

Mayas. Fue un pueblo que se desarrolló en la península de Yucatán, parte de los actuales estados de Tabasco y Chiapas, así como Guatemala, Belice y parte de Honduras y de El Salvador. En la época Clásica (v. Clásico) vivieron en ciudades-Estado que florecieron en Palenque, Copán, Yaxchilán, Tikal, y otras, gobernadas por dinastías que registraron sus historias en las estelas y los monumentos de estos lugares y construyeron hermosos edificios religiosos. Desarrollaron el calendario (v.) y los conocimientos astronómicos y registraron los movimientos y las fases del Sol (v.), de la Luna (v.), de Venus (v.) y varias constelaciones. Aparentemente, desde esa época ya existía el mito registrado en el Popol Vuh (v.), o algo semejante, escenas del cual se ven representadas en los innumerables vasos funerarios mayas. Tenían gran importancia los dioses del agua y los relacionados con la fertilidad. En la época Posclásica (v.) después de 900 y de la caída de las grandes ciudades-Estado, muchas deidades del periodo Clásico debieron perderse, pero otras sobrevivieron, sobre todo las relacionadas con la agricultura,

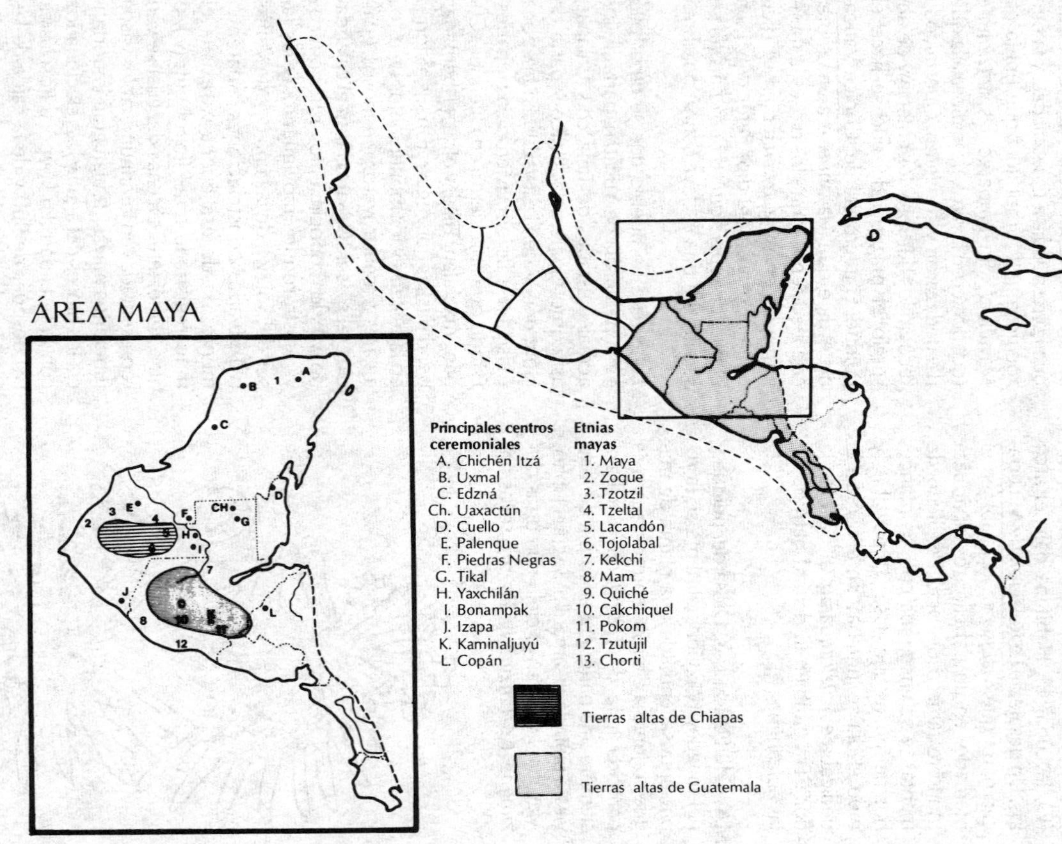
ÁREA MAYA
Principales centros ceremoniales
A. Chichén Itzá
B. Uxmal
C. Edzná
Ch. Uaxactún
D. Cuello
E. Palenque
F. Piedras Negras
G. Tikal
H. Yaxchilán
I. Bonampak
J. Izapa
K. Kaminaljuyú
L. Copán
Etnias mayas
1. Maya
2. Zoque
3. Tzotzil
4. Tzeltal
5. Lacandón
6. Tojolabal
7. Kekchi
8. Mam
9. Quiché
10. Cakchiquel
11. Pokom
12. Tzutujil
13. Chorti
Tierras altas de Chiapas
Tierras altas de Guatemala

entre ellas los *chacs* (*v.*), los *balams* (*v.*), *kauil* (*v.*) e *Ix Chel* (*v.*). Además, desde el altiplano se introdujo el culto a *Kukulkán* (*v.*). Después de la llegada de los españoles, la antigua religión agrícola continuó viva entre los campesinos de las distintas regiones del área maya quienes la interpretan de diversas maneras, en algunos lugares muy transformada ya por la religión católica.

mazatl. "venado". NAHUAS. Séptimo día del ciclo de 260 días o *tonalpohualli* (*v.*), equivale al *manik* (*v.*) maya. Estaba regido por *Tláloc* (*v.*), el dios de la lluvia. Los días que tenían este signo podían ser buenos y malos. Quienes nacían bajo este signo eran temerosos como el venado (*v.*). En el día *1 mazatl* descendían del cielo las *cihuateteo* (*v.*) a las que hacían ofrendas.

medicina. Los dioses de la medicina generalmente eran o estaban asociados a los dioses de la Luna (*v.*) o lunares. // NAHUAS. La diosa de las médicas y las parteras era *Toci* (*v.*). Muchos de los dioses que causaban enfermedades también las curaban. // MAYAS. La diosa de la medicina era *Ix Chel* (*v.*); entre los mayas chortíes, *Ah Uincir Dz'acar* "hombre de los remedios" era el dios de la medicina y de los curanderos, y *Ulncir Kopot* (*v.*) era un dios bisexual, dueño de las plantas medicinales y patrón de los herbolarios. En muchos casos, los mismos dioses que producían las enfermedades eran los que tenían la capacidad de curarlas.

Memorial de Sololá. MAYAS. Escrito en caracteres latinos en lengua cakchiquel, en el siglo XVI, y conservado en el pueblo de Sololá (*v.* fuentes).

men. MAYAS. Decimoquinto día de los veinte signos del *tzolkin* (*v.*) o ciclo de 260 días, equivalente al *cuauhtli* (*v.*) o "águila" de los nahuas. Estaba regido por la vieja diosa lunar *O* y le correspondían el Oeste y el color negro. Su augurio (*v.*) corresponde a las tejedoras, al sabio, a las aves y al venado.

MENZABAC o **METZABAC.** MAYAS LACANDONES. "hacedor de polvo negro" o *Yum Canán Zabac*, "señor guardián del polvo negro". Proporciona el polvo negro que espolvoreado sobre las nubes hace llover. También es el dios que creó a los mexicanos, los guatemaltecos y los tzeltales. Vive en una caverna, a la orilla de un lago. Es guardián de las almas buenas, pero también envía la fiebre (*v.* creación).

MER CHOR MYA. MAYAS CHORTÍES. Guardián de la milpa (*chor*). A veces se le confunde con el dios de la Tierra. Se dice que es bisexuado y que vive en Occidente (*v. canán*).

meses. Seguramente todos los grupos mesoamericanos debieron haber dado un nombre especial a los 18 meses de 20 días, cada uno celebrándolo de manera semejante a la de los demás grupos y al mismo tiempo de manera particular; fuera de la relación bastante pormenorizada del calendario ritual mexica, y un poco del maya, poca información nos queda sobre los meses de los otros pueblos (*v.* calendario). // NAHUAS. Los "meses" del calendario (*v.*) mexica, cada uno de 20 días, eran los siguientes: *atlcahualo* (*v.*), *tlacaxipehualiztli* (*v.*), *tozoztontli* (*v.*), *huey tozoztli* (*v.*), *tóxcatl* (*v.*), *etzalcualiztli* (*v.*), *tecuilhuitontli* (*v.*), *huey tecuilhuitl* (*v.*), *miccailhuitontli* o *tlaxochimaco* (*v.*), *hueymiccailhuitl* o *xócotl huetzi* (*v.*), *ochpaniztli* (*v.*), *pachtontli* (*v.*) o *teotleco*, *huey pachtli* (*v.*) o *tepeilhuitl*, *quecholli* (*v.*), *panquetzaliztli* (*v.*), *atemoztli* (*v.*), *títitl* (*v.*) e *izcalli* (*v.*). En cada uno de estos meses se celebraban ritos y ceremonias en honor de los diversos dioses. // MAYAS. Los nombres en yucateco de los meses mayas son: *pop* (*v.*), *uo* (*v.*), *zip* (*v.*), *zotz* (*v.*), *tzec* (*v.*), *xul* (*v.*), *yaxkin* (*v.*), *mol* (*v.*), *chen* (*v.*), *yax* (*v.*), *zac* (*v.*), *ceh* (*v.*), *mac* (*v.*), *kankin* (*v.*), *muan* (*v.*), *pax* (*v.*), *kayab* (*v.*) y *cumkú* (*v.*). // OTOMÍES. Los meses otomíes eran los siguientes: *ambaxi* "barrimiento", *ambuoe* "crecimiento", *ambuoendaxi* "crecimiento de jilotes", *an-*

candehe "caída de las aguas", *aneguoe oeni* "carne de guajolote", *antaboxygui* "heno grande", *antangohmu* "gran fiesta de los señores", *antatzhoni* "gran vuelo", *antangotu* (v.) "gran fiesta de los muertos", *anthaxhme* (v.) o *antzyni* "tortilla blanca", *anthudoeni* "siembra de flores", *anttzayoh* "desollamiento de perros", *anttzynboxygui* "heno pequeño", *anttzyngohmu* (v.) "pequeña fiesta de los señores", *anttzyngotu* (v.) "pequeña fiesta de los muertos", *antzhoni* (v.) "vuelo", *antzhontho* "vuelo pequeño" y *atzibiphi* "humo".

Metnal. MAYAS. Uno de los nombres que recibía el inframundo (v.) entre los mayas.

Mexicas. Se sabe mucho más de la religión de los mexicas que de las de cualquier otro grupo étnico. Para esto, contamos con los relatos minuciosos de los conquistadores españoles, sobre todo de los frailes evangelizadores que escribieron sobre las religiones mesoamericanas para poder combatirlas eficazmente. Hay gran número de dioses, sobre todo de la naturaleza, pero también había hombres legendarios que fueron convertidos en dioses patronos de cada grupo o linaje, de las distintas ocupaciones u oficios, de los mercaderes, de los cazadores, de cierto tipo de cultivadores, de los curanderos y de los médicos. Los dioses mexicas se caracterizan por intercambiar atributos (v. indumentaria y dioses, representaciones y designaciones). Cada uno, en determinada advocación, tenía sus ritos especiales y había una complicada organización eclesiástica. El calendario (v.) tenía un importante papel. Su concepción del universo era dual y cuatripartita. Los mexicas, como otros pueblos del altiplano central, creían haber salido de un lugar mítico llamado Aztlan (v.). Fundaron su ciudad capital Tenochtitlan (v.) en 1325 y llegaron a convertirse en el mayor poder de Mesoamérica en el periodo Posclásico (v.) tardío, hasta que llegaron los españoles y los destruyeron junto con la religión del Estado.

MICTECACÍHUATL. "Señora del *Mictlan*". NAHUAS. Esposa de *Mictlantecuhtli* (v.) con quien presidía el *Mictlan* (v.), o lugar de los muertos.

Mictlan. "lugar de los muertos". NAHUAS. (v. inframundo).

MICTLANTECUHTLI. "Señor del *Mictlan*". NAHUAS. Otro de sus nombres era *Tzontemoc* "el que cae de cabeza". Él y su mujer *Mictecacíhuatl* (v.) reinaban en el inframundo (v.). Aparece representado como una calavera o un esqueleto, con manchas amarillas, que significaban la descomposición. *Mictlantecuhtli* y su mujer fueron creados por *Quetzalcóatl* (v.) y *Huitzilopochtli* (v.). Su templo era el séptimo del centro ceremonial de Tenochtitlan (v.), se llamaba *Tlalxico*, "ombligo de la tierra", y ahí se mataba, en su honor, un cautivo en el mes de *títitl* (v.).

MIEQUA-AGEVA. TARASCOS. Deidad de Pátzcuaro (v.). Estaba personificada por una de las cuatro grandes piedras o *petátzequa* (v.), sobre las que se fundó dicha ciudad. Representaba a uno de

MICTLANTECUHTLI (Códice Borgia).

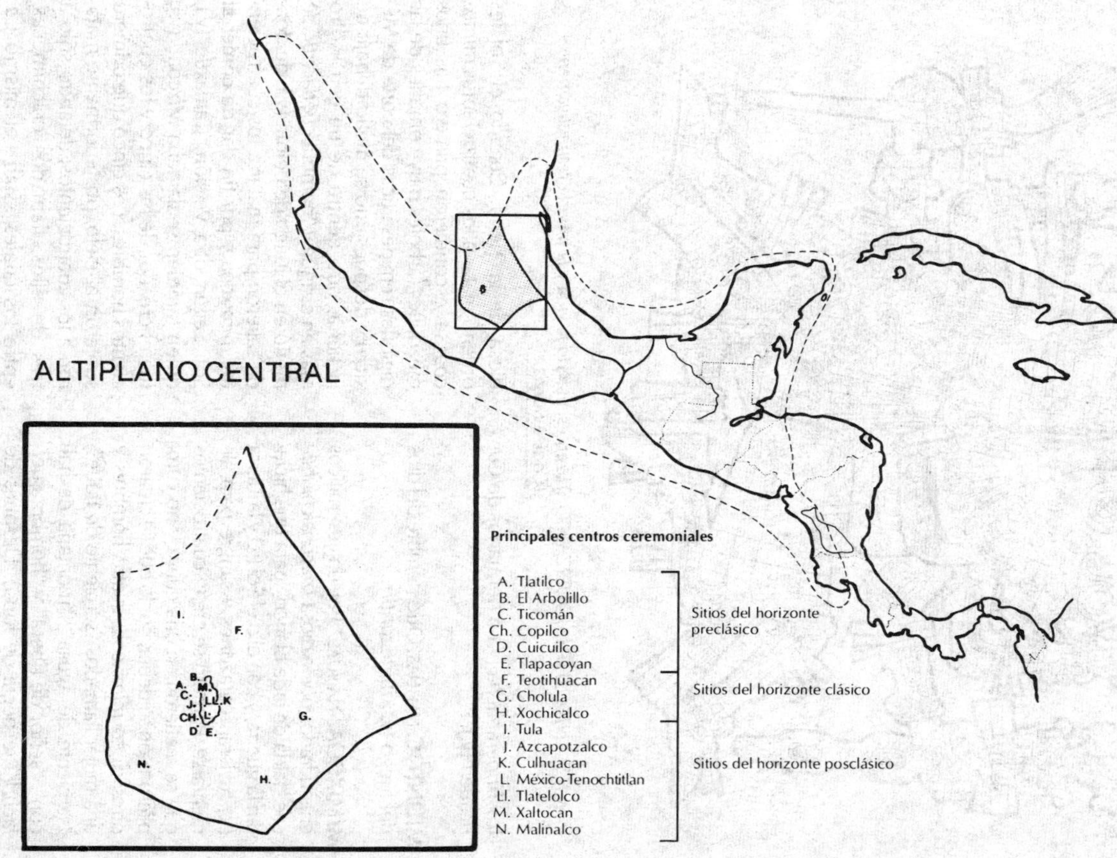
ALTIPLANO CENTRAL
Principales centros ceremoniales
A. Tlatilco
B. El Arbolillo
C. Ticomán
Ch. Copilco
D. Cuicuilco
E. Tlapacoyan
F. Teotihuacan
G. Cholula
H. Xochicalco
I. Tula
J. Azcapotzalco
K. Culhuacan
L. México-Tenochtitlan
Ll. Tlatelolco
M. Xaltocan
N. Malinalco
Sitios del horizonte preclásico
Sitios del horizonte clásico
Sitios del horizonte posclásico

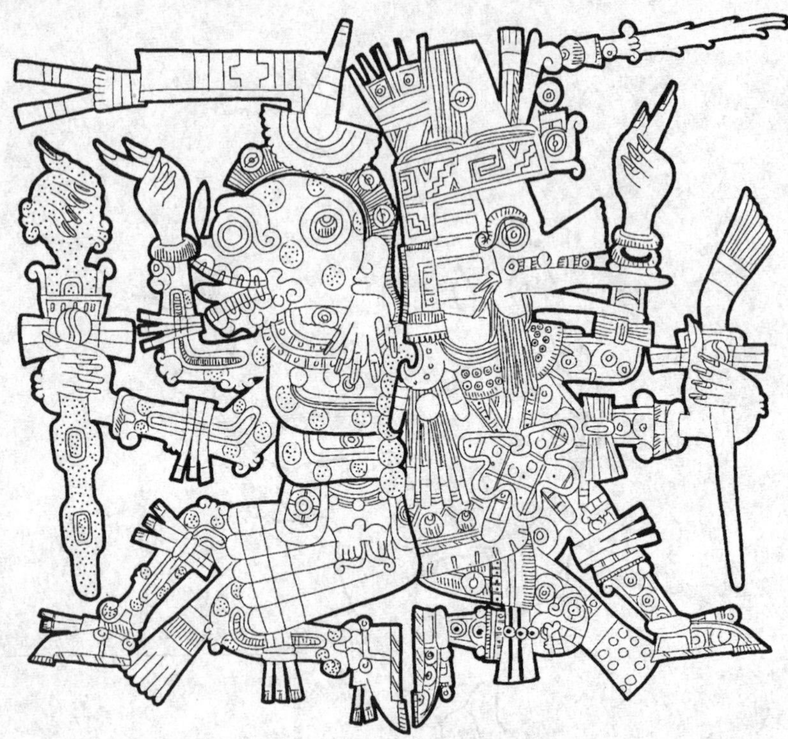

MICTLANTECUHTLI y QUETZALCÓATL representando la vida y la muerte respectivamente (Códice Borgia).

los *Tiripemencha* (v.) o hermanos de *Curicaueri* (v.).

MILINTOC. NAHUAS. Otro nombre del dios del fuego (*v. Xiuhtecuhtli*).

MIMIXCOA. NAHUAS. Personajes míticos engendrados por la diosa *Iztacchalchiuhtlicue* "falda de jade blanco" para que hicieran la guerra, y con ello el Sol (v.) y la Tierra (v.) tuvieran corazones y sangre para alimentarse. Primero se crean cuatrocientos que se metieron en una cueva y no cumplieron con su deber, por lo que se crearon otros cinco *mimixcoa*, cuatro hombres y una mujer llamados "serpiente de nube", "serpiente de águila", "montaña de halcón", "señor de ribera" y "hembra *cuetlachtli*" (especie de lobo). Después de nacer, éstos se metieron al agua, de donde salieron para ser amamantados por la diosa de la Tierra. Cuando el Sol les ordenó matar a los cuatrocientos *mimixcoa* se escondieron primero tras unos mezquites (árboles muy comunes de las regiones semidesérticas del norte de México) y después uno se metió debajo de la tierra, otro dentro de un cerro, otro más en el agua y "hembra *cuetlachtli*" se metió en el juego de pelota (v.), de donde salieron para matar a los cuatrocientos *mimixcoa* y por fin dar de comer al Sol. Según otra versión, *Camaxtle* (v.), quien también se llamaba *Mixcóatl* (v.), fue el creador de los cinco y los cuatrocientos hombres. Los cinco que primero subieron al cielo, posteriormente mataron a los cuatrocientos, dejando sólo a tres de ellos, llamados chichimecas, entre los cuales estaba el mismo *Camaxtle*, que se había converioasu vez en chichimeca.

miquiztli. "muerte". NAHUAS. Sexto día del ciclo de 260 días o *tonalpohualli* (*v.*). Su jeroglífico es una calavera y está regido por el dios o la diosa *Teccistécatl* (*v.*), "la o el del caracol marino", divinidad de la Luna (*v.*) y de la procreación.

MIXCÓATL. "Serpiente de nubes". NAHUAS. *Iztac Mixcóatl* "serpiente de nube blanca". Eran los nombres que recibía el dios de la Vía Láctea y de las tribus cazadoras de las llanuras del Norte; era adorado especialmente por los chichimecas. Se le identifica con la Vía Láctea y, por lo tanto, con la diosa de esa galaxia: *Citlalicue* "la de la falda de estrellas". Se dice que fue el padre de *Quetzalcóatl* (*v.*); con el nombre de *Camaxtle* (*v.*) era la principal deidad de los de Tlaxcala y de Huexotzinco. Se le representaba como un hombre vestido con un sencillo taparrabo y pintura negra como antifaz; además, en una mano llevaba una cesta especial usada por los chichimecas para recoger la caza y en la otra un haz de flechas. Sus piernas están rayadas de blanco y rojo y su penacho está formado por dos plumas de garza. A veces lleva en las manos un escudo, armas e instrumento curvo que parece representar una constelación. *Mixcóatl* y *Camaxtle* aparecen mezclados en los mitos del origen de la guerra sagrada, ya que es uno de los cinco *mimixcoa* (*v.*) creados después de los cuatrocientos, mismos que no cumplieron con su deber de hacer la guerra para tener corazones con qué alimentar al Sol. Según un mito, *Camaxtle-Mixcóatl* creó a cinco hijos que subieron al cielo, a los que ordenó bajaran a matar a los chichimecas, que él había creado también, y alimentar al Sol con sus corazones. Fue también el jefe de los *centzonmixcoa* o sea los cuatrocientos *mixcoas*. En Tenochtitlan tenía su propio templo que se llamaba el *mixcoaiteopan* o *teotlalpan*, también tenía un *tzompantli* (*v.*) especial en donde se colocaban las cabezas de las víctimas sacrificadas en su honor. Se le celebraba especialmente como dios de la caza (*v.*) en el mes de *quecholli* (*v.*), y después de una gran fiesta y procesión en las que participaban especialmente los cazadores, el rey y toda la nobleza se dirigían a un cerro cercano llamado Zacatepec, en el que se efectuaba una cacería ritual. Terminada ésta, se sacrificaban esclavos en el templo llamado *Tlamatzíncatl*, con la peculiaridad de que eran amarrados de pies y manos como animales y así eran cargados hasta la piedra de los sacrificios. También se sacrificaban esclavos que representaban a *Mixcóatl* y a su esposa (*v.* imágenes vivientes y sacrificio).

Mixtecos. Cultura que floreció en el área de Oaxaca, durante el periodo Posclásico, y que es posterior a la zapoteca. Aparentemente se extendió hasta lo que es el actual estado de Puebla. Aparte de ruinas como las de Mitla y Zaachila, dejaron algunos de los códices más hermosos, como son el Borgia, el Selden y el Nuttal (*v.* códice). Sus conceptos cosmogónicos están entrelazados con sus destinos dinásticos.

Moan. ave *moan*. MAYAS. Ave mítica de mal agüero parecida a un búho, a la que se le relacionaba con el inframundo (*v.*). Se sentaba en el tocado del dios *L* o *Oxlahun Kaan*, o *13 cielo*, y personificaba al *katún* (*v.*) y al cielo (*v.*). Se le asociaba también con los cielos llenos de lluvia.

MOCIHUAQUETZQUE. "mujeres valientes". NAHUAS. (*v. cihuapipiltin*).

mol. "recoger", "colectar". MAYAS. Octavo mes de los dieciocho signos del *haab* (*v.*) o ciclo de 365 días. Tenía asociado el número 9. Se celebraba una fiesta de todos los dioses y los apicultores hacían un festejo. En este mes se fabricaban imágenes de madera.

Moloncoteohua. "sacerdote de *Molonco*". NAHUAS. Estaba a cargo del dios "9 viento". Debía disponer el copal (*v.*), el hule, el papel y la tinta negra con la que

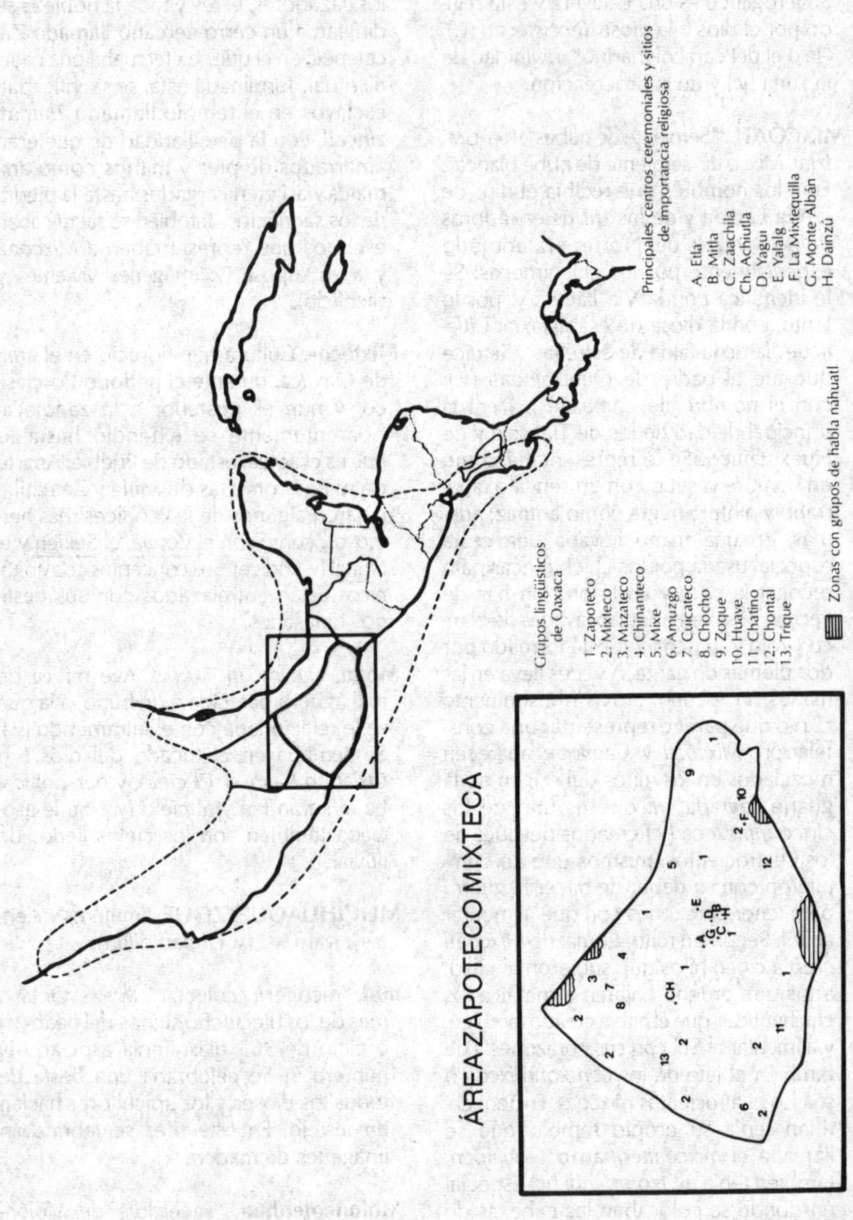
ÁREA ZAPOTECO MIXTECA
Grupos lingüísticos de Oaxaca
1. Zapoteco
2. Mixteco
3. Mazateco
4. Chinanteco
5. Mixe
6. Amuzgo
7. Cuicateco
8. Chocho
9. Zoque
10. Huave
11. Chatino
12. Chontal
13. Trique
Zonas con grupos de habla náhuatl
Principales centros ceremoniales y sitios de importancia religiosa
A. Etla
B. Mitla
C. Zaachila
Ch. Achiutla
D. Yagui
E. Yalalg
F. La Mixtequilla
G. Monte Albán
H. Dainzú

se pintaba al que representaba al dios (*v.* imágenes vivientes), además debía tener preparados los sahumadores, las codornices y las plumas negras.

mono. (Ateles geoffroyi). NAHUAS. *ozomatli*. Undécimo día del calendario de 260 días. Este animal estaba asociado con las prácticas lujuriosas. Cuando los hombres que vivían en el sol de viento o *ehecatonatiuh* (*v.*) fueron destruidos, los dioses los convirtieron en monos. // MAYAS. Generalmente son representados dos clases de monos, el aullador y el araña. Uno de los dioses mayas fue un mono y según los mitos de creación, los habitantes de una de las épocas o soles fueron monos. En el Popol Vuh (*v.*), *1 Chuen* "1 mono araña", y *1 Batz* "mono aullador", eran grandes sabios, artistas y artesanos, y pasaban su tiempo cantando y rezando, en cambio, sus medios hermanos, *Hunahpú* (*v.*) y *Xbalanqué* (*v.*), tenían que trabajar duramente; éstos, cansados de su situación, engañaron a *1 Chuen* y a *1 Batz*, diciéndoles que encontrarían las aves que les habían encargado en la parte más alta de un árbol; *1 Chuen* y *1 Batz* se apresuraron a subir en éste, pero al llegar a la cima el árbol engrosó su tronco, por lo que ya no pudieron bajar; *Hunahpú* y *Xbalanqué* les dijeron que utilizaran su braguero para bajar, convirtiéndose de esta manera en monos. El dios *C* (*v.* dioses, representaciones y designaciones) de cabeza de mono podría ser un dios de los artistas (*v. Hunchouen* y *Hunbatz*).

Montizón. TOTONACOS. El nombre es una deformación de *Moctezuma*. Es el aspecto dual de la tierra, el masculino es *Montizón-cisku* y corresponde a la superficie de la tierra que soporta y sostiene a los hombres y a las plantas y que ensucian los hombres, por lo que hay que lavarlo y nutrirlo. El femenino *Montizón-Puskat*, es el interior de la tierra, la profundidad de ésta, en donde es sembrado el maíz y de donde se extrae el barro para hacer las vasijas, que es también el dominio de *Qtotiti*, dueño del más allá, el dominio de los muertos, criatura de *Montizón*, quien se confunde con el dios del fuego. *Qtotiti* es también dueño de la caña de azúcar (*v.* muerte, inframundo, tierra).

Motolinia. "el que es pobre". Seudónimo que los indígenas pusieron a Fray Toribio Paredes, uno de los primeros frailes franciscanos en llegar a la Nueva España (1524). Además de ser protector de los indios, escribió varias obras que fueron fuente de información para muchos autores del siglo XVII, como Fray Juan de Torquemada. Su obra más importante acerca de las costumbres religiosas de los pueblos indígenas de la Nueva España es Memoriales o Libro de las cosas de la Nueva España y de los naturales de ella.

muan. MAYAS. Decimoquinto mes de los dieciocho signos del *haab* (*v.*) o ciclo de 365 días. El pájaro *Moan* (*v.*) era su dios patrono. En este mes los plantadores de cacao le hacían una fiesta a *Ek Chuah*, *Chak* y *Hobnil* (*v.*).

MUDU. "señora de los muertos". OTOMÍES. Diosa de la muerte. Se le describe como una serpiente negra con manchas azules.

muerte. NAHUAS. El dios de la muerte recibía el nombre de *Mictlantecuhtli* (*v.*) y su mujer *Mictecacíhuatl*. Su templo era el *tlaxico* "ombligo de la tierra", que era el séptimo edificio del centro ceremonial de Tenochtitlan (*v.*). En este lugar se sacrificaba un cautivo en el mes de *tititl* (*v.*) en la noche. El sitio a donde iban los difuntos estaba definido por el tipo de muerte que tenían: los guerreros que habían muerto en la guerra, o en el sacrificio; los comerciantes o *pochteca*, muertos en las travesías de negocios y las mujeres muertas en el parto iban al paraíso solar (*v.* Sol). Los que morían por alguna causa relacionada con el agua iban al *tlalocan* (*v.*) o paraíso de *Tláloc* (*v.*). Había un lugar especial para los niños pequeñitos, el *Xochiatlalpan*, en donde eran amamantados por un gran árbol (*v.* árboles). Por último, los que morían de causas naturales iban al *Mictlan* (*v.* inframundo, exequias). // MAYAS. El mundo maya estaba habitado por gran número de dioses de la muerte. El principal de ellos se ha designado con la letra *A* (*v.* dioses, representaciones y designaciones). Su cara es la de una calavera, o con el maxilar inferior descarnado y con una línea negra que le cruza los ojos, tiene además rasgos de una víctima del hambre: vientre hinchado y los miembros muy delgados. Su frente tiene el signo de *akbal* o noche. La personificación del número cero es un dios de la muerte sacrificial; el número diez y señor del décimo día *cimi* (*v.*) "muerte", se representa con la cabeza del dios de la muerte. Se le asociaban el color amarillo y el rumbo Sur (*v.*). Aunque hay varios dioses de la muerte, el más importante y conocido es *Kizin* (*v.*) "hedor", al que Thompson identifica con el dios *A*. Otros dioses de la muerte eran *Uac Mitún Ahau* (*v.*) y *Yum Cimil* (*v.*) "Señor de la muerte" (*v.* inframundo, *Ah Puch*). El camino al mundo de la muerte es largo y peligroso y la idea de que un perro ayudaba en este camino estaba difundida en toda Mesoamérica. En las tumbas mayas se han encontrado esqueletos de perro y los lacandones todavía colocan con el cadáver una pequeña figurita de perro hecha de palma, en cada una de las esquinas del montículo del enterramiento. En las manos del difunto ponen un hueso de mono aullador y un mechón de cabello cortado del cadáver, para que con el primero se defienda de los perros bravos que se encontrará durante el viaje y con el segundo ahuyente a las aves de presa. También se le pone comida para que se alimente durante el camino. // TARASCOS. En el inframundo se localizaban los diversos mundos de los muertos, que estaban concebidos como paraísos, lugares de deleite y de negrura. Uno de ellos era *Pátzcuaro* (*v.*) "lugar donde se tiñe de negro", en donde gobernaba *Chupi-Tirípeme* (*v. Tiripemencha*), principal deidad tarasca del agua, y al que iban a disfrutar los muertos por ahogamiento, guiados por *Uitziméngari* (*v.*). Equivalía al *tlalocan* (*v.*) de los mexica y el Lago de Pátzcuaro era entrada a este inframundo. Otra región de los muertos era *Comiechúcuaro* "donde se está con los topos", y estaba gobernada por el dios de la muerte *Uhcumo* "topo". Esta deidad luchaba permanentemente contra *Apatzi* "comadreja", otro dios de la muerte, tal vez porque este animal se alimentaba de topos. *Apatzi* dio nombre a varias poblaciones tarascas como Apatzingán "lugar donde se pone levantado el *Apatzi*". *Uarichao* "lugar de mujeres" es otra región de los muertos ubicada en el Oeste (*v.*), a donde iban las mujeres muertas en el primer parto o *auicanime* (*v.*), por lo que es equivalente al *Cihuatlampa* (*v.*) de los nahuas. En esta región habitaba *Thiuime* (*v.*) "ardilla negra", deidad de la muerte y de la guerra, que también se conoce como *Techálotl* (*v.*) "ardillas". Los dioses de los muertos estaban representados en general por culebras, topos, comadrejas y ardillas. // TOTONACOS. El dios del inframundo se confunde con el diablo y está asociado al fuego y al "mulato". A diferencia de otros pueblos, entre los totonacos no hay un viaje difícil al otro mundo. Los ahogados son llevados por el Trueno Viejo o San Juan Bautista a sus dominios en el Este (*v.*) para que trabajen para él. Deben ser enterrados cerca del agua en donde fueron encontrados sus cadáveres. Las mujeres muertas en el parto ascienden al cielo en forma de nubes blancas que el viento persigue antes de llover. Los niños son recogidos por *Aktisini* quien los cuida hasta que vuelven a nacer, los músicos, curanderos y danzantes son recogidos en el dominio de los dioses del Este. A los asesinos se los lleva el diablo y se convierten en vientos nefastos (*v. Montizón*). // OTOMÍES. El rumbo Norte y el lugar de los muertos eran conocidos como *ayonanyëy* (*v. Muye* y *Mudu*).

muluc. MAYAS. Noveno día de los veinte signos del *tzolkin* (v.) o ciclo de 260 días, equivalente al día *atl* "agua" nahua. Está bajo la influencia del mítico pez *Xoc* y del jaguar (v.). Su color es el rojo y le corresponde al Este (v.). Sus augurios son el tiburón (v.) y el jaguar, que significan riqueza y desventura.

murciélago. (Artiveus jamaisensis). NAHUAS. Se relata que estando *Quetzalcóatl* (v.) lavándose, eyaculó; el semen cayó sobre una piedra de la que nació el murciélago que enviaron los dioses a morder dentro de la vulva de *Xochiquetzal* (v.). Con la parte arrancada a esta diosa los dioses hicieron flores de mal olor que llevaron a *Mictlantecuhtli* (v.). En el Códice Borbónico (v.) un personaje importante participa en la fiesta de *ochpaniztli* (v.) llevando puesta una máscara de murciélago. // MAYAS. Se asociaba a ciertos dioses y tenía especial importancia. Tiene un papel importante en el relato del Popol Vuh (v.). // ZAPOTECOS. Figura como representación de varios dioses, sobre todo de los relacionados con la muerte (v. *Pitao Cozobi*, *Pitao Pecelao* y *Pitao Zig*). // MIXTECOS. Existe gran cantidad de representaciones cerámicas en donde este animal juega un papel principal.

música. NAHUAS. La música tenía una función muy importante en el ritual mexica, al grado de que había lugares dedicados especialmente a la educación musical,

Dios L, una de las deidades de la Muerte entre los mayas (Tomado de Linda Schele y Ellen Miller, The Blood of Kings).

llamados *cuicacalli* "casa de canto". En otros edificios como el *mixcoacalli*, además de guardar los implementos para los cantos y danzas, se reunían los que tocaban el *teponaxtle*; en el *mecatlan* se enseñaba a tocar todos los instrumentos musicales, pero especialmente los de viento. Por otra parte, había sacerdotes especializados en componer y supervisar los cantares: el *epcoacuacuilli tepictoton* componía cantos para los templos y para las casas particulares; el *tlapizcatzin* cuidaba y corregía los cantos dedicados a los dioses. Los músicos tenían un status muy alto. Había cantos especiales para los dioses principales. Los instrumentos más importantes eran dos "tambores", el *huéhuetl* (*v.*) y el *teponaxtle* (*v.*), que acompañaban prácticamente todas las danzas. Había gran variedad de flautas, de las cuales se han encontrado muchas en las excavaciones arqueológicas. *Tezcatlipoca* (*v.*) es un dios que está especialmente asociado con la flauta; su imagen viva la tocaba continuamente y poco antes de morir rompía las flautas que había utilizado mientras representó al dios (*v.* imágenes vivientes). *Tezcatlipoca* también tuvo que ver con el origen de la música (*v.* sirena). Otros instrumentos musicales fueron el caracol marino, que era un importante instrumento ritual de viento, las sonajas de diversos tipos, las campanas de cobre y los raspadores de hueso. *Huehuecóyotl* "coyote viejo" aparece como dios de la música. // MAYAS. *Ah-Kin-Xoc* "sacerdote gran cantor" quien también recibía el nombre de *Ah Kin Xochiltún* era una deidad de la música y de la poesía. // MAYAS LACANDONES. El dios lacandón *Kai Yum* (*v.*) "señor cantador" es en la actualidad el dios de la música. Es además ayudante de *Cacoch* (*v.*). // TOTONACOS. Entre los totonacos los músicos y los curanderos eran tan importantes que, al morir, se van al paraíso del Sol (*v.*).

MUYE. "señor de la lluvia". OTOMÍES. Dios del agua y de las lluvias. Su imagen se hacía de varas y se vestía con ricas mantas de algodón (*v.* indumentaria). Equivale al *Tláloc* (*v.*) de los nahuas. Existía, además, otra serie de pequeños dioses relacionados con la lluvia, conocidos como *auaque* y *ateteo* —que equivalen a los *tlaloques* (*v.*) nahuas—, a los que invocaban los agricultores. Por lo general, a estas deidades se les asociaba a cerros (*v.*), ríos y lagunas (*v.*). Existían también los *maxi* "barrenderos", que eran los muertos por rayos, parto, ahogamiento, puñaladas o algunas enfermedades relacionadas con el "señor de la lluvia". Estos muertos, se les enterraba con una escoba en la mano, se convertían en pequeñas deidades encargadas de limpiar o barrer el camino para los aguaceros, por lo que representan a los vientos que anteceden a las lluvias. Por otro lado, existieron los "graniceros" (*v.*), que lanzaban conjuros para evitar el daño que causan las tempestades o para ahuyentar las nubes amenazadoras o de granizo. Estos conjuros estaban dirigidos a los *auaque* y a los *tlaloques*, y persistieron hasta después de la conquista española, entre la población campesina otomí.

N

nahual. La creencia en el *nahual* se extiende por toda Mesoamérica. Era una especie de alter ego de la persona o de la deidad; generalmente, el *nahual* era un animal en el que se podía convertir un individuo de personalidad fuerte; los brujos y los reyes tenían su *nahual*. En la actualidad en la mayoría de los pueblos indígenas se cree que los brujos son los que tienen la capacidad de convertirse en animales, casi siempre con el fin de hacer daño. En algunos casos se confunde con el *tona* (*v.*).

NAKAWÉ. HUICHOLES. (*v.* Abuela Crecimiento).

Nana Cutzi. "la madre encorvada". TARASCOS. Uno de los nombres que daban los tarascos a la Luna (*v.*).

NANÁHUATL o **NANAHUATZIN.** "el buboso". NAHUAS. Personaje deforme y enfermo que al sacrificarse en el fuego se convirtió en Sol (*v.*). También rompió el cerro de *Tonacatépetl*, donde se encontraba el maíz (*v.*), para entregarlo a los dioses, que a su vez se lo dieron a los hombres.

NAKAWÉ (Tabla votiva huichola).

NAPATECUHTLI. "cuatro veces señor". NAHUAS. Uno de los *tlaloques* (*v.*) y dios de los fabricantes de esteras de juncias; era el que hacía que crecieran éstas, los juncos y las cañas, y producía las lluvias. Se le representaba con todo el cuerpo y la cara pintados de negro, pero el rostro estaba cubierto con grumos de salvia, gorro de papel y adorno en la nuca. En una mano llevaba un escudo con un adorno de nenúfar y en la otra un bastón de caña florida. El día de su fiesta se sacrificaba a un esclavo que representaba su imagen (*v.* imágenes vivientes) que antes de morir rociaba agua que sacaba con una rama del vaso verde que llevaba en la mano; también, se hacían banquetes, danzas y otras ceremonias con la imagen viviente que iba vestida como el dios.

NATATA'NA. TOTONACOS. Son los padres y esposos de las madres (*v. Natsi'itni*). No tienen culto y su dominio es el de los grandes dioses, al Oriente (*v.* Este). Correspondería de manera amplia a todos los santos católicos.

NATSI'ITNI. "las madres o las abuelitas". TOTONACOS. Son innumerables deidades femeninas que actualmente se identifican con la Virgen de Guadalupe. Es la Virgen, madre del sol-maíz, el cual la convierte en madre de todas las criaturas. Como su tarea esencial es crear el embrión del niño, labor en la cual también intervienen la Luna (*v.*) y Venus (*v.*), se le considera patrona de las parteras. Vive en el Este (*v.*) y recoge las almas de los niños muertos. Se la representa cubriendo con su rebozo a los niños hasta que éstos vuelven a nacer (*v.* muerte, maíz).

nemontemi. NAHUAS. Eran los últimos cinco días del calendario (*v.*) solar o *xihuitl* (*v.*). No estaban dedicados a ningún dios, se les consideraba como sobrantes (20 × 18 = 360 + 5) y nefastos. Los que nacían en estos días serían desafortunados.

NOHPYTTECHA. OTOMÍES. Diosa de la basura y de la lujuria, tenía relación con la prostitución. Era también deidad de la Tierra y de la Luna (*v.*), por lo que sus atributos eran de fertilidad. Tiene su equivalente en la diosa *Tlazoltéotl* (*v.*) de los nahuas.

NOHUICHANA, HUICHANA o **COCHANA.** ZAPOTECOS. Era la esposa de *Cocijo* (*v.*), conocida como "Trece Serpiente", y la principal deidad femenina de los zapotecos. Diosa de la fertilidad, de las aguas, los ríos, lagunas, lluvias, de la pesca, del paraíso y de los campesinos. Regía el ciclo vital de los individuos (concepción, parto, niñez, boda, enfermedades y muerte). También era patrona de las parteras y de los pescadores y para propiciar la pesca se le prendían candelas a las orillas de los ríos. Se le ofrendaba copal (*v.*) con motivo de las bodas y fallecimientos. Las mujeres recién paridas, por consejo de la partera, le ofrendaban también copal sólo que rociado con sangre de gallinas de la tierra, en el lugar del nacimiento. Se le representaba con huipil y el signo "Trece Serpiente", o bien adornada con serpientes y flores. Su culto se caracterizó por ser particularmente doméstico y popular, a la vez que estuvo muy extendido, por lo que perduró hasta mucho después de la conquista española, llegándose a equiparar a esta diosa con la Virgen María.

Norte. NAHUAS. *mictlampa*. "lugar de la muerte". Se asociaba con los muertos, con los antepasados y con las tribus cazadoras. Su signo era el pedernal. // MAYAS. Era un rumbo del universo relacionado con las invasiones y lo malo, con el color blanco y las plantas, dioses y animales de este color: guajolote, flor, maíz, abeja, jícara, pedernal, ceiba, y los *pahuahtunes*, *chacs*, *chicchán* y *bacabes* (*v.*); los días que le correspondían eran *ix*, *cimi*, *oc* y *etznab*. // TARASCOS. Era el rumbo donde se encontraban "los dioses de la mano derecha". Le correspondía el color amarillo. // TOTONACOS. Es un rumbo malo. De aquí vienen los vientos. // ZAPOTECOS. Se le relacionaba con el color negro, con el lugar de los muertos, con las miserias y las desventuras. Era el rumbo del Sol *Pitao Zig* (*v.*). Lo presidía *Cocijo* (*v.*).

números. NAHUAS. Los números del 1 al 13 combinados con los 20 signos del *tonalpohualli* (*v.*), cobraban un significado especial. Algunos de ellos eran propicios, como el 7 y el 13, y otros nefastos, como el 9. Algunos números tenían un significado especial, como son el 1, que encerraba la unidad, el 2 simbolizaba la dualidad de los contrarios, el 4 los cuatro (*v.*) rumbos del universo, el 5 los cuatro rumbos más el centro, el 9 estaba asociado al inframundo y el 13 a los estratos del cielo, inframundo y tierra más el centro. Por otro lado, el número esotérico del maíz era "7 serpiente". // MAYAS. Se dice que los números mismos eran deificados por los mayas. // TOTONACOS. Entre los totonacos el 12 es un número femenino y el 13 masculino. El número esotérico del maíz (*v.*) es "5 serpiente". El número 7 es nefasto, al igual que el 17. // TARASCOS. Entre los tarascos los números sagrados del universo eran el 3, que representaba a las deidades de los tres planos (cielo, tierra e inframundo); el 4, que representaba los rumbos de la tierra en donde moraban las deidades conocidas como "dioses de las cuatro partes del mundo" y el 5, que simbolizaba a estos dioses más el del centro.

O

obsidiana. NAHUAS. *itztli*. Es una piedra vitrosa de color negro generalmente, de la que se obtenían flechas y navajuelas; por su gran filo, tenía un valor incalculable tanto para la cacería como para otros menesteres, por lo que se le daba gran importancia ritual. Se le asociaba especialmente a *Tezcatlipoca* (v.), quien en ocasiones era representado como un espejo adivinatorio hecho de este material; y quien en algunos códices aparece con un cuchillo de obsidiana en lugar de pie. Había, además, una deidad con el nombre de *Itztli*, que era el dios del sacrificio y segundo señor de la noche o *Yohualteuctin*. El nombre de la diosa *Itzpapálotl* (v.) quiere decir "mariposa de obsidiana" y el de *Itztlacoliuhqui*, "obsidiana curva". En las excavaciones arqueológicas del Templo Mayor de Tenochtitlan se encontró gran número de navajones de obsidiana con caras.

oc. "perro" "entrar al inframundo". MAYAS. Décimo día de los veinte signos del *tzolkin* (v.) o ciclo de 260 días, equivalente al *itzcuintli* o "perro" náhuatl. Su dios patrono es el perro (v.) del inframundo (v.), su color era el blanco y correspondía al Norte (v.) siendo su augurio (v.) el adulterio.

océlotl. "jaguar". NAHUAS. Decimocuarto signo del ciclo de 260 días o *tonalpohualli* (v.). Estaba regido por la diosa *Tlazoltéotl* (v.) y correspondía al día *ix* (v.) maya.

ochpaniztli. "barrimiento". NAHUAS. Onceavo mes del calendario (v.), correspondiente a septiembre y al equinoccio de otoño. Era la época de la cosecha y cuando se festejaba a las diosas *Toci* (v.) o *Teteo Innan* (v.), *Cintéotl* (v.), *Chicomecóatl* (v.), *Chalchiuhtlicue* (v.), *Atlatonan* (v.), *Atlauhco* y *Chiconquiahuitl* (v.). Se sacrificaban las "imágenes vivientes" (v.) de las diosas; los sacrificios tenían lugar en el *Cinteopan*, en el gran *Teocalli*, en *Cohuatlan* y en *Xochicalco* (v.). Después de muerta la "imagen viviente" de la diosa *Toci*, tenía lugar una serie de ritos que incluían el desollamiento de la mujer sacrificada, cuya piel vestía un sacerdote, quien desde ese momento personificaba a la diosa y el que continuaba una serie de rituales en los que había persecuciones y batallas con los jóvenes guerreros. La imagen viviente de la diosa *Toci* era ofrecida por las médicas o parteras quienes participaban especialmente en los ritos. En una ceremonia paralela, el señor regalaba armas y adornos a los guerreros y había un gran baile en el que participaban éstos. Además, se llevaba a cabo un ritual relacionado con el maíz y la diosa *Chicomecóatl* (v.).

Oeste. NAHUAS. *Cihuatlampa*. "lugar de las mujeres". Era el lugar por donde se ponía el Sol (v.), donde habitaban las mujeres muertas en el parto y el lugar de la fertilidad. Posiblemente en este rumbo se encontraba el *Cincalco* (v.). Se le asociaba el signo de *calli* "casa". Las mujeres muertas en el parto recogían al Sol en el cenit, a donde lo llevaban los guerreros muertos, y desde ahí éstas lo conducían hasta el Oeste. // MAYAS. En general era de mal augurio y estaba relacionado con la oscuridad; su color era el negro y las plantas, animales y dioses asociados con este rumbo son de este color, como la ceiba (v.), el camote de pezón negro, el frijol, el maíz (v.), el pájaro, el guajolote, la abeja (v.), el pedernal (v.) y el nenúfar, así como los *chacs* (v.), *pahuahtunes* (v.), *chicchanes* (v.), *bacabes* (v.) y *acantunes* (v. *Acante*). Los días que le correspondían eran *akbal* (v.), *manik* (v.), *chuen* (v.), *men* (v.) y *cauac* (v.). // ZAPOTECOS. Se relacionaba con el color blanco y los mantenimientos. Era el rumbo del Sol

Pitao Cozobi (*v.*) y lo presidía *Cocijo* (*v.*). // TOTONACOS. En este rumbo habitaban los dioses relacionados con la oscuridad y la Luna (*v.*). // TARASCOS. Su color era el blanco. Por este rumbo moría el Sol (*v.*), víctima de la noche.

ojos de los dioses. HUICHOLES. Así han sido llamadas las pequeñas cruces entretejidas de algodón y estambre multicolores que forman un cuadrado que cuelgan a las flechas votivas (*v.*) como ofrenda a los dioses. Cada uno de estos "ojos" representa a un dios.

OKHWADAPO. "dios de las yerbas". OTOMÍES. Deidad de los montes o de las yerbas que crecen en éstos.

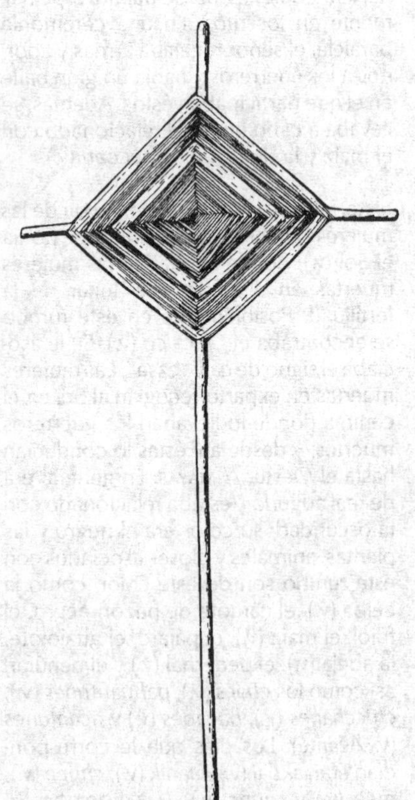

Ojos de los dioses (artesanía huichola).

Olmecas. "habitantes del país del hule". Así se ha nombrado la cultura que floreció en el sur de Veracruz y en Tabasco de 1200 a 600 a.C. –aunque también se han encontrado restos importantes en la región occidental de la costa del Pacífico en Guerrero y en Oaxaca, así como influencias olmecas en el centro de México– se ha considerado como la cultura madre o la más antigua de las altas culturas de Mesoamérica. También se les designó como *tenocelome*, aunque desconocemos su nombre original. En uno de los sitios más antiguos en el sur de Veracruz, La Venta (*v.*), se encontraron restos de pirámides recubiertas de lodo, montículos semicilíndricos y circulares, enormes cabezas y altares tallados en monolitos, estelas de piedra, tumbas y muchas esculturas. Casi con seguridad en esta época ya había aparecido el calendario (*v.*), pues en Tres Zapotes, otro sitio olmeca, localizado en Veracruz se descubrió una pieza arqueológica conocida como "Estela C" en la que aparece una de las fechas más antiguas de Mesoamérica: 31 a.C.; en Tuxtla, Veracruz, otro dato arrojó la fecha de 162 a.C. Muchas de sus deidades estaban representadas con rasgos felinos, como animales-hombre y hombres-animal, serpientes-jaguar o dragones con cara de jaguar; así pues, los dioses estaban representados como seres compuestos de elementos humanos, felinos, reptiles y de aves, jaguar, hombre y serpiente, lo que ha sido interpretado como la tierra, el agua, el fuego y la fertilidad agrícola. Existen esculturas que representan bocas abiertas de animales, dentro de las que se esculpían escenas diversas. Gran número de los personajes representados tienen cejas flamígeras y aparece también una hendidura en forma de V en la cabeza de gran cantidad de piezas, cuyo significado desconocemos. En las representaciones escultóricas se dio mucha importancia a los niños. Se encuentran enanos o niños que quizá son la forma ancestral de los dioses del agua. Posiblemente ya existía el juego de pelota (*v.*) y,

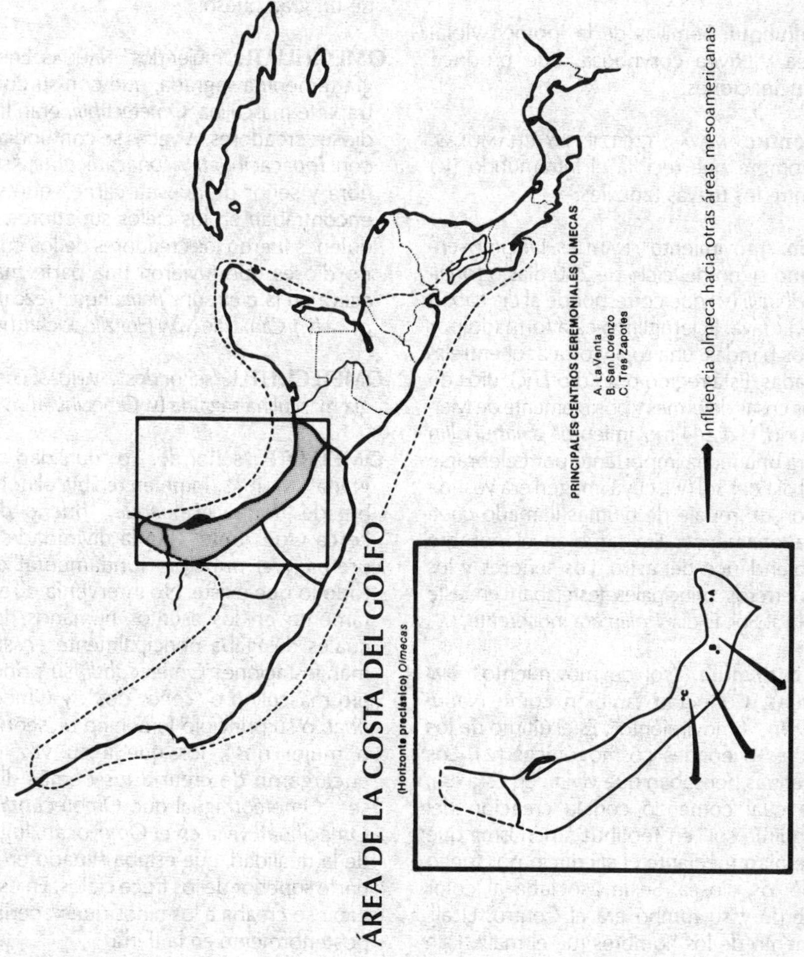
ÁREA DE LA COSTA DEL GOLFO
(Horizonte preclásico) Olmecas
PRINCIPALES CENTROS CEREMONIALES OLMECAS
A. La Venta
B. San Lorenzo
C. Tres Zapotes
Influencia olmeca hacia otras áreas mesoamericanas

en esta época, se empieza a desarrollar el núcleo del panteón mesoamericano, ya que se pueden identificar en las deidades olmecas prototipos de deidades posteriores, tales como la del maíz (*v.*), del dios viejo del fuego (*v.*), del gobernador del cielo y de la serpiente emplumada (*v.* serpiente, dragón y *Quetzalcóatl*).

ololiuhqui. Semillas de la Ipomea violácea y Rivea corynbosa, que produce alucinaciones.

Olontuc. MAYAS, TZOTZILES Y CHAMULAS. Nombre que recibía el inframundo (*v.*) entre los mayas tzotziles.

ollin. "movimiento". NAHUAS. Decimoséptimo signo del ciclo de 260 días o *tonalpohualli* (*v.*) que corresponde al día *caban* (*v.*) maya. El jeroglífico está formado por dos bandas, una roja y otra azul entrelazadas. Está regido por *Xólotl* (*v.*), dios de las cosas deformes y posiblemente de Mercurio. El día "4 movimiento" o *nahui ollin* era una fecha importante por celebrarse el día del Sol (*v.*), cuya imagen era vestida con un ropaje de plumas llamado *cuetzaltonaméyotl*. Era también el nombre calendárico del astro. Los señores y los guerreros principales festejaban en este día al Sol. El día *1 ollin* era indiferente.

ollintonatiuh. "sol de movimiento". NAHUAS. Conocido también como *Nahui Ollin* "4 movimiento". Es el último de los soles o edades cosmogónicas (*v.*). Los nahuas pensaban que vivían en esta era, la cual comenzó con la creación del "quinto sol" en Teotihuacan, misma que se hizo mediante el sacrificio por fuego de los dioses. Se le asociaba al color verde y su rumbo era el Centro. El alimento de los hombres fue el maíz. Esta era se pensaba que terminaría con grandes movimientos de tierra (*v.* Sol, *Nanáhuatl*, rumbos del universo).

OMEÁCATL. "dos caña". NAHUAS. Una de las advocaciones de *Tezcatlipoca* (*v.*), en la que se le consideraba patrono de los banquetes. Se representaba con la cara manchada de negro y blanco, tocado de plumas con dardos y manto de cuerdas, y en una de las manos llevaba un escudo con banderola de papel y en la otra un "mirador". Se le hacía fiesta en la noche y se "comulgaba" con su cuerpo, que hacían con masa, y al que daban forma de un gran hueso.

OMECÍHUATL. "mujer dos". NAHUAS. Energía femenina sagrada, que con su contraparte masculina, *Ometecuhtli*, eran los dioses creadores. A veces se confundían con *Tonacacíhuatl* y *Tonacatecuhtli*, "señora y señor de nuestra carne" que se encontraban en los cielos superiores, y quienes fueron los creadores de los cuatro dioses que tuvieron una parte más activa en la creación: *Tlatlauhqui*, *Tezcatlipoca* (*v.*), *Camaxtle* (*v.*) y *Huitzilopochtli* (*v.*).

OMETECUHTLI. "señor dos". NAHUAS. Energía masculina sagrada (*v. Omecíhuatl*).

OMETÉOTL. "señor dos" o "dualidad sagrada". NAHUAS. También recibía el nombre de *Tloque Nahuaque*, "dueño del cerca y del junto". Era la divinidad suprema y el principio fundamental de todo lo que existe. No intervenía directamente en los asuntos humanos, los cuales delegaba principalmente en sus manifestaciones *Ometecuhtli*, su principio masculino o "señor dos", y *Omecíhuatl* o su principio femenino o "señora o mujer dos", los que a su vez se encargaron de crear a los demás dioses. *Ometéotl* igual que *Ometecuhtli* y *Omecíhuatl* vivía en el *Omeyocan*, lugar de la dualidad, que estaba situado en la parte superior de los trece cielos. En este lugar se creaba a los niños que nacerían posteriormente en la tierra.

OMETOCHTLI. "dos conejo". NAHUAS. Nombre genérico de las deidades del pulque (*v.*) y de sus sacerdotes. Entre éstos estaban *Patécatl* (*v.*), *Tomiyauh* (*v.*), *Tepoztécatl* (*v.*), *Quetlapanqui*, *Tliloa* y *Papaztac* (*v.*).

Omeyocan. "el lugar de la dualidad". NAHUAS. Lugar donde se encontraba *Ometéotl* (*v.*), en la parte superior de los cielos.

OPOCHTLI. "el zurdo". NAHUAS. Dios relacionado con el agua, al que se le atribuía el descubrimiento del remo y del *minacachalli* o arpón de tres puntas para pescar; fue él quien usó por primera vez las redes para cazar aves acuáticas. Se le representaba con la cara embadurnada con manchas de granos de salvia, tocado de plumas de garza y penacho de plumas de quetzal; en una mano llevaba un escudo de flor solar y en la otra una sonaja de palo. En su fiesta le ofrecían pulque, comida, maíz tostado e incienso, su imagen, cuyo arreglo estaba a cargo del sacerdote *Atlixchihuitehua Opochtli*, era sacrificada en el mes de *huey pachtli* (*v.*) (*v.* caza y pesca).

Oriente. (*v.* Este).

Otomíes. Nombre genérico de los grupos indígenas que hablaron (y siguen hablando) el otomí, el mazahua y el matlatzinca, y que habitaron principalmente en el valle de Toluca, y zonas de los actuales estados de Hidalgo, Querétaro, Michoacán, Colima, el norte del valle de México, parte de la Huaxteca y de la sierra

Piedra del Sol. Representa el ollintonatiuh, con las cuatro edades cosmogónicas que lo precedieron. Al centro asoma el rostro del dios TONATIUH (Museo Nacional de Antropología).

norte de Puebla. Debido a los pocos estudios con que contamos sobre esta cultura, es todavía incierto determinar su antigüedad, sin embargo, se puede afirmar que se encuentran presentes en el altiplano central desde el periodo Clásico (*v.*) tardío. Ya en el Posclásico (*v.*), se constituyeron como uno de los grupos más poderosos, y bajo el nombre de tepanecas tuvieron como sede Azcapotzalco. Por su profunda relación con los grupos de filiación nahua, compartieron con éstos gran cantidad de elementos religiosos, e incluso, su calendario (*v.*) marcaba fiestas muy parecidas a las de los mexicas (*v.*). Su principal dios fue *Otontecuhtli* (*v.*), conocido también como *Cuecuex* (*v.*), que fue adorado por los mexicas. Parece ser que su nombre lo tomaron de un personaje mítico llamado *Otomitl* (*v.*).

OTOMITL. OTOMÍES. Antecesor mítico de los otomíes, nacido en *Chicomoztoc* (*v.*), que fue el sexto y último hijo de *Iztacmixcóatl* e *Ilancueitl* (*v.*), pareja divina relacionada con los dioses "Padre Viejo" y "Madre Vieja" (*v.*). Se dice que acabando de nacer subió a unas montañas para fundar los pueblos de *Otompan, Tollan* y *Xilotepec*. Sahagún menciona que *Otomitl* era el nombre que los otomíes pusieron a su caudillo *Oton*, del cual se derivó el término otomíes, por lo que sería un personaje histórico y no mítico.

OTONTECUHTLI u **OTONTEUCTLI.** "señor de los otomíes". OTOMÍES. Es el dios más importante de este grupo. Fue también adorado por los mexicas. Es el dios del fuego (*v.*) y de los señores y guerreros muertos. Se celebraba en el mes *antangotu* (*v.*) "gran fiesta de los muertos", que es la *xócotl Huetzi* (*v.*) de los nahuas. También se le nombró *Ocoteuctli* "señor de la tea" y *Xócotl* (en Xocotitlan). Su indumentaria consistía en cabellera de papel con mariposa de obsidiana, estolas, braguero también de papel y cascabeles en ios pies; asimismo, llevaba dos bandas pintadas en la cara y en una mano una flecha de cacto y en la otra un escudo de plumas finas. Se le ofrendaban sacrificios (*v.*) por fuego. *Otontecuhtli* era también *Cuecuex*, que era el nombre que recibían los muertos deificados. Como dios de Azcapotzalco era patrono de los orfebres y lapidarios y su esposa era *Xochiquetzal* (*v.*) "flor preciosa".

Oxlahun Ti Ku. "los trece señores de las capas del cielo". MAYAS. Se contraponían a los *Bolon ti Ku* (*v.*) y sería el equivalente nahua de los trece *tonalteuhctin* (*v.*), deidades de los trece días del *tonalpohualli* (*v.*).

OXOMOCO. NAHUAS. Hombre o semidios que con su mujer, *Cipactonal* (*v.*), "inventaron" la forma de adivinar. De acuerdo a lo que relata Sahagún (*v.*), cuando llegaron de allende el mar los primeros pobladores de Pánuco, se fueron después a *Tamoanchan* (*v.*), en donde se quedaron a vivir un tiempo, para después regresar de donde habían venido. Al hacerlo, dejaron atrás a cuatro sabios, entre los que se encontraban *Cipactonal* y *Oxomoco*; entre los cuatro inventaron el calendario y el arte de interpretar los sueños. Según otro mito, ellos, a través de sus augurios, supieron

OTONTECUHTLI (Códice Matritense).

y les comunicaron a los dioses que *Nanáhuatl* (v.) era el único dios que podría romper el cerro de *Tonacatépetl* para sacar de éste el maíz (v.). En los *tonalámatl* –libros del *tonalpohualli* (v.)– casi siempre aparecen en la primera página arrojando maíces para adivinar.

ozomatli. "mono (v.)". NAHUAS. Undécimo signo del ciclo de 260 días o *tonalpohualli* (v.), correspondiente al maya *chuen* (v.). Su dios patrono era *Xochipilli* (v.), "el señor de las flores". *1 ozomatli* era un buen signo y los que nacían en él se caracterizaban por ser amigables y por inclinarse a la música y a los oficios mecánicos. En este día descendían las diosas *Cihuateteo* (v.) para traer enfermedades a los niños; quien se enfermaba en este día estaba desahuciado.

OZTOTÉOTL. OTOMÍES. Deidad local de Chalma. Se adoraba su imagen en una cueva (v.) localizada en este sitio, a la que acudía en peregrinación gente de provincias lejanas. Se le ofrendaban sangre y corazones de niño, así como animales en sacrificio e incienso. Aun cuando se tienen pocos datos sobre sus atribuciones, es probable que por localizarse el lugar de su culto en una cueva enclavada en un cerro (v.) y por ofrecérsele niños en sacrificio, pueda tratarse de una importante deidad de las aguas y la vegetación con características agrícolas. Después de la conquista española y durante la evangelización, los misioneros sustituyeron el ídolo de *Oztotéotl* por el Santo Cristo de Chalma, cuyo culto es uno de los más fuertes hasta nuestros días.

P

pacumchac. MAYAS. Fiesta de la guerra y de los guerreros dedicada al dios *Cit-Chac-Coh* (v.) y que se realizaba en el mes *pax* (v.) del *haab* (v. calendario).

pachtontli. "pequeño heno". *teotleco* "llega dios" o *xochilhuitl* "fiesta de las flores". NAHUAS. Duodécimo mes del calendario (v.) correspondiente a octubre. Se celebraba la llegada de los dioses, siendo el primero en llegar el joven dios *Telpochtli Tlamatzíncatl* o *Tezcatlipoca* (v.), y los últimos, los dioses viejos *Huehuetéotl* (v.) y *Yacatecuhtli* (v.). Para saber cuándo llegaban los dioses se ponía en el templo, un poco de harina de maíz y cuando en ésta aparecía la huella de un pie pequeño, los sacerdotes anunciaban con júbilo su llegada. También se celebraba a la diosa *Xochiquetzal* (v.).

PADRE VIEJO. OTOMÍES. Dios creador de los otomíes y pareja de la diosa "Madre Vieja" (v.); era además, dios del fuego (v.). Poco se sabe sobre su culto; su imagen se hacía con varas y se vestía con ricas prendas de algodón (v. creación).

Pahuahtunes. MAYAS. Corresponde a los *chacs* (v.), aunque originalmente pudieron ser vientos servidores de aquéllos (v. viento).

PAINAL. "el que es llevado de prisa". NAHUAS. Deidad asociada a *Huitzilopochtli* (v.), era quien movía a la gente para que saliese a pelear en la guerra contra el enemigo. Un sacerdote llevaba su imagen en las manos y la presentaba a los guerreros que iban a ser sacrificados. Era representado con un antifaz negro con circulillos alrededor, que significan estrellas; en una de las manos llevaba un escudo de turquesas y en la otra una bandera de oro que era un perforador de fuego (v.), asimismo, se cubría con una malla adornada con turquesas. En la fiesta de *panquetzaliztli* (v.) se bajaba su estatua, que estaba en el Templo Mayor, y era llevada a toda prisa por Tlatelolco, Nonoalco, Tlacopan, Popotlan, Chapultepec, Coyoacan y Mazatlan, para regresar después al Templo Mayor.

Palenque. "estacada". MAYAS. Una de las ciudades-Estado mayas más importantes del periodo Clásico tardío (600-900 d.C.). Su nombre antiguo en maya chol era *Otulúm*, "casa fortificada". En ella se encontraron, entre otros, la tumba del rey *Pacal* que se hallaba en el "templo de las inscripciones". // Tríada de dioses frecuentemente representados en los monumentos de Palenque, que han sido denominados con las siglas *G1*, *G11* y *G111* y que los reyes de Palenque celebraban como sus ancestros divinos. Los tres dioses nacieron con dieciocho días de diferencia, de padres cuyos nacimien-

PAINAL (Códice Matritense).

tos ocurrieron antes del principio de nuestra era; los que nacieron en primero y segundo lugar (*G1* y *G111*), son prototipos de los héroes gemelos del Popol Vuh (*v.*). Por otra parte *G1* parece tener relación con el Sol (*v.*) y con Venus (*v.*). *G11* se llamaba también *Chac-Xib- Chac* (*v.*) y corresponde al dios *K*, (*v.* dioses, representaciones y designaciones) que recibe diferentes nombres como *Bolon Dz'acab* (*v.*), el dios del cetro de maniquí y el dios de la llama. El dios *G111* puede ser representado como *Ahau kin* (*v.*) "señor sol" o dios jaguar del inframundo (*v.*), como un jaguar bebé o como un jaguar loto.

PALIKATA. HUICHOLES. (*v.* "Hermano Mayor").

panquetzaliztli. "alzamiento de banderas". NAHUAS. Decimoquinto mes del calendario (*v.*), correspondiente a diciembre y al solsticio de invierno. En *Coatepec* (*v.*) se celebraba el nacimiento de *Huitzilopochtli* (*v.*) y su lucha contra los *huitznahua* (*v.*). Al mismo tiempo los comerciantes o *pochteca* (*v.*) hacían su gran fiesta en la que "bañaban" (*v.* baño) ritualmente a unos esclavos, tanto hombres como mujeres, a los que ofrecían posteriormente en sacrificio (*v.* imágenes vivientes), después de una serie de banquetes ceremoniales. Había una lucha ritual entre los "esclavos bañados" de los *pochteca* y los habitantes del barrio de los *huitznahua*. Los "bañados" eran sacrificados posteriormente en el templo de *Huitzilopochtli*. Había también una ceremonia llamada "la prisa de *Huitzilopochtli*", en la cual un sacerdote llevaba en brazos una pequeña imagen del dios *Painal* (*v.*), y hacía un recorrido, empezando por el gran juego de pelota (*v.*) que estaba dentro del Templo Mayor o *Huey Teocalli*, después recorrían Tlatelolco, Nonoalco, Tlaxotlan o Tacuba, Popotlan, Chapultepec, Coyoacan, Mazatlán, Iztacalco, Acachinanco, para regresar con gran algarabía al Templo Mayor, en donde se llevaban a cabo los sacrificios de cautivos y de los esclavos ofrecidos por los *pochteca*.

Pantitlan. "lugar entre banderas". NAHUAS. Se llamaba así a un lugar de la laguna, cerca del actual Peñón de los Baños, en donde había un remolino rodeado de palos hincados en el fondo de la laguna, sobre los que se colocaban banderas. En honor de *Tláloc* (*v.*) se arrojaban a este sitio, con otras ofrendas, los corazones de los sacrificados, en el mes de *etzalcualiztli* (*v.*) y cuando había hambre y faltaba la lluvia se sacrificaban seres deformes. Se dice que ahí se arrojaron los cuerpos de todos los cautivos sacrificados en la consagración del Templo Mayor de Tenochtitlan (*v.*) en honor de *Huitzilopochtli* (*v.*).

PAPAZTAC. NAHUAS. Es uno de los cuatrocientos conejos o dioses del pulque (*v.*). Se festejaba en el mes de *tepeilhuitl* (*v. huey pachtli*) matando en su honor a un cautivo en el templo de los dioses del pulque, el *centzontotochtininteopan*.

papel. NAHUAS. Un elemento muy importante en el ritual mexica y generalmente relacionado con deidades del agua. Con éste se fabricaban imágenes de los dioses y banderas a las que se manchaba con hule, así como partes de la indumentaria (*v.*) de los dioses y de las imágenes vivientes (*v.*) de éstos o de las víctimas que iban a ser sacrificadas; también se envolvía a los muertos con papel. Se fabricaba con la corteza del árbol de *amate*, papel que se sigue usando en la sierra de Puebla para fabricar muñecos de los dioses, con los que se hacen diversos rituales.

PATÉCATL. NAHUAS. Uno de los dioses del pulque (*v.*). Entre sus insignias figuran el gorro cónico de piel de jaguar y el pectoral de la Huaxteca. Fue el dios que descubrió la manera de fermentar el pulque con una raíz. Se creía que era el jefe de los cuatrocientos conejos o dioses del pulque y su imagen presidía cuando se hacía un juego ritual en el que colocaban una vasija de pulque con doscientos tres popotes de caña, de los cuales solo uno estaba perforado.

Pátzcuaro. "lugar donde se tiñe de negro". TARASCOS. Lago ubicado en la región boscosa de la sierra central michoacana y que prácticamente representó el centro del mundo tarasco, dándole la posibilidad de desarrollar una economía, tecnología y cultura lacustres. En sus islas se asentaron importantes ciudades y centros ceremoniales como Xaráquaro, Pacandan y Janitzio. También recibía este nombre un importante centro ceremonial dedicado a *Curicaueri* (v.) en su advocación de *Chupi-tirípeme*, la principal deidad tarasca del agua. Se fundó sobre las *petátzequa* (v.) o grandes piedras. También estaba dedicado a otras deidades locales como *Patzin-auae* "la tía de los tules", *Zucur-aue* "la que brota en el fondo del agua", *Quahuen, Camexan* "el que entra presto en el agua" y *Cuiristucupacha* "el dios pato". Todas estas deidades reflejan elementos acuáticos propios del Lago de Pátzcuaro. Asimismo, Pátzcuaro era el nombre que recibía una de las regiones de los muertos, en donde gobernaba *Chupi-Tirípeme*, y al que iban a disfrutar los muertos por ahogamiento. Equivalía al *tlalocan* (v.) de los mexica (v. inframundo). Mitológicamente, el Lago de Pátzcuaro era la entrada a este inframundo.

PAUAHTUN. MAYAS. Uno de los dioses viejos, también llamado el dios *N*. Siempre se le representa saliendo de un caracol (v.) o de una tortuga (v.) mismos que usa como adorno. También puede aparecer de cuerpo entero, con parte de un caracol como pectoral y un pañuelo en su cabeza. Sus orejas son con frecuencia como las de los reptiles, o bien como el signo *kan* (v.) con el número siete; en una tercera representación es el sostenedor de la Tierra, va cubierto de nenúfares y lleva una red en la cabeza y signos de *cauac* (v.) en el cuerpo. En una forma más joven y bien parecida es el *bacab* (v.), el sostenedor del cielo. En la representación del viejo *Pauahtun* se traslapa con los monos escribas y parece haber sido el dios de la escritura y del arte.

pax. MAYAS. Decimosexto mes de los dieciocho signos del *haab* (v.) o ciclo de 365 días. Su patrono es un dios felino. Se

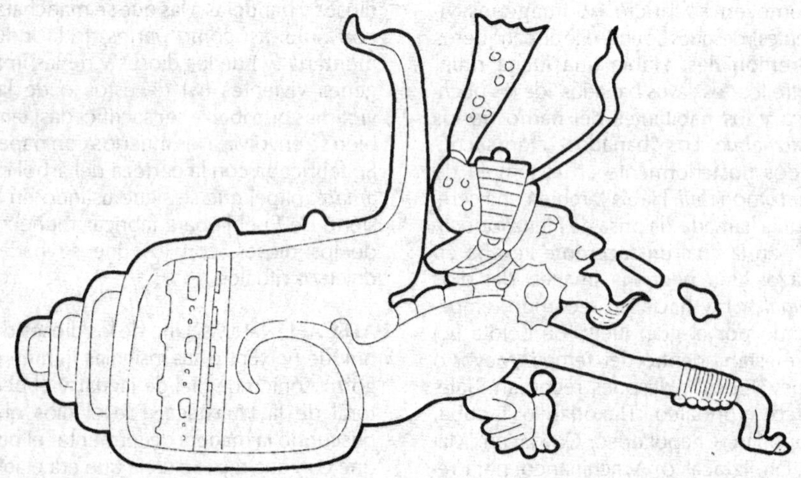

PAUAHTUN saliendo de un caracol (Dibujo de un vaso cilíndrico, The Art Museum, Princeton University).

celebraba la fiesta de la guerra y de los guerreros (*v. pacumchac*) en honor del dios *Cit-Chac-Coh* (*v.*), en la que se efectuaba el baile *holkanakot*.

pedernal. NAHUAS. *técpatl*. Cuchillo de los sacrificios que tenía un carácter sagrado. Se dice que la diosa *Citlalicue* (*v.*) o "falda de estrellas" dio a luz un pedernal del que nacieron todos los dioses.

PEHUAME. "parturienta". TARASCOS. Era una de las advocaciones de la Luna (*v.*) o *Cuerauáperi* (*v.*). Es la deidad del parto y esposa del Sol (*v.*) poniente *Querenda-angápeti* (*v.*), por lo que se le tenía como la Luna Madre. Era, además, abogada de las parturientas y gobernadora de los *hurínguequa*, baños de vapor utilizados especialmente por aquéllas (*v. temazcal*). Su principal centro de culto se localizaba en Tzacapu.

PAUAHTUN (Tomado de Linda Schele y Ellen Miller, The Blood of kings).

Tiene fuertes paralelismos con la diosa *Toci* (*v.*) "nuestra abuela" de los mexica.

perro. (Canis familiaris). NAHUAS. *itzcuintli*. Es el decimocuarto signo del ciclo de 260 días o *tonalpohualli* (*v.* calendario). Este animal tenía gran importancia en Mesoamérica, pues era el único mamífero domesticado, que además de compañía servía como alimento. Se creía que ayudaba a el alma del difunto a cruzar el río del inframundo (*v.*), por lo que enterraban a los muertos con un perro bermejo al que habían matado enterrándole una flecha en la garganta y después habían incinerado. Todavía en algunos pueblos, como en Mixquic, se sigue colocando, como parte de la ofrenda de muertos, la imagen de un perro. También eran sacrificados y ofrendados perros a los dioses en determinadas ceremonias. Hay varias leyendas de origen, como la de los chichimecas, en las que una perra cohabita con un hombre y de ahí se inicia una tribu. // MAYAS. Se creía que ayudaba al alma del muerto en su camino al inframundo y se han encontrado restos de estos animales en entierros de la ciudad de Kaminaljuyú. Uno de los veinte signos del *tzolkin* (*v.*) estaba dedicado al *oc* o "perro del inframundo", así como al mes *xul* "perro", uno de los dieciocho signos del *haab* (*v.*), el cual se cree que estaba dedicado a un posible dios perro. Actualmente varios grupos mayenses, lacandones y tzeltales creen que los perros ayudan a el alma a cruzar el río que lleva a la tierra de los muertos. // TARASCOS. *Uitzimengari* (*v.*) era un dios perro que ayudaba a los ahogados para llegar a *Pátzcuaro* (*v.*), la región de los muertos.

pescadores. MAYAS. Celebraban su fiesta el día *8 zip*, empezando con autosacrificios (*v.*) de sangre, con la cual untaban los instrumentos de pesca y después se dirigían a la orilla del mar a pescar. *Kak Ne Xoe* "tiburón cola de fuego" era uno de sus dioses. // ZAPOTECOS. (*v. Nohuichana*).

Petámuti. TARASCOS. Sacerdote relator, que contaba a la gente reunida en los patios las historias de los dioses y del pueblo tarasco.

petátzequa. TARASCOS. Nombre que recibían cuatro grandes piedras sobre las que se fundó la ciudad de Pátzcuaro (*v.*) y que representaban a los ancestros totémicos de los tarascos (*v.* linajes). Se pensaba que las piedras eran regalos que el dios del inframundo (*v.*) enviaba a los hombres y también representaban a los *Tiripemencha* (*v.*). Estas piedras personificaban a los dioses *Zirita-Cherengue*, *Uacúsecha*, *Tingarata* y *Miequa-ageva*.

peyote. (Lophophora williamsii). Cacto que crece en la parte central de México y que al ingerirse quita fatiga, hambre y produce visiones de colores. En tiempos prehispánicos era usado con fines rituales y en la actualidad los grupos del occidente de México y del suroeste de los Estados Unidos lo deifican y utilizan también con fines rituales. // HUICHOLES. *híkuri*. Forma una trilogía indisoluble con el maíz (*v.*) y el venado (*v.*). Se cree que es necesario obtenerlo cada año para garantizar que no haya sequía en la región. Por el mes de octubre se hace la peregrinación que reproduce la primera que dirigió el dios del fuego (*v.*) *Tatéwari*, hacia el país sagrado de *Wirikuta*, cerca de Real de Catorce en San Luis Potosí. El jefe de los peyoteros toma el lugar del dios, de la misma manera como los demás participantes asumen la personalidad de los antecesores deificados (*v.* antepasados) que fueron con *Tatéwari* a *Wirikuta* para "encontrar vida". Esta peregrinación implica una serie de abstenciones (*v.* abstinencia): sexuales, de comer sal y de alimento (*v.* ayuno), en general. Se flecha el primer bulbo de peyote que se encuentra, cruzándolo sin lastimarlo, y se corta de tal manera que vuelva a retoñar. El peyote y el venado encarnan al maíz, por lo que al regresar de la peregrinación del peyote, deben cazar suficientes venados, secar su carne para la fiesta del peyote y preparar la tierra del campo comunitario para la siembra del maíz nuevo que se utilizará posteriormente. Después da inicio la fiesta del maíz tostado. Los bulbos del peyote se conservan en grandes collares en forma de cuentas. El día de la fiesta los muelen mezclándolo con agua y se ofrece como brebaje a los asistentes.

PICHANATO. ZAPOTECOS. Una de las advocaciones de *Lira Guedxe* (*v.*) como dios de los partos y de las enfermedades.

piedra de los sacrificios. *téchcatl*. NAHUAS Y MAYAS. Era uno de los elementos indispensables en la mayor parte de los templos mesoamericanos y se encontraba casi siempre en la parte superior del basamento piramidal, frente al *sancta sanctorum* del dios. Su forma variaba un poco, sobre todo entre los grupos nahuas y los mayenses; entre los primeros medía de sesenta a cien centímetros de altura y entre los segundos podía tener solamente treinta. Su fin principal era tensar el pecho de la víctima para facilitar la extracción del corazón (*v.* templos). // TARASCOS. (*v. iyapáraqua*).

PILTZINTECUHTLI. "niñito noble". NAHUAS. Hijo de *Oxomoco* (*v.*) y *Cipactonal* (*v.*) al que le hicieron una compañera de uno de los cabellos de *Xochiquetzal* (*v.*).

PITAO COZOBI, BETAO YOZOBI o **LOZUCUI.** ZAPOTECOS. Es una de las personificaciones del Sol (*v.*) o *Copijcha* (*v.*), como dios del maíz, la agricultura y los mantenimientos, por lo que está muy relacionada con el rayo o *Cocijo* (*v.*). Se le presentaban ofrendas al principio de las cosechas, principalmente, y sus representaciones constan de pectoral o tocado con mazorcas. Se le relacionaba con el tlacuache (*v.*) o zarigüeya, el murciélago y la tortuga. Su rumbo era el Oeste (*v.*) y su color asociado era el blanco.

PITAO PECELAO, LERAA HUILA, LETA AHUILA, LIRA HUILA o **COQUI-BEZELAO.** ZAPOTECOS. Deidad de la muerte y del inframundo (*v.*) conocida por su glifo como "Trece Mono", y representada por la calavera, el murciélago (*v.*) y el tecolote (*v.* lechuza). Era abogado de la grana, pues intervenía en el cultivo de las nopaleras y también tenía relación con la riqueza y las suertes. Se le hacían ofrendas en caso de enfermedades o fallecimientos o para contrarrestar los pronósticos o agüeros de muerte (*v.*) o enfermedad (*v.*). Con *Xonaxi Quecuya* (*v.*) formaba la pareja de dioses de la muerte, tan venerada en la ciudad de Mitla (*v.*).

PITAO PEZE, PITAO QUIYE, PITAO YAGUE o **COQUELA.** ZAPOTECOS. Es una de las personificaciones del Sol (*v.*) o *Copijcha* (*v.*), como deidad de la fortuna, del éxito en el comercio, del viento, del cielo y los viajes dichosos, por lo que se le daba el título de "El Señor de la Riqueza". Su rumbo era el Este (*v.*) y su color asociado el anaranjado. Era símbolo de la resurrección y estaba representado con boca de cocodrilo o de serpiente (*v.*). Formaba pareja con *Pitao Zig* (*v.*) "El Señor de las Miserias".

PITAO ZIG, PITAO ZIJ, PITAO YAA, PITAO TEE, LEXEE o **COQUIETA.** ZAPOTECOS. Es una de las personificaciones del Sol (*v.*) o *Copijcha* (*v.*), pero como dios de las miserias, las pérdidas, las desven-

Cacería del peyote y del venado (Tabla votiva huichola).

PITAO PECELAO (Zaachila, Oaxaca).

turas y de la providencia. Tenía relación con el inframundo (*v.*), la muerte (*v.*), el lugar de los muertos, el murciélago (*v.*) y el tecolote (*v.* lechuza). Era el abogado de las desdichas, de los ladrones, los brujos, los sueños (*v.*) y los temblores, por lo que se le daba el título de "El Señor de las Miserias". También se le conocía como Corazón del Monte, el dios Tigre y dios de la Tierra. Su rumbo era el Norte (*v.*), su color asociado el negro y simbolizaba la resurrección. Formaba pareja con *Pitao Peze* (*v.*) "El Señor de la Riqueza".

piye. "tiempo". ZAPOTECOS. Calendario (*v.*) ritual de 260 días, con fines religiosos, adivinatorios y ceremoniales, equivalente al *tonalpohualli* (*v.*) de los nahuas, dividido en cuatro periodos de sesenta y cinco días llamados *cocijo,* los que a su vez se subdividían en cinco partes de trece días llamadas *cocij.* Lo presidía *Cocijo* (*v.*) y su manejo estuvo a cargo de sacerdotes especializados llamados *huebee pijze.*

plumas. Las plumas de las aves tenían gran valor como adorno tanto de los dioses como de los hombres; en el caso de estos últimos su uso estaba restringido a las clases altas y a los guerreros sobresalientes. Cada deidad era decorada con plumas de diferentes aves, ya que cada una de éstas tenía connotaciones simbólicas propias. Por ejemplo, las plumas del águila (*v.*) las usaban las deidades guerreras; las del ave llamada *xiuhtótotl*, las deidades de carácter cálido como el Sol (*v.*) o el fuego (*v.*) y las plumas verdes eran características de las deidades del agua. Algunos grupos, entre ellos los mixtecos, las presentaban como ofrenda a los dioses, y los huicholes continúan dándoles importante carácter ritual. Entre los nahuas, los *amanteca* (*v.*) eran trabajadores especializados en el arte de la plumería.

pochteca. comerciantes. NAHUAS. Era un *calpulli* o linaje (*v.*) de comerciantes que viajaban con sus mercadurías por todo lo que se considera como Mesoamérica, tenían una factoría en Xicalanco, en Tabasco. Ocupaban un lugar muy importante en la sociedad mexica. Era un grupo que el rey apreciaba mucho. Al mismo tiempo que compraban y vendían mercancías por todos los pueblos que estaban en la orilla del mar, aprendían las lenguas extranjeras y actuaban como espías, averiguando dónde había plumas (*v.*), piedras preciosas, oro y vasijas finas. Su dios patrono era *Yacatecuhtli* (*v.*), que tenía un *calmécac* (*v.*), su templo el *Yacatecuhtliiteopan* y un *tzompantli* (*v.*) propios y sus sacerdotes vivían en el *pochtlán.* Cuando consideraban que un mercader era lo suficientemente rico y que había acumulado muchos bienes, hacían una gran fiesta en la que ofrecían un banquete y se sacrificaba a *Huitzilopochtli* varios "esclavos bañados" (*v.* bañados), en el mes de *panquetzaliztli* (*v.*). Se creía que los *pochteca* que morían durante sus viajes comerciales iban también al paraíso del Sol (*v.*), y reverenciaban, como símbolo de *Yacatecuhtli*, a su bastón de caminante.

pop. "estera". MAYAS. Primer mes de los dieciocho signos del *haab* (*v.*) o ciclo de

365 días; su dios patrono era el jaguar y se le asociaba al número 7. En este mes se celebraba el año nuevo y se hacía limpieza y renovación general de objetos y muebles.

Popocatépetl. *Popocatzin.* "cerro que humea". NAHUAS. Considerado como el cerro principal y como tal era reverenciado, sobre todo por los que vivían en sus faldas. Su fiesta más importante se celebraba en el mes de *tepeilhuitl*, también llamado *huey pachtli* (v.).

Popol Vuh. MAYAS. Obra escrita en lengua quiché, alrededor de 1550-1555, procede de Santa Cruz del Quiché, Guatemala. Aunque descubierta bastante tardíamente, parece contener un mito primordial y de orígenes muy antiguo en la cosmovisión maya. Está dividido en cuatro partes: en la primera los dioses se reúnen y tratan de crear al hombre tres veces sin éxito. En la segunda y tercera partes se relata la historia de los héroes gemelos *Hunahpú* (v.) y *Xbalanqué* (v.) de la siguiente manera: *Ixpicayo e Ixmucané* tuvieron dos hijos varones, y uno de ellos, a su vez, tuvo otros gemelos de nombre *Hun Hunahpú* (v.) y *Vucub Hunahpú* (v.). El primero tomó por mujer a *Ixbaquiyab*, con la que tuvo también gemelos, a los que llamaron *Hunbatz* y *Hunchouen. Hun Hunahpú* y su hermano se pasaban el tiempo jugando y hacían mucho ruido, lo que molestó a los señores de *Xibalbá* (v.), o sea el inframundo. Estos señores enviaron a varios búhos (v. lechuza) que invitaran a los hermanos a jugar la pelota (v. juego de pelota) con ellos; después los hicieron pasar por varias pruebas hasta que los vencieron y finalmente los ejecutaron. Los cuerpos de los gemelos fueron despedazados y enterrados, excepto la cabeza de *Hun Hunahpú*, que fue colgada de un árbol de jícaras que nunca había dado frutos y que desde ese momento se cubrió de ellos. Entonces, la joven *Ixquic* (v.) "la de la sangre", hija de *Cuchumatic* (v.) "el que causa los derrames de sangre", uno de los señores del inframundo, al ver el milagro intentó cortar una jícara, pero la cabeza de *Hun Hunahpú*, que estaba entre las ramas, le habló y le escupió en la mano. Al hacer esto, con su saliva le dio su descendencia; cuando se hizo notorio el embarazo de *Ixquic*, su padre ordenó a los búhos que dieran muerte a su hija, pero éstos tuvieron lástima de ella y llevaron al padre un corazón formado con la savia de un árbol. *Ixquic* subió al mundo terrestre y ahí vivió con su suegra donde dio a luz a los gemelos *Hunahpú* y *Xbalanqué, éstos también se volvieron adictos al juego de pelota, por lo que fueron* llamados por los señores de *Xibalbá*, quienes los sometieron a varias pruebas, como a sus antepasados, pero esta vez los gemelos vencen a los señores del inframundo, los castigan y se convierten luego en el Sol (v.) y en la Luna (v.).

Popozohualtépetl. "monte espumoso" o **Chichinauhia**. NAHUAS. En este lugar los dioses *Mayáhuel* (v.) y otros inventaron la elaboración del pulque (v.).

portadores de año. (v. cargadores de año).

Posclásico. (de 900 d.C. a la caída de Tenochtitlan en 1521). Este horizonte cultural se subdivide en Posclásico temprano (900-1200), durante el cual se desarrolló la cultura de los toltecas, y en el Posclásico tardío (1200-1521), que marca el ascenso de los mexicas (v.). El horizonte Posclásico se caracteriza por la constante inestabilidad política y por la aparición de nuevas formas y símbolos religiosos, con un carácter más militarista. Durante el comienzo de este periodo, los toltecas, seguramente hablantes del náhuatl, lograron una importante expansión en la parte septentrional de Mesoamérica aunque también se vieron constantemente amenazados desde el norte, por los embates chichimecas (v.). Éstos a su vez aportaron elementos míticos y religiosos a los mexicas del altiplano central, que se convierten, a partir del siglo XIV, en el grupo más poderoso. Los mexicas lograron ampliar sus dominios e influyeron en gran parte del área mesoamericana, por lo que ya en el siglo XVI son considerados el grupo hegemónico. Es precisamente de este horizonte cultural del que más información se tiene, debido a que termina con la conquista de los españoles de las tierras mesoamericanas y por lo tanto, se cuenta con gran cantidad de escritos que dejaron los misioneros y conquistadores sobre las culturas sometidas. Los sitios más importantes de esta etapa son: Tula-Xicocotitlan, Cholula y Tenochtitlan en el área del altiplano central; Chichén Itzá y Uxmal en el área maya; Mitla, Monte Albán y Yagul en el área de Oaxaca y Tzintzuntzan, Pátzcuaro e Ihuatzio en el Occidente.

POXLOM o **POZLON.** MAYAS TZELTALES TZOTZILES. Era uno de los dioses de las enfermedades, que aparecía en forma de bola de fuego o en lo alto del cielo como una estrella. Los tzotziles siguen creyendo que es una manifestación de las potencias del mal, sobre todo de la enfermedad, pues se come a las almas; las bolas de fuego siguen siendo una de sus manifestaciones.

Preclásico o **formativo.** Abarca de: alrededor de 1200 o 900 a.C. a 200 d.C. En este periodo ya se encuentran sociedades con una agricultura más o menos desarrollada, y conjuntos habitacionales con un centro ceremonial importante. Desde este periodo formativo se pueden encontrar rasgos comunes en el área de Mesoamérica y a finales el culto religioso ya está formalmente organizado, mismo que se irá enriqueciendo y tomando sus características propias en las siguientes etapas del desarrollo mesoamericano. Ya hay escritura, numeración (*v.* números) y un calendario (*v.*); seguramente todo este conocimiento estaba en manos de los sacerdotes. En algunos de los centros ceremoniales había templos construidos sobre basamentos, tumbas para los personajes importantes, altares monolíticos, estelas e imágenes de dioses. Tuvo un papel central en este periodo la cultura olmeca (*v.* olmecas), no solamente en un área geográfica específica sino también por los rasgos que aparecen en prácticamente toda el área mesoamericana del Preclásico; entre ellos se podría señalar el tema iconográfico obsesivo del jaguar, en diversas combinaciones: hombre-jaguar, niño-jaguar, jaguar-ave-serpiente y el dragón, antecedente de *Quetzalcóatl* (*v.*). En el altiplano central tienen mucha importancia las figurillas con rasgos llamados olmecoides así como las figurillas femeninas con gruesos muslos, que nos hablan de un fuerte culto a la fertilidad y que simbolizan la analogía entre la mujer y la tierra; se dice que ambos tipos de estatuillas no representaban deidades específicas. En este periodo aparece también el "dios viejo del fuego" o *Huehuetéotl* (*v.*), que fue representado como un anciano encorvado y con arrugas y cuyo culto perduró hasta el Posclásico (*v.*). Los principales centros cívico-religiosos conocidos que surgen durante este periodo son: San Lorenzo, La Venta y Tres Zapotes en la zona olmeca del golfo; Tlapacoya, Tlatilco, Cuicuilco y Copilco en el área del altiplano central; Cuello (incluso anterior al Preclásico) e Izapa en el área maya y Monte Albán en el área de Oaxaca.

procesiones. Las procesiones eran de diversos tipos y ocupaban importante papel en el ceremonial mesoamericano. // NAHUAS. En ocasiones las precedía la imagen viviente (*v.*) de algún dios, ya fuera la futura víctima del sacrificio (*v.*) o bien el sacerdote que lo representaba. También hubo procesiones en las que los sacerdotes iban vestidos con la indumentaria (*v.*) de los dioses.

pucte. MAYAS. Planta de la familia de las combretáceas, relacionadas con los rumbos Este (*v.*) y Sur (*v.*).

pulque. NAHUAS. *octli*. "vino de la tierra". Esta bebida embriagante extraída del maguey, tenía gran importancia en el ritual mexica. Su ingestión sólo estaba permitida a los ancianos; el pueblo la tomaba únicamente en ciertos días del año. La diosa *Mayáhuel* (*v.*) y los *Centzontotochtin* o "cuatrocientos conejos" (*v. Totochtin*), que eran las deidades del pulque, tenían sus templos y sus respectivos sacerdotes. Se dice que *Mayáhuel* fue la que inventó la forma de "agujerear los magueyes" (*v.* maguey), que el primer dios en encontrar las raíces para ayudar a la fermentación del líquido se llamó *Patécatl* (*v.*) y que quienes supieron hacerlo fueron *Tepoztécatl*, *Quetlapanqui*, *Tliloa* y *Papaztac* (*v.*). Todo esto ocurrió en el monte *Chichinauia* o *Popozohualtépetl* (*v.* cerros). Otra leyenda sobre el descubrimiento del pulque dice que durante el reinado de *Tecpancaltzin*, un noble tolteca llamado *Papantzin*, quien tenía una hermosa hija llamada *Xóchitl*, descubrió el pulque y lo envió con ella al rey *Tecpancaltzin*. Éste se enamoró de *Xóchitl* y la hizo su reina. *Quetzalcóatl* (*v.*) fue engañado y embriagado con pulque por *Tezcatlipoca* y *Huitzilopochtli* (*v.*), lo que causó su caída y la de los toltecas. El pulque nuevo o al que se le aumentaba su fuerza lo ofrecían primero al fuego (*v.*) y después a los cuatro rumbos del universo (*v.*), y sólo entonces se podía empezar a beber; estaba permitido tomar sólo cuatro copas de pulque, la quinta ya era borrachera. Los que hacían pulque ofrecían en el mes de *quecholli* (*v.*) dos esclavos, con el nombre de los dioses *Tlamatzíncatl* e *Izquitécatl*, para ser sacrificados.

puntos cardinales. (*v.* rumbos del universo).

puqui-huríngueequa. "el temazcal del jaguar". TARASCOS. Baño de vapor que la diosa *Xarátanga* (*v.*) tenía en su casa del Sur (*v.*).

Q

QHUAV. "venado". MIXTECOS. Dios de los cazadores.

Quahue. TARASCOS. Uno de los sacerdotes de la diosa *Xarátanga* (*v.*) que fue convertido en serpiente por la misma diosa y que dirigió a los *Uatarecha* (*v.*) hasta el cerro de *Tariacaherio* para penetrar en la tierra. De ahí que este lugar se conociera como *Quahueinchatzéquaro* "donde *Quahue* entró en la tierra".

quecholli. "flamenco". NAHUAS. Decimocuarto mes del calendario, que corresponde al mes de noviembre. Se celebraban principalmente los dioses de la caza (*v.*) y los de las tribus chichimecas, a *Mixcóatl-Tlamatzíncatl* (*v.*), *Coatlicue* (*v.*), *Izquitécatl*, *Yoztlamiyáual* y a los *Huitznahua* (*v.*) y sacrificaban imágenes vivientes de todos estos dioses. El sacerdote que representaba al dios *Mixcóatl* (*v.*) ayunaba durante un año y luego presidía una cacería ritual en la que participaban, además de los mexicas, los de Cuauhtitlán, Coyoacan y Cuauhnahuac; después, se sacrificaba a varios cautivos seguidos de las imágenes viventes de los dioses *Mixcóatl* y *Coatlicue*. Los principales ritos se llevaban a cabo en el *Mixcoateopan*, el *Coatlán* (*v.*) y el *Tlamatzinco*. Los hombres manufacturaban en forma colectiva flechas que ofrecían a *Huitzilopochtli* (*v.*) y flechas pequeñas en honor de los muertos en la guerra.

QUERENDA-ANGÁPETI. "la peña que está en el templo". TARASCOS. Deidad que representa al Sol (*v.*), dueño de cinco casas conocidas como "las casas del Sol". Una se localizaba en el Sur (*v.*) y en ella alojaba a sus mujeres y guardaba su vino y sus atabales, por lo que a *Querenda-angápeti* se le conocía en esta casa también como *Tarés-úpeme* (*v.*) "el anciano engendrador" o dios de los borrachos (*v.* pulque). Otra casa en el Poniente, y otra en el Norte (*v.*) donde se encuentran los dioses primigeneos. Otra se localizaba en el infierno o inframundo (*v.*) y la última se encontraba a mitad del cielo. En la región de Tzacapu "donde está la piedra", *Curicaueri* (*v.*) era reverenciado con el nombre de *Querenda-angápeti*: tal vez esto tenga relación con el hecho de que los tarascos se consideraban, en una especie de origen totémico (*v.* linaje) descendientes de grandes rocas.

quetzal. (Pharomacros mocinno). Se consideraba el ave preciosa por excelencia. Sus plumas (*v.*) verdes eran muy preciadas y entre los mexicas se asociaba, sobre todo, a los dioses del agua. La palabra *quetzal* se utilizaba como nombre genérico para designar a las plumas preciosas, como en el nombre de *Quetzalcóatl* (*v.*), "serpiente de plumas preciosas", y *Xochiquetzal* (*v.*), "flor de plumas preciosas". Esta ave era también la acompañante de *Tlahuizcalpantecuhtli* (*v.*) como el duodécimo *tonalteuhctin* (*v.*).

Quetzalcóatl. "serpiente quetzal" o "serpiente de plumas preciosas". NAHUAS. Es una deidad de la fertilidad que aparece desde tiempos muy antiguos en prácticamente toda Mesoamérica; se le representaba precisamente como una serpiente o un dragón con plumas. Al personaje héroe cultural introducido al área maya por los toltecas desde el altiplano central de México se le conoce con el nombre de *Kukulkán* (*v.*), *Gucumatz* (*v.*) y *Votan*. También era dios del viento, bajo esta advocación era conocido como *Ehécatl*, "viento", y del planeta Venus (*v.*), y entonces era conocido como *Tlahuizcalpantecuhtli* (*v.*) "Señor de la casa del alba" y era asimismo el gran penitente y patrono de los sacerdotes. Los mexicas, lo representaban de diversas maneras, de acuerdo con sus advocaciones. Como *Quetzalcóatl* antropomorfo, llevaba generalmente la "máscara del viento" (especie de trompa o pico de ave), y en la cabeza un sombrero de piel de tigre en forma de cono. Muy característico de este dios es su pectoral, el *ehelaicacózcatl*, "collar del viento", con forma de un caracol recortado; esta misma insignia puede aparecer en el escudo que lleva en la mano, mientras que en la otra porta un instrumento con asociaciones estelares. *Tlahuizcalpantecuhtli*, generalmente no lleva máscara y su cara está pintada con el *quincunx*, cinco círculos, asociados precisamente con el planeta Venus. Su pelo es rojo y el cuerpo está pintado de rayas blancas y rojas; simbólicamente se le representaba con su signo calendárico que era *1 ácatl* o "1 caña". Además de *Tezcatlipoca* (v.), *Huitzilopochtli* (v.) y *Camaxtle* (v.), era uno de los cuatro hijos de la pareja creadora, quienes jugaron un importante papel en la creación. Según dice un mito, los dioses creadores hicieron medio Sol que era *Quetzalcóatl*; en otro mito este dios y *Tezcatlipoca* crearon el cielo, la Tierra y la Vía Láctea y se convirtieron en soles de algunas de las cuatro edades cosmogónicas. Ambos, también, fueron quienes separaron el cielo de la tierra, convirtiéndose ellos mismos en los árboles (v.) que sostienen el cielo; en este caso reciben el nombre de *Quetzalhuexotl* y *Tezcacahuitl*, respectivamente. *Quetzalcóatl* bajó al inframundo y engañando a *Mictlantecuhtli* (v.), el dios de la muerte, creó de los huesos de los muertos mezclados con su semen, a la nueva humanidad; también de su semen nació el murciélago que mordió a *Xochiquetzal* (v.). Asimismo *Quetzalcóatl* ayudó a obtener el maíz para los hombres recién creados al averiguar de dónde sacaban las hormigas rojas el maíz desgranado que llevaban cargando a su hormiguero. Al principio las hormigas se negaron a revelarle el lugar, pero al fin le informaron que el maíz estaba dentro del *Tonacatépetl*, "el cerro de nuestra carne"; después correspondió a *Nanáhuatl* (v.) romper el cerro a palos y a los *tlaloques* (v.) recoger los granos de maíz de los cuatro colores, el amaranto y la chía. Según otro mito, por medio de *Quetzalcóatl* se obtuvo el maguey (v.), cuando el dios subió al cielo y trajo a la diosa *Mayahuel* (v.), la que posteriormente se convirtió en la planta del maguey. Se dice que *Quetzalcóatl* nació de *Chimalma*, la que fue embarazada, según una versión del mito, por *Mixcóatl-Camaxtle* y por otra versión de manera milagrosa, y que su madre murió cuando nació el niño. *Quetzalcóatl* era el preferido de su padre, por lo que sus hermanos lo odiaban e intentaron matarlo en varias ocasiones, de las que él se salvaba siempre; al fin, enojados, los hermanos mataron al padre, pero *Quetzalcóatl* se vengó dándoles muerte. Como héroe cultural es considerado el rey sacerdote, sabio por excelencia, asceta, dedicado a orar a los dioses, a los que ofrendaba sacrificios incruentos, buscando la prosperidad de su pueblo. Durante su época,

QUETZALCÓATL (*Códice Matritense*).

la gran Tula, la ciudad mítica, vivió en esplendor. Pero llegó *Tezcatlipoca* quien con *Tlacahuepan* y *Huitzilopochtli* lograron engañar con artimañas a *Quetzalcóatl*, al que embriagaron con pulque y lo obligaron a pecar y a cometer incesto con su hermana *Quetzalpétlatl*; entonces, lleno de vergüenza, *Quetzalcóatl* huye hacia el Oriente, dejando una serie de señales en el camino. El próspero imperio de Tula desaparece, y *Quetzalcóatl*, al llegar a *Tlillan tlapallan*, "el lugar del rojo y del negro", se incinera en una hoguera, apareciendo a los nueve días en el cielo oriental, ya convertido en estrella matutina. Antes de arrojarse a la hoguera advierte que volverá, y de ahí surge la profecía que tienen presente los mexicas cuando llegan los españoles a sus dominios y que los lleva a considerarlos como los descendientes de este *Quetzalcóatl*, del que también decía el mito que había sido blanco y barbado. Como deidad del planeta Venus, *Quetzalcóatl Tlahuizcalpantecuhtli*, es muy importante en toda la cosmovisión mesoamericana y como tal aparece con mucha frecuencia en todos los códices de tipo augural, que representan el calendario de 260 días conocido como el *tonalpohualli*, o "cuenta de los días"; incluso, se le considera patrono de este calendario. Se dice que en el centro ceremonial de Tenochtitlan había un templo redondo dedicado a *Quetzalcóatl* y también había una columna dedicada específicamente a *Tlahuizcalpan-tecuhtli*, en donde se llevaban a cabo ritos cada vez que aparecía "Venus matutino". Asimismo, se le dedicó el *calmécac* o la casa en donde los jóvenes "nobles" se preparaban no sólo para la guerra sino también en la escritura, en la observación de los astros y en otras áreas del conocimiento. Los dos principales sacerdotes mexicas llevaban el nombre de *Quetzalcóatl*. El calendario solar mexica no consideraba muchas ceremonias en su honor, pero en la ciudad de Cholula, el templo y la ceremonia más importante estaban dedicadas a esta deidad.

quiahuitl. "lluvia". NAHUAS. Es el decimonono signo del ciclo de 260 días o *tonalpohualli*, correspondiente al *cauac* (v.) maya y su jeroglífico está formado por la cabeza de *Tláloc* (v.). Está regido por *Tonatiuh* (v.), el dios del Sol (v.). El día *1 quiahuitl* era de mala ventura, pues descendían las *cihuateteo* (v.) y causaban enfermedades a los niños, por lo que había que hacerles ofrendas. En este día se ejecutaba a los condenados a muerte. Los nacidos en esta fecha serían brujos que serían despreciados y acabarían mal porque se convertirían en *nahuales* (v. *nahual*) y harían maldades a la gente.

R

rana. (Rhynophrynis dorsalis). NAHUAS. La rana era un animal asociado a los dioses del agua y es muy probable que el mismo *Tláloc* (*v.*) represente a este animal. Los toltecas le dedicaron un templo y la consideraban diosa del agua. Las ranas anunciaban la época de las lluvias y en ciertas fiestas mexicas las asaban y vestían para ofrendarlas a los dioses. En la fiesta de *atamalcualiztli*, los llamados mazatecas tragaban ranas y culebras vivas. // MAYAS. Los mayas las asociaban a los *chacs* (v), y en la fiesta del *ch' achac* (*v.*) unos niños las personificaban.

"rayamiento". *tlauauaniliztli*. NAHUAS. Este rito que es conocido como sacrificio gladiatorio (*v.*), consistía en que un cautivo, de los más distinguidos por su valor, tenía que pelear con cada uno de cuatro de los más valientes guerreros mexicas perfectamente armados; en su lucha utilizaba armas de utilería y estaba atado de un tobillo o de la cintura a una gran piedra llamada *temalácatl*. Se consideraba la señal para que se le sacrificara el momento en que el cautivo era "tocado" o "rayado" por alguno de sus oponentes. Este rito se efectuaba sobre todo en la fiesta de *tlacaxipehualiztli* (*v.*).

religión estatal y religión campesina. La religión estatal era manejada por el Estado y sus representantes. Había un sacerdocio organizado muy relacionado con los gobernantes. Fueron estos dirigentes y sacerdotes quienes construyeron los grandes centros ceremoniales y los que organizaban las imponentes ceremonias religosas. Estos aspectos oficiales de la religión fueron los que se perdieron con la conquista, quedando solamente la religión menos compleja de los campesinos que a su vez se combinó con muchos elementos de la religión cristiana. Por ejemplo, 20 años después de la conquista por los españoles, los mayas habían adoptado el uso de las velas y agregado la crucifixión a sus diversas formas de sacrificio. Sin embargo, todavía continúan creyendo que todo lo que los rodea tiene vida y se pide perdón a la tierra por "desfigurarla", a los árboles por cortarlos y a los venados por matarlos.

Ritual de los Bacabes. MAYAS. Sesenta y ocho textos sobre conjuros, plegarias y recetas médicas escritos en maya yucateco, con caracteres latinos y en lenguaje simbólico. El original fue escrito a fines del siglo XVI en Nankiní.

rumbos del universo. Los rumbos del universo no son los puntos cardinales, sino los lados de un rectángulo hipotético, que convergen en los cuatro puntos solsticiales y que se complementan con un centro o eje que atraviesa el plano terrestre del cielo al inframundo (*v.*), tienen gran importancia en la cosmovisión mesoamericana. Cada sector está asociado con un signo calendárico, con un color y con uno o varios árboles, y dioses. En cada esquina del universo se encuentra un "sostenedor" del cielo que recibe diferentes nombres; entre los nahuas, *Tezcatlipoca* (*v.*) y *Quetzalcóatl* (*v.*) mismos sostienen el cielo. Los signos del *tonalpohualli* (*v.*) son el *ácatl* (*v.*) o "caña" que corresponde al Este (*v.*), el *técpatl* (*v.*) o "pedernal" al Norte (*v.*), el *calli* (*v.*) o "casa" al Oeste (*v.*) y el *tochtli* o "conejo" al Sur (*v.*). // MAYAS. Entre los mayas son los cuatro *bacabs* los que sostienen el cielo; se les asociaba también cuatro de los portadores de año (*v.*), cuatro dioses del agua y cuatro dioses de los vientos (v). La región o la franja que comprende el eje Este-Oeste es la más importante, ya que es el camino del Sol (*v. chacs*). En

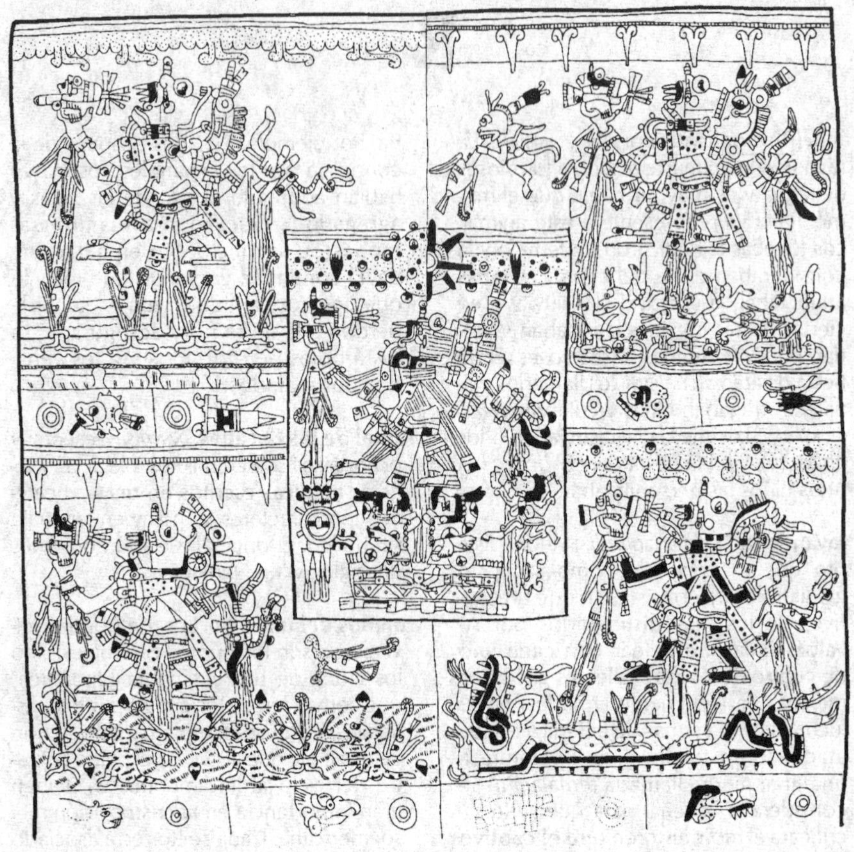

Rumbos del universo (Códice Borgia).

el *Chilam Balam de Chumayel* (v. *chilam*) los rumbos están relacionados con los siguientes elementos: al Este le correspondía la ceiba, el pedernal, el zapote, el bejuco, el pucté y el pavo rojos y la deidad *Ah Chak Musenkab* y el signo *kan*; al Norte la ceiba, el pedernal, los ibes, el maíz blanco, la deidad *Sak Musenkab* y el signo *muluc*; al Oeste, el pedernal, el maíz, el camote, los pavos, los frijoles, los ibes negros y el signo *ix: al Sur, el pedernal, el pucté, los guajolotes y los frijoles amarillos y el signo cauac.*

S

sacerdotes. NAHUAS. El complejo ritual mexica requería de gran número de sacerdotes, ya que la relación con lo sobrenatural requería de conocimientos especializados. Había una estricta jerarquía, así como especialidades, de acuerdo con los ritos y con los dioses. A los dos sacerdotes que ocupaban las posiciones más altas, que se consideraban sucesores de *Quetzalcóatl* (*v.*), se les llamaba *quequetzalcoa*, y sus nombres eran *Quetzalcóatl Tótec Tlamacazque* y *Quetzalcóatl Tláloc Tlamacazque*; estos sacerdotes eran elegidos de acuerdo con sus méritos y estaban dedicados a *Huitzilopochtli* y a *Tláloc*, respectivamente. El *Mexícatl teohuatzin* era el dirigente de los sacerdotes y tenía especial jurisdicción sobre los *calmécac* (*v.*) o lugares de instrucción. Había otros sacerdotes que tenían a su cargo *calmécac* o *calpulli* (*v.*) específicos, como eran el *huitznahua teohuatzin* y el *mixcoahua teohuatzin*. Los encargados de las ceremonias del pulque sagrado en los templos, tomaban el nombre del dios del pulque (*v.*) al cual servían. Algunos de los sacerdotes hacían voto perpetuo de castidad y vivían encerrados en los templos; otros hacían votos de no cortarse ni peinarse el pelo, el cual traían lleno de sangre. Asimismo, otros vivían en sus casas y otros eran sacerdotes guerreros; también había mujeres dedicadas al templo. Los grados más bajos del sacerdocio eran el *tlamacazton*, una especie de "acólito", el *tlamacazque*, como "diácono", y el *tlenamacac*, sacerdote encargado del fuego. Estos tres tipos de sacerdotes vivían en el *calmécac* donde pasaban grandes pruebas y penalidades; Sahagún dice que todos los *tlamacazque* vivían en el *calmécac* y guisaban su propia comida. En la mañana trabajaban la tierra y realizaban otros menesteres; en la tarde se dedicaban al cuidado de los dioses y en la noche iban al campo a dejar las espinas de maguey con las que se habían sangrado (*v.* autosacrificio). Tenían prohibido dormir dos bajo una manta y a las doce de la noche se levantaban a orar y a bañarse en un estanque y luego debían barrer y limpiar el monasterio todos los días a las cuatro de la mañana. Practicaban una serie de ayunos que variaban en duración y hacían voto de abstinencia sexual. Sahagún registró, sólo del grupo mexica, 38 diferentes sacerdotes. // MAYAS. Los mayas del Posclásico (*v.*) tenían también diferentes tipos de sacerdotes con funciones propias. El sumo sacerdote era el *Ahau can mai* "tabaco serpiente de cascabel". Según Thompson *Ah kin mai* era el sumo sacerdote de cada provincia. Estos sacerdotes enseñaban las artes y ciencias de la escritura, observación de los astros, cómputos calendáricos y rituales, a los candidatos al sacerdocio. Muchos de los funcionarios mayores como el *Halach huinic* (*v.*), o menores como el *batab* (*v.*), tenían funciones civiles y religiosas. También existieron, por ejemplo: el *Ah Kin* (*v.*) que era una especie de párroco de pueblo, el *Ah Nakum* (*v.*) que presidía los sacrificios y los *Chacs* (*v.*) que eran sacerdotes menores que detenían los brazos y las piernas de las víctimas del sacrificio (*v.* sacrificio humano). // MIXTECOS. El grupo sacerdotal estaba perfectamente jerarquizado: *dzutu cánu* "sumo sacerdote"; *dzutu sandi dzo ñuhu* "sacerdote"; *ñaha niño* "sacerdote mayor" y el *taysaque* "sacerdote menor", que era el que servía en los templos. También se les conocía por la deidad a la que servían; por ejemplo, *ñaha niñe sa ytna dzahuí* fue, tal vez, el sacerdote mayor de *Dzaui* (*v.*). Entre los nobles gobernantes, el cargo sacerdotal casi siempre fue hereditario, con excepción de algunos *macehuales* que llegaban a ser sacerdotes menores. El sacerdocio se combinó con altas funciones civiles y militares, a pesar de que los sacerdotes estaban siempre subordinados al cacique o al rey, en quienes, por otra parte, influían considerablemente. Las fuentes hablan de cómo los sacerdotes llegaban a amenazar con hambres, guerras y muerte a la población. Gran parte de su fuerza radicaba en interpretar los mensajes de los dioses, a través de los oráculos. La preparación para el sacerdocio comenzaba entre los cinco y siete años, edad a la que ingresaban al templo, y consistía en ayudar en las labores generales, velar, atizar braceros, cuidar puertas, ayudar en los sacrificios, lavar y barrer. Su mantenimiento corría por cuenta del cacique y permanecían un año en el templo en calidad de novicios, para después regresar a sus casas, en donde llevaban una vida normal e incluso se casaban, hasta que eran llamados a ocupar su cargo sacerdotal, el cual era temporal y podía abarcar desde meses de servicio hasta toda la vida, tiempo durante el cual practicaban la castidad, la abstinencia de pulque y el constante ayuno; la violación a estas reglas le daba derecho al cacique para ejecutar al sacerdote. Por otra parte, los caciques pasaban un año de noviciado en el templo, como parte de su preparación para el gobierno, ya que también desempeñaban funciones semisacerdotales. El atuendo de los sacerdotes variaba según su rango y la ocasión; sin embargo, estuvo generalizada la costumbre de traer el cuerpo sahumado de negro. // OTOMÍES. Se les designaba como *yobego* "ministro de los dioses" o *ebego*, en singular. Contaban con escuelas especiales para los sacerdotes, en donde los jóvenes crecían como novicios haciendo penitencia, ayudaban en labores generales del templo, realizaban autosacrificio, ayunaban y tañían el *teponaxtle* en lo alto de los templos. A estos muchachos se les conocía como *ebëgo ebyi nichä* o *antzynbëgo*. En otros templos, los jóvenes eran criados al servicio de algún dios para después salir si querían casarse, o bien convertirse en sacerdotes, en cuyo caso debían practicar la castidad. El más importante, y por lo tanto supremo sacerdote, era conocido como *teutlatoa* "señor que habla o manda", y el sacerdote común era conocido en nahua como *otontlamacazque* "sacerdote otomí"; estos sacerdotes se diferenciaban por el dios al que servían. Era común combinar los cargos civiles con la función sacerdotal. En general, las funciones del sacerdote consistían en llevar a cabo las ceremonias de los meses, en tener a la comunidad al tanto de las fiestas por realizar y también se encargaban de ejecutar el sacrificio humano. // ZAPOTECOS. El sumo sacerdote era el *Huijatao* (*v.*), quien estaba encargado de consultar a los dioses mediante estados de éxtasis, mismos que seguramente lograba con la ayuda de alucinógenos (*v.*). Otro tipo de sacerdotes importantes fueron el *Cope vitoo* (*v.*) y *Huebee pijze* (*v.*): los primeros estaban encargados de ejecutar los sacrificios humanos, y los segundos interpretaban el calendario (*v.*). // TARASCOS. Los sacerdotes de *Curicaueri* (*v.*) eran nombrados genéricamente como *Curiti* o *Curita*, y también se les conocía como *Cura* "abuelo", debido a que eran ancianos. El más importante o de mayor jerarquía era el *Curí-htsit-acha* "el señor que arregla el fuego". Existieron también los sacerdotes *Axamiecha* "enviadores", encargados de ejecutar los sacrificios humanos. Asimismo, los *tarepu* (*v.*) eran los sacerdotes de los *Tiripemencha* (*v.*). // HUICHOLES. Este grupo no tiene un sacerdocio organizado. La mayor parte de los hombres adultos son chamanes que se encargan de la comunicación con lo sobrenatural (*v. marakame*).

sacrificio. El sacrificio, en general, era el rito más importante en Mesoamérica. Se sacrificaba todo tipo de animales, desde sabandijas, codornices, guajolotes, perros, venados, hasta seres humanos, que eran, desde luego, la ofrenda preferida de los dioses. También las personas se autosacrificaban para ofrecer la propia sangre a los seres sobrenaturales (*v.* sacrificio humano, autosacrificio).

sacrificio gladiatorio. NAHUAS. Se conoce con este nombre al rito del "rayamiento" (*v.*), *tlauauaniliztli*, en el cual un guerrero cautivo, que se había distinguido por su valor en el campo de batalla, era amarrado de un tobillo o de la cintura a una gran piedra llamada *temalácatl* y se le obligaba a luchar, en condiciones muy desfavorables, contra cuatro de los más valientes guerreros mexicas; cuando uno de éstos tocaba o "rayaba" al cautivo, éste era inmediatamente sacrificado extrayéndole el corazón. Este rito se practicaba sobre todo en el mes de *tlacaxipehualiztli* (*v.*) (*v.* "rayamiento" y *temalácatl*).

sacrificio humano. NAHUAS. *tlacamictiliztli* "muerte sacrificial". Era el rito más importante a través del cual el hombre ayudaba a la conservación de los dioses y del cosmos, ya que los hombres habían sido creados para servir a los dioses y para alimentarlos. Además de esto, el sacrificio tenía otros fines, entre ellos solicitar el bienestar que da la suficiencia de alimentos, consagrar la construcción de templos y edificios, celebrar la unción de un rey, obtener acompañantes para los muertos, y también tenía fines políticos. Aunque existían muchas formas de realizarlo, tales como degollar o flechar, la forma más común de sacrificio era la extracción del corazón, que llevaban a cabo sacerdotes especializados; se colocaba a la víctima sobre la piedra de los sacrificios (*v. téchcatl*) y mientras cuatro sacerdotes (*v.*) menores le sostenían los brazos y las piernas, y uno más le colocaba una especie de cincho en el cuello (collera) para impedir que alzara la cabeza, un sacerdote principal extraía el corazón con el *técpatl* (*v.*) o cuchillo de pedernal y lo ofrecía a los dioses, generalmente primero al Sol (*v.*), para después depositarlo en una vasija especial llamada *quauhxicalli* "vasija del águila". Las víctimas más comunes eran los cautivos de las guerras. También se sacrificaban esclavos, que podían ser de cualquier edad y sexo que eran convertidos, mediante una purificación y consagración previa, en imágenes vivientes de los dioses (*v.*). Asimismo, el sacrificio de niños era muy del agrado de las deidades del agua (*v. Tláloc* y *tlaloques*). Casi siempre los esclavos que se constituían en imágenes vivientes de los dioses coincidían con la apariencia de éstos; por ejemplo, las diosas eran representadas por mujeres de acuerdo con la edad que se imaginaban tenía la diosa. Antes de efectuar la occisión ritual se realizaban una serie de ritos preparatorios que consistían en danzas (*v.* danza), procesiones (*v.*) y escenificación de batallas, (*v.* "rayamiento"): en ocasiones la víctima era torturada, arrojándola al fuego, o asaeteándola como parte de un ritual previo a su sacrificio. De igual manera, después de efectuado el sacrificio, el cuerpo de la víctima recibía diferentes tratamientos, que generalmente consistían en bajarlo con sumo cuidado del templo o bien arrojarlo desde arriba; la cabeza era

Sacrificio por asamiento (Atlas de Durán).

colocada en el *tzompantli* (v.), se le desollaba y vestían la piel determinadas personas; finalmente el cuerpo podía ser comido o enterrado (v. antropofagia). Aunque los mexicas fueron casi seguramente uno de los pueblos que efectuó mayor cantidad de sacrificios masivos, la práctica del sacrificio se encontraba muy extendida en toda Mesoamérica, con variaciones según las regiones. Posiblemente existió desde periodos bastante tempranos, de acuerdo con los testimonios arqueológicos que se han encontrado. // MAYAS. *p'a chi*, "abrir la boca", término posiblemente asociado a la práctica de untar la boca del ídolo (v. dioses, representaciones y designaciones) con la sangre de la víctima. Se sacrificaban todo tipo de seres humanos casi siempre extrayéndoles el corazón, generalmente guerreros cautivos y niños, estos últimos se dedicaban en especial a los dioses del agua; antes de darles muerte, los cautivos eran torturados con crueldad. En muchas ocasiones los jefes de los estados vencidos permanecían por mucho tiempo prisioneros hasta que se les hacía participar en el juego de pelota (v.) y después eran sacrificados. Aparentemente había una forma de sacrificio en la cual la víctima era atada de pies y manos y echada a rodar como pelota; en la región de la península de Yucatán se practicaba el sacrificio por ahogamiento, que consistía en arrojar a las víctimas a los cenotes sagrados; también se practicó el sacrificio por asaetamiento. // MIXTECOS. Sólo se practicaba en grandes ocasiones o fiestas, o en circunstancias emergentes como las sequías, en las que las víctimas eran niños dedicados a *Dzaui* (v.). El Proceso de Yanhuitlán describe la forma como se realizaba el sacrificio a *Dzaui*: el sacerdote, con la imagen del dios y la víctima, ascendía a la cima del cerro (v.) más alto del lugar, donde colocaba el ídolo o imagen, le hablaba y la sahumaba con copal (v.); después, sacrificaba a su víctima (generalmente un niño en estos casos), a la que sacaba el corazón y lo ofrecía al dios varios días, quemándolo posteriormente y formando con sus cenizas un envoltorio en el que se incluía el ídolo. El sacrificio se acompañaba de diversas ofrendas. Cuando se trataba del culto al Sol, los prisioneros de guerra eran los preferidos. // OTOMÍES. Se practicaba el sacrificio de la red, que consistía en triturar a una persona entre las cuerdas retorcidas de una red para obtener sangre que se derramaba en la tierra; las fuentes indican que la víctima era estrujada a tal grado que entre las cuerdas se salían los huesos de las extremidades. Otra forma era el sacrificio por medio del fuego, que se practicaba en el mes *antangotu* (v.), equivalente al *xócotl huetzi* (v.) de los nahuas y era, posiblemente, de origen tepaneca. Existió también el *amahiyyayay*, que era igual que el *tzompantli* de los nahuas; los guerreros que sacrificaban sus cautivos al "Dios de las batallas" formaban con los huesos de las víctimas un osario propio conocido como *ayonatzyhtama-yo*, también equivalente al *tzompantli*. // TARASCOS. Se sacrificaban por lo general cautivos de guerra, en medio de grandes ceremonias y donde el sacrificado adquiría la personalidad de *Curita-Caheri* (v.), el mensajero celeste

Ceiba que brota del abdomen de un sacrificado (Códice Dresde).

de *Curicaueri* (v.). Se preparaba a las víctimas embriagándolas; antes del sacrificio los *Hatapatiecha* recibían a las víctimas y las empolvaban con harina de maíz, para después llevarlas hasta la *iyapáraqua* (v.) o piedra del sacrificio. Aquí eran sostenidos de manos y pies por los *Hupitiecha* "sostenedores", y el *Axame* (v. *Axamiecha*) "enviador" le extraía el corazón. Posteriormente los *Quiquiecha* se encargaban de colocar las cabezas de los sacrificados en el *eraquaréquaro* (v.), el equivalente al *tzompantli* nahua. Lo que quedaba del cuerpo deificado de la víctima se preparaba con maíz y frijol, para después consumirlo en una especie de comunión.

Sacrificio para el dios CURICAUERI (Relación de Michoacán).

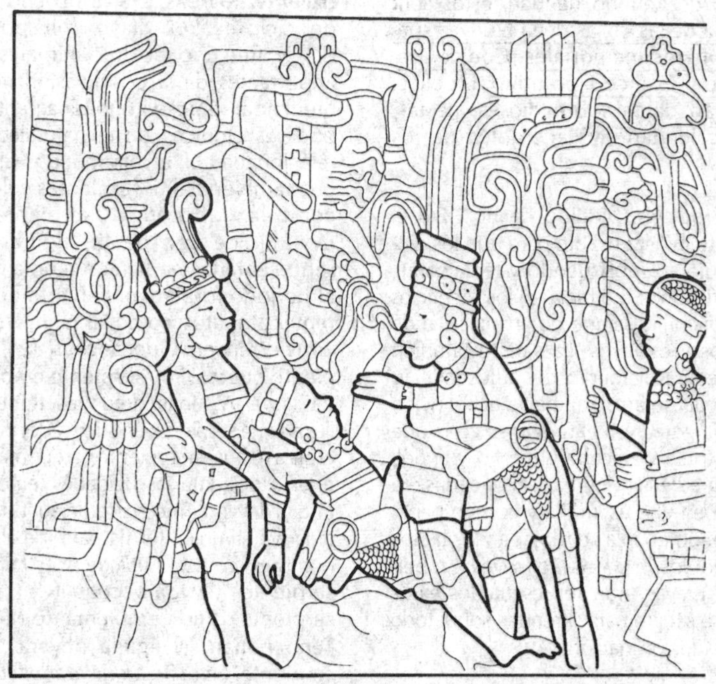

Sacrificio de un jugador de pelota (Tablero del juego de pelota, Tajín, Veracruz).

Sahagún, Fray Bernardino de. Fraile franciscano, que llegó a la Nueva España en 1529. Fue uno de los primeros profesores que tuvo el Colegio de Santa Cruz de Tlatelolco. Por el año de 1558 comienza, en Tepepulco, sus trabajos de recopilación de datos acerca de la historia y religión de los indígenas del altiplano. Viajó por varias regiones del centro y occidente de México, pero fue en Tlatelolco en donde comenzó el ordenamiento y redacción de muchas de sus investigaciones. Su preocupación por indagar acerca de las costumbres idolátricas y religiosas de los indígenas, tuvo como objeto conocer a fondo las creencias autóctonas para poderlas combatir. Entrado en edad, dominó la lengua náhuatl, y sus trabajos se caracterizaron por la obtención de datos directos por medio de informantes indígenas. Dejó los más importantes textos con los que actualmente contamos para el conocimiento del mundo náhuatl, éstos son: Historia de las cosas de la Nueva España, Primeros memoriales, Códice Matritense y Códice Florentino. En ellos, abundan datos sobre dioses, fiestas, ritos, calendario y sacerdotes de los nahuas.

sangre. NAHUAS. "líquido divino". Era el alimento indispensable para que los dioses siguieran subsistiendo y tenía carácter vivificador. Se ofrecía en los sacrificios (*v.* sacrificio) la sangre de animales, la de cautivos y esclavos. La sangre también se obtenía por medio del autosacrificio (*v.*), la cual se arrojaba hacia el Sol (*v.*), o se hacía gotear en el fuego; se creía que con esto se vivificaba al fuego y al Sol. La sangre de las víctimas sacrificadas era llevada en una escudilla y con un papel empapado en ella se mojaban los labios de los ídolos. // MAYAS. Los reyes y gobernantes mayas eran representados extrayéndose sangre para ofrendar, sobre todo en ritos de coronación.

San Lorenzo Tenochtitlan. (1500 a 900 o 700 a.C.). Importante centro ceremonial olmeca localizado en el sur del actual estado de Veracruz. En él se encuentran conjuntos ceremoniales que incluyen basamentos piramidales, patios, altares y tal vez los restos de un juego de pelota (*v.*). La presencia de estelas y cabezas colosales esculpidas en piedra nos habla de la tendencia a registrar acontecimientos y tal vez personajes importantes. Es una constante el tema del jaguar (*v.*), cuyos rasgos aparecen en casi todas las piezas antropomorfas y zoomorfas del lugar.

sapo. (Bufo spp.). NAHUAS. *tamazolin* "tamal viejo". Este animal aparece en representaciones escultóricas mexicas, y parece que está relacionado con el dios *Tláloc* (*v.*). // MAYAS. *bab* "remador". Generalmente confundido con la rana (*v.*), el sapo aparece en los mitos como mensajero de los dioses, quienes lo condenaron a ser comido por las culebras.

serpiente. NAHUAS. Era el noveno signo del ciclo de 260 días o *tonalpohualli* (*v.*), y fue uno de los animales más importantes de la cosmovisión mesoamericana; representó, básicamente, los poderes ctónicos de la naturaleza. Se relacionaba con el inframundo (*v.*), aunque también había serpientes celestes, como la *xiuhcóatl*, o "serpiente preciosa". Fue una de las figuras más representadas en la iconografía desde el periodo formativo, cubierta de diferentes atributos, como las plumas que la convierten en *Quetzalcóatl* (*v.*), "serpiente quetzal" o "serpiente emplumada" (*v.*). Algunas deidades femeninas llevan una serpiente en su tocado, pues en el área nahua, la serpiente parece más bien estar asociada a las deidades femeninas, que la llevan como parte de su indumentaria (*v.*); también forma parte de algunos nombres, como *Coatlicue* (*v.*), "falda de serpientes", y *Cihuacóatl* (*v.*), "mujer serpiente". En el emblema de México-Tenochtitlan, el águila devora a una serpiente. En la fiesta de *atamalcualiztli* los llamados mazatecas se las comían vivas, junto con unas ranas. // MAYAS. En el área maya la serpiente estuvo asociada a los *chicchanes* (v. *chicchán*), deidades acuáticas, y se la ve representada formando parte del cielo o de la tierra. Encarnaba la energía sagrada generadora que da vida al cosmos. La serpiente que simbolizó el cielo entre los mayas era la cascabel de dorso de rombos (Protarus durissus terrificus). En las vasijas funerarias se encuentra frecuentemente representada; gran cantidad de personajes, tanto humanos como animales, parecen jugar o traer una gran serpiente a manera de estola. // TOTONACOS. Se cree que el rayo es una serpiente (5 serpiente), y la lluvia que permite el crecimiento del maíz, por lo que la serpiente, entre los totonacos de la sierra, es el mismo "dueño del maíz" (v. "dueños"). En la actualidad se cree que hay un gran pitón en las milpas, y se le considera de gran utilidad porque se alimenta de roedores; este reptil es "madre de todas las serpientes", patrón de los animales domésticos y también produce oro en grandes cantidades. // HUICHOLES. Se cree que las nubes oscuras y los aguaceros que caen distantes son serpientes emplumadas voladoras de lluvia de diversos colores; también se dice que el agua de lluvia que corre por el suelo, así como los ríos en su camino al mar, son serpientes. El mismo mar y las ondas de agua, el relámpago y el fuego son serpientes; este último, concretamente, es una víbora de cascabel.

serpiente emplumada o **dragón con plumas.** Tuvo gran importancia en toda Mesoamérica y representó los principios de la tierra y del cielo. // NAHUAS. Entre los nahuas se llamó *Quetzalcóatl* (v.). // MAYAS. En el área maya aparece desde fines del periodo Preclásico (v.) y representaba la fertilidad. Con la llegada de grupos nahuas al área maya, a principios del Posclásico (v.), *Quetzalcóatl* se identificó con la serpiente emplumada que ya existía desde mucho tiempo atrás y fue venerado en Chichén Itzá principalmente, con el nombre de *Kukulkán* (v.), que también significa "serpiente emplumada". // OTOMÍES. Entre los otomíes era *Ek'Emaxi*, "serpiente de plumas", también conocida como deidad de las ciencias. Pedro Carrasco plantea que, la relación con las artes y las ciencias, tal vez se deba a que los otomíes adoraron la mitificación del *Quetzalcóatl* (v.) histórico de Tula (v.). También se le tenía como una forma del dios del viento *Edahi* (v.).

SIRA-TATÁPERI. "raíz principal o tronco que hace brotar de sí a los hombres como ramas laterales". TARASCOS. Deidad considerada como el padre de la humanidad. Es el Sol (v.) joven que sale por Oriente y héroe mítico hijo de *Cupantzieeri* (v.). En una ocasión que salió a cazar, una iguana, a cambio de su vida, le reveló que su verdadero padre fue *Cupantzieeri* que había sido sacrificado por *Ahchuri-hirepe* (v.) "la noche que se apresura". *Sira-tatáperi* fue a la casa de la noche y tras vencerla rescató el cadáver de su padre, con el que salió por el Este (v.).

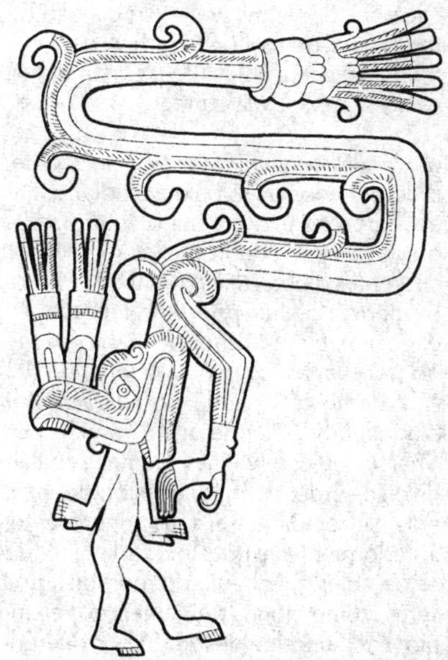

Quetzalcóatl o "serpiente emplumada" (Códice Borgia).

sirena. NAHUAS. En un mito, *Tezcatlipoca* (*v.*) manda al viento a la casa del Sol, más allá del mar, para que busque músicos y se los traiga, indicándole que al llegar a la orilla del mar deberá auxiliarse de los criados del dios, entre los que se encuentra *Acíhuatl*, que es mitad mujer y mitad pez. Esta sirena, junto con la tortuga y la ballena, formaron un puente para que el viento pudiera pasar sobre el mar. Actualmente, este ser mitológico se encuentra entre los tepehuas, nahuas de Guerrero, y en la recién desaparecida cultura lacustre de Tenango, en el estado de México. // MAYAS CHORTÍES. Entre este grupo el *chicchán* (*v.*) hembra es una sirena. // TOTONACOS. La concebían como una deidad con cabeza y torso femeninos y cola de pez, que trata de esconderse en los pozos de los poblados para inundarlos y hacer otro mar; es la dueña del mar y está bajo las órdenes de *Atsinin*. No se le hacen ofrendas.

SIRUNDA-ARHAN. "el negro que adelanta el paso". TARASCOS. Una de las advocaciones de Venus (*v.*) en su calidad de mensajero del Sol (*v.*). Era hijo de *Querenda-angápeti* (*v.*) y de *Pehuame* (*v.*), esto es, del Sol y la Luna (*v.*).

Sol. NAHUAS. *tonatiuh*. Era el astro más venerado entre los pueblos del altiplano. De acuerdo con el mito, hubo cuatro soles o épocas, cada uno de ellos regido por diferentes dioses: *tlalchitonatiuh* (*v.*) "Sol de tierra", regido por *Tezcatlipoca* (*v.*); *ehecatonatiuh* (*v.*) "Sol de viento", regido por *Quetzalcóatl* (*v.*); *tletonatiuh* (*v.*) "Sol de fuego", regido por *Tláloc* (*v.*) y *atonatiuh* (*v.*) "Sol de agua", regido por *Chalchiuhtlicue* (*v.*). Las fuentes señalan diversos órdenes en la sucesión de estas eras, sin embargo, el más seguro es el anteriormente expuesto. Cada uno de estos soles fue habitado por distintos seres, como monos y gigantes, por ejemplo, cada uno fue destruido por diferentes calamidades: grandes inundaciones, fuertes vientos, fuego, etcétera. Los mexicas vivían en el quinto Sol conocido como *ollintonatiuh* (*v.*). Una versión sintética del mito de la creación de este Sol es la siguiente: los dioses *Tezcatlipoca*, *Quetzalcóatl* y *Citlalicue* (*v.*) ordenaron que se hiciera el Sol. Para ello se reunieron en Teotihuacan (*v.*) alrededor de una gran hoguera, en la que sería sacrificado el dios que se convertiría en el astro. Había dos candidatos: *Teccistécatl* (*v.*), hermoso y rico que llevaba ofrendas de piedras preciosas, y *Nanahuatzin* (*v. Nanáhuatl*), "el buboso", feo y con pobres ofrendas. En el momento de saltar a la hoguera, *Teccistécatl* tuvo miedo y vaciló, mientras que *Nanahuatzin* se arrojó al fuego sin titubear, surgiendo al poco tiempo convertido en el Sol. Avergonzado, *Teccistécatl* se arrojó, pero el fuego estaba casi apagado y sólo había cenizas, por lo que salió convertido en Luna (*v.*). También se arrojó el águila (*v.*) y de inmediato se elevó al cielo, por lo que esta ave quedó relacionada con el Sol. Cuando aparecieron, los dos astros iluminaban con la misma intensidad, lo cual no fue del agrado de los dioses; para disminuir el brillo de la Luna le arrojaron un conejo. Pero surgió otro problema: el Sol no se movía, y para que tomara su curso normal los dioses resolvieron inmolarse y entonces encomendaron al viento la ejecución de esta resolución; pero según una versión del mito el dios *Xólotl* (*v.*) se rehusó a morir y trató de escapar escondiéndose en el agua en forma del batracio de nombre *axólotl* o ajolote; pero ahí fue alcanzado y muerto por el viento. A pesar de esto el Sol permaneció inmóvil, hasta que el viento sopló con gran fuerza y lo obligó a moverse. Hay algunas variantes, sobre todo en el nombre de los personajes que participan en este mito; pero en esencia, es uno de los más difundidos en gran parte de Mesoamérica. El Sol presidía una especie de "paraíso" a donde iban todos los guerreros muertos en el campo de batalla o en la piedra de los sacrificios, así como los *pochteca* (*v.*) o comerciantes que morían durante sus viajes de negocios, las mujeres que fallecían en el primer parto (*v. cihuapipiltin*) y los niños que morían durante la guerra. Se decía que las almas de los guerreros recibían al Sol cuando éste salía en el Oriente y lo llevaban en andas hasta que llegaban al cenit, en donde lo recibían las mujeres muertas en el parto, quienes lo llevaban hasta el Occidente. En la "casa del Sol" habitaban también los músicos (v. música) y cantores con sus instrumentos, de ahí fueron traídos por *Tezcatlipoca* para sus devotos. Varios mitos relatan que el hombre fue creado precisamente para que diera de comer y de beber al Sol (v. *Mixcóatl* y *mimixcoa*), razón por la cual este astro era una de las deidades a la que se le hacía mayor cantidad de ofrendas, en especial de sangre: todos los corazones de los sacrificados durante el día se ofrecían primero al Sol. Todos los días, al aparecer, el Sol era recibido tañiendo atabales y tocando flautas y caracoles; los sacerdotes le dirigían oraciones, lo invocaban y descabezaban codornices en su honor. Estas ceremonias se realizaban cuatro veces durante el día y cinco durante la noche. Sin embargo, su fiesta más importante se llevaba a cabo el día *nahui ollin*, "cuatro movimiento" (v. *ollintonatiuh*) del calendario ritual, cuando lo festejaban los guerreros de más alto rango, de quienes era patrono. Previamente a esta fecha se hacía un riguroso ayuno en el que tenía que participar todo el pueblo, incluyendo los niños pequeños. Asimismo, se seleccionaba a un prisionero ilustre que sería sacrificado como "mensajero del Sol"; el día *nahui ollin* lo subían a un templete y le daban el siguiente mensaje dirigido al dios: "Señor, lo que suplicamos es que vayáis ante nuestro dios el sol y que de nuestra parte le saludéis y le digáis que sus hijos y caballeros principales que acá quedan, le suplican se acuerde de ellos y que desde allá nos

El Sol, la Luna, Venus y la Tierra (Códice Borgia).

favorezca y que reciba este pequeño presente que le enviamos y le des este báculo para que con él camine, y esta rodela para su defensa con todo lo demás que lleváis en la carguilla". Después de dirigirle el mensaje le era extraído el corazón, que ofrecían al Sol. Ese mismo día los mancebos se autosacrificaban atravesándose el brazo izquierdo con carrizos que, ensangrentados, arrojaban hacia la imagen del Sol; después se hacía un gran baile en el que los principales participantes eran los guerreros. También se llevaban a cabo otras ceremonias en honor del Sol, en los momentos más críticos de su viaje anual de Norte a Sur; se festejaban especialmente los equinoccios, los solsticios y pasos por el cenit de México. Una de las principales celebraciones se hacía en el equinoccio de primavera, que coincidía con el mes de *tlacaxipehualiztli* (*v.*), y cuando también se festejaba al dios *Xipe Tótec* (*v.*). En este día tenía lugar la más importante ceremonia, en la que se exaltaba el valor guerrero: se hacía un sacrificio especial

Sacerdote nahua ofrenda un corazón humano como alimento para el Sol (Códice Florentino).

llamado el *tlauauaniliztli* o "rayamiento" (*v.*), más conocido como el "sacrificio gladiatorio". El equinoccio de otoño era celebrado en el mes de *ochpaniztli* (*v.*), cuando se festejaba a la diosa *Toci* (*v.*); el solsticio de verano en *etzalcualiztli* (*v.*) y el de invierno en *panquetzaliztli* (*v.*). El templo del Sol consistía en un basamento piramidal sobre el cual descansaba la gran piedra llamada *cuauhxicalli* y un cuarto donde se encontraba la imagen del astro (*v.* sacrificio humano y autosacrificio). // MAYAS. Aparentemente entre los mayas su culto no tuvo la importancia que entre los pueblos del altiplano y era más bien temido que amado, pues con su calor podía quemar las cosechas. Entre otros, tenía los siguientes nombres: *kin* (*v.*) "Sol" o "día", *Ah kin* (*v.*) "el del Sol", *Kinich Ahau* (*v.*) "rostro del Sol" o "señor del ojo del Sol", *Kimich Kamko* (*v.*) "rostro u ojo solar, guacamaya de fuego". Aparentemente en el periodo Clásico (*v.*) había un aspecto dual del Sol: el anciano celeste asociado con *Itzamná* (*v.*), y llamado *Itzamná Kinich Ahau*, haciendo de signo *kin* (y de la parte *kin* del mes *yaxkin* y patrón de ese mes); y por otra parte, el joven Sol, personificación del día *Ahau*, que cortejaba a la Luna, que tuvo varias aventuras y que llevaba una cerbatana por la tierra antes de ser Sol. El joven dios Sol suele representarse con ojos almendrados, mientras que en su forma de anciano, *Itzamná Kinich Ahau* se distingue por sus enormes ojos cuadrados, bizcos, la nariz muy recta y los dientes incisivos superiores limados en forma de una pequeña T. En los códices se le agrega el signo *kin* de cuatro pétalos. Esta deidad fue producto de la mentalidad de la clase gobernante, por lo que su culto desapareció con su caída. En la leyenda del Popol Vuh (*v.*), los hermanos gemelos *Hunahpú* (*v.*) y *Xbalanqué* (*v.*) terminan sus aventuras subiendo al cielo y convirtiéndose en Sol y en Luna, respectivamente. // MAYAS LACANDONES. El Sol recibe el nombre de *Acan Chob* o *Chi Chac Chob* (*v.*), esposo de la Luna. Era yerno de *Hachacyum* (*v.*), dios creador, al que ayudó a hacer los cielos y los infiernos; además, colaboró con los lacandones para fabricar arcos y flechas. Según este pueblo, el Sol hizo a los hombres blancos y a sus productos: metales, animales domésticos, etcétera. Se dice del Sol lo mismo que de *Acanchob*: que intercede ante *Hachacyum* para impedir los eclipses (*v.*). Actualmente, muchos pueblos indígenas han fundido al Sol con Jesús. // MIXTECOS. Se tienen pocos datos sobre este astro en la mitología mixteca. Parece ser que su creación fue posterior a la de los hombres. También se le considera el creador de las piedras y el causante de que los hombres se convirtieran en "hombres de tierra" (*v.* creación), pues éstos se protegieron del calor del Sol dentro de la tierra. Fue objeto de especial adoración por parte de los guerreros, quienes le ofrecían, en sacrificio, la sangre y los corazones de sus cautivos. Posiblemente, entre los mixtecos también funcionó el concepto de mantener al Sol y a los dioses con sangre humana. // ZAPOTECOS. El dios solar fue *Copijcha* (*v.*), quien tuvo cuatro personificaciones que respondían a las posiciones equinocciales y solsticiales del Sol. Tenía estrecha relación con la guerra. // TARASCOS. A este astro se le consideraba hijo del dios del fuego *Curicaueri* (*v.*), con quien se identifica por ser el astro más resplandeciente. Con su esposa la Luna (*v.*) y su hijo Venus (*v.*) formó la trinidad celeste fundamental en la mitología tarasca; todas las manifestaciones divinas eran, de una manera u otra, advocaciones de esta tríada presidida por el Sol. El Sol, a su vez, fue padre de *Curicaueri* nieto o "Sol joven", que se encargaba de desenterrar el cadáver del Sol de la casa de la noche. Otra versión le da al Sol el nombre de *Cupantzieeri* (*v.*) "Sol despojado de los cabellos", también llamado *Apantzieeri* (*v.*) "jugador de pelota". Este *Cupantzieeri* es derrotado en el juego de pelota por *Ahchuri-hirepe* (*v.*) "la noche que se apresura", por lo que es sacrificado en Xacona "la casa de la noche". *Sira-tatáperi* (*v.*), hijo de *Cupantzieeri*, que representa al Sol joven que surge por Oriente, se enfrenta a la Noche, la vence entonces y rescata el cadáver de su padre, que resucita en forma de *tuitze* (*v.*) venado con crines, que entre los tarascos representaba la luz. En la región de Tzacapu el Sol era reverenciado con el nombre de *Querenda-angápeti* (*v.*), una de las representaciones de *Curicaueri* y dueño de cinco casas, "las casas del Sol". Cada una de estas casas estaba habitada por diferentes deidades. En los códices, el Sol aparece no sólo como jugador de pelota, sino también como la pelota misma, cuyo movimiento por el cielo era producto de los golpes que le daban las deidades mayores al jugar con él. Se creía también que las águilas personificaban al Sol. // HUICHOLES. *Tayaupá* "nuestro padre el Sol". El mito de creación del Sol es semejante al de los nahuas. En una de las versiones se cuenta que la Luna era la única que iluminaba y tenía un hijo que era cojo y tuerto, el que fue solicitado por los dioses; éstos vistieron al muchacho como para una ceremonia y lo arrojaron al horno de donde salió convertido en Sol. Los animales nocturnos intentaron matarlo arrojándole, pero el pitorreal y la ardilla lo defendieron con su vida y así lo salvaron. En otra versión del mito, el niño que se convirtió en Sol era hijo de la "Madre maíz" o de la "Madre águila joven". El niño se trasladó debajo de la tierra y salió por el lado Este (*v.*), ya convertido en Sol; pero al salir era tan fuerte su calor que quemó a la tierra por completo, por lo que tuvo que ser domesticado. La carne seca del venado es la ofrenda especial para el padre Sol. // TOTONACOS. *Cicini* "aquel que calienta", rige el cielo, las estrellas del Sur (*v.*) y se le asocia con los "truenos" (*v.*); protege al hombre de las estrellas y de las piedras, que amenazan con regresar al mundo y comerse a los seres humanos. *Cicini* es también el dueño del maíz y tiene bajo sus órdenes a los truenos y a los vientos. Es el gran dios creador, asimilado a Cristo, también se le llama Domingo, Francisco o Lázaro y en los pueblos se le representa por una amonita fósil o por una estatuilla precolombina. Hay una relación entre el Sol, el maíz, la serpiente y el relámpago. Según el mito, el Sol nació de una mujer que lo concibió de una yema de huevo que apareció en una piedra y que le cayó en el *quechquemitl*. De acuerdo con otro mito, el Sol lucha contra la Luna, que se llama San Manuel, y el cual es condenado a seguirle.

sueños. Era una de las formas importantes de adivinación y augurio (*v.*) y a través de ellos se conocían los deseos de los dioses, que eran interpretados por especialistas. Por otra parte, se creía que en el sueño el alma abandonaba el cuerpo para viajar. // NAHUAS. *temictli*. Se tienen varias referencias sobre el tema; los cuatro sabios dejados en *Tamoanchan* (*v.*) por sus compañeros inventaron, junto con el calendario, la forma de adivinar los sueños. Asimismo, las fuentes mencionan los *temicámatl* "libros de sueños", que fueron manejados por especialistas, mismos que ayudaban a la gente que acudía a ellos preocupada por sus sueños. A manera de augurio, se creía que la gente que soñaba que ardía o que estrenaba casa, o que se rompía sobre él un cerro, o que se lo comía una fiera, o que se le echaba encima una serpiente, pronto moriría. Aquel que soñaba volar moriría en la guerra y el que soñaba con eclipses (*v.*) de Sol se quedaría ciego. Se decía que algunos dioses se manifestaban en sueños a aquellos que faltaban en sus obligaciones religiosas. Fueron muchos los gobernantes que tuvieron en sueños el augurio de la caída de sus reinos, por ejemplo, *Tezozómoc* en Azcapotzalco, así como anuncios de la conducta o políticas a seguir (*v. Cipactonal* y *Oxomoco*). // HUICHOLES. A través de los sueños los dioses se comunican entre sí y con los huicholes; de esta forma les indicaron cómo deberían de ser las ceremonias. Los chamanes se valen de los sueños para descubrir a los causantes de las transgresiones, las causas de las enfermedades, etcétera.

Sur. NAHUAS. *Huitzcalco* "lugar de las espinas" u *opachpa Tonatiuh* "izquierda del Sol". Era un rumbo que geográficamente se asociaba con el calor, pero también era un rumbo a donde no iba el Sol (*v.*), por lo que se asociaba con la muerte. El signo del *tonalpohualli* (*v.*) que le correspondía era el conejo. // MAYAS. El Sur era el lado izquierdo del Sol, le correspondía el color amarillo y el augurio no era ni malo ni bueno. Se le asociaban determinados animales, plantas y dioses, como la abeja, el pavo, la ceiba, el maíz, el nenúfar, la flor, el pedernal, los *chacs* (*v.*), los *pahuahtunes* (*v.*), *chicchanes* (*v. chicchán*), *Bacabes* (*v.*); los días que le correspondían son *kan*, *lamat*, *eb*, *cib* y *ahau* (*v.* calendario). // TARASCOS. En el Sur se encontraban "los dioses de la mano izquierda" (*v.*) y su color era el negro. // ZAPOTECOS. Estaba relacionado con el color azul, la guerra, los sacrificios y las armas; era el rumbo del Sol *Copijcha* (*v.*) y lo presidía *Cocijo* (*v.*).

T

tabaco. (Nicotina rustica). *yetl*. Esta planta tenía un carácter sagrado por sus efectos excitantes. Era utilizada en muchas de las ceremonias y los sacerdotes la cargaban en una calabacilla o bolsita que llevaban en la cintura.

Tamoanchan. NAHUAS. Paraíso mítico, lugar de origen de los dioses, creados por la pareja original *Tonacatecuhtli* (v.) y *Tonacacíhuatl* (v.). También tenía el nombre de *Xochitlicacan* y se encontraba, según algunas versiones, arriba de los

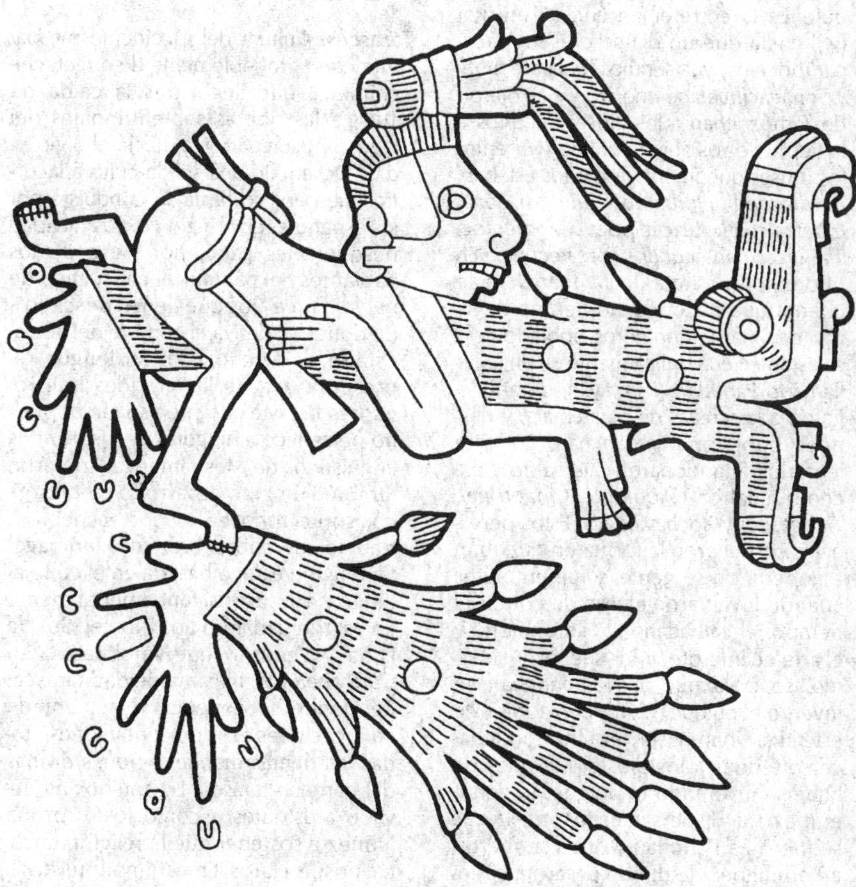

Representación del árbol roto de Tamoanchan, cuyas raíces son las fauces de un cocodrilo (Códice Borgia).

trece cielos. En este paraíso, en el que abundaban los ríos, las fuentes, los bosques y todo tipo de diversiones, había un gran árbol florido cuyas flores tenían la propiedad de convertir a quien las tocara en fiel enamorado y estaba prohibido cortarlas. Pero un día, violando la prohibición, cortaron flores del árbol, que se rompió y comenzó a sangrar. Entre los dioses que habitaban este lugar estaba la hermosa diosa *Xochiquetzal* (*v.*), esposa de *Tláloc* (*v.*), según algunas versiones, y de *Cintéotl* (*v.*), según otras. La diosa vivía hilando y tejiendo, rodeada de otras mujeres, de enanos y de corcovados, quienes la entretenían con su música (*v.*), hasta que un día se presentó *Tezcatlipoca* (*v.*) y la sedujo. *Tonacatecuhtli* y *Tonacacíhuatl* se enojaron y arrojaron de *Tamoanchan* a los dioses, algunos a la tierra y otros al inframundo (*v.*); entre los dioses que fueron arrojados estaban: *Achitometl, Huitzilopochtli, Mixcóatl, Quetzalcóatl, Tezcatlipoca, Tzontémoc, Tlahuizcalpantecuhtli* y *Yacatecuhtli*. En otro mito que trata de *Tamoanchan* se cuenta que hace mucho tiempo llegaron del mar los primeros pobladores y se establecieron inicialmente en un lugar llamado *Panutla* o *Panoayan*; de ahí llegaron a las costas de Guatemala, y después poblaron *Tamoanchan*. En este lugar los abandonaron sus sabios, excepto cuatro: *Oxomoco, Cipactonal, Tlaltetecui* y *Xochicahuaca*. Estos personajes consultaron la forma en que iban a gobernar a su gente, y fue entonces cuando inventaron el arte de contar el tiempo, el calendario (*v.*) adivinatorio y el arte de interpretar los sueños. Asimismo, se creía que en *Tamoanchan* se inventó el pulque (*v.*); los pobladores de este lugar iban hasta Teotihuacan a hacer ofrendas a los dioses. Después de haberse inventado el pulque, la gente empezó a dispersarse; los *cuextecas* se fueron a Panotlan y otros se fueron a Xomiltepec de donde pasaron a Teotihuacan y de ahí se dispersaron hasta llegar por fin al valle donde había siete cuevas.

tapir o **danta.** (Tapirus bairdii). MAYAS. Hasta donde se sabe, tuvo importancia exclusivamente entre los mayas. Posiblemente algunas de las características de las largas narices de los dioses mayas se relacionen con este animal. En uno de los mitos, se relata que la abuela de los héroes gemelos (*v.* Popol Vuh) tenía como amante a un tapir, que fue muerto por los gemelos. Otro mito dice que los dioses crearon al hombre con la sangre del tapir mezclada con maíz. Existió también el "gran tapir blanco", llamado *Zaqui-Nimá Tziiz* que es una de las deidades creadoras, según el Popol Vuh (*v. Uotan*).

Tarascos. Cultura del Occidente mesoamericano probablemente de origen chichimeca, que llegó, tras la caída de Tula, a las riberas septentrionales del lago de Pátzcuaro (*v.*), hacia el Siglo XII d.C. Desarrolló una sólida cultura lacustre que pervivió hasta su conquista por los españoles en el Siglo XVI. Su actividad pesquera les ganó, por parte de los hablantes del náhuatl, el calificativo de *michhuaque* "los que tienen pescado", de donde se deriva el nombre del actual estado de Michoacán. Su lengua representa una de las grandes interrogantes del México prehispánico, pues no pertenece a ninguno de los troncos lingüísticos de Mesoamérica. Lograron también un gran desarrollo metalúrgico, sobre todo en lo que respecta a trabajos de cobre, bronce y tumbaga. Su religión estuvo basada en el culto al fuego y a los astros, fundamentalmente en la trinidad formada por el Sol, la Luna y Venus, y que se sintetizó en *Curicaueri* (*v.*), máxima deidad tarasca, de donde se generan, a manera de advocaciones o representaciones, todas las demás manifestaciones divinas del panteón tarasco. Lo anterior ha llevado a estudiosos como José Corona Núñez a sostener que la religión tarasca posee claros tintes "monoteístas". Las creencias de este pueblo mantienen fuertes similitudes con la religión de los mexicas.

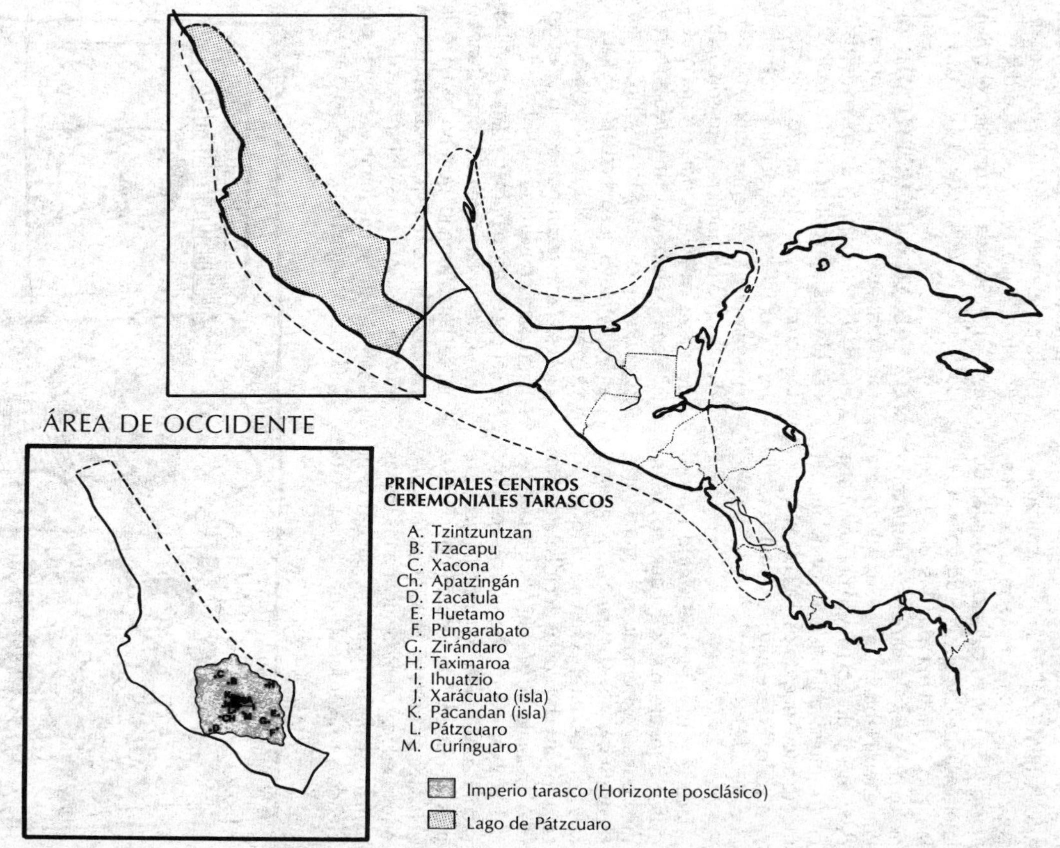
ÁREA DE OCCIDENTE
PRINCIPALES CENTROS CEREMONIALES TARASCOS
A. Tzintzuntzan
B. Tzacapu
C. Xacona
Ch. Apatzingán
D. Zacatula
E. Huetamo
F. Pungarabato
G. Zirándaro
H. Taximaroa
I. Ihuatzio
J. Xarácuato (isla)
K. Pacandan (isla)
L. Pátzcuaro
M. Curínguaro
Imperio tarasco (Horizonte posclásico)
Lago de Pátzcuaro

tarepu. TARASCOS. Nombre que recibían los sacerdotes de cada uno de los *Tiripemencha* (v.) o hermanos de *Curicaueri* (v.), y que se caracterizaban por llevar el pectoral de caracol (v.) cortado, o *tarepu-uta*, que representa al viento (v.).

TARES-UPEME. "el anciano engendrador". TARASCOS. Nombre que recibía *Querenda-angápeti* (v.) en su calidad de deidad de la embriaguez, y que quedó cojo al ser lanzado a la tierra por los dioses del cielo, después de haberse embriagado con ellos. Habitaba en el Sur (v.), en una de las casas del Sol (v.) y lo personificaba el guajolote, animal que servía de alimento a los sacerdotes y a las águilas en cautiverio. Es el equivalente del *Tezcatlipoca* (v.) de los nahuas.

Taríacuri. "sacerdote del viento". TARASCOS. Personaje histórico que se distinguió por su extremada entrega a la vida sacerdotal y por sus campañas guerreras, con las que expandió el dominio tarasco hasta las costas occidentales. Nació en el Siglo XIV y fue hijo de *Pauácume*, que era un *axamiecha* (v.), o sacerdote sacrificador, muerto cuando *Taríacuri* era muy pequeño. Fue recogido por los sacerdotes *Chupítani*, *Nuriuan* y *Tacaqua*, que lo educaron para servir a los dioses a manera de un *Curiti* (v. sacerdotes). Siendo ya sacerdote, *Taríacuri* se sahumaba el cuerpo para pintarse de negro, vestía de este color y se adornaba el pecho con prendas de oro y la cabeza con una guirnalda de trébol. Su ejemplar vida sacerdotal lo llevó a consolidar religiosa y políticamente el reino tarasco. En su apego a las leyes religiosas llegó a sacrificar a sus propios hijos por comportamiento licencioso. Murió en Pátzcuaro (v.) en el Siglo XV, como sacerdote de este lugar. Su vida es comparable con la de *Topiltzin Quetzalcóatl* (v.).

TECCISTÉCATL o **TECUCISTÉCATL.** "caracol marino". NAHUAS. Su otro nombre era *Nahui técpatl* "cuatro pedernal". Era el dios masculino de la Luna (v.), mencionado como tal por las fuentes. *Teccistécatl*, la deidad masculina antropomorfa, se representa en los códices como un hombre viejo con barba, que lleva en su tocado un caracol. Las diferentes versiones del mito relatan cómo, para que se creara la Luna (v.), igual que el Sol (v.), tuvo que efectuarse un sacrificio por fuego (v.), al que se arrojaron dos dioses. *Teccistécatl* había sido seleccionado para convertirse en Sol, pero tuvo miedo y se lanzó primero *Nanáhuatl* (v.), quedando solamente las cenizas cuando él se lanzó por lo que no alcanzó la purificación completa. De acuerdo con una de las versiones del mito, cuando aparecieron ambas luminarias en el cielo, brillaban igual, entonces, para apagar

Taríacuri preside un sacrificio humano por decapitación (Relación de Michoacán).

el brillo de la Luna, los dioses le lanzaron un conejo a la cara. Según otra versión, cuando salió el Sol, se elevó al cielo; la Luna, en cambio, se metió en una cueva.

tecólotl. (Bubo virginianus). NAHUAS. Ave de rapiña nocturna y considerada de mal agüero (v. lechuza, muerte, augurio).

técpatl. "pedernal" (v.) NAHUAS. Decimoctavo signo del ciclo de 260 días o *tonalpohualli* (v. calendario), correspondiente al *etznab* (v.) maya y estaba regido por *Huaxólotl Tezcatlipoca* (v.). Era uno de los cuatro portadores del año (v.) y se relacionaba con el Norte (v.). El día *1 técpatl* se atribuía a *Huitzilopochtli* (v.) y a *Camaxtle* (v.); este día se sacaban al sol todos los ornamentos del dios y se le incensaba y ofrendaba toda clase de flores y comida; los que hacían el pulque agujeraban los magueyes (v. maguey) y ofrecían el pulque (v.) a *Huitzilopochtli*. También recibía el nombre de *técpatl* el cuchillo con el que se mataba a las víctimas de sacrificio humano, de los que se han encontrado varios en excavaciones arqueológicas; estos cuchillos rituales tenían hoja de pedernal y por lo general mango de madera, mismo que se adornaba con incrustaciones de turquesa; su importancia llegaba al grado de que se le atribuía vida propia.

tecuilhuitontli. "pequeña fiesta de señores". NAHUAS. Séptimo mes del calendario (v.), correspondiente a junio-julio. Se festejaban los dioses *Huitzilopochtli* (v.), *Xochipilli* (v.) y *Huixtocíhuatl* (v.). Diez días antes de que empezara la fiesta, las mujeres de los que hacían la sal bailaban con una mujer santificada como imagen de la diosa *Huixtocíhuatl*. Las participantes de la danza (v.) iban unidas unas a otras con una cuerda que llevaban en las manos. El décimo día sacrificaban en el templo de *Tláloc* (v.) primero a unos cautivos y después a la imagen viviente de la diosa.

TECHALOTL. "ardilla". TARASCOS. Deidad de la muerte (v.) y de la guerra (v.), con aspecto de ardilla. Llevaba porra o macana para matar y escudo. Tenía el cuerpo pintado de negro, y el derredor de la boca y de los ojos era blanco; estos colores eran los de las deidades de la muerte. Es la imagen de *Thiuime* (v.) "ardilla negra". Habitaba en *Uarichao* (v.) "lugar de mujeres".

téchcatl. "piedra de los sacrificios". NAHUAS. (v. *huey teocalli*).

TELPOCHTLI. "joven". NAHUAS. Uno de los nombres de *Tezcatlipoca* (v.).

temalácatl. "rueda de piedra". NAHUAS. Era la piedra circular a la que eran atados los guerreros cautivos que tomaban parte en el "sacrificio gladiatorio" (v. "rayamiento", *tlacaxipehualiztli*, sacrificio gladiatorio).

temazcal. "baño (v.) de vapor". NAHUAS. Se conocía en toda Mesoamérica y tenía carácter terapéutico y religioso. *Toci* (v.) era la diosa del *temazcal*, bajo el nombre de *Temazcalteci*. // TOTONACOS. Son muy empleados en ciertos ritos, y parece ser que se consideran como una representación del mundo o de la tierra. Se cree que en el fogón mora el dueño del *temazcal*. Juega importante papel en los mitos, porque se piensa que puede significar el regreso del enfermo al seno de la tierra y su subsiguiente renacimiento. Su dios es el mismo que el del fuego *Taqsjoyut* (v. fuego). // TARASCOS. Llamado *hurínguequa*, tenía usos religiosos y medicinales, y su deidad patrona era *Pehuame* (v.), la Luna (v.) Madre.

Templo Mayor. NAHUAS. (v. *huey teocalli*).

templos. La mayor parte de los templos mesoamericanos estaban construidos sobre un basamento piramidal que variaba de altura. Sobre este basamento, generalmente recubierto de piedra, se encontraba un cuarto que era el *santa sanctorum*, que contenía la imagen del dios (v. dioses, representaciones y designaciones) hecha en piedra o en otro material y/o el bulto de sus reliquias. Enfrente a este cuarto había un espacio en el que se llevaba a cabo la mayoría de los ritos; ahí se encontraba la piedra de los sacrificios (*v.*) o *téchcatl* (*v.*). En las grandes ciudades como Teotihuacan o Tenochtitlan (*v.*) había todo un complejo grupo de templos. De esta última ciudad, totalmente destruida por los conquistadores, queda una completísima descripción recopilada por Sahagún (*v.*), quien menciona setenta y ocho edificios del centro ceremonial los cuales incluyen todos los lugares que tenían que ver con el culto, incluso los que moraban los sacerdotes dedicados a los diferentes dioses; Sahagún describe dónde estaban las fuentes o estanques sagrados, los pequeños altares colocados en las encrucijadas y dedicados a las diosas *Cihuapipiltin* (*v.*) o a *Titlacahuan*, así como los lugares donde se arrojaban las espinas y las navajas del autosacrificio (*v.*).

Tenochtitlan. "lugar donde abundan las tunas". NAHUAS. Ciudad capital de los mexicas, fundada en el año 1325, en un pequeño islote de la laguna de México. Según la leyenda, donde arrojaron el corazón de *Copil* (*v.*) creció el nopal sobre el que se posó el águila (*v.*) que devoraba una serpiente; ésta era la señal que les había prometido el dios *Huitzilopochtli* (*v.*) a los mexicas (*v.*) para que se establecieran y dominaran el mundo. La ciudad de Tenochtitlan fue creciendo de un caserío con un modesto templo a *Huitzilopochtli*, hasta llegar a ser la imponente ciudad que encontraron y destruyeron los españoles en 1521.

teocualo. "comerse al dios". NAHUAS. Rito que consistía en comerse la imagen del dios *Huitzilopochtli* (*v.*). Esta imagen se hacía con una masa de diversas semillas comestibles, sobre todo de amaranto (*v.*), y se sacrificaba con una flecha que le arrojaba al corazón un sacerdote llamado <*Quetzalcóatl* (*v.* sacerdotes). Después, el rey comía el corazón y el resto del cuerpo se dividía entre los sacerdotes y varios jóvenes de Tenochtitlan (*v.*) y Tlatelolco, que se habían preparado un año para ello, ya que tenían que ayunar por muchos días y después hacer una fiesta que les implicaba grandes gastos.

teomama. "cargadores de dios". NAHUAS. Recibían este nombre los sacerdotes (*v.*) responsables de cargar el bulto de la deidad durante las migraciones de las tribus.

Teotihuacan. "el lugar de los dioses". Lugar mítico a donde iban a adorar a los dioses los primeros habitantes que vivían en *Tamoanchan* (*v.*). Ahí fue donde se llevó a cabo el sacrifico de los dioses *Nanáhuatl* (*v.*) y *Tecucistécatl* (*v.*), cuando se convirtieron en el Sol (*v.*) y en la Luna (*v.*), respectivamente. Y se inició así en quinto Sol conocido como *nahui ollin* (*v. ollintonatiuh*). Lugar a donde iban los mexicas (*v.*) a llevar a cabo ceremonias, sobre todo en relación con la consagración de los reyes. // Gran ciudad arqueológica situada en el centro de México, en el valle del mismo nombre. Fue un importante centro ceremonial y comercial que extendió su influencia a casi toda Mesoamérica. La cultura teotihuacana característica se inició hacia el Siglo II a.C. y se terminó hacia 650 d.C. Los más famosos edificios religiosos conocidos como la pirámide del Sol y de la Luna comenzaron a construirse alrededor del Siglo II a.C.; posteriormente se construyeron los conocidos como "la ciudadela" y el templo de *Quetzalcóatl* (*v.*), que está cubierto con enormes cabezas de serpientes (*v.*) emplumadas y mascarones de *Tláloc* (*v.*). Aunque se sabe poco de su religión, se supone que Teotihuacan estaba gobernada por sacerdotes o que éstos tenían gran importancia, pues parecen estar representados en muchas de las pinturas descubiertas en las excavaciones arqueológicas. Se encuentran deidades como el viejo dios del fuego o *Huhuetéotl*; *Tláloc*, o una deidad semejante; una diosa de la tierra que a veces lleva cabeza de lechuza (*v.*); *Quetzalcóatl* como serpiente emplumada o dragón con plumas; *Chalchiutlicue* (*v.*), la diosa del agua, y también aparece el dios *Xipe*. Es famoso el mural que representa el *Tlalocan* (*v.*) o paraíso del dios *Tláloc* (*v.* Clásico).

téotl. "dios" o "sagrado". NAHUAS. (*v. Ometéotl* y *Teotihuacan*).

teoyaomiqui. "muerto divino". NAHUAS. Eran los guerreros muertos en la guerra (*v.*) o en el sacrificio (*v.*).

teponaxtle. NAHUAS. Tambor horizontal hecho de un tronco ahuecado, con la parte superior hendida en forma de H; se tañe con baquetas con puntas de hule. Mediante este instrumento se regía el canto y la danza (*v.*). Se guardaban en el *mixcoacalli*, lugar donde se reunían los tañedores de este instrumento, que al igual que el *huehuetl* (*v.*), era adorado como un dios (*v.* música). // MAYAS. Recibía el nombre de *tunkul*, y tenía el mismo significado que entre los nahuas (*v. Uotan*).

TEPOZTÉCATL. "el del hacha". NAHUAS. Nombre del cerro que se encuentra en el estado de Morelos. También era el nombre de uno de los dioses del pulque (*v.*), que era representado portando en una mano un hacha de cobre y en la otra un escudo con símbolo lunar. Lleva una nariguera lunar y del penacho le salen plantas. Su imagen era sacrificada en el mes de *tepeilhuitl* (*v. huey pachtli*), en el templo de los cuatrocientos conejos (*v. Totochtin* y Luna).

TETEO INNAN. NAHUAS. (*v. Toci*).

TETZAUHTÉOTL. "el dios espantoso". NAHUAS. Deidad que durante la peregrinación de Aztlan (*v.*) guió a los mexicas (*v.*) hasta *Coatepec* (*v.*), en donde encarnó en los huesos de *Huitzitl*, el guía.

Tezcacoac. NAHUAS. Posiblemente era un linaje o un *calpulli* relacionado con *Tezcatlipoca* (*v.*), al que pertenecían las dos doncellas nobles que eran sacrificadas en honor de *Xochiquetzal* (*v.*). A este linaje estaban dedicados los siguientes edificios del centro ceremonial de Tenochtitlan: el *tezcacalco* "en la casa de los espejos" (vigésimo edificio); *tezcaapan* "agua como espejo" (trigesimoprimer edificio), que era un estanque en el que se bañaban los que habían hecho un voto especial; *tezcacoac* "casa de los dardos" (septuagésimoquinto edificio) y *tezcatlacho* "juego de pelota de los espejos" (trigésimosegundo edificio).

TEZCATLIPOCA. "espejo humeante". NAHUAS. También era conocido como *Telpochtli* "el mancebo", *Yoalli Ehécatl* "viento nocturno", *Titlacaua* "cuyos hombres somos" o *Moyocoyani*, "el que se inventa a sí mismo". Era uno de los dioses más importantes de los mexicas. Acerca de él dice Sahagún (*v.*): "...era tenido por verdadero e invisible, el cual andaba en todo lugar, en el cielo, en la tierra y en el infierno... y decían él solo ser el que entendía en el regimiento del mundo, y que él solo daba las prosperidades y las riquezas, y que él solo las quitaba cuando se le antojaba". Ha sido identificado con *Huracán* (*v.*) entre los mayas. Su

TETEO INNAN (Códice Matritense).

imagen representaba casi siempre a un joven vestido con un taparrabo y con la cara y las piernas pintadas con rayas. En la cabeza llevaba un tocado de pedernales y orejeras de oro torcidas en espiral, brazaletes de plumas (*v.*) de quetzal (*v.*) y cascabeles en los tobillos. Cargaba en la espalda un adorno hecho también de plumas de quetzal, en una mano llevaba un escudo de plumas y una bandera ritual de papel, y en la otra un adminículo denominado "mirador" (*v.* indumentaria). También se le representaba como un espejo negro de obsidiana. *Tezcatlipoca* tiene un lugar muy importante en los mitos como deidad creadora y como la contraparte de *Quetzalcóatl* (*v.*). Ambos, con *Quetzalcóatl, Huitzilopochtli* (*v.*) y *Camaxtle* (*v.*) fueron hijos de la deidad creadora, a quienes se encomendó la creación del mundo y todas las cosas del universo; sin embargo, los principales actores de la creación fueron precisamente *Tezcatlipoca* y *Quetzalcóatl*, lo que posiblemente originó la rivalidad que se dio entre ambos y que nos muestran todos los mitos, aunque en éstos *Tezcatlipoca* juega también el papel de embaucador; en la creación de las cuatro edades o soles cosmogónicos, uno de estos dioses destruye el mundo que construyó el otro, para tomar su lugar. Ambos crearon la tierra dividiendo a la diosa *Tlaltecuhtli* (señor o señora de

TEZCATLIPOCA (Códice Borgia).

la tierra), con *Quetzalcóatl* crearon la Vía Láctea y asimismo separaron la tierra del cielo, poniendo como sostenes de este último varios árboles (*v.*), entre los que estaban ellos mismos. Con *Huitzilopochtli* crea el fuego y los primeros hombres y después los cielos y la tierra y fue *Tezcatlipoca* quien llevó a la ruina a la próspera Tula (*v.*), ya sea engañando al gobernante *Huémac* (*v.*) o al rey sacerdote *Quetzalcóatl*. En uno de los mitos sobre la caída de Tula, *Tezcatlipoca* se disfraza de huaxteco, es decir, que aparece desnudo como andaban los hombres de ese lugar y vende chiles. La hija de *Huémac* lo ve y enferma de deseo, por lo que su padre lo manda traer y entonces lo casa con ella, esto causa problemas posteriores a *Huémac*, que lo llevan a perder el trono. En otros mitos *Tezcatlipoca* fabrica toda clase de triquiñuelas para engañar a *Quetzalcóatl*, originando la pérdida de su reino y la decadencia de los toltecas. *Tezcatlipoca* también seduce a la hermosa diosa *Xochiquetzal* (*v.*), quien se encontraba en *Tamoanchan* (*v.*). Asimismo, fue el que indicó a uno de sus devotos cómo obtener los músicos y los instrumentos musicales trayéndolos de la casa del Sol. En Tenochtitlan, no había un templo específico en el que se adorara a *Tezcatlipoca*, pero era el patrón del *telpochcalli*, lugar donde estudiaban los jóvenes. Sin embargo *Netzahualcóyotl*, el famoso rey poeta de Tezcoco, mandó construir un gran templo para esta deidad; según uno de los mitos, los hijos de la primera pareja trajeron una imagen de este dios que fue el primero que se adoró en Tezcoco. En su honor se llevaba a cabo una fiesta y un sacrificio en Tenochtitlan en el mes de *tóxcatl*, que correspondía aproximadamente a mayo, para la cual, un año antes de la celebración, se seleccionaba entre los cautivos a un joven que fuera físicamente perfecto, se le ungía como la imagen viviente (*v.*) del dios y como tal era tratado durante ese año. En este periodo se asignaban a este joven varios guerreros para que lo acompañaran, y éstos debían llevar a cabo una serie de actos rituales, entre los que ocupaba un papel importante el tocar la flauta. Un mes antes de que llegara la fiesta la imagen viviente recibía como esposas a cuatro jóvenes, que lo acompañaban hasta el último momento, cuando era llevado a un templo en las afueras de la ciudad y sacrificado. En la fiesta de *teotleco*, o "llegada de los dioses", *Tezcatlipoca* siendo el joven por excelencia, era el primero en llegar. La mayor parte de las oraciones registradas están dedicadas a este dios. // OTOMÍES. Fue conocido entre los otomíes como *Yetecomac*, *Tolnacochtla* o *Tecpatepec*. En el valle de Toluca lo invocaban los "graniceros" (*v.*).

TEZCATZÓNCATL. "el de la cabellera reluciente". NAHUAS. Uno de los dioses del pulque (*v.*), que llevaba como los otros, una nariguera de Luna (*v.*); su sacerdote se llamaba *tezcatzóncatl ometochtli* y tenía a su cargo todo lo que necesitaba la imagen viviente (*v.*) del dios. // OTOMÍES. Se le adoraba en Tezcatzonco, barrio otomí de Tenochtitlan (*v.*).

THIUIME. "la ardilla negra". TARASCOS. Deidad de la muerte y de la guerra, también se conocía como *Techálotl* (*v.*) "ardilla". Era además la advocación guerrera de *Tiripeme-Caheri* "Gran Tirípeme" que, pintado de negro y con un estandarte de plumas de garza abanderaba los batallones tarascos. Habitaba en *Uarichao* (*v.*) "lugar de mujeres" y sus sacerdotes, llamados *thiuimecha* "ardillas negras", se pintaban el cuerpo de negro y llevaban a cuestas la imagen de su dios cuando iban a la guerra.

tiburón. Hasta donde sabemos, es uno de los pocos animales marinos que fueron deificados por algunas culturas mesoamericanas. // MAYAS. (*v. Kak Ne Xoe*).

tierra. NAHUAS. La tierra era concebida como un monstruo. Casi toda la mitología de Mesoamérica coincide en que era una especie de saurio (*v. cipactli*), un monstruo andrógino con bocas en las coyunturas y siempre hambriento, que recibía el nombre de *Tlaltecuhtli* (*v.*). Se relacionan también a la madre tierra con gran número de diosas, como fuente de fertilidad, de nacimiento y de muerte. Entre ellas destacan *Coatlicue* (*v.*), *Cihuacóatl* (*v.*) y *toci* (*v.*), que comparten características lunares. // MAYAS. La tierra se concebía como un caimán que flotaba sobre un enorme estanque. Thompson dice que era como una parte de las grandes iguanas que formaban el mundo y que abarcaban del cenit hasta el horizonte, desde donde se volvían para formar la superficie terrestre. El mismo autor dice: "Los dioses mayas de la tierra son de naturaleza humana y reptil". Entre los mayas chortíes hay varios dioses que tienen atributos terrestres, como *Itzam Cab* (*v. itzam, Itzamná*), *Bolon Dz'acab* (*v.*), el *chicchán* (*v.*) terrestre y el *Tzultacah* (*v.*) entre otros. *Ih P'en* (*v.*) o *Tulunta* es una divinidad que personifica a la Tierra. Es posible que en la época Clásica el dios del número 11 de la serie de los dioses del 1 al 13, que se puede identificar con el dios *R* sea un dios de la tierra, ambos llevan el signo de la tierra que es el de interrogación, y que quizá también se pueda identificar con *Buluc Ch'abtan* (*v.*). // HUICHOLES. La diosa de la tierra es la anciana *Nacawé*, madre de los dioses y de la vegetación. Es representada como la mujer más vieja del mundo y camina apoyándose con un bastón de otate, siendo ésta la planta más antigua de la creación.

Tiripemencha. TARASCOS. (*Tirípeme* en singular). Nombre genérico que recibían los cinco hermanos de *Curicaueri* (*v.*). Estas cinco deidades gobernaban las casas divinas que se ubicaban en cada una de los cuatro rumbos del plano terrestre (*v.* rumbos del universo) y el centro. Su distribución se debe a que al dividirse en cuatro grupos los chichimecas, conocidos como *uacúsecha*, tomaron cada uno a un *Tirípeme* como dios patrono y partieron hacia un punto cardinal diferente (*v. Uatarecha*). Eran, además, los dioses del agua. Sus sacerdotes eran los *tarepu*, que se distinguían en su indumentaria por usar la imagen del *tarepu-uta* "caracol cortado del tarepu", que es el símbolo de las deidades del viento y del agua (*v. ehelaicacózcatl*, caracol). Uno de estos era *Tirípeme-quarencha* "el que se hizo Tirípeme", también conocido como *Hurende-Quahue-cara* (*v.*), que representa a Venus (*v.*) junto con su gemelo *Tirípeme-tupuren* (*v. Curita-Caheri*). *Tirípeme-quarencha* era Venus matutino y gobernaba la casa del Oriente, le correspondía el color rojo y representaba también a los *uatarecha* (*v.*) o sacerdotes que se convirtieron en culebras. Es, también, la deidad del agua del Oriente o de la Nube Roja. Otro hermano era *Tirípeme-thupuren*, que era Venus vespertino, su rumbo era el Poniente y su color el blanco. Es una de las deidades del agua y requería del viento que barre los caminos para no tener obstáculos a su paso, por eso su sacerdote se llamaba *Tarepu Panguaran* "el anciano que se adelanta con la escoba", que como sacerdote barrendero representaba al viento. Otro de sus sacerdotes se llamaba *Pichuani* "acercamiento carnal". Se le rendía culto en Irámuco, lugar cercano al lago de Pátzcuaro (*v.*); otro de los *Tiripemencha* fue *Tirípeme-xungápeti*, que fue llevado por el señor *Ipinchuani* a Pichátaro, al norte de la laguna de Pátzcuaro, después de que los *uacúsecha* (*v.*) se dividieron. Se le considera como deidad de la fertilidad y del agua. Otro más fue *Tirípeme-caheri* "Gran Tirípeme", que habitaba al Sur del lago de Pátzcuaro, en Pareo, adonde lo llevó el señor *Mahícuri* tras la división de los chichimecas *uacúsecha* (*v. Uatarecha*); por lo tanto, le correspondía el Sur y gobernaba sobre las nubes de este rumbo y su color era el negro. Era, asimismo, conocida como *Thiuime* (*v.*) "la ardilla negra", deidad del agua y guerrera que iba al frente de los ejércitos. Otro hermano de *Curicaueri* fue *Chupitirípeme*, señor del agua, su color era el azul, y fue el esposo de la diosa madre de la tierra o de los mantenimientos. Su centro de culto estaba en Pátzcuaro, en donde residían sus principales sacerdotes; es el equivalente al *Tláloc* (v.) de los nahuas y gobernaba la casa de la región central del plano terrestre del universo, por lo que se le ubicaba en la isla de Pátzcuaro.

títitl. "estiramiento". NAHUAS. Decimoséptimo mes del calendario, correspondiente a enero. Se celebraban dioses viejos como *Tonantzin* (v.), *Cozcamiauh* (v.), *Ilamatecuhtli* (v.), *Yacatecuhtli* (v.), *Mictlantecuhtli* (v.) y *Huitzilincuatec* (v.). Se sacrificaban las imágenes vivientes (v.) de todas estas deidades en el *huey teocalli* (v.), en el templo de *Yacatecuhtli*, en el *Tlaxico* y en el templo de *Huitzilincuatec*. Los *calpixque* ofrecían en sacrificio una mujer como imagen viviente de *Ilamatecuhtli*. Las ceremonias terminaban con una batalla de juego en la cual los muchachos aporreaban a las mujeres con unas "taleguillas" llenas de ceniza, papel u hojas de maíz.

TITLACAHUAN. "nosotros tus esclavos". NAHUAS. Uno de los nombres de *Tezcatlipoca* (v.), bajo cuya advocación era considerado creador del cielo y de la tierra y el que daba a los hombres todo cuanto necesitaban; se le concebía "invisible como oscuridad y aire". En las encrucijadas de los caminos había unos altares llamados *momoztli*, sobre los que cada cinco días se colocaban unos ramos en su honor.

TLACAHUEPAN. "hombre como viga". NAHUAS. Deidad asociada a *Huitzilopochtli* (v.) o una de sus advocaciones. Fue uno de los que con *Tezcatlipoca* (v.) y *Huitzilopochtli* embriagaron a *Quetzalcóatl* (v.) en Tula. *Tlacahuepan* también fue el que sentado en el mercado de Tula hacía bailar a un muchacho sobre la palma de la mano, provocando que al tratar de ver el espectáculo, la gente se aglomerara y muriera aplastada. En el mes de *tóxcatl* (v.), al mismo tiempo que escogían a un joven que representara a *Tezcatlipoca* durante un año, al final del cual era sacrificado, escogían también a otro que representara a *Tlacahuepan*, que igualmente recibía el nombre de *Ixteocale* y *Teicauhtzin*. Este joven moría sacrificado después de dirigir una danza y entregarse voluntariamente a sus sacrificadores (v. sacrificio humano).

tlacaxipehualiztli "desollamiento de hombres" o **coailhuitl** "fiesta universal". NAHUAS. Segundo mes del calendario de 365 días o *xihuitl* (v.), que coincidía con el equinoccio de primavera, en marzo. Aunque era una fiesta dedicada principalmente al dios *Xipe Totec* (v.), también se festejaban los dioses *Huitzilopochtli* (v.), *Tequitzin* y *Mayáhuel* (v.). En dicha fiesta se llevaba a cabo el rito del *tlauauaniliztli* o "rayamiento" (v.), mejor conocido como sacrificio gladiatorio (v.). El *tlauauaniliztli* consistía en que uno de los guerreros mexicas más valientes ofrendaba a un guerrero cautivo, quien era atado de un tobillo a una gran piedra redonda para que luchara en gran desventaja con cuatro de los mejores guerreros mexicas; cuando era "tocado" o "rayado" por uno de éstos, el cautivo era sacrificado, extrayéndole el corazón, y posteriormente desollado; después, vestía su piel una persona que había hecho un voto y había grandes danzas de guerreros. La mayor parte de los ritos sacrificiales tenía lugar en el *Yopico*, el templo de *Xipe*, y en el de *Huitzilopochtli*. Después del sacrificio gladiatorio, el guerrero mexica que había ofrendado al cautivo que había participado y muerto en el rito, era galardonado con un poste frente a su casa, al que se amarraba el fémur del ofrendado.

tlacochcalco. "en la casa de las flechas". NAHUAS. Vigésimo-primer edificio del Templo Mayor (v.), en donde se guardaban armas y se mataba en la noche a unos cautivos, sin que hubiera día fijo para ello.

TLACOCHCALCO YAUTL. "el guerrero del lugar de los dardos". NAHUAS. Uno de los nombres de *Tezcatlipoca* (v.).

tlacuache. (v. zarigüeya).

TLAELCUANI. "la comedora de inmundicias". NAHUAS. Uno de los nombres de *Tlazoltéotl* (v.), como comedora de los pecados de la confesión (v.).

TLAHUIZCALPANTECUHTLI. "el dueño de la casa del alba". NAHUAS. Una de las advocaciones de *Quetzalcóatl* (v.), como deidad del planeta Venus (v.), posiblemente en su aspecto matutino. Los códices (v.) lo presentan en dos formas. En una su cuerpo lleva rayas blancas y rojas, y la cara está pintada con una especie de antifaz rodeado de circulillos blancos; en la segunda forma tiene sólo la mitad del cuerpo rayado y la otra pintada de negro, y en la cara tiene cinco círculos conocidos como el *quincux*. En ambas representaciones tiene el pelo rojo. Frecuentemente el dios lleva una máscara de calavera y casi siempre está en actitud guerrera, con un lanzadardos o una lanza en la mano, afectando el destino de alguna persona o cosa. Según el mito de la incineración de *Quetzalcóatl* en *Tlillan tlapallan*, que aparece en

TLAHUIZCALPANTECUHTLI (Códice Borgia).

el Códice Chimalpopoca, se dice: "...al acabarse sus cenizas, al momento vieron encumbrarse el corazón de *Quetzalcóatl*, según sabían fue al cielo y entró en el cielo. Decían los viejos que se convirtió en estrella que al alba sale; así como dicen que apareció, cuando murió *Quetzalcóatl*, a quien por eso cuando nombran señor del alba (*Tlahuizcalpantecuhtli*). Decían que cuando él murió sólo cuatro días no apareció, porque entonces fue a morar entre los muertos y que también en cuatro días se proveyó de flechas; por lo que a los ocho días apareció la gran estrella que llamaban *Quetzalcóatl*".

tlalchitonatiuh. "sol de tierra". NAHUAS. Conocido también como *nahui océlotl* "cuatro tigre". Es uno de los cinco soles o eras cosmogónicas. En ella *Tezcatlipoca* (*v.*) se convierte en Sol. Su color era el negro y su rumbo el Norte (*v.*). Están asociados a esta era el jaguar, la noche y la tierra, y fue habitada por gigantes que se alimentaban con semillas de los árboles. Algunos mitos dicen que los gigantes, al encontrarse, se saludaban diciendo: "no se caiga usted", pues aquel que caía ya no se podía levantar. Este sol termina cuando los gigantes que lo habitan son devorados por jaguares; algunas versiones del mito dicen que *Quetzalcóatl* (*v.*) derriba al Sol, es decir a *Tezcatlipoca* de un golpe que le da con un bastón, por lo que cae en el agua y se convierte en jaguar, y entonces devora a los gigantes. De esta manera *Quetzalcóatl* se convierte en Sol.

TLÁLOC. "vino de la tierra". NAHUAS. Dios de la lluvia y patrono de los campesinos. Era uno de los dioses más antiguos y más importantes de toda Mesoamérica. Se le asociaba con *Chalchiuhtlicue* (*v.*) o "falda de turquesas", su esposa, la diosa de los ríos; con *Huixtocíhuatl*, diosa de la sal, con otras deidades del agua o con

Tlalchitonatiuh, "sol de tierra" (Códice Vaticano-Ríos).

actividades que tienen que ver con ésta. Asimismo, se le relacionaba con *Opochtli* (v.), dios de los pescadores y de los cazadores acuáticos y con *Napatecuhtli* (v.), señor de los que fabrican esteras. En el altiplano de México, *Tláloc* era representado desde tiempos antiguos con una especie de anteojos formados por dos serpientes entrelazadas, cuyos colmillos se convertían en las fauces del dios. Su cara estaba pintada de negro y azul y a veces de un amarillo sucio; su ropa estaba manchada de gotas de hule, que simbolizaban gotas de lluvia. *Tláloc* fue creado por los hijos de la pareja primigenia. Desde el cielo encomendaba a sus ayudantes, los *tlaloques* (v.), que enviaran las distintas clases de lluvia que estaban guardadas en cuatro vasijas colocadas en los cuatro rumbos del universo. *Tláloc* era el señor del *Tlalocan*, "paraíso" terrenal que se encontraba situado al Oriente y a donde iban las almas de los que habían muerto ahogados o por enfermedades relacionadas con el agua. Presidió una de las cuatro eras o soles, el *Nahui Quiahuitl* o "cuatro lluvia" (v. cuatro). En otro mito *Tláloc* roba el maíz de *Quetzalcóatl* que *Xólotl* (v.) había sacado de la montaña llamada *Tonacatépetl* "montaña del alimento". Su imagen se encontraba junto a la de *Huitzilopochtli*, en el lugar de honor del Templo Mayor (v.) de Tenochtitlan. Además había una serie de lugares dedicados a él y a los *tlaloques*, como por ejemplo el *epcóatl*, que era donde ayunaban los sacerdotes de *Tláloc* por cuatro días consecutivos durante la fiesta de *etzalculiztli*; también el *acatlyacapan huey calpulli* "gran calpulli de

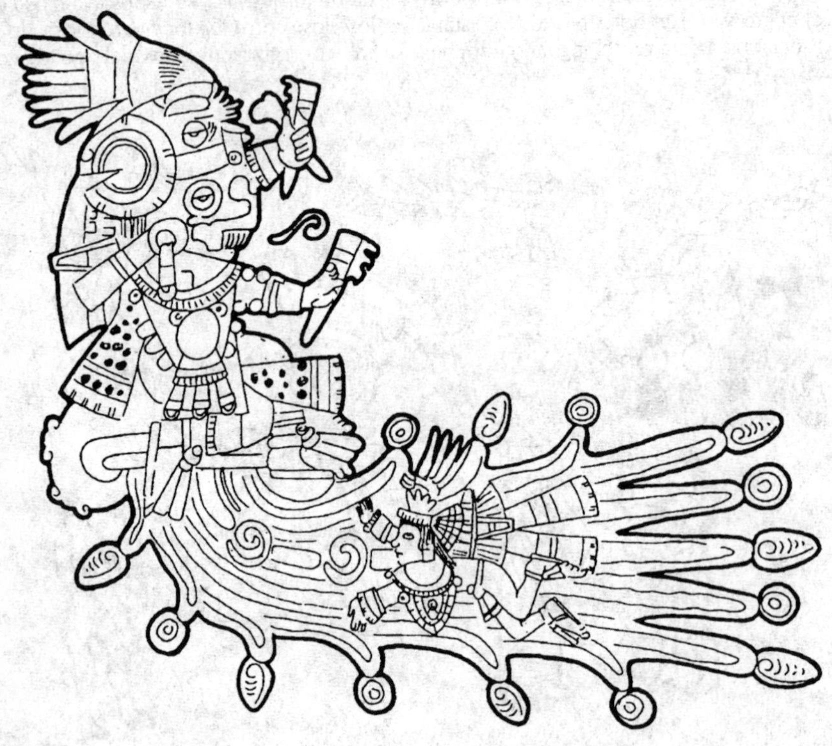

TLÁLOC (Códice Borbónico).

la punta del cañaveral", que era el septuagésimosexto edificio del Templo Mayor, en donde eran reunidos los esclavos que se sacrificarían en honor de los *tlaloques*, así como el *atempan*, septuagésimocuarto edificio, donde se sacrificaban varios niños y leprosos en honor de los mismos dioses; también en el *Pantitlan* (v.), el sumidero o remolino que había en la laguna, se arrojaban especialmente ofrendas y corazones de los sacrificados en honor de *Tláloc*. Por otra parte, uno de los dos principales sacerdotes se llamaba *Quetzalcóatl Tláloc tlamacazque*, el otro sacerdote era el *acolnahuácatl acolmiztli*, encargado de tener lo necesario para la parafernalia que utilizaba el rey en los ayunos en honor de *Tláloc*. Los dioses del agua eran los más festejados en el curso del año; desde el mes de *atlcahualo* (v.), cuando se les ofrecían en sacrificio niños y cautivos, en *tozoztontli* (v.) y, sobre todo, durante *etzalcualiztli*, cuando los sacerdotes hacían un ayuno especial en honor del dios y sacrificaban muchas imágenes vivientes (v.) de éste. También se festejaban en *tepeilhuitl* (v. *huey pachtli*) y en *atemoztli* (v.), cuando se hacían imágenes de amaranto de los montes, en donde se juntan las lluvias, y de los *tlaloques*.

Tlalocan. "lugar de *Tláloc*". NAHUAS. Se conoce como el paraíso de *Tláloc* (v.); a éste lugar iban los que habían muerto en algún trance relacionado con el agua, como los ahogados, los fulminados por un rayo y los hidrópicos. Era un lugar que se encontraba al Oriente, en donde abundaban los alimentos y cuyos habitantes parecían estar siempre jugando y cantando. Es famoso el fresco de Teotihuacan (v.) que representa el paraíso de *Tláloc*.

Tlaloques. NAHUAS. Ayudantes de *Tláloc* (v.) que estaban colocados en las cuatro esquinas del mundo sosteniendo unos jarros en cuyo interior se encontraban los diferentes tipos de lluvia: las que producían buenas cosechas, las que las pudrían, las que causaban heladas y las que hacían que las semillas se secaran y no fructificaran. Cuando los *Tlaloques* golpeaban las vasijas producían los truenos y cuando éstas se rompían, entonces producían los rayos. Cuando *Huémac* (v.) gobernaba Tula (v.), los *Tlaloques* causaron una gran sequía y hambruna, y pidieron a *Huémac* a cambio de la lluvia el corazón de la hijita de un noble mexica.

TLALTECUHTLI. "señor o señora de la tierra." NAHUAS. Es una deidad representada de diversas maneras, como un monstruo andrógino o como un gran caimán. En sus coyunturas se dibujaban bocas hambrientas. Ya que todas las ofrendas de sangre y de corazones se hacían tanto al Sol (v.) como a la tierra (v.), por ello su imagen se encontraba en la parte inferior de las vasijas llamadas *cuauhxicalli*, en las que se colocaban los corazones de las víctimas sacrificadas. Se asocia, desde luego, a todos los dioses relacionados con los productos agrícolas, y a todas las formas de diosas madre, como *Coatlicue* (v.). Para crear la tierra, *Quetzalcóatl* (v.) y *Tezcatlipoca* (v.) bajaron a *Tlaltecuhtli*

Fragmento del Tlalocan, paraíso del dios TLÁLOC (Mural al fresco, Teotihuacan).

del cielo; éste era un monstruo que tenía muchos ojos y bocas en las coyunturas, con las que mordía como bestia salvaje. Los dos dioses dividieron a *Tlaltecuhtli*, separando de esta manera el cielo de la tierra. Los demás dioses hicieron que de la parte que correspondía a la tierra surgieran todos los alimentos, y así, de sus cabellos hicieron árboles (v.), flores y yerbas; de su piel las yerbas menudas y las florecillas; de sus ojos surgieron pozos, fuentes y pequeñas cuevas; de la boca nacieron los ríos y las cavernas grandes; de la nariz brotaron los valles y montañas. Cuenta un mito que a veces, por la noche, se escuchaban los quejidos de la diosa pidiendo, para comer, corazones de hombres, y no se callaba ni daba sus frutos si no se los otorgaban. Según otro mito, después de que los dioses crearon el cielo y el agua hicieron a *Tlaltecuhtli*, la tierra, del animal mítico llamado *cipactli*, que es una especie de caimán. En uno de los mitos de creación (v.), la diosa "falda de jade blanca" creó a los cuatrocientos y después a los cinco *mixcoas*; al nacer estos últimos se meten al agua, y de ahí salen para que los amamante *Mecitli-Tlaltecuhtli*, "que es el señor de la tierra".

TLALLIYOLO. NAHUAS. "corazón de la tierra". Uno de los nombres de la diosa *Toci* (v.), como causante de temblores.

TLAMATZÍNCATL. "el cazadorcito". NAHUAS. Uno de los nombres que recibía *Tezcatlipoca* (v.), especialmente cuando se le celebraba en los meses de *teotleco*, *quecholli* (v.) y *tóxcatl* (v.). Tenía un templo especial llamado el *tlamatzinco*, que era el trigésimocuarto edificio del centro ceremonial de Tenochtitlan (v.). // OTOMÍES. Dios de la cacería de la zona del valle de Toluca; se le festejaba en el mes *antzhoni* "vuelo", que corresponde al *quecholli* (v.) de los nahuas.

tlaxochimaco "ofrenda de flores" o **miccailhuitontli** "pequeña fiesta de muertos". NAHUAS. Noveno mes del calendario, correspondiente a agosto cuando se celebraba al dios *Huitzilopochtli* (v.). Salía toda la gente a recoger flores, y las ofrecían primero a la imagen de *Huitzilopochtli* y después a todos los demás dioses. Había danzas en todas partes.

TLAZOLTÉOTL. "diosa del amor", "diosa de la suciedad". NAHUAS. De ella decía Sahagún (v.): "Esta diosa tenía tres nombres: el uno era *Tlacultéotl*, que quiere decir la diosa de la carnalidad. El segundo nombre es *Ixcuina*. Llamábanle este nombre porque decían que eran cuatro hermanas, la primera era primogénita... que llamaban *Tiacapan*; la segunda era hermana menor, que llamaban *Teicu*; la tercera era la de en medio, la cual llamaban *Tlaco*, la cuarta era la menor de todas que llamaban *Xucótzin*. Estas cuatro hermanas decían que significan a todas las mujeres que son aptas para el acto carnal. El tercer nombre de esta diosa es *Tlaelquani*, que quiere decir "comedora de cosas sucias"; esto es, que decían las mujeres y hombres carnales, confesaban sus pecados a esta diosa cuanto quiera que fuesen torpes y sucias, que ellas los perdonaban... También decían que esta diosa o diosas tenían poder para provocar la lujuria, y para inspirar cosas carnales, y para favorecer los torpes amores, y después de hechos los pecados decían que tenían poder para perdonarlos, y a limpiar de ellos si los confesaban a sus sátrapas". Cuando hombres y mujeres confesaban estos pecados de "lujuria", los sacerdotes les ordenaban que hicieran una serie de penitencias, entre ellas que cuando se celebrara la fiesta de las diosas *Ixcuiname* o de la carnalidad, ayunaran durante cuatro días, y que se atravesaran la lengua con una espina de maguey (v.); luego, por este agujero debían pasar gran número de pajas o mimbres, que después debían arrojar hacia atrás de la espalda. *Tlazoltéotl* fue una diosa relacionada con la Luna (v.) y con el nacimiento. Frecuentemente se representa dando a luz y vestida con la piel de una víctima.

Su imagen tenía una nariguera en forma de luna, con la boca manchada de hule y en el tocado llevaba un huso y una rama de algodón sin hilar, clavados en una banda de algodón. Su sacerdote se llamaba *tlazolcuacuilli*.

tletonatiuh. "sol de fuego". NAHUAS. Conocido también como *Nahui Quiáhuitl* "cuatro lluvia". Es uno de los cinco soles o edades cosmogónicas (*v.*). En ésta *Tláloc* (*v.*) se convierte en Sol (*v.*) por mandato de *Tezcatlipoca* (*v.*). Este Sol o era está asociado al color rojo y al rumbo Este (*v.*). Fue habitada por hombres que se alimentaban de *cincocopi* y que fueron convertidos en aves después de que una lluvia de fuego cayó sobre la tierra. A esta lluvia de fuego sobrevivió una pareja humana. Algunos investigadores han llegado a interpretar esto como el registro de antiguas erupciones volcánicas.

Tlillan Tlapallan. "en donde está el color negro y el rojo". NAHUAS. Región o lugar mítico hacia donde marchó *Quetzalcóatl*,

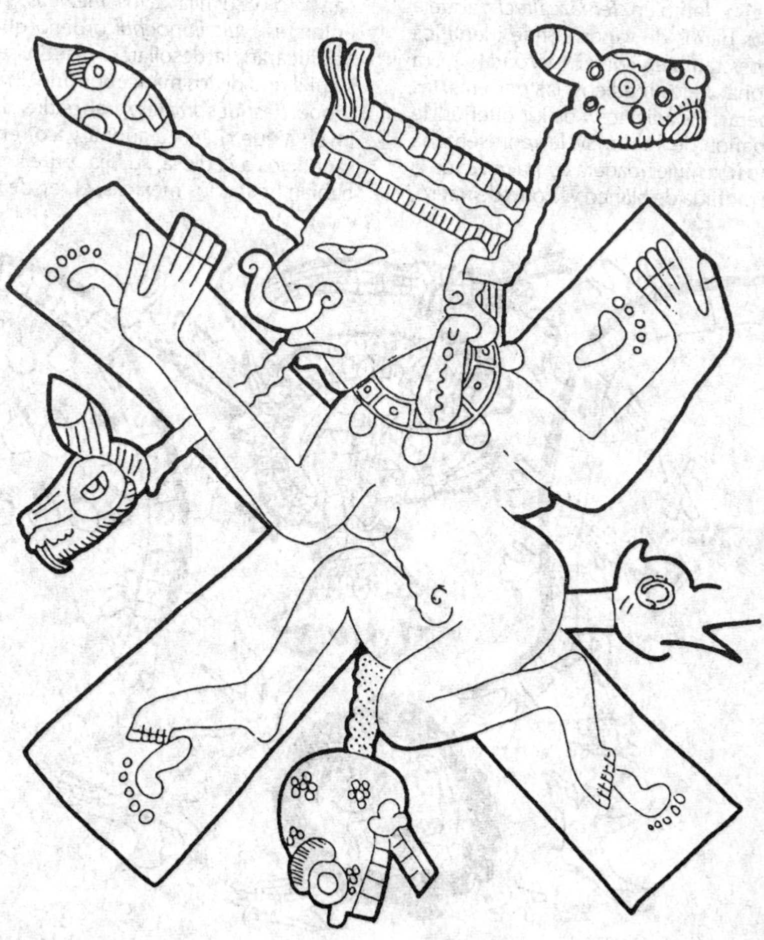

TLAZOLTÉOTL (Códice Borgia).

después de que los dioses lo hacen pecar y abandonar Tula (v.). Se le ha interpretado como una región de sabiduría, cargada de simbolismo esotérico, y los nahuas la ubicaban al Este (v.), más allá del mar.

TLOQUE NAHUAQUE. NAHUAS. Se ha traducido como "el Señor del cerca y del junto". El dios supremo de los nahuas.

TOCI. "nuestra abuela". NAHUAS. Recibía varios otros nombres: *Teteo Innan* "la madre de los dioses"; *Tlalliyollo* "corazón de la tierra"; *Yoaltícitl* "médica nocturna" y también *Temazcalteci* "abuela de los baños de vapor". Se le identifica a veces también con *Cihuacóatl* (v.). Era patrona de los médicos, las parteras, las yerberas, los adivinos y de los dueños de los baños de vapor. Se le representaba como una mujer madura con la mitad de la cara pintada de blanco y la otra de negro. Como tocado llevaba un rollo de algodón sin hilar y todo su vestido era blanco, adornado con caracolillos; en una mano llevaba una rodela y en la otra una escoba (v. indumentaria). Un relato tardío referente al origen de la diosa dice que cuando llegaron los mexicas al valle de México fueron recibidos por los *culhuaques,* habitantes de un pueblo que ya se encontraba establecido ahí. *Huitzilopochtli* (v.) ordenó a los mexicas que pidieran una hija al rey de Culhuacan, para que fuera la esposa del jefe mexica y diosa de ellos. Aceptó el rey de Culhuacan y dio su hija a los mexicas, pero entonces *Huitzilopochtli* ordenó que la sacrificaran, la desollaran y que vistiera su piel uno de los mancebos principales, y que después invitaran al padre de la joven a que viniera a adorar y a ofrendar sacrificios a la diosa, su hija. Ante lo que habían hecho los mexicas, el rey de Cul-

Tletonatiuh, "sol de fuego" (Códice Vaticano-Ríos).

huacan reaccionó mandándolos perseguir con el fin de exterminarlos, por lo que éstos tuvieron que esconderse en los lugares más inhóspitos. La fiesta de *Toci* se celebraba en el mes de *ochpaniztli*, que coincidía con el equinoccio de otoño, cuando las devotas de esta diosa ofrecían a una esclava, la cual hacía el papel de *Toci* (v. imágenes vivientes) y como tal era tratada ocultándosele que pronto moriría, pues se suponía que no debía estar triste. El sacrificio se efectuaba en la noche y al cuerpo se le cortaba la cabeza y se le desollaba. La piel del muslo la usaba como careta un sacerdote que escenificaba a *Cintéotl*, dios del maíz e hijo de la diosa, y el resto de la piel lo vestía un sacerdote que representaba a *Toci*. Después había una especie de batalla entre el sacerdote vestido con la piel de la mujer sacrificada y varios guerreros que llevaban en la mano, además de sus armas, escobas ensangrentadas. Se hacían además otros sacrificios y otra serie de ritos, que culminaban cuando se iba a dejar la piel de la imagen viviente al templo de *Toci*, el *tocititlan*, que se encontraba en las afueras de la ciudad. Otro de los lugares donde se le veneraba era el *atenchicalco* o "ribera de cangrejos", en donde se encontraban unas sacerdotisas llamadas *cihuacuacuilli* y *cihuacuacuilli iztaccíhuatl* (*cihuacuacuiltin*), encargadas de barrer y encender el fuego, así como de las flores y el tabaco que se le ofrecían a *Toci*. *Atempateohuatzin* "sacerdote de Atempan" era el sacerdote encargado de que estuvieran listas las más finas plumas con que se adornaba a la imagen viviente de la diosa *Toci* y daba pregón para que los jóvenes huaxtecos comenzaran las penitencias.

TOCI (Códice Borbónico).

tochtli. "conejo". NAHUAS. Octavo día del ciclo de 260 días o *tonalpohualli* (v.) que equivale al *lamat* maya. Estaba regido por la diosa del maguey (v.), *Mayáhuel* (v.) y era un signo malo en general; los que nacían en él, serían borrachos y sufrirían las consecuencias de la borrachera. El día *dos tochtli* (v. *Ometochtli*) celebraban al dios *Izquitécatl* y a los demás dioses del pulque (v.). Festejaban su ídolo con música (v.) y baile y le colocaban enfrente una gran tinaja de piedra, llamada *ometochtli*, que continuamente llenaban con pulque los que lo hacían; los viejos y los guerreros distinguidos bebían de ella con un popote de caña. *1 tochtli* era buen signo, auguraba prosperidad y abundancia de mantenimientos, sobre todo para los labradores. El *3 tochtli* también era bueno.

Tohil. MAYAS. Nombre genérico de varias divinidades quichés y cakchiqueles. Además, como deidad de las tormentas era dueño del fuego celeste, el rayo, también relacionado con el fuego terrestre. Da el fuego a todas las tribus, pero él mismo envía una lluvia que los apaga. A cambio del fuego los hombres tenían que dar su sangre en sacrificio. // MAYAS LACANDONES. Persona que puede llevar a cabo ceremonias para establecer comunicación con los dioses.

TOHUEYO. "nuestro prójimo". NAHUAS. Nombre que recibió *Tezcatlipoca* (v.) cuando se disfrazó de huaxteco, los que andaban sin taparrabo. Según el mito, se sentó en el mercado de Tula (*v.*) a vender chiles, la hija de *Huémac* (*v.*), al verlo, se enamoró perdidamente de él; para curarla *Huémac* lo mandó traer al palacio y lo casó con ella. Como *Tohueyo* no era del agrado de sus súbditos, *Huémac* lo envió a una batalla contra un pueblo enemigo, con la intención de que lo mataran, pero en lugar de morir, regresó triunfante. Este *Tohueyo* fue posteriormente una de las causas de la caída de Tula.

TOLGOM. "el hijo del lodo que tiembla". MAYAS. Personaje mítico que muere a manos de *Gacavitz* (*v.*).

Toltecas. Este término tiene varios significados. Se le llamaba así al habitante de Tula (*v.*), pero también los miembros de diferentes grupos llevaban el nombre tipológico de toltecas. A la vez, tolteca era sinónimo de artista, por lo que era una especie de calificativo que se aplicaba a los que poseían habilidades, sobre todo en las artes y en las artesanías. Los grupos toltecas migraron al México central y conquistaron varias regiones de Mesoamérica, incluyendo zonas del área maya, en donde se establecieron como gobernantes e imprimieron un nuevo estilo artístico y arquitectónico a ciertas ciudades mayas como Chichén Itzá (*v.*). *Quetzalcóatl* (*v.*) fue el personaje dominante de esta cultura y parece que en este nombre se funden una antigua deidad de la fertilidad y un héroe mítico, considerado como fundador de todo poder político legítimo en el México central y en parte del área maya. La hegemonía tolteca terminó alrededor de los Siglos XII y XIII, posiblemente destruidos por las tribus bárbaras del norte conocidas como chichimecas, por lo que su desarrollo se ubica en el periodo Posclásico temprano (900-1200). Es el imperio documentado más antiguo del área noroeste de Mesoamérica.

TOLTÉCATL. Gentilicio de los oriundos de Tollan y nombre de uno de los dioses del pulque (*v.* Tula).

TOMIYAUH o **TOMIYAUHTECUHTLI.** "señor de la flor del maíz". NAHUAS. Uno de los dioses del pulque (*v.*). Se le representaba pintado de negro con plastas de chía en los carrillos y corona de papel con plumas de quetzal. Llevaba taparrabo y una estola de papel sobre el pecho (*v.* indumentaria), y con una mano sostenía un escudo con un nenúfar y con la otra una caña. El sacerdote que llevaba su nombre se encargaba de tener preparado todo lo que necesitaba quien representaba al dios (*v.* imágenes vivientes).

tona. "calor o energía". NAHUAS. Calor o energía que se encontraba en todo el universo, pero especialmente en el Sol (*v.*). A cada individuo le tocaba su parte de *tona*, de acuerdo con el *tonalpohualli* (*v.*) "cuenta del *tona*", y este hecho condicionaba su vida. En muchos pueblos indígenas actuales se llama *tona* al animal *alter ego* que se cree tiene la mayoría de las personas (*v. nahual*).

TONACACÍHUATL. "Señora de nuestra carne o de nuestros mantenimientos". NAHUAS. Consorte de *Tonacatecuhtli* (*v.*) y deidad creadora que se confunde con *Citlalicue* (*v.*) y con *Xochiquetzal* (*v.*). Moraba con *Tonacatecuhtli* en la parte superior de los cielos.

TONACATECUHTLI. "Señor de nuestra carne o señor de los mantenimientos". NAHUAS. Deidad creadora que habitaba en los cielos superiores y que a veces era confundida con *Ometecuhtli* (*v.*) o "Señor dos". Él y *Xiuhtecuhtli* llamaron a *Nanáhuatl* (*v.*) para que se convirtiera en Sol (*v.*), y cuando éste llegó al cielo, después de salir del fuego, él y su mujer *Tonacacíhuatl* (*v.*) lo colocaron en un trono de plumas de garza.

tonalámatl. "libro del *tonalli*". Libro en el que se registra la cuenta del *tonalpohualli* (*v.*).

tonalpohualli. "cuenta de los días o del destino". NAHUAS. Equivalente al *tzolkin* (*v.*) maya y al *piye* zapoteco. Periodo de 260 días formado por veinte signos combinados con trece numerales, que tenía un fin augural. Este calendario (*v.*) ritual estaba distribuido por toda Mesoamérica y era utilizado hasta hace poco entre algunos grupos mayenses. Se registraba en libros o códices (*v.*) llamados *tonalámatl* y había hombres especializados en su lectura y su interpretación que recibían el nombre de *tonalpouhque*.

Tonalteuhctin. "Señores de los días". NAHUAS. Los días además de tener el nombre de un signo, estaban asignados a uno de trece dioses: 1. *Xiuhtecuhtli* (*v.*), 2. *Tlaltecuhtli* (*v.*), 3. *Chalchiuhtlicue* (*v.*), 4. *Tonatiuh* (*v.*), 5. *Tlazoltéotl* (*v.*), 6. *Mictlantecuhtli* (*v.*), 7. *Cintéotl* (*v.*), 8. *Tláloc* (*v.*), 9. *Quetzalcóatl* (*v.*), 10. *Tezcatlipoca* (*v.*), 11. *Chalmecatecuhtli* (*v.*), 12. *Tlahuizcalpantecuhtli* (*v.*) y 13. *Citlalicue* (*v.*). La asignación de una deidad a cada uno de trece números debió tener como fin introducir otro elemento más para la adivinación. Además, a cada uno de estos dioses le estaba asignado un volátil (doce aves y una mariposa), por ejemplo, *Xiuhtecuhtli* iba acompañado por el ave *xiuhtótotl*, *Mictlantecuhtli* por un *tecólotl*, y *Cintéotl* era el único que se acompañaba por una mariposa.

tonalli. "día". NAHUAS. Día del ciclo de 260 días o *tonalpohualli* (*v.*) que lleva implícito una carga de energía que marcará el destino del que nace en él. Cada *tonalli* recibía el nombre de uno de los

TONACATECUHTLI (Códice Borgia).

trece numerales combinado con uno de los veinte signos, con un dios de los *tonalteuhctin* (*v.*) y uno de los *yohualteuhctin* (*v.*) y un animal volátil (*v.* calendario).

TONANTZIN. "Nuestra madre". NAHUAS. Estaba asociada a la diosa de los mantenimientos. Tenía un adoratorio en el cerro de Tepeyacac, en donde actualmente se encuentra el santuario a la Virgen de Guadalupe (*v.* cerros).

TONATIUH. "el luminoso o el que calienta". NAHUAS. Es el dios del Sol (*v.*). Se le llama también *Piltzintecuhtli Xiuhpiltontli* "el joven precioso", *Temoctzin* "el que baja", *Tepan Temoctzin* "el que baja en nuestro favor", *Tonámetl,* "rayo o calor de luz", *Yaomiqui* "muerto en la guerra" así como *Ipalnemouani* "aquel por quien vivimos". *Tonatiuh* era la máxima fuente de energía caliente en el universo. Como deidad, el Sol era representado antropomorfa y simbólicamente. Como dios antropomorfo se le representaba con un penacho de plumas de águila que en la parte frontal llevaba la cabecita de un ave preciosa; tenía el cabello rojo y una pintura facial, también roja, que iba de la frente a las mejillas haciendo curva, según se puede ver claramente en la famosa "piedra del Sol". En el pecho luce un pectoral de oro y los extremos de su taparrabo tienen plumas de águila (*v.* indumentaria). En cuanto a su forma simbólica, el Sol llegaba a ser representado como el *ollin* o "movimiento", que era el decimoseptimo signo del calendario (*v.*) ritual. Parece ser que la imagen que los mexicas adoraban en el templo del Sol de Tenochtitlan (*v.*) era igual a la representada en la piedra del mismo nombre, según dice Durán (*v.*): "...una cara humana con rayos, que salen de ella como una rueda".

TOPILTZIN. NAHUAS. Uno de los nombres de *Quetzalcóatl Ce Ácatl* (*v.*).

tortuga. (Eretmochelys imbricata). NAHUAS. *Tezcacóatl ayopechtli* "la que está en el asiento de tortuga", era una diosa de los nacimientos que posiblemente se identifica con *Mayáhuel* (*v.*). En el Códice Laud se representa a *Mayáhuel* sentada sobre una tortuga. Además, el caparazón de este animal se utilizaba como instrumento musical de percusión (*v.* códices y música). // MAYAS. Había unos dioses, identificados con los *bacabes* (*v.*) y relacionados con la tierra, que llevaban caparazones de este animal sobre la espalda. // ZAPOTECOS. (*v. Pitao Cozobi* y *Cosana*).

TOTEC. NAHUAS. (*v. Xipe Totec*).

Totilme'iletic. "padres y madres". MAYAS TZOTZILES. Seres que viven en las montañas sagradas alrededor de los pueblos así como en los nacimientos de agua. No sólo dan a los hombres alimentos sino que también los premian y castigan de acuerdo con su comportamiento. Tienen grandes corrales en el interior de una montaña, en los que encierran animales selváticos, que son los *nahuales* de cada habitante de la comunidad. Cuando alguna persona se porta mal, los *totilme'iletic* sueltan a su *nahual*, el que entonces corre peligro de ser cazado o de que le ocurra otro percance, pues lo que le suceda al *nahual* afectará igualmente a la persona. Aparentemente están muy relacionados con otros dioses terrestres, como los *tzultacah* (*v.*) (*v. nahual*).

Totochtin. "los conejos". NAHUAS. Conocidos también como los *centzontotochtin* o "cuatrocientos conejos". Eran los dioses del pulque (*v.*) y estaban estrechamente relacionados con *Mayáhuel* (*v.*), la diosa del maguey (*v.*) y del pulque. También se les relacionaba con la fertilidad en general y con la Luna (*v.*). Lo que más caracterizaba su indumentaria (*v.*) era el tocado de plumas de garza, la nariguera en forma de Luna, y el escudo llamado de "dos conejo", que igualmente tiene la figura estilizada de la Luna; además en una mano llevaban un hacha de piedra. Los conejos, como los *tlaloques* (*v.*), o los *mixcoas,* son un grupo de deidades que comparten un campo: en este caso, como se ha dicho, es el de la producción del pulque. En conjunto, son conocidos como los *centzontotochtin*, de los cuales, *Patécatl* (v.) descubrió la raíz con la que se producía la fermentación del aguamiel, y fue también esposo de *Mayáhuel*. Otros de los *totochtin* son *Izquitécatl*, *Toltécatl* (v.), *Macuiltochtli* (v.) y *Papaztac* (v.) entre otros. Se celebraba a estos dioses en el mes de *etzalcualiztli* y especialmente en el día "dos conejo", *Izquitécatl*. En este día después de efectuar una danza y presentar ofrendas a los dioses, se colocaba frente de la imagen de *Izquitécatl* una gran tinaja de piedra con popotes de carrizo. Los que producían el pulque iban llenando esta tinaja, de la que podían beber los ancianos, tanto hombres como mujeres, así como los guerreros distinguidos. Todo el ritual relacionado con el pulque tenía gran importancia.

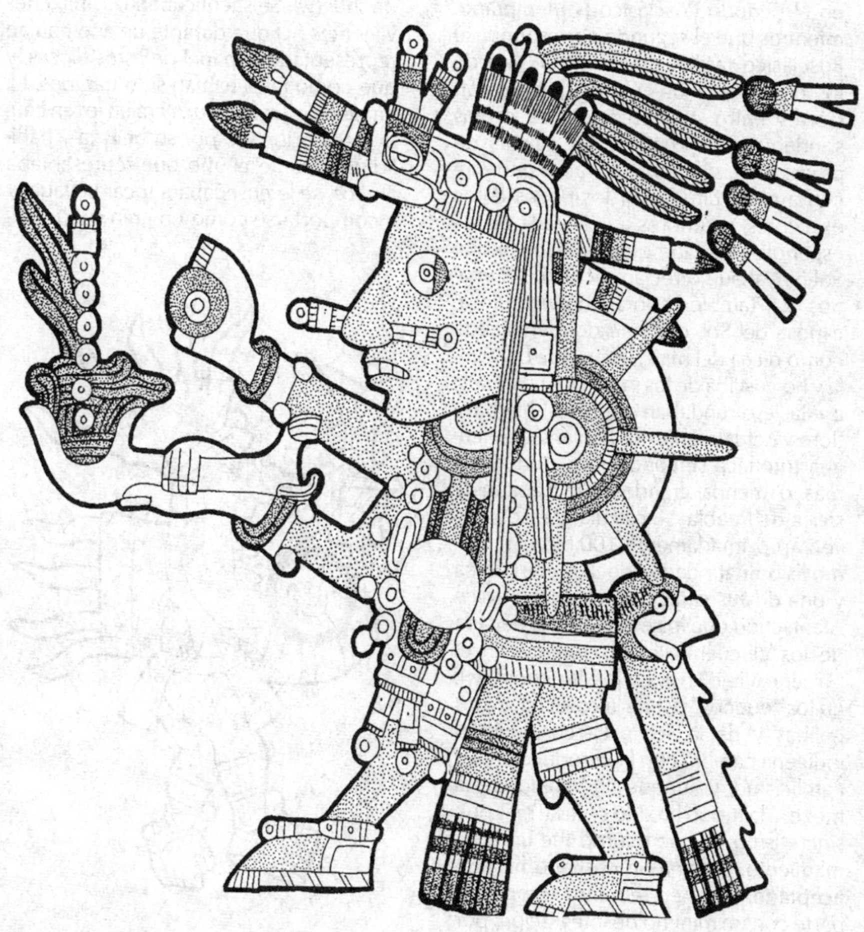

TONATIUH (Códice Borgia).

Por otra parte, había gran número de sacerdotes que recibían también el nombre de "dos conejo", y que estaban a cargo de la preparación del pulque ritual.

Totonacos. Fue el pueblo que vivió en lo que es ahora Veracruz y parte de Puebla, entre las costas del Golfo de México, el río Cazones al norte, y el río de la Antigua al sur. Los dos sitios arqueológicos totonacos más importantes fueron el Tajín y Zempoala. El primero había sido abandonado como centro religioso mucho antes de la llegada de los españoles, en el periodo Posclásico (*v.*) temprano, mientras que el segundo corresponde al Posclásico tardío, e incluso fue uno de los primeros sitios con los que Hernán Cortés entró en contacto. Las caritas sonrientes, los yugos y las palmas de piedra exquisitamente labrados pertenecen a esta cultura. Por los pocos datos existentes, anteriores a la llegada de los españoles, se sabe que rendían culto al Sol (*v.*), al que ofrecían sacrificios humanos (*v.*). También adoraban a una diosa, esposa del Sol, que ha sido identificada como diosa del maíz, la cual era benévola y no gustaba de los sacrificios humanos; a ella le ofrendaban animales, hierba y flores. Actualmente, los hablantes de lengua totonaca se concentran en núcleos más o menos grandes que habitan la sierra de Puebla; se calcula que sobreviven aproximadamente 100 000. Su cosmovisión data de la época prehispánica y una de sus características, según dice Alain Ichon que los estudió en la década de los cincuenta, es la creencia en el "Trueno Viejo" (*v.*), en los "truenos" (*v.*), en los "dueños" (*v.*) de la cosecha, de las colinas y de la selva. La cosmovisión indígena cambió con la introducción del catolicismo, y aunque ha habido cierta mezcla, la fusión ha sido escasa; más que sincretismo, lo que ocurrió fue un encimamiento. El panteón cristiano ha sido aceptado, parte en términos totonacos, parte con un mínimo de integración; por ejemplo, la súplica a los antiguos "dueños" se hace a través de un chamán, mientras que la misa es otra ceremonia usada para evitar el mal de lo sobrenatural y los "santos" viajan por los aires, por donde tienen su propio camino.

TOX. MAYAS TZELTALES. *13 Tox*. Señor del inframundo y sexto día del calendario (*v.*) quiché, equivalente a *cimi* (*v.*).

tóxcatl. "sequedad". NAHUAS. Quinto mes del calendario (*v.*), correspondiente a mayo-junio. Se festejaba a los dioses *Tezcatlipoca* (*v.*), y *Tlacahuepan Cuexcotzin*, este último una advocación de *Huitzilopochtli* (*v.*). Se sacrificaban las imágenes vivientes (*v.*) que durante un año habían representado el papel de estos dioses, y que como tales habían sido tratados. La imagen de *Tezcatlipoca* era un joven cautivo seleccionado por su belleza y habilidad; durante el año que representaba al dios, se le enseñaba a tocar la flauta y a comportarse como un gran señor; asi-

Atavíos de un Totochtin (Códice Matritense).

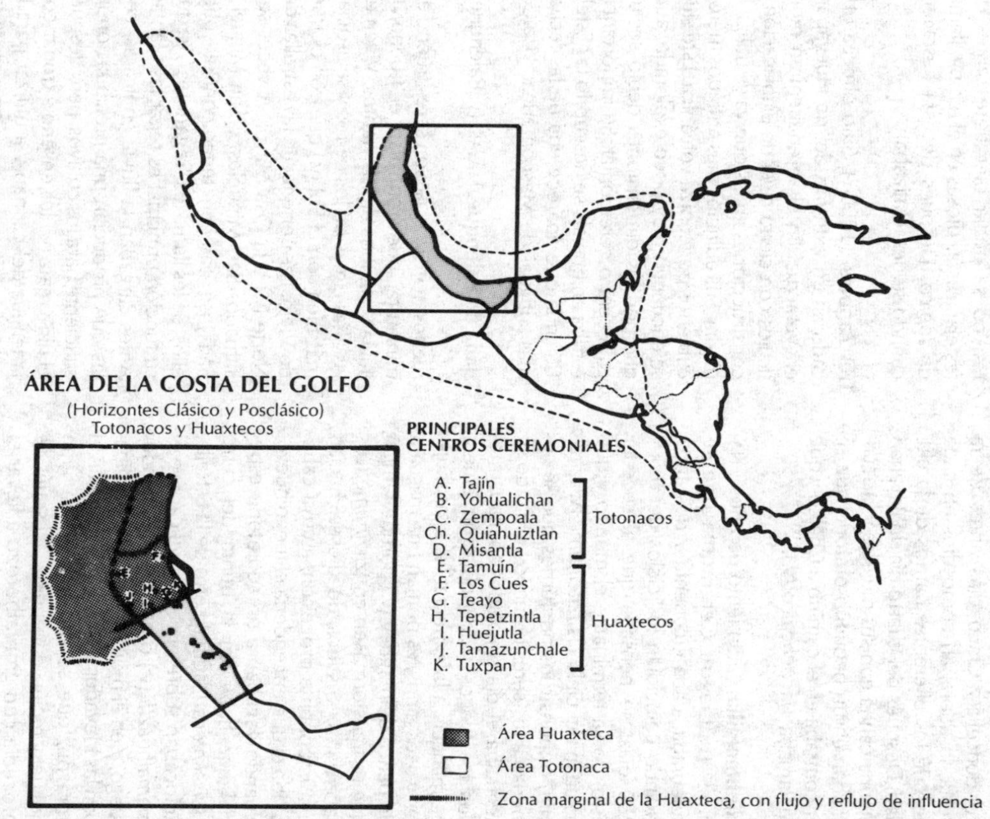
ÁREA DE LA COSTA DEL GOLFO
(Horizontes Clásico y Posclásico)
Totonacos y Huaxtecos
PRINCIPALES
CENTROS CEREMONIALES
A. Tajín
B. Yohualichan
C. Zempoala
Ch. Quiahuiztlan
D. Misantla
Totonacos
E. Tamuín
F. Los Cues
G. Teayo
H. Tepetzintla
I. Huejutla
J. Tamazunchale
K. Tuxpan
Huaxtecos
Área Huaxteca
Área Totonaca
Zona marginal de la Huaxteca, con flujo y reflujo de influencia

mismo, le pintaban el cuerpo de negro y lo ataviaban ricamente con ropas y adornos especiales (*v.* indumentaria), dejándole el pelo largo hasta la cintura. Veinte días antes de su sacrificio (*v.*) le lavaban el cuerpo para quitarle el tinte, le ponían otra indumentaria y lo casaban con cuatro doncellas. Cinco días antes de la fiesta, lo adoraban como dios en cada uno de los diferentes barrios de la ciudad. Después del cuarto día, lo llevaban en una canoa con sus mujeres y lo sacrificaban en un pequeño oratorio que se encontraba en el camino a Chalco y que se llamaba *Tlacochcalco* (*v.*).

toxiuhmolpilia. "atamiento de años". NAHUAS. (*v.* fuego). Ceremonia que se celebraba cada cincuenta y dos años, cuando coincidían los ciclos de 365 y 260 días; se pensaba que al suceder esto, podía terminarse el mundo y que bajarían del cielo las *tzitzimime* (*v. tzitzimitl*) o monstruos nocturnos que se comerían a los seres humanos. Cuando se acercaba el día señalado, apagaban todos los fuegos y la población entera permanecía a la expectativa, a las mujeres y a los niños les ponían una máscara de penca de maguey (*v.*) porque temían que se transformasen en *tzitzimime*. Los sacerdotes, vestidos de dioses, hacían una imponente procesión, a cuya cabeza iba el que encendería el fuego nuevo. Cuando llegaban a un adoratorio especial que había en la punta del cerro *Huixachtécatl*, actual cerro de la Estrella, colocaban sobre el pecho del cautivo el *mamalhuaztli* (*v.*) o palos para encender fuego, y en el momento en que culminaban las Pléyades en el cenit le extraían el corazón, que se arrojaba a una gran hoguera recién encendida. Después se procedía con gran alborozo a llevar el fuego nuevo a los diversos templos, desde donde era distribuido a toda la población.

tozoztontli. "pequeña velación". NAHUAS. Tercer mes del calendario de 365 días o *xíhuitl* (*v.*) que coincidía con el mes de abril. Se festejaba principalmente a los dioses del agua, *Tláloc* (*v.*) y a *Chalchiuhtlicue* (*v.*), a los que se ofrendaba en los montes niños en sacrificio (*v.*). En segundo lugar se festejaba a las diosas *Coatlicue* (*v.*) y *Tona* (*v.*) que eran patronos de los *xochimanque* o cultivadores de flores; no se podía oler flores antes de festejar a estas diosas en el templo llamado *Iopico*. Después de esta fiesta era cuando se desacralizaban.

Tres Zapotes. (1000-?). Sitio olmeca ubicado en un extremo del río Hueyapan, en Veracruz. En él se encuentran montículos con cierto nivel de planificación y construcciones en las que ya se utiliza la piedra. Sus edificios más antiguos fueron cubiertos por ceniza volcánica. Este sitio se encuentra muy poco explorado, aunque por sus dimensiones debió ser un gran centro ceremonial. Su importancia estriba en que allí se descubrió la "Estela C" en la que aparece una de las fechas más antiguas de Mesoamérica: 31 a.C.

Tríada de Palenque. MAYAS. (*v.* Palenque).

Truenos. TOTONACOS. Son seres trueno en miniatura, que controlan el trueno, la lluvia y algunos de los vientos. Viven en las altas cimas de los cerros y se asocian más bien con el Sol (*v.*) que con el Trueno Viejo. Les pertenecen las estrellas del Norte (*v.*) y la Osa Mayor. A veces son llamados San Migueles, y San Miguel y San José parecen tener control sobre ellos. Se les llama los "regadores", ya que su función principal es regar las plantas. Antes cargaban la lluvia en jícaras, con las que producían una precipitación insuficiente para los cultivos, pero después el niño maíz (*v.*) les enseñó a tronar con la lengua del caimán y a utilizar para la lluvia las nubes, que son transportadas en ayates. Hay cuatro truenos principales, que también son llamados Juan Tamaris, Alejandro, Gabriel y Gregorio. Cada uno de ellos reside en un rumbo del universo. También se les considera sostenedores del mundo. Bajo sus órdenes están los trece pequeños truenos machos y hembras a los que se llama *sanat-cisku* "hombres flores" y que son asimilados con santos católicos. Estos trece pequeños truenos son hombrecitos vestidos de verde con ropa de mestizo. Viven en las cavernas y en las colinas. El trueno, y los truenos en general, tienen un carácter triple: son el relámpago, el rayo y el trueno al mismo tiempo.

TRUENO VIEJO. *Aktsini'*. "Aquel que hace temblar". TOTONACOS. También se conoce como San Juan Bautista y San Juanito. Su existencia es anterior a la del Sol y era dueño de todas las aguas, excepto la de las lluvias, según parece. Vive en la "gran agua" hacia el Este, al final del mar y de los cielos. Está deseoso de destruir al mundo inundándolo, porque las personas que mueren ahogadas se convierten en sus servidores; a los hombres los pone a cavar los lechos de los ríos y a las mujeres las hace sus esposas (*v.* muerte). Aunque principalmente es dios del agua y del trueno, también es uno de los pilares del mundo en el Oriente. Es cazador, bebedor y muy ruidoso. Hay

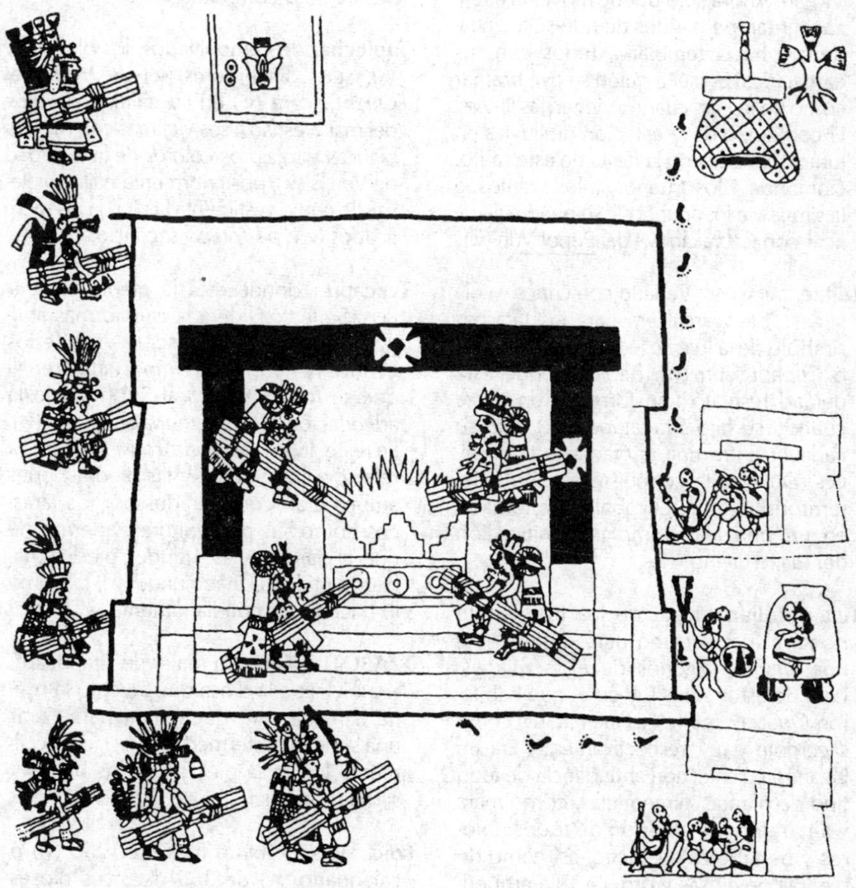

Ceremonia del Fuego Nuevo en el año Ome ácatl "dos caña" (Códice Borbónico).

todo un ciclo de San Juan como héroe civilizador, inventor de los tubérculos, receptor de todas las ofrendas y amigo de los animales. El dominio de Juan es subterráneo; fabrica a los animales de madera y luego los utiliza como peones. Juan mató a una enorme serpiente pitón llamada "siete cabezas" o "diecisiete cabezas", que vivía en Chicontepec y tenía asolada a la población; ésta lo convenció de que llevara a cabo esta hazaña regalándole "refino", pero después lo engañó y lo hizo que cayera de cabeza al mar, en donde finalmente lo encadenaron de manos y pies con los cabellos de la Virgen. Ahora sólo puede mover la cabeza y gritar, pero antes de que se le encadenara hacía temblar a todos con sus carcajadas. Es a él a quien se oye bramar como un jaguar, cuando vienen las lluvias. El comienzo de la estación de lluvias en junio coincide con la fiesta de este santo. Comanda a los truenos, a los vientos, a la sirena y a los "dueños"; se puede identificar con *Cabrakán* (v.) del Popol Vuh (v.).

tuitze. TARASCOS. Venado con crines y cola largas. Este animal era para los tarascos símbolo de la luz. Se le ligaba al Sol Viejo o *Cupantzieeri* (v.), debido a que esta deidad resucitó transformado en *tuitze* cuando su hijo *Sira-tatáperi* (v.) dejó su cadáver entre una parvada de codornices. Durante la conquista española del territorio tarasco, el caballo fue tomado en un principio como personificación del *tuitze* divino.

Tula o **Tollan.** "lugar de los tules". Este nombre fue utilizado para designar varios lugares, algunos de ellos míticos. Uno de estos sitios fue en el que habitaron *Quetzalcóatl* (v.) y *Huémac* (v.) como sacerdote y rey, respectivamente. Era un lugar floreciente, con abundancia de todo tipo de plantas alimenticias, como maíz y amaranto, de algodón de todos colores y de árboles de cacao, así como de piedras preciosas y oro. La Tula arqueológica se encuentra en el estado de Hidalgo, floreció de 950 a 1200 y fue habitada por los toltecas (v.). En ella destacan bajorrelieves con efigies de guerreros, de huesos y calaveras, de jaguares y de águilas devorando corazones humanos. En Tula se encontraron restos de un juego de pelota (v.) y del *Chac Mool* (v.), figura masculina reclinante sosteniendo un receptáculo en el vientre.

Tulan. MAYAS. Sitio mítico en donde las tribus quichés y cakchiqueles reciben el señorío y el poder y también a sus dioses *Tohil* (v.), *Gacavitz*, *Avilix* y *Nicahtacah*.

tun. MAYAS. Lapso de 360 días, unidad básica para cómputos.

Tupiecha. "los empolvados, los blancos". TARASCOS. Sacerdotes (v.) de *Hurende-Quahue-cara* (v.) en su calidad de dios del mar. Vestían a sus víctimas con mantas blancas y rojas, los colores de la dualidad de Venus (v.), posteriormente bailaban llevando como vestimenta la piel de los sacrificados (v. *Xipe Tótec* y sacrificio).

Tzacapu. "donde está la piedra". TARASCOS. Se le considera la ciudad más antigua de la historia tarasca y uno de los centros religiosos más importantes, en el que se rendía tributo al Sol (v.) bajo la advocación de *Querenda-angápeti* (v.). En este lugar se hacía muy patente la relación entre el Sol y las piedras, pues ambos eran considerados por los tarascos como sus progenitores, además de que creían que las grandes piedras habían surgido del inframundo (v.), tal como lo hace el Sol cotidianamente.

TZAPOTLATENA. "la mujer de Tzapotlan". NAHUAS. Fue la diosa que inventó la resina llamada *úxitl* que servía para curar una serie de enfermedades (v.), especialmente las de la piel, como las bubas y sarna (v. medicina).

tzec. MAYAS. Quinto mes del *haab* (v.) o calendario (v.) de 365 días, sus dioses patronos eran el cielo y la tierra. Su principal fiesta es la que hacían los apicultores al *Bacab Hobnil* (v. *Hobnil* y abejas).

tzintzuni. "colibrí". TARASCOS. Esta ave es de gran importancia en la mitología tarasca, pues es la representación de Venus (v.) en su advocación de *Curita-Caheri* (v.) o mensajero de la guerra, y que tenía sus principales templos en la ciudad de *Tzintzuntzan* (v.), que significa precisamente "donde está el colibrí". Existen grandes paralelismos entre mexicas y tarascos respecto de esta ave (v. *Huitzilopochtli*).

Tzintzuntzan. "donde está el colibrí". TARASCOS. Ciudad capital del reino tarasco, dedicada a Venus (v.) en su advocación de *Curita-Caheri* (v.) o mensajero de la guerra (v.). Contaba con un monumento quíntuple o de cinco Yácatas, que eran pirámides con planta mixta circular y rectangular, montadas sobre una gran plataforma, y que representaban a *Curicaueri* (v.) y sus cuatro hermanos o *Tiripemencha* (v.). En este sitio se le daba especial importancia a la práctica del sacrificio humano (v.).

TZITZÍMITL. NAHUAS. El plural de *Tzitzímitl* es *tzitzimime*. Seres sin carne, sólo de hueso, que rodeaban sus cuellos y cabezas con corazones humanos y habitaban en el segundo cielo. Se les temía mucho porque se creía que en los eclipses (v.) de Sol (v.) y al terminar uno de los ciclos de 52 años, el mundo se acabaría con un terremoto y entonces las *tzitzimime* devorarían a los hombres (v. *toxiuhmolpilia*). Además, bajaban a la Tierra, de cuando en cuando, sobre todo en el mes de *quecholli*, para atemorizar a los humanos. Posiblemente eran la personificación de las estrellas fugaces. También se dice que eran diosas de los aires y que traían los truenos y relámpagos y rodeaban a *Huitzilopochtli* (v.). En una de las leyendas de la creación del pulque (v.), las *tzitzimime* vivían en el cielo con *Mayáhuel* (v.), la que después se convirtió en el maguey (v.).

tzolkin. "cuenta de los días". MAYAS. Calendario ritual de 260 días formado por la combinación de 13 meses de 20 días (13 × 20 = 60). Es el equivalente del *tonalpohualli* de los nahuas (v. calendario).

tzompantli. "hileras de cabezas". NAHUAS. Eran estructuras de madera que sostenían unos palos horizontales en los que se "ensartaban" las calaveras de los sacrificados. Estos *tzompantli* se encontraban a un lado de los templos más importantes del altiplano central, así como en otras áreas de Mesoamérica. En Tenochtitlan había por lo menos tres, el del *huey teocalli* (v.), el de *Yacatecuhtli* (v.) y el de *Mixcóatl* (v.). El del *huey teocalli* se llamaba *huey tzompantli* y en él se colocaban los cráneos de los sacrificados en la fiesta de *panquetzaliztli* (v.).

Tzultaçah. "montaña llanura o montaña valle". MAYAS KEKCHIS. También son llamados *anhel* (v.) y son los dioses de la tierra (v.) y del trueno. Hay machos y hembras y son innumerables; pueden vivir en un

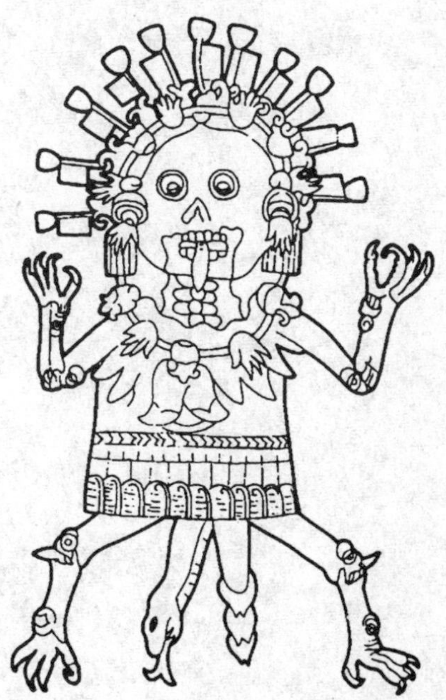

TZITZÍMITL (Códice Magliabechi).

manantial o en un río, o bien personificarlos. Son los señores de determinada montaña con la que se identifican, y en donde habitan en una cueva o en un cenote. Las inundaciones son signos exteriores de las fiestas que celebran en el interior de la tierra. Son los dueños del trueno y del rayo y los truenos sus voces. En ocasiones lanzan hachas de piedra que también matan, y tienen animales encerrados en corrales, dentro de las montañas.

U

UAC MITUN AHAU. MAYAS. Dios de la muerte (*v.*) y patrón de los años asignados a los días *kan*, al Sur (*v.*) y al color amarillo. Su glifo aparece en monumentos del periodo Clásico (*v.*).

UACÚSECHA. "el águila" o "el señor águila" (v). TARASCOS. Deidad de Pátzcuaro (*v.*), personificada por una de las cuatro grandes piedras o *petátzequa* (*v.*) sobre las cuales se fundó dicha ciudad. Representaba a uno de los *Tiripemencha* (*v.*) o hermanos de *Curicaueri* (*v.*). Por otra parte, con este nombre se designaba a los *uacúsecha*, que era la tribu o grupo principal de los tarascos, de origen chichimeca, del que se pensaba descendía el *Cazonci*, principal señor tarasco. El águila también es representación de *Curicaueri*, es decir del Sol (*v.*); por lo tanto, es un ave solar, lo que otorga a los tarascos la connotación de pueblo escogido por el Sol. Existe gran similitud con los mexicas en este aspecto.

Uarichao. "lugar de mujeres". TARASCOS. Región de los muertos situada al Occidente a donde iban las *auicanime* (*v.*) convertidas en guerreras. Es equivalente al *Cincalco* (*v.*) o *Cihuatlán* de los nahuas. Estaba gobernada por los dioses de la muerte y de la guerra (*v.* inframundo y Oeste).

Uatarecha. TARASCOS. Son los cuatro sacerdotes de la diosa *Xarátanga* (*v.*), los cuales, después de embriagarse, se burlaron de los ritos de la diosa, por lo que ésta los castigó mandándoles vómitos y convirtiéndolos en culebras. Transformados en serpientes (*v.* serpiente) huyen a Uayameo, región habitada por chichimecas, pero ahí se espantan por los gritos que éstos dan y entonces regresan a Tzintzuntzan (*v.*). En Tariacaherio penetran en la tierra, por lo que el sitio se llamó desde entonces Quahueinchatzéquaro "donde *Quahue* entró a la tierra". (*v. Quahue*). Este hecho lo tomaron los chichimecas *uacúsecha* como un augurio para dividirse en cuatro grupos y tomar un *Tirípeme* como deidad patrona (*v. Tiripemencha*).

UAXANOTI. "el que está sentado en el patio". TARASCOS. Mensajero o correo celeste e intermediario entre los hombres y los dioses. Está representado plásticamente por la figura conocida como *Chac Mool* (*v.*) y se cree que esta figura representa también a Venus (*v.*) en su advocación de *Curita-Caheri* (*v.*) o sacerdote mensajero de *Curicaueri* (*v.*).

uayeb. MAYAS. Últimos cuatro o cinco días del calendario (*v.*) de 365 días o *haab* (*v.*), equivalentes a los *nemontemi* (*v.*) nahuas. Se consideraban de mal augurio. Toda la población se abstenía de lavarse, peinarse y despiojarse. Además había un severo ayuno y abstinencia sexual.

UHCUMO. "topo". TARASCOS. Deidad de la muerte. (*v.* inframundo).

uinal. MAYAS. Periodo de veinte días. Lapso que se designa como "mes" maya (*v.* meses).

UINTUROPATI. "lleno de espigas de maíz". TARASCOS. Se tienen pocos datos sobre esta deidad. Bien podría ser la diosa del maíz de los tarascos, aunque también tiene relación con la semilla de la chía. Lo cierto es que es una de las múltiples deidades de los mantenimientos.

UIRAUANECHA. "conejos echados". TARASCOS. Deidades de la "mano izquierda" o del Sur (*v.*), identificadas con las deidades del pulque (*v.*); también son dioses de la Tierra Caliente, ya que ésta se hallaba al sur de la región tarasca (*v.* conejo).

UITZIMENGARI. TARASCOS. Era el dios perro que ayudaba a los ahogados en su camino a Pátzcuaro (*v.*) o mundo de los muertos. Es también el perro guía de *Chupi-Tirípeme*, principal deidad del agua (*v.* agua, muerte, inframundo y perro).

ukabku. "mano del dios". MAYAS. Cuchillo de sacrificio (*v. técpatl*).

ULNCIR KOPOT. MAYAS. Dios bisexuado, dueño de las plantas medicinales y patrón de los herbolarios (*v. Ix Chel*, medicina).

UITZIMENGARI, el dios perro de los tarascos (Museo Nacional de Antropología).

uni-insperánsquaro. "enterramiento de huesos". TARASCOS. Fiesta ritual tarasca en la que se enterraban los cráneos descarnados del *eraquaréquaro* (*v.*) el equivalente de *tzompantli* (*v.*) mexica. Era presidida por un *Axame* (*v.* sacerdotes) o sacrificador, el cual contaba la historia de los huesos. En esta fiesta participaban hombres y mujeres con cantos y bailes rituales, vestidos con ropas blancas y rojas, que son los colores de la dualidad de Venus (*v.*).

UNO CIERVO o **UNO VENADO.** MIXTECOS. Padre y madre de todos los dioses. Nombre de la dualidad o pareja divina formada por "Uno Ciervo Culebra de León" (masculino) y "Uno Ciervo Culebra de Tigre" (femenino), y que eran el principio de los demás dioses y los creadores de todas las cosas. El mito narra que la pareja "Uno Ciervo" hizo brotar de las aguas una gran peña sobre la cual edificó los suntuosos palacios que fueron su morada en la tierra. Estos palacios eran una especie de paraíso o lugar de abundancia; el más alto sostenía el cielo y guardaba un hacha de cobre. Los mixtecos ubicaban esta peña junto a la población de Apoala. La dualidad "Uno Ciervo" procreó dos hijos varones, "Viento de Nueve Culebras" y "Viento de Nueve Cavernas" (*v.*), quienes honraron a sus padres con la primera ofrenda que se hizo en el mundo. La pareja "Uno

UNO CIERVO, en su aspecto masculino y femenino (Códice Vindobonensis).

Ciervo" también creó la tierra, el cielo y la claridad. Sus obras, así como las de sus hijos, fueron destruidas por un diluvio (v), después del cual, el dios "creador de todas las cosas" restauró el cielo, la tierra y a los mixtecos. La pareja "Uno Ciervo" tiene su equivalente en el *Ometéotl* (v.) "Dios dos" de los nahuas (v. creación del mundo y de los hombres, y dualidad cósmica).

uo. "rana" (v.). MAYAS. Segundo mes de los dieciocho del *haab* (v.) o ciclo de 365 días; su dios patrono era el jaguar del inframundo (v.) y su número asociado el 7. Las principales fiestas las hacían los sacerdotes en honor de *Kinich Ahau Itzamná* (v. *Kinich Ahau*).

UOTAN. MAYAS TZELTALES. Es el tercer día en el calendario tzeltal, y corresponde al yucateco *akbal* (v.). Es el "corazón de la ciudad o de la gente", "señor *tunkul* o *teponaxtle*" (v.) y el primer hombre que mandó Dios a repartir la tierra entre los indios. Puso tesoros en una jarra sellada y tapires en una casa que formó al soplar. Casi con toda seguridad es el equivalente del dios jaguar de la oscuridad y el número siete, señor del día *akbal*.

U YUM CAP. "señor(es) de la tierra". MAYAS. Enanos de los putunes. Es también un nombre lacandón del espíritu del arco iris, alias *Ah Xuce*.

V

venado. (Odoicoleus virginianus). Era y sigue siendo entre algunos grupos indígenas actuales un animal de suma importancia, tanto desde el punto de vista alimenticio como ritual. // NAHUAS. Es el tercer signo del calendario de 260 días (v. *mázatl*). Animal relacionado con el Sol (v.), aunque no parece tener la importancia que le daban otros pueblos mesoamericanos. // MAYAS. En uno de los mitos mayas el venado fue el que formó con su pezuña los órganos sexuales de la Luna (v.), misma que fue la primera mujer que copuló con el Sol. Los *zip* (v.) son seres que habitan en la selva de Yucatán y Quintana Roo y que protegen a los venados de los cazadores. En el calendario maya ocupaba el décimo segundo mes del *haab* (v.) y se llamaba *ceh* en maya. Los chortíes tienen un dios venado bisexuado que mora en las alturas y a quien los cazadores queman copal (v.) y piden ayuda para encontrar venados así como permiso para matarlos. También queman copal delante de los huesos del venado. // TARASCOS. (v. *tuitze*). // MIXTECOS. (v. "Uno Ciervo" o "Uno Venado"). // HUICHOLES. Es uno de los elementos más importantes en la religión y en la cosmovisión huichola, y forma un todo con el peyote (v.) y el maíz. Es símbolo de vida y de fertilidad y es la principal ofrenda. Los venados no pertenecen a ningún dios en particular, pero al mismo tiempo son dioses. Cuando el Hermano Mayor (v.), que es un venado gigante y el dios del peyote, apareció por primera vez, se mostró como venado y cada una de sus huellas se convirtieron en peyote. Para la fiesta del peyote se tienen que cazar muchos venados, cuya carne se corta en trocitos y se deja secar ensartada en un hilo. También los granos del maíz para la siembra se rocían con sangre de venado, todo ello para propiciar la abundancia de maíz, peyote y venados.

Venta, La. (1200-600 o 400 a.C.). Importante centro ceremonial olmeca construido en una isla enclavada en una zona pantanosa, ubicada en los límites de los actuales estados de Veracruz y Tabasco. Consta de basamentos piramidales de barro con forma cónica y acanalada, patios ceremoniales y tumbas de basalto. Se encontraron ofrendas que consistían en distintos objetos elaborados con piedra serpentina que incluían hachas labradas que colocaban en pozos bajo la tierra; algunas de las cuales tenían pisos de mosaico en los que había imágenes felinas cubiertas con cinabrio. Casi nada se sabe sobre la función religiosa que seguramente tuvo este sitio.

Venus. La importancia del planeta Venus y su adoración, parece ser una de las características importantes de la religión mesoamericana. Tenía una gran importancia augural, y es muy posible que también tuviera alguna relación con el *tonalpohualli* (v.) y el *tzolkin* (v.), por lo que se encuentra representado en muchos de los códices (v.) que contienen el calendario de 260 días. // NAHUAS. La deidad que personifica a Venus es *Quetzalcóatl* (v.) bajo la advocación de *Tlahuizcalpantecuhtli* (v.). De acuerdo con el mito, cuando *Quetzalcóatl* se quemó en *Tlillan Tlapallan*, surgió a los ocho días por el Este (v.) proveniente del inframundo provisto de flechas y convertido en el planeta Venus. A esta deidad está dedicado gran parte del Códice Borgia. Se decía que cuando aparecía por primera vez por Oriente, traía malas influencias, afectando a diversas personas o aspectos de la naturaleza; así si aparecía en el día *1 cipactli* atacaba a los ancianos; en el *1 mázatl*, *1 xóchitl* o *1 océlotl* a los niños; en el *1 ollin* a los jóvenes; si aparecía en *1 ácatl* o *1 atl* habría sequía. // MAYAS. Este planeta jugaba un importante papel en la guerra (*v.*) y parece que invocaban su ayuda usando máscaras de calaveras con dientes y el día de su conjunción inferior, se hacían sacrificios especiales. Hay varios nombres para el dios de este planeta, siendo uno de ellos *Lahun Chan, 1 Ahau*. Su importancia se relaciona, sobre todo, con el *tzolkin* (*v.*); en el Códice Dresde hay varias páginas dedicadas a este astro y comprenden tablas de apariciones heliacales del planeta después de su conjunción inferior, a las que tenían mucho temor, por considerarlas muy peligrosas tanto para los humanos como para sus cultivos. En cada una de las tablas hay una deidad asaeteando con sus dardos a otra, lo que ha sido interpretado como Venus enviando su carga, aparentemente negativa, a esas deidades. La influencia del altiplano en relación con el culto de Venus fue muy fuerte en el área maya, pero tal parece que los campesinos nunca llegaron a adoptar a este dios. Los grupos mayas kekchis y mopanes contemporáneos consideran a este planeta como patrón de la caza. Se dice que tiene a los animales selváticos en una cueva y que los soltaba para que los cazaran los que le hubieran dado ofrendas. // HUICHOLES. Le rezan al Lucero matutino cuando se bañan (*v.* baño). // TARASCOS. Entre los tarascos este astro tenía dos principales advocaciones. Una era como *Curita-Caheri* (*v.*), "el gran sacerdote fuego", que por anteceder al Sol en su carrera por el cielo era considerado su mensajero y sacerdote. La otra era como *Hozqua-quangari*, "estrella valiente hombre", que era el mensajero de la guerra. En ambos casos se confunde con *Curicaueri* (*v.*), deidad del fuego, de la que era servidor. Sin embargo, cuenta con una gran variedad de advocaciones e inclusive, en muchos casos se le tiene por hijo del Sol (*v.*) y de la Luna, y llega a superar el culto a su padre (*v.* Luna y *Mano Uapa*). Es también deidad del sacrificio humano (*v.*). En el pueblo de Curínguaro se conocía a este astro como *Hurende-Quahue-cara* (*v.*) "el que va por delante", que no es otro que *Tirípemencha* (*v. Tiripemencha*), uno de los hermanos de *Curicaueri*. Los tarascos creían que los halcones eran la personificación de Venus. La mariposa, por su movimiento, es también una de sus representaciones. // TOTONACOS. Tiene un aspecto ambivalente y es una de las estrellas del Oeste (*v.*), de aspecto maligno. Causa diferentes enfermedades (*v.*), entre ellas la viruela, e interviene con la Luna (*v.*) y con *Aktsini* en la formación del feto.

viejos. NAHUAS. Los dioses viejos eran *Huehuetéotl* (*v.*) del fuego, *Yacatecuhtli* (*v.*) de los mercaderes e *Ilamatecuhtli* (*v.*) la diosa vieja. // MAYAS. Muchos de los dioses representados por los mayas eran ancianos, con labios sumidos y mejillas arrugadas; entre ellos están el dios *L*, quien lleva de adorno al pájaro *Moan* (*v.*) y tiene una oreja de jaguar. Otro es el *Pahuauhtun* (*v. Pahuahtunes*).

viento. (*v.* aire). Entre las culturas mesoamericanas hay una estrecha relación entre la vida-aliento-aire-viento-agua. El aliento es parte de la vida-alma y el aire barre el camino que siguen los dioses del agua, y también está en relación con el aspecto frío de universo. El caracol (*v.*) cortado transversalmente era el símbolo del viento. Algunos autores piensan que es de origen europeo la creencia tan importante en los pueblos de Mesoamérica actual, de que los vientos causan daños. // NAHUAS. Entre los nahuas *Ehécatl-Quetzalcóatl* (*v.*) es la deidad del viento. // MAYAS. *ik*. Los dioses de los vientos se confunden con los *chacs* (*v.*), o son sus servidores. Se cree en ocasiones que los *chacs* dejan escapar a los vientos de sus costales. Los lacandones les dan el nombre de *Chaob* y dicen que están ubicados en las cuatro esquinas del mundo y que junto con un temblor lo destruirán. // TOTONACOS. *uni*. Son compañeros y sirvientes del trueno. Son malos y arrasan con los sembradíos, acarrean enfermedades y se llevan el alma de la gente si no se les propicia. El camino de los

Dios maya de la muerte representado como un anciano
(Dibujo de un vaso cilíndrico, The Art Museum, Princeton University).

QUETZALCÓATL en su advocación de dios del viento (Códice Borbónico).

vientos es de Norte a Sur; durante la canícula, es decir, del 20 de julio al 25 de agosto, se cree que los vientos son especialmente malignos, sobre todo con los niños. Los vientos del Norte y del Noreste ayudan a la Luna en su camino, se asocian a la Osa Mayor, y se llaman 17 viento-muerte y 17 viento-negro y además, anuncian lluvias torrenciales. Los vientos destructores de las cosechas vienen del Norte. No hay ídolos del viento.

VIENTO DE NUEVE CAVERNAS y **VIENTO DE NUEVE CULEBRAS.** MIXTECOS. Es el nombre de dos hermanos hijos de la pareja celeste o dualidad divina "Uno Ciervo" (*v.*). Sus nombres corresponden al día de su nacimiento. Uno de ellos es el dios-serpiente y el otro el dios-águila, animales en los que podían transformarse respectivamente. Crearon dos jardines, uno para la recreación y el otro con todo lo necesario para las ofrendas y el autosacrificio, prácticas que inventaron estos dioses para honrar a sus padres "Uno Ciervo", y para pedirles la creación de la tierra, el cielo y la claridad.

volador, palo del. Recibe este nombre un antiguo rito mesoamericano que sobrevive actualmente en algunos pueblos de México y como entretenimiento para los turistas. Originalmente era un rito solar. Consiste en la erección de un poste de madera que se hinca en el suelo, y que tiene en la parte superior una pequeña estructura rectangular de madera con un sostén en el centro al que denominan el *tecomate*. La ceremonia se inicia desde que se derriba el árbol, sigue la erección del mástil y luego una danza previa en el suelo. En la ceremonia del volador propiamente dicho, participan cinco hombres, uno de los cuales permanece en el *tecomate* danzando, dirigiéndose hacia los cuatro rumbos del universo y tocando una flauta y un pequeño tambor. Los otros cuatro hombres —que antiguamente, y dependiendo del lugar, se disfrazaban de aves o de monos— se atan cuerdas en los tobillos o en la cintura y van descendiendo de cabeza, lentamente, dando vueltas y desenrollando poco a poco la cuerda que los sostiene. En la actualidad siguen practicando esta ceremonia los otomíes de la sierra de Puebla, quienes entierran un guajolote vivo en el lugar donde se levantará el palo, pero los más famosos son los voladores de Papantla, en la sierra Totonaca. // TARASCOS. Para este grupo, el ritual del volador representaba el descendimiento de las deidades celestes sobre la tierra, en forma de aves y por eso se disfrazaban como águilas, ave que es la representación del Sol. Los cinco danzantes representan al Sol *Curicaueri* (*v.*) y a sus hermanos los *Tiripemencha* (*v.*).

VUCUB-CAME. "siete muerte". MAYAS. Uno de los jueces supremos del inframundo (*v.*) maya en donde tiene un juego de pelota (*v.*).

VUCUB HUNAHPÚ. MAYAS. Hermano gemelo de *Hun Hunahpú* (*v.* Popol Vuh).

X

Xaráquaro. "donde está la Luna". TARASCOS. Isla del lago de Pátzcuaro (v.), asiento del centro ceremonial más antiguo de la región tarasca, incluso anterior a la llegada de los *uacúsecha* (v.) o chichimecas tarascos. Su nombre demuestra que el culto a la Luna era muy antiguo en esta zona. En este santuario se adoraba a los "dioses abuelos del camino" y a las deidades de los mantenimientos.

XARÁTANGA. "la que aparece en todas y diversas partes". TARASCOS. Es una de las advocaciones de la Luna o *Cuerauáperi* (v.), de quien era, al mismo tiempo, hija. Representa a la Luna nueva, encargada de la germinación de las plantas, por lo que también era la diosa de los mantenimientos. Tenía su casa central en Xaráquaro (v.), además de contar con otras cuatro en cada uno de los restantes rumbos del plano terrestre. Se le ofrendaban frutos de la tierra, así como patos y codornices en sacrificio y le dedicaban las plumas rojas de la guacamaya, que servían para sus atavíos y la plata, que se tenía por excremento de *Cuerauáperi*. En algunos pasajes se le describe como una anciana y tenía por hijo a *Mano-uapa* (v.) "hijo movimiento", que es una de las múltiples advocaciones de Venus (v.). Su nahual (v.) era Acuitze-catápeme (v.) "la serpiente que aprisiona". Como diosa de la fertilidad encarnaba como Mauina (v.), diosa del amor (v.).

XBALANQUÉ. MAYAS. Uno de los héroes del Popol Vuh (v.) quien, después de vencer a los señores del inframundo (v.), se convierte en la Luna (v.). Hijo de *Hun Hunahpú* (v.) e *Ixquic* (v.), es el hermano gemelo de *Hunahpú* (v.).

XIBALBÁ. MAYAS. Nombre del inframundo (v.) en el Popol Vuh (v.), cuya entrada se señala en Carchá, pueblo cercano a Cobá, Guatemala.

XILONEN. "mazorca de maíz". NAHUAS. Es la mazorca de maíz deificada, en cierta etapa de su madurez, que unas veces es de sexo femenino y otras de sexo masculino. Generalmente es representada como mujer, con la falda y huipil pintados del color de las "flores de primavera". En la cabeza llevaba una corona de papel con plumas de quetzal: su cara estaba pintada mitad roja y mitad amarillo, y con una mano sostenía un escudo pintado con líneas horizontales y con la otra una "sonaja de niebla" (v. indumentaria). *Xilonen* era festejada en el mes de *huey tecuilhuitl*, la "gran fiesta

XILONEN (Códice Matritense).

de los señores", que se celebraba precisamente cuando las mazorcas casi habían alcanzado la madurez. En esta ocasión se seleccionaba una joven para que representara a la diosa y como tal era vestida y adorada (*v.* imágenes vivientes). El día de su sacrificio (*v.*) se efectuaba una danza en la que las mujeres sacerdotisas bailaban a su alrededor; mientras que los hombres principales bailaban por un lado y los sacerdotes por otro. La joven era sacrificada en el templo del dios *Cintéotl*. Hasta que no se hubiese llevado a cabo este sacrificio no se permitía comer elotes, cañas de maíz, ni panes o tamales hechos de elote.

XIPE-TOTEC. "Nuestro Señor el desollado". NAHUAS. También se le conoce con los nombres de *Tlatlauhqui Tezcatlipoca* (*v.*), "el espejo humeante rojo", y *Youallauan*, "el bebedor nocturno". Se le ha considerado como un dios de la fertilidad, de la primavera y de la renovación de la vegetación. También se decía que producía y que curaba algunas enfermedades, sobre todo de los ojos, y que asimismo era el patrón de los orfebres. Fue uno de los dioses más antiguos y más conocidos en Mesoamérica, y aunque posiblemente ya se le representaba en el Preclásico (*v.*) medio, con seguridad se le encuentra en el Clásico (*v.*). Su imagen es una de las más impresionantes del panteón mexica, ya que se le representa vestido con la piel de un hombre desollado, después de haber sido sacrificado. En una mano llevaba unas enormes sonajas verticales y en la otra un escudo, con una flor acuática como adorno. Su boca siempre estaba abierta y en la cabeza llevaba un gorro cónico. Frecuentemente, lleva un faldellín hecho de hojas de zapote, árbol frutal cuyas hojas también se utilizaban en varios de los ritos llevados a cabo en su honor (*v.* indumentaria). No hay ningún mito importante en el que él participe, aunque su identificación con el *Tezcatlipoca rojo*, lo convierte en hijo de la pareja creadora; además, el intérprete del Códice Vaticano A lo asocia con los sucesos que llevaron a la caída de Tula (*v.*) y con *Quetzalcóatl* (*v.*). Su templo era el *Yopico*, o sea, "el lugar del *yopi*", y a él estaban asociados el *calmécac* (*v.*) o lugar de instrucción para los jóvenes y un *tzompantli* (*v.*) o empalizada para colocar las cabezas de las víctimas de los sacrificios llevados a cabo en su honor. Su fiesta se llamaba *tlacaxipehualiztli* (*v.*), igual que el mes en el que se celebraba, y caía precisamente en primavera. El último día de este mes, cada barrio de Tenochtitlan ungía a un esclavo como la imagen viviente (*v.*) del dios *Xipe*. El día de la fiesta se inmolaba a esta imagen viviente, así como a las de otros dioses y, a continuación, a gran número de cautivos; después de esta ceremonia todas las víctimas eran desolladas y los sacerdotes vestían las pieles de los sacrificados, así como las insignias de los respectivos dioses. Posteriormente algunas personas pobres o enfermas que eran llamadas *xixipeme* y que habían hecho un voto, por varios días vestían las pieles de las víctimas y perseguían a la gente para obligarla a que les dieran regalos; pero como al mismo tiempo se creía que *Xipe* curaba ciertas enfermedades, las madres también entregaban a sus hijos a los *xixipeme* y, a manera de profilaxis, les pedían que los cargaran un rato. Veinte días después de la ceremonia del *tlacaxipehualiztli*, los *xixipeme* se quitaban las pieles, ya en avanzada putrefacción, y las arrojaban a una cueva que se encontraba al pie de las escalinatas del templo de *Xipe*, y terminaban el ritual bañándose con agua mezclada con harina de maíz; lo mismo hacían todos los que habían ofrecido, durante la fiesta, cautivos en sacrificio y que habían vestido las pieles. Es interesante señalar que el rito del desollamiento se encontraba muy extendido en América, y que se le ha asociado también con los ritos de "*scalping*" y con la costumbre de usar la piel de las víctimas para hacer máscaras o tambores. // OTOMÍES. La primera víctima que los toltecas ofrendaron en sacrificio a *Xipe* fue una mujer otomí, según los Anales de Cuauhtitlán. También se practicó el desollamiento de guajolotes. Por otra parte, un mes otomí se llamaba "desollamiento".

XIQUIRIPAT. "lazo corredizo". MAYAS. Dios residente del inframundo (*v.*) que causaba derrames de sangre entre los hombres (*v.* enfermedad).

XIUHTECUHTLI. "Señor precioso" o "Señor del año". NAHUAS. Otros de sus nombres fueron *Ixcozauhqui* "el cariamarillo", *Huehuetéotl* "el dios viejo" y *Tota* "nuestro padre". Dios del fuego y del año, es la deidad más antigua de Mesoamérica; se han encontrado figuras suyas, de barro o piedra, desde el Preclásico (*v.*) sobre todo en el altiplano. Además de ser representado como un viejo, generalmente sentado en cuclillas y con un recipiente para recibir el fuego sobre su cabeza, en los códices aparece con la cara embadurnada de hule y rayada con color amarillo; lleva un bezote de piedra colorada, corona de papel pintado y plumas, ambos de diversos colores. Frecuentemente va adornado con una pequeña cabeza de un ave llamada *xiuhtótotl* o "ave preciosa"; como pectoral usa la figura de un brasero y, casi siempre, lleva en la espalda una estructura de plumas que figura una "serpiente preciosa", o bien un cetro en la mano con esta misma figura (*v.* indumentaria). *Xiuhtecuhtli* habitaba en el cielo más bajo y fue creado por *Quetzalcóatl*

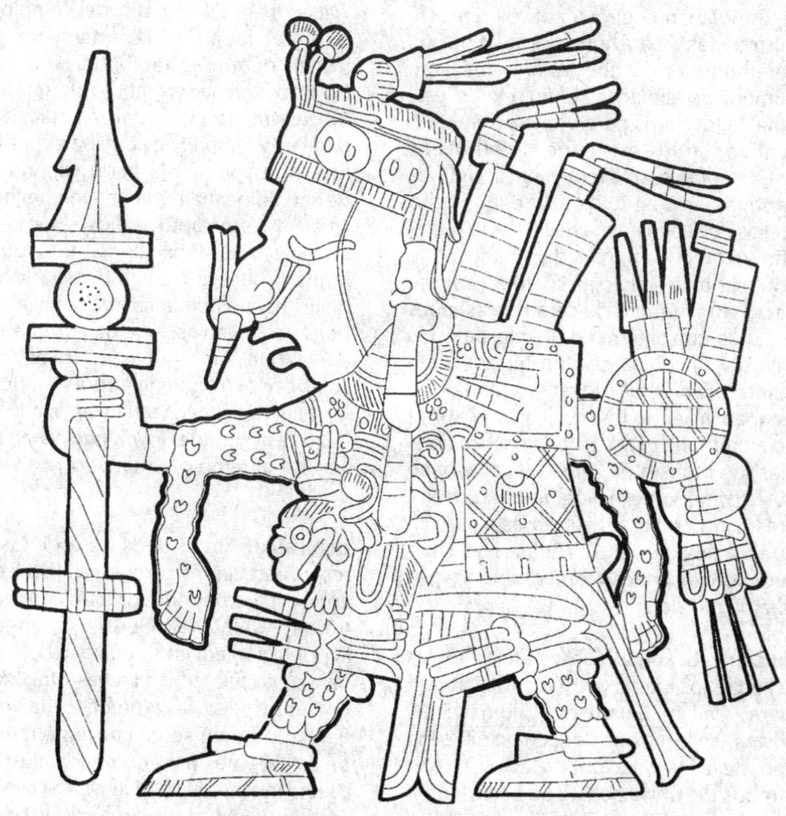

XIPE TOTEC vestido con la piel de un sacrificado (Códice Borgia).

(*v.*) y *Tezcatlipoca* (*v.*). No hay ningún mito en el que aparezca como deidad, pero el fuego (*v.*), como elemento, tiene un importante papel en la muerte-purificación-creación de varios dioses, entre ellos el Sol (*v.*) y *Tlahuizcalpantecuhtli* (*v.*), y se decía que desde que *Quetzalcóatl* se inmoló en el fuego, se inició la costumbre de incinerar los cadáveres. El dios del fuego vivía en el *Ayauhmictlan*, y en el *Tlalxictenticac*, en la orilla del centro de la tierra. Uno de sus templos se llamaba el *tzonmolco*, y ahí tenía su *calmécac* (*v.*). Era especialmente festejado en el mes de *izcalli* (*v.*) cuando cuatro esclavos se disfrazaban para representar las imágenes de este dios (*v.* imágenes vivientes) con cuatro colores: verde, amarillo, blanco y rojo; además, se inmolaban a otros cautivos. En este mismo mes, y para honrarlo, se hacía una ceremonia en la que se arrojaba gran número de alimañas al fuego y se "estiraba" a los niños para que crecieran; en cambio, en los meses de *xócotl huetzi* (*v.*) y *teotleco* se sacrificaba a algunos cautivos arrojándolos al fuego. Como el dios del fuego estaba relacionado con el año y con el tiempo, cada 52 años, que correspondía al siglo mesoamericano, se hacía gran número de ceremonias, pues se temía que al término de uno de estos ciclos se acabaría con un terremoto la quinta edad (*v. ollintonatiuh*), en la que estaban viviendo los mexicas, y el Sol ya no alumbraría más y bajarían de las tinieblas los monstruos llamados *tzitzimime* (*v. Tzitzímitl*) que devorarían a los hombres. Para conjurar este desastre, el día que se cumplían los 52 años se hacía una ceremonia llamada *toxiuhmolpilia* (*v.*) o "atamiento de años".

Xmulzencab. MAYAS. Dioses de las abejas (*v.*) entre los mayas yucatecos. Aparecen en el Chilam Balam de Chumayel (*v. chilam*) en la historia de la creación, cada uno de ellos relacionado a los cuatro rumbos del universo (*v.*). Se han identificado con las figuras de dioses descendentes que llevan una especie de alas y que se encuentran representados en muchos monumentos mayas.

Xoc. MAYAS. Pez mítico, tiburón o ballena.

xócotl huetzi "cae el xócotl" o **hueymiccailhuitl** "gran fiesta de muertos". NAHUAS. Décimo mes del calendario, correspondiente a agosto-septiembre. Se celebraba el fuego en su forma de *Xiuhtecuhtli* (*v.*), *Ixcozauhqui* y *Otontecuhtli* (*v.*), así como a los dioses de los *amanteca* (*v.*) y de los mercaderes: *Chiconquiahuitl, Cuauhtlaxayauh, Coyotlinahual, Chalmecacíhuatl* (*v.*). En los ritos se inmolaba a cautivos y a imágenes vivientes de los dioses (*v.*); por otra parte, un sacrifico (*v.*) por fuego precedía la extracción del corazón de los cautivos, en el templo de *Tlacacouan*. En el patio del templo del dios del fuego se levantaba un gran tronco de árbol, que había sido cortado previamente en medio de una serie de ceremonias, y al cual adornaban con papeles y también le colgaban cuerdas y tiras de papel. En la parte superior del tronco colocaban una imagen hecha de *tzoalli* (*v.* amaranto y dioses, representaciones y designaciones), a la que le ponían sobre la cabeza tres grandes tamales hechos de la misma semilla. Después había una especie de competencia en la que varios jóvenes trataban de subir por el tronco del árbol para tomar la imagen, despedazarla y arrojar los pedazos a la gente; el joven que ganaba era llevado al templo y honrado por los sacerdotes.

Xochicalco. "lugar de la casa de las flores". Gran centro ceremonial localizado en el estado de Morelos, que floreció de 600 a 900 d.C. Aunque se supone que la población era en su mayoría de origen nahua, confluyeron muchas otras culturas, entre ellas la zapoteca y la maya. Parece que ahí se efectuó una reunión de astrónomos para corregir y ajustar el calendario (*v.*). Se ha identificado también con *Tamoanchan* (*v.*) o el lugar de origen. Hay muchas representaciones de *Quet-*

zalcóatl (v.), *Tláloc* (v.) y *Xólotl* (v.) y según el mito, *Quetzalcóatl* nació cerca de este lugar.

XOCHIPILLI. "flor preciosa" o "flor noble". NAHUAS. También recibía el nombre de *Macuilxóchitl* o "cinco flor". Dios de las flores, de la danza, de los juegos y del amor. Dice Sahagún que era dios de los que moraban en las casas de los señores o en los palacios de los principales. Se relaciona con el Sol (v.). A quien no guardaba el ayuno (v.) correspondiente a su fiesta, el dios le producía enfermedades en las partes secretas. Su cara pintada de rojo tiene sobre los labios impresa una mano de color. El adorno que lleva en la espalda y su escudo tienen el signo del Sol, y en una mano sostiene un bastón con un corazón (v. indumentaria). Su fiesta se llamaba *xochilhuitl* "fiesta de las flores", y en ella se hacían numerosas ofrendas de comida; en esta fiesta, los pueblos de las comarcas cercanas a Tenochtitlan traían como tributo cautivos para los próximos sacrificios (v. sacrificio).

XOCHIQUETZAL. "Flor quetzal". NAHUAS. La joven diosa de la belleza y del amor era patrona de los quehaceres domésticos, de las tejedoras, de los orfebres, de los pintores y de las mujeres de la vida alegre o *aiuanime*. *Xochiquetzal* ha sido identificada con la Luna (v.) nueva, además está muy relacionada con los dioses creadores y con el paraíso de *Tamoanchan* (v.), en donde, según el mito, vivía hilando y tejiendo y cuidando de los hombres y de los dioses, pero ninguno podía verla, pues los enanos y los corcovados cuidaban celosamente de ella. En este lugar había un árbol llamado *xochitlicacan*, cuyas flores producían enamoramiento. En este mito *Xochiquetzal* era esposa de *Tláloc* (v.), aunque en otros aparece como mujer de *Cintéotl* (v.); *Tezcatlipoca* la hizo que pecara con él, después de lo cual se rompió el árbol florido. En castigo, la pareja de dioses creadores *Tonacatecuhtli* y *Tonacacíhuatl* expulsó no sólo a los culpables sino a todos los demás dioses del paraíso celeste. Los dioses, cuando iban cayendo se convertían en *tzitzimime* (v. *Tzitzímitl*), fueron a dar unos a la tierra y otros al inframundo (v.). En otro relato más, estando *Xochiquetzal* en el paraíso, *Tezcatlipoca* envió al murciélago para que la mordiera dentro de su vulva y le llevara lo arrancado, lo que se convirtió en flores de mal olor para los dioses, quienes enviaron las flores a *Mictlantecuhtli* (v.), quien las lavó, convirtiéndolas en flores perfumadas. De uno de los cabellos de *Xochiquetzal* se creó una mujer que le dieron a *Piltzintecuhtli* como esposa. La imagen de *Xochiquetzal* era representada, según Durán (v.), como una "...mu-

XOCHIPILLI
(Museo Nacional de Antropología).

jer moza, con una coleta de hombre cercenada por la frente y por junto a los hombros. Tenía unos zarcillos de oro, y en las narices, un joyel de oro colgado, que le caía sobre la boca. Tenía en la cabeza una guirnalda de cuero colorado; tejida una trenza de la cual a los lados salían unos plumajes redondos..., verdes a manera de cuernos. Tenía una camisa azul, muy labrada de flores tejidas, y plumería, con unas naguas de muchos colores. En ambas manos tenía dos rosas labradas de plumas, con muchas estampitas de oro, como pijantes, por todas ellas y tenía los brazos abiertos, como mujer que bailaba..." Fue la primera mujer que murió en la guerra. Una de las jóvenes con las que casan al cautivo que representa a *Tezcatlipoca*, recibe el nombre de *Xochiquetzal*. Con *Xochipilli*, *Xochiquetzal* era venerada especialmente por los *xochimilcas*. Su fiesta tenía lugar al principio del mes de *huey pachtli* (*v.*), en el que se hacía una especie de despedida a las flores y, en su honor, mataban a dos jóvenes nobles. Rige el signo *xóchitl* "flor", y en el signo *océlotl* "jaguar", los pintores y las hilanderas ayunaban y hacían ceremonias en honor de la diosa y de *Chicomexóchitl* (*v.*). // OTOMÍES. Para este grupo es la pareja de *Otontecutli* (*v.*) "señor de los otomíes". Patrocinaba el tejido y la licencia sexual. Se le festejaba en el mes de *huey pachtli*. En el códice de Uamantla aparece al lado de *Otontecutli*, en una cueva, por lo que se piensa que son los padres míticos de los otomíes, confundiéndose con la pareja "Padre Viejo" y "Madre Vieja" (*v.*).

XOCHIQUEZALLI. NAHUAS. (*v. Xochiquetzal*).

xóchitl. "flor". NAHUAS. Vigésimo signo del ciclo de 260 días o *tonalpohualli* (*v.*), equivalente al día *ahau* (*v.*) mayas. Lo rige a veces la diosa *Xochiquetzal* (*v.*) o el dios *Xochipilli* (*v.*). Era un signo neutro o de infortunio. El día *7 xóchitl* era especialmente honrado por las tejedoras y los pintores. Los nacidos cuando reinaba este signo serían hábiles con las manos, pero tenían que comportarse bien. Los señores efectuaban una gran danza en este signo.

xochiyaóyotl. "guerra florida". NAHUAS. Con este nombre se designaba una especie de guerra ceremonial, la cual, tenía como fin exclusivo, hasta donde se sabe, la obtención de prisioneros para el sacrificio (*v.*). Los cautivos que se obtenían de los pueblos de los *huexotzincas*, *tlaxcaltecas* y *cholultecas* eran los más preciados.

XÓLOTL. NAHUAS. Era un dios que se consideraba gemelo de *Quetzalcóatl* (*v.*), y que en algunos mitos toma su lugar, por ejemplo, en el viaje al inframundo (*v.*) para obtener los huesos con los que se crea la humanidad. Es además, el dios que después de creado el Sol (*v.*), mediante el sacrificio de *Nanáhuatl* (*v.*), se rehusó a morir, por lo que huye y se esconde convirtiéndose en diferentes animales, entre ellos el *axólotl*, hasta que es alcanzado por la furia del Sol que logra matarlo. Ha sido considerado como la personificación de uno de los planetas interiores, posiblemente Mercurio. Se le representa en

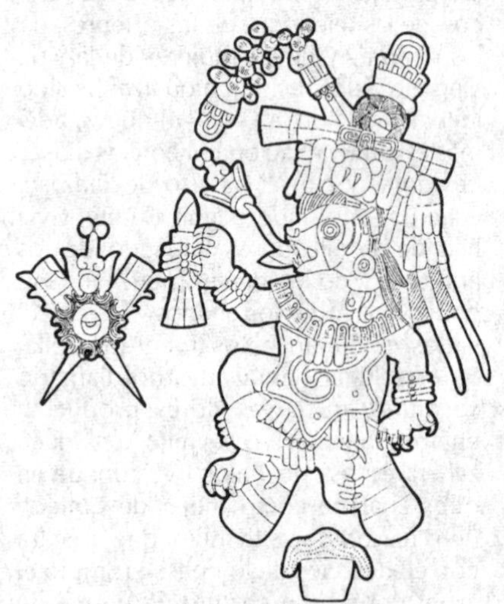

XÓLOTL (Códice Borbónico).

los códices con cabeza de perro y un pectoral de *ehelaicacózcatl* (*v.* caracol), con tocado de estrella, o con el de *xiuhtótotl*. A veces es también representado como un ser deforme. Se le consideraba dios de los gemelos.

XONAXI. ZAPOTECOS. Diosa de los antepasados, conocida como "Nuestra Madre", "Trece Turquesa" o la "diosa guacamaya". Con su esposo *Cosana* (*v.*) creó el Sol, la Tierra, los hombres (los linajes) y los demás dioses. Era, por lo tanto, madre de las generaciones. También inventó el calendario (*v.*) y el arte adivinatorio. Formaba parte de la pareja creadora *Cosana-Xonaxi*, misma que fue creada por *Coqui Xee* (*v.*). Ejercía influencia sobre el ciclo vital de los individuos, por lo que era protectora de la humanidad. Era también abogada de la fertilidad; se le representaba como una anciana o bien como una mujer con los huesos descarnados, pero también como guacamaya con un pectoral en el que lleva la representación de la Vía Láctea.

XONAXI QUECULLA, XONAXI HUILIA o **XONAXI BELACHINA.** ZAPOTECOS. Deidad de la muerte, el inframundo y la lujuria, conocida como "Once muerte" o como "la señora de la red de carne", traducción etimológica de *Belachina*. Aparece en algunas de sus representaciones con los brazos descarnados. Con *Pitao Pecelao* (*v.*) formaba la pareja de dioses de la muerte, tan venerada en la ciudad de Mitla. Su presencia ha pervivido en todo el Istmo de Tehuantepec bajo la forma de "La Llorona" (*v.*), hermosa mujer que se aparece a los hombres, los enamora y seduce para después transformarse en esqueleto y llevarse el espíritu de sus víctimas al inframundo.

XTABAI. MAYAS LACANDONES. Entre los lacandones era la esposa de *Kizin* (*v.*) el dios de la muerte. Actualmente se cree que es un espíritu malo en forma de hermosa mujer, cuya espalda tiene forma de árbol hueco; al inducir a los hombres a abrazarla, los vuelve locos y los mata.

xul. "perro". MAYAS. Sexto mes de los dieciocho signos del *haab* (*v.*) o ciclo de 365 días. Tiene como patrono a un dios perro. En este mes se celebraba la fiesta de *chickabán* en honor de *Kukulcán* (*v.*).

XONAXI en forma de guacamaya, la curva de su pectoral representa a la Vía Láctea.

Y

YACATECUHTLI. "el señor de la gran nariz o el guía". NAHUAS. También recibía los nombres de *Yoaltecuhtli*, el "señor de la noche" y *Yiacacoliuhqui*, "nariz curva". Era el dios de los *pochtecas* o mercaderes y de una estrella guía que hasta el momento no se ha podido identificar. Él y el dios del fuego se consideraban los dioses más ancianos y era representado como tal. Su atavío tiene las características de una deidad nocturna y su imagen llevaba una red negra sobre una manta azul, adornada con unos caracolillos; tenía la cara pintada de negro y el pelo atado y adornado con dos borlas de plumas de quetzal. En las manos llevaba un báculo de caminante que era adorado como el mismo dios. En su templo, además de guardar su imagen, en el mes de *tititl* (*v.*) se sacrificaba a un hombre que se consideraba su imagen viviente (*v.*), y en el mes de *xócotl huetzi* le ofrendaban no sólo su imagen viviente sino también otras cinco personas que representaban a sus cuatro hermanos: *Chiconquiahuitl*, *Xomocuil*, *Nácatl* y *Yacapitzahua* y a una hermana, llamada *Chalmecacíhuatl*. También tenía un lugar especial en el que vivían sus sacerdotes y en donde se entrenaba a los jóvenes *pochteca*.

Yacatecuhtli (*Códice Matritense*).

YALUC. MAYAS. Es el más viejo y grande de los *mames* (*v.*), descubridor del maíz (*v.*).

YAPPAN. NAHUAS. En un mito se cuenta que cuando los animales eran hombres, hubo uno que, con el fin de que los dioses lo convirtieran en el más hermoso animal de la tierra, decidió abandonar a su mujer para mantenerse en castidad y haciendo penitencia. Los dioses, al verlo, decidieron mandar a *Yáotl* para que lo espiara y confirmar si *Yappan* cumplía su promesa; algunas diosas, enteradas de que el penitente sería convertido en alacrán y de que su picadura podría ser mortal si seguía en penitencia, decidieron mandar a la bella diosa *Xochiquetzal* (*v.*), quien logra seducirlo y hacerlo pecar bajo su huipil; al descubrir *Yáotl* que *Yappan* había roto el voto de castidad con *Xochiquetzal*, le lanzó un fuerte golpe y *Yappan*, quien no obstante alza sus brazos para defenderse, quedó sin cabeza, y su cuerpo convertido en el alacrán. Debido al acto carnal de *Yappan*, los indígenas explicaban el que la picadura de este animal no fuera tan mortal.

YAUHQUEME. "el vestido de *Yauhtli*". NAHUAS. Probable dios tepaneca asociado a un cerro (*v.*) del mismo nombre, cercano a *Atlacuihuaya* (actual Tacubaya), en el que se efectuaban sacrificios (*v.*) de niños a los dioses de la lluvia, por lo que podría ser este dios un *auaque* o *tlaloque* (*v.*) importante. Sus atavíos consistían en gorro de papel, penacho de plumas de quetzal, tiras de papel sobre el pecho, *máxtlatl* también de papel y sandalias; con una mano sostenía una sonaja y con la otra un escudo (*v.* indumentaria). Fue también deidad de los otomíes.

yax. "verde". MAYAS. Décimo mes de los dieciocho signos del *haab* (*v.*) o ciclo de 365 días. Tiene a Venus (*v.*) como dios patrono y su número asociado es el 12. Se celebraba la fiesta de renovación del templo dedicada a *Chac*, se leían los Pronósticos de los Bacabes (*v. Bacabes*) y se manufacturaban imágenes y braseros de barro.

Yaxal chuen. "chuen verde" (¿o nuevo?). MAYAS. Es el aspecto del *katún 12 Ahau* (*v. Chuen*).

YAXCOCAHMUT. MAYAS. (*v. Hunab Itzamná*).

yaxche. (Ceiba pentandra). MAYAS. Árbol sagrado de los mayas. Se creía que se encontraba en el centro del mundo, y que sus raíces estaban en el inframundo y sus ramas se elevaban a los diferentes estratos celestes. Se encontraba una en cada rumbo del universo. Entre los mayas actuales hay una gran ceiba que se considera sagrada; algunos grupos dicen que por sus raíces suben sus ancestros y que por su tronco y sus ramas llegan los muertos a lo más alto del cielo.

yaxkin. "sol nuevo". MAYAS. Séptimo mes de los dieciocho signos del *haab* (*v.*) o ciclo de 365 días. Tenía al dios Sol como patrono y se le asociaba con el número 4.

YOCIPPA. OTOMÍES. Deidad no identificada. Se le dedicaba una fiesta llamada *totopaina* "corren los pájaros", que se realizaba en el campo con grandes comilonas y que duraba varios días. Su templo era un jacal hecho de paja. Las fuentes mencionan que este dios fue uno de los principales de los otomíes; Pedro Carrasco piensa que se puede identificar con *Mixcóatl* (*v.*).

Yohualteuhctin. "señores de la noche". NAHUAS. Son nueve deidades que presiden en orden riguroso nueve días del *tonalpohualli* (*v.*); estas deidades son: 1. *Xiuhtecuhtli* (*v.*), 2. *Ixtli* o *Técpatl*, 3. *Piltzintecuhtli*, 4. *Cintéotl*, 5. *Mictlantecuhtli*, 6. *Chalchiuhtlicue*, 7. *Tlazoltéotl*, 8. *Tepeyolohtli*, 9. *Tláloc*.

YO-KHWA. "dos conejo". OTOMÍES. Una de las deidades del pulque (*v.*). Equivale al *Ometochtli* (*v.*) de los nahuas. Se decía que la gente se enfermaba por llamar al dios conejo, es decir, por embriagarse.

YUM CANÁN ZABAC. "señor guardián del polvo negro". MAYAS. Dios que proporciona el polvo negro, mismo que al ser esparcido sobre las nubes hace llover (*v. Menzabac*).

YUM CIMIL. "señor de la muerte". MAYAS. Una de las deidades mayas de la muerte (*v.*).

YUM KAAX. MAYAS. (*v.* maíz).

Yuntzilob. "dignos señores". MAYAS. Seres sobrenaturales de carácter dual, ya que pueden ser dañinos o benignos. Entre ellos se encuentran los *balams* (*v.*), los *Kuil Kaxob* "dioses de la selva", *Yim Kaax* "señor de la selva", y los *Ah Beob* (*v.*) "los de los caminos".

yza. ZAPOTECOS. Calendario agrícola de 365 días. Se dividía en 18 meses o *peo* "luna" de veinte días, al que se le agregaban otros cinco días. Tenía otra subdivisión en cinco periodos de setenta y tres días: *Cocij cogaa*, *Cocij piye cogaa*, *Cocij Yoocho*, *Cocij col lapa* y *Cocij piye Chij*, todos dedicados a *Cocijo* (*v.*). Es el equivalente al *xiuhitl* de los nahuas y al *haab* de los mayas (*v.* calendario).

Z

zac. "blanco". MAYAS. Undécimo mes del *haab* (*v.*) o ciclo de 365 días. Constelación del Sapo como dios patrono. En este mes se realizaba la fiesta de los cazadores.

ZAC TALAH. (¿*Zac T'ahlah*?), "aspecto del agua blanca que gotea". MAYAS. Era adorado con mucha ceremonia en una cueva o mina de *sascab*, cerca de Chichén Itzá, antes de quemar, plantar y cosechar las milpas. Es un atlante arrodillado, barbado y con las manos en alto sosteniendo un altar; es notoria su semejanza con los *Bacabes* de Chichén Itzá. Evidentemente fue un ídolo tomado de las ruinas, dotado de nuevas funciones y al final se le dio un nombre nuevo.

Zapotecos. Los pueblos zapotecos que florecieron principalmente en lo que es el actual estado de Oaxaca tienen también una cultura muy antigua. Entre sus monumentos más importantes se encuentra el gran centro ceremonial de Monte Albán. En el periodo llamado Monte Albán I, que empieza alrededor de 650 d.C., aparecen las manifestaciones más antiguas de escritura del continente americano. También de esta época son una serie de figuras llamadas "danzantes", que se han interpretado como participantes en un rito extático. Las primeras deidades representadas son masculinas pero no parecen representar a un dios concreto; posteriormente, el número de deidades identificadas aumentó hasta treinta y ocho masculinas y once femeninas, de las cuales las más importantes son el dios *Cocijo* (*v.*) o del agua, el dios murciélago y la diosa "13 Serpiente". Es muy característica de esta cultura la fabricación de las llamadas urnas de barro, de las cuales se han encontrado una enorme cantidad, con representaciones antropomorfas y zoomorfas. La ciudad de Monte Albán fue abandonada hacia 750 d.C.

zarigüeya o **tlacuache.** (Didelphis marsupialis). NAHUAS. *tlacuatzin*. La cola de este animal tuvo, y sigue teniendo, usos medicinales, pues se le da cocido a las parturientas con el fin de dar a luz con rapidez y facilidad. Se creía que aumentaba, incluso, la capacidad para producir leche materna. // MAYAS. Este animal representaba el aspecto masculino de la dualidad primordial bajo el nombre de "Dios único tlacuache". Entre los mayas, hay un sinnúmero de mitos que explican la razón por la que su cola no tiene pelos; se decía que cuando *Hunahpú* (*v.*) y *Xbalanqué* (*v.*) arrojaron a los animales de su milpa, agarraron al tlacuache por la cola, pero aunque éste logró escapar, le dejaron la cola sin pelos. // TOTONACOS. Este animal es quien se roba el fuego para dárselo a los hombres. Para ello utilizó su cola, razón por la cual, según los totonacos, no tiene pelos. // HUICHOLES. Al igual que los totonacos, el tlacuache robó el fuego con su cola y lo dio a los hombres.

zec. MAYAS. (*v. tzec*).

zip. MAYAS. Tercer mes de los dieciocho signos del *haab* (*v.*) o ciclo de 365 días; tuvo al dios del cielo como patrono. Las principales fiestas que se realizaban en este mes eran la de los médicos a *Ix Chel* (*v.*), y la de los cazadores y pescadores. Entre los mayas actuales de Quintana Roo, los *zips* son seres que adoptan la forma de venaditos y protegen de los cazadores a estos animales; los más importantes de éstos llevan nidos de avispas entre los cuernos. Antes de cazar al venado hay que hacer una ofrenda a los *zips*, y después de haberlo matado hay que dejar en una rama, como ofrenda, la cabeza, el estómago y el hígado del venado muerto.

ZIRITA-CHERENGUE. "el armado con macana". TARASCOS. Deidad de Pátzcuaro (*v.*), en donde estaba personificada por una de las cuatro grandes piedras o *petátzequa* (*v.*) sobre las que se fundó dicha ciudad. Representaba a uno de los *Tiripemencha* (*v.*) o hermanos de *Curicaueri* (*v.*).

zopilote. (Cathartes aura). NAHUAS. *tzopilotl.* Esta ave era relacionada con el Sol (*v.*). Su corazón se dejaba secar exponiéndolo a los rayos del Sol. // MAYAS. En varios mitos mayas, la Luna (*v.*), que es esposa del Sol, huye con el rey de los zopilotes. Se creía también que utilizando sus grandes alas podía oscurecer al Sol y atrasar su salida. // HUICHOLES. El zopilote ayudó a escapar al venado que habían herido los dioses de la lluvia, por ello, éstos lo amarraron y lo castigaron, atravesándole la nariz con una flecha (por eso el zopilote tiene un orificio en el pico). El venado murió a causa de sus heridas, pero el zopilote, que se había logrado zafar, lo revivió, indicándole que fuera a la morada de su madre (del venado) y su padre (el Sol) para buscar protección.

zotz. "murciélago". MAYAS. Cuarto mes de los dieciocho signos del *haab* (*v.*) o ciclo de 365 días, su dios patrono era el pez *Xoc* y su número asociado el 13.

zuhuy. "virgen, no contaminado". MAYAS. Importante concepto, utilizado ritualmente para designar a los objetos y personas no contaminadas.

zuhuy ha. "agua virgen". MAYAS. Agua recogida en lo más recóndito de las cuevas, a donde no pudiera penetrar alguna mujer u otro contaminante. Era, y es, utilizada para muchos rituales de los mayas.

Nómina de entradas por grupo étnico

Generales

achiote
agua
alacrán
alma
alucinógenos
Anales de los Cakchiqueles o Memorial de Sololá
animales
antropofagia
año
árboles
astrología
astros
augurio, agüero
autosacrificio
aves
ayuno
bulto sagrado
Cacaxtla
caimán o cocodrilo
calendario
canibalismo
caracol
cargadores de los años
caza
centro
cerros
Clásico
códice
Códice Borbónico
Códice Borgia
Códice Chimalpopoca. Anales de Cuauhtitlán y Leyenda de los soles
Códice de París o Peresiano
Códice Dresden
Códice Florentino
Códice Madrid o Tro-Cortesiano
Códice Matritense
colibrí
comercio
cometas
comida
continencia
copal
corazón
cosmovisión
cuatro
cuevas
culebra
CHAC MOOL
Chichimecas
Cholula o Chalollan
danza
datura
diablo
diluvio
dioses, representaciones y designaciones
dragón
dualidad cósmica
Durán, Fray Diego de
eclipses
enfermedad
envoltorio sagrado
espanto
exequias
flores
formativo
fuentes
hechiceros
Historia de los mexicanos por sus pinturas
hombre, creación
hormiga
Huaxtecos
Huehuetlapallan

Huémac
Huicholes
hule
indumentaria de los dioses
Izapa
jaguar
juego de pelota
Landa, Fray Diego de
lechuza
limpia
Luna
llorona
maguey
maíz
Mayas
medicina
meses
Mexicas
Mixtecos
Motolinia
nahual
Olmecas
ololiuhqui
Oriente
Otomíes
peyote
plumas
portadores de año
Posclásico
Preclásico
procesiones
puntos cardinales
quetzal
religión estatal y religión campesina
rumbos del universo
sacrificio
Sahagún, Fray Bernardino de
San Lorenzo Tenochtitlan
serpiente emplumada o dragón con plumas
sueños
tabaco
Tarascos
templos
Teotihuacan
tiburón
tlacuache
Toltecas
TOLTÉCATL
Totonacos
Tres Zapotes
Tula o Tollan
venado
Venta, La
Venus
viento
volador, palo del
Xochicalco
Zapotecos

Huicholes

ABUELA CRECIMIENTO
aire
baños
BISABUELO COLA DE VENADO
caza
cosmovisión
creación del mundo y de los hombres
cristales o cuarzos
datura
diluvio
estrellas
flechas votivas
fuego
HERMANO MAYOR
HERMANO MAYOR LOBO
KAUYMÁLI o KAUYMARI
Luna
Madres
maíz
marakame
NAKAWÉ
ojos de los dioses
PALIKATA
peyote
sacerdotes
serpiente
Sol
sueños
tierra
venado
Venus
zarigüeya
zopilote

Mayas

abejas
ACAN
Acan Chob
ACANTE, ACANTÚN
ACAT
AC-YANTO
AC ZAC IUAL
ACH-BILAM
adivinación
águila
AHAL TOCOB
AHALGANÁ
AHALMEZ
AHALPUCH
ahau
AHAU KATÚN
AHAU-KIN
AH-BEOB
AH-BOLON-YACTE
AH-BULUC-BALAM
AH CUXTAL
AH-CHAC-MITAN-CH'OC
AH CH'AB
AH-CHUN-CAAN
AH KIN
AH-KIN-MAI
Ah Koh Nar
AH KUMIX UINICOB
AH MUZENCAB
AH NAKUM
Ah Nun
AH PATNAR UINICOB
AH PUCH
AH TABAI
ah t'up
Ah Uaxac Yokauil
AH UAYNIH
AH YAX AC
AH YUM IKAR
aire
akbal
alma
amor
anhel
antepasados
árboles
autosacrificio
ayuno
BACABES
baktun
balam
balché
Batab
ben
bolomac
BOLON DZ'ACAB
BOLON TI KU
buitre
BULUC CH'ABTAN
BULUCTE TI CHUEN
caban
CABRAKAN
CABTANILCABTAN
cacao
CACOCH
canán
canhel
cauac
caza
ceh
ceiba
cenotes
cib
cielo
cimi
CIT BOLON UA
CIT-CHAC-COH
CIZIN
colibrí
comercio
confesión
cosmovisión
creación del mundo y de los hombres
CUCHUMATIC
cuerda
cuevas
cumkú
CURITA-CAHERI
CHAAC
Chaacs
CHAC
CHAC MOOL

CHACAM-PAT
CHAC BOLAY o CHAC BOLAM
Chac-te
CHAC-XIB-CHAC
ch'achac
CHAMIABAC
CHAOB
chen
CHICCHÁN
chickabán
Chilam Balam
chilam
CHUEN
ch'ulel
día
dioses, representaciones y designaciones
Dios Supremo
DZ'IBAAN NA
eb
EK CHUAH
enfermedad
Este
estrellas
etznab
exequias
falo, culto al
flores
fuego
GACAVITZ
gakbatzulú
gemelos
guacamaya
gucumatz
guerra
haab
HACHACYUM
Halach Huinic
HANABUINICOB
H-men
HOBNIL
HUNAB ITZAMNÁ
HUN AHAU
HUNAHPÚ
HUNBATZ y HUNCHOUEN
HUN-CAMÉ
HURACÁN
iguana
IH P'EN O TULUNTA
ik
IKAL AHAU
imix
inframundo
Itacai
ITZAM NA KAUIL
ITZAM
ITZAMNÁ
ix
IXBALANQUÉ
IXBAQUIYAB
IX CHEBEL YAX
IX CHEL
IX KANAN MYA
IXMUCANÉ
IXPICAYO
IXQUIC
IXTAB
jaguar
juego de pelota
JUGLAR
KAAK
KACOCH
KAI YUM
KAKAL KU
KAK NE XOE
kan
kankin
kan-te
katún
kauil
kayab
kin
KIN COBÓ
KINCHIL KOBA
KINICH AHAU
KINICH KAMCO
KIZIN
KUKULCÁN
KUNKU CHAC
Lahun Chan, 1 Ahau
lamat
lechuza
linajes, dioses de
Luna
mac

Madrid, Códice
maíz
MAM o MAXIMOM
Mames
manik
medicina
<u>Memorial de Sololá</u>
men
MENZABAC o METZABAC
MER CHOR MYA
meses
Metnal
Moan
mol
mono
muan
muerte
muluc
murciélago
música
Norte
números
oc
Oeste
Olontuc
Oxlahun Ti Ku
pacumchac
Pahuahtunes
Palenque
PAUAHTUN
pax
perro
pescadores
piedra de los sacrificios
pop
<u>Popol Vuh</u>
POXLOM
pucte
rana
<u>Ritual de los Bacabes</u>
rumbos del universo
sacerdotes
sacrificio humano
sangre
sapo
serpiente
serpiente emplumada o dragón con plumas
sirena
Sol
Sur
tapir o danta
teponaxtle
tiburón
tierra
Tohil
TOLGOM
tortuga
Totilme'iletic
TOX
Tríada de Palenque
Tulan
tun
tzec
tzolkin
Tzultacah
UAC MITUN AHAU
uayeb
uinal
ukabku
ULNCIR KOPOT
uo
UOTAN
U YUM CAP
venado
Venus
viejos
viento
VUCUB-CAME
VUCUB HUNAHPÚ
XBALANQUÉ
XIBALBÁ
XIQUIRIPAT
Xmulzencab
Xoc
XTABAI
xul
YALUC
yax
Yaxal chuen
YAXCOCAHMUT
yaxche
yaxkin
YUM CANAN ZABAC
YUM CIMIL

YUM KAAX
Yuntzilob
zac
ZAC TALAH
zarigüeya
zec
zip
zopilote
zotz
zuhuy
zuhuy ha

Mixtecos

Achiutla
antepasados
Apoala
árboles
autosacrificio
cerros
creación del mundo y de los hombres
cuevas
dioses, representaciones y designaciones
DZAUI o ZAGUII
fuego
HITUAYUTA o YOCO SITAUYUTA
juego de pelota
murciélago
QHUAV
sacerdotes
sacrificio humano
Sol
UNO CIERVO o UNO VENADO
venado
VIENTO DE NUEVE CAVERNAS y
VIENTO DE NUEVE CULEBRAS

Nahuas

abstinencia
ácatl
Acolhua. Acalhua
ACUECUÉYOTL
Aculmaitl
Acxoyatl
adivinación
águila
AHUILTÉOTL
aire
albinos
alma
amacalli
amanteca
amapame
AMAPAN
amaranto
amatetehuitl
AMIMITL
amor
Anáhuac
Apanoayan
Apetlac
APOZONALOTL
araña
árboles
atamalqualiztli
atemoztli
Aticpac calqui cíhuatl
atl
ATLACAMANI
atlachinolli
ATLAHUA
ATLATONAN
atlcahualo, atlmotzacuaya, quahuitlehua
o xilomaniztli
atonatiuh
autosacrificio
Axolohua
axólotl
AYAUH
ayauhcalco
Ayauhmictlan
ayuno
azteca
Aztlan
baile
barrer
bautizo
bañados
baños
borrachos
bulto sagrado
calli
calmécac

calpulli
calpultéotl
CAMAXTLE
cantos
casa
caza
Ce Ácatl Topiltzin
cerros
cielo
CIHUACÓATL
CIHUAPIPILTIN
CIHUATÉOTL
CIHUATETEO
Cihuatlamacazque
Cihuatlampa
Cincalco
CINTÉOTL
Cinteteo
cipactli
CIPACTONAL
CITLALICUE o CITLALCUEYE
CITLALMINA
CITLALTONAC
Citlaxonecuilli
CITLI
coailhuitl
Coateocalli
Coatepantli
Coatepec
cóatl
Coatlan
COATLANTONAN
COATLICUE
codorniz
Colhuacan o Culhuacan
colibrí
comercio
conejo
confesión
COPIL
cosmovisión
COYOLXAUHQUI
COYOTLINAHUAL
COZCAMIAUH
cozcaquauhtli
creación del mundo y de los hombres
cuahuitlehua
CUAHUITLICAC
CUATLAPANQUI
cuauhtli
cuetzpallin
cuevas
chachalmeca
CHALCHIUHCÍHUATL
CHALCHIUHCUEYE
CHALCHIUHTLICUE o
CHALCHIUHCUEYE
CHALMECACÍHUATL
CHALMECATECUHTLI
chaneque
CHANTICO
CHICOME EHÉCATL
CHICOMECÓATL
CHICOMEXÓCHITL
Chicomoztoc
chiconahuapan
CHICONQUIAHUITL
Chichihualcuauhco
Chililico
CHIMALMA
CHIMALPANÉCATL
día
diluvio
Dios Supremo
dioses, representaciones y designaciones
dualidad cósmica
edades cosmogónicas
EHÉCATL
ehecatonatiuh
ehelaicacozcatl
enfermedad
Este
estrellas
etzalcualiztli
etzalli
exequias
Ezapan
flores
fuego
gavilán
graniceros
guajolote
guerra
hechiceros

HUEHUECÓYOTL
HUEHUETÉOTL
huehuetl
hueymicailhuitl
huey pachtli o tepeilhuitl
huey tecuilhuitl
Huey Teocalli
huey tozoztli
HUITZILINCUATEC
HUITZILOPOCHTLI
HUITZITL
HUITZNAHUA
Huitztlampa
HUIXTOCÍHUATL
ICNOPILTZIN
ILAMATECUHTLI
ILANCUEITL
ilhuícatl
ilhuitl
imágenes vivientes de los dioses
inframundo
IPALNEMOANI
itzcuintli
ITZPAPÁLOTL
ITZTLACOLIUHQUI
IXCOZAUHQUI
IXCUINAN
IXTLILTON
izcalli
izquitlan tehuatzin
IZTACCÍHUATL
jaguar
juego de pelota
lagartija
lagunas
lechuza
linajes, dioses de
Luna
lluvia
MACUILTOCHTLI
MACUILXÓCHITL
Madre nuestra
maíz
malinalli
MALINALXOCH
mamalhuaztli
mariposa
MATLALCUEYE
MAYÁHUEL
mazatl
medicina
meses
MICTECACÍHUATL
Mictlan
MICTLANTECUHTLI
MILINTOC
MIMIXCOA
miquiztli
MIXCÓATL
MOCIHUAQUETZQUE
Moloncoteohua
mono
muerte
murciélago
música
NANÁHUATL o NANAHUATZIN
NAPATECUHTLI
nemontemi
Norte
números
obsidiana
océlotl
ochpaniztli
Oeste
ollin
ollintonatiuh
OMEÁCATL
OMECÍHUATL
OMETECUHTLI
OMETÉOTL
OMETOCHTLI
Omeyocan
OPOCHTLI
OTONTECUTLI u OTONTEUCTLI
OXOMOCO
ozomatli
pachtontli
PAINAL
panquetzaliztli
Pantitlan
PAPAZTAC
papel
PATECATL
pedernal

perro
piedra de los sacrificios
PILTZINTECUHTLI
pochteca
Popocatépetl
Popozohualtépetl
POXLOM o POZLOM
procesiones
pulque
quecholli
quetzal
QUETZALCÓATL
quiahuitl
rana
"rayamiento"
rumbos del universo
sacerdotes
sacrificio gladiatorio
sacrificio humano
sangre
sapo
serpiente emplumada o dragón con plumas
serpiente
sirena
Sol
sueños
Sur
Tamoanchan
TECCISTÉCATL o TECUCISTÉCATL
técpatl
tecuilhuitontli
tecólotl
téchcatl
TELPOCHTLI
temalácatl
temazcal
Templo Mayor
Tenochtitlan
teocualo
teomama
Teotihuacan
téotl
teoyaomiqui
teponaxtle
TEPOZTÉCATL
TETEO INNAN
TETZAUHTÉOTL
Tezcacoac
TEZCATLIPOCA
TEZCATZÓNCATL
tierra
títitl
TITLACAHUAN
TLACAHUEPAN
tlacaxipehualiztli
TLACOCHCALCO YAUTL
tlacochcalco
TLAELCUANI
TLAHUIZCALPANTECUHTLI
tlalchitonatiuh
TLALLIYOLO
TLÁLOC
Tlalocan
Tlaloques
TLALTECUHTLI
TLAMATZÍNCATL
tlaxochimaco
TLAZOLTÉOTL
tletonatiuh
Tlillan Tlapallan
TLOQUE NAHUAQUE
tochtli
TOCI
TOHUEYO
TOMIYAUH o TOMIYAUHTECUHTLI
tona
TONACACÍHUATL
TONACATECUHTLI
tonalámatl
tonalli
tonalpohualli
Tonalteuhctin
TONANTZIN
TONATIUH
TOPILTZIN
tortuga
TOTEC
Totochtin
tóxcatl
toxiuhmolpilia
tozoztontli
TZAPOTLATENA
TZITZÍMITL
tzompantli

venado
Venus
viejos
viento
XILONEN
XIPE-TOTEC
XIUHTECUHTLI
xócotl huetzi
XOCHIPILLI
XOCHIQUETZAL
XOCHIQUEZALLI
xochiyaóyotl
xóchitl
XÓLOTL
YACATECUHTLI
YAPPAN
YAUHQUEME
Yohualteuhctin
zarigüeya
zopilote

Otomíes

ACPAXAPO
adivinación
antangotu
anthaxhme o antzyni
anttzyngohmu
anttzyngotu
antzhoni
árboles
Atlatlauhca
autosacrificio
ayonanyëy
barrer
BIMAZOPHO
cerros
CIHUACÓATL
COLTZIN
creación del mundo y de los hombres
CUECUEX
cuevas
Dios de las batallas
dioses, representaciones y designaciones
Dios jorobado
EDAHI
EK' EMAXI
fuego
graniceros
hechiceros
HUEHUECÓYOTL
juego de pelota
lagunas
Luna
MADRE VIEJA
meses
MUDU
muerte
MUYE
NOHPYTTECHA
OKHWADAPO
OTOMITL
OZTOTÉOTL
PADRE VIEJO
sacerdotes
sacrificio humano
serpiente emplumada o dragón con plumas
TEZCATLIPOCA
TEZCATZÓNCATL
TLAMATZÍNCATL
XIPE-TOTEC
XOCHIQUETZAL
YOCIPPA
YO-KHWA

Tarascos

ACUITZE-CATAPEME
AHCHURI-HIREPE
amor
Angamu-curacha
APANTZIEERI
APATZI
Auándaro
AUICANIME
Axamiecha
baños
CAMAUAPERI
colibrí
cosmovisión
creación del mundo y de los hombres
CUERAUÁPERI
cuingo
Cumiechúcuaro

CUPANTZIEERI
CURICAUERI
CURITA-CAHERI
CHAC MOOL
dioses de la mano derecha
dioses de la mano izquierda
echerendo
eraquaréquaro
Este
estrellas
fuego
guajolote
guerra
HURENDE-QUAHUE-CARA
inframundo
iyapáraqua
lagunas
linajes, dioses de
Luna
MANO-UAPA
MAUINA
MIEQUA-AGEVA
muerte
Nana Cutzi
Norte
números
Oeste
Pátzcuaro
PEHUAME
perro
Petámuti
petátzequa
piedra de los sacrificios
puqui-hurínguequa
Quahue
QUERENDA-ANGÁPETI
sacerdotes
sacrificio humano
SIRA-TATAPERI
SIRUNDA-ARHAN
Sol
Sur
tarepu
TARES-UPEME
Taríacuri
TECHALOTL
temazcal
THIUIME
Tiripemencha
tuitze
Tupiecha
Tzacapu
tzintzuni
Tzintzuntzan
UACUSECHA
Uarichao
Uatarecha
UAXANOTI
UHCUMO
UINTUROPATI
UIRAUANECHA
UITZIMENGARI
uni-insperánsquaro
venado
Venus
volador, palo del
XARÁTANGA
Xaráquaro
ZIRITA-CHERENGUE

Totonacos

adivinación
aire
alma
araña
confesión
creación del mundo y de los hombres
cristales o cuarzos
cuevas
"dueños" o "amos"
Este
estrellas
fuego
inframundo
limpia
Luna
Madres del tlecuil o de las tres piedras del fogón
maíz
Montizón
muerte
música
NATATA'NA

NATSI'ITNI
Norte
números
Oeste
serpiente
sirena
Sol
temazcal
Truenos
TRUENO VIEJO
Venus
viento
zarigüeya

Zapotecos

águila
antepasados
BILANIJA
caza
cerros
cocij
COCIJO
cope vitoo
COPIJCHA
COQUI XEE
COSANA
creación del mundo y de los hombres
CHILAIAGOBITZA
Dios Supremo
Este
fuego
guacamaya
Guiquiag Yagtal
huebee pijze
Huijatao o huipatoo
lechuza
linajes, dioses de
LIRA GUEDXE o PICHANO GOBEDXE
LIRA GUELA o XONAXI BISIA
murciélago
NOHUICHANA, HUICHANA o COCHANA
Norte
Oeste
pescadores
PICHANATO
PITAO COZOBI
PITAO PECELAO
PITAO PEZE
PITAO ZIG
piye
sacerdotes
Sol
Sur
tortuga
XONAXI
XONAXI QUECULLA
yza

Bibliografía

ABREVIATURAS USADAS EN LA BIBLIOGRAFÍA

AGN	Archivo General de la Nación
CISINAH	Centro de Investigaciones Sociales del INAH
FCE	Fondo de Cultura Económica
IIA	Instituto de Investigaciones Antropológicas
IIFiL	Instituto de Investigaciones Filológicas
IIH	Instituto de Investigaciones Históricas
INAH	Instituto Nacional de Antropología e Historia
INI	Instituto Nacional Indigenista
MNA	Museo Nacional de Antropología
SEP	Secretaría de Educación Pública
SG	Secretaría de Gobernación
SHCP	Secretaría de Hacienda y Crédito Público
SMA	Sociedad Mexicana de Antropología
UACH	Universidad Autónoma de Chiapas
UNAM	Universidad Nacional Autónoma de México

Se ofrece a continuación una bibliografía sobre religión mesoamericana, incluyendo fuentes directas, para todos aquellos lectores que quieran profundizar en estos temas. Hacemos la advertencia de que se trata tan sólo de una selección, pues no es todo lo que existe, si bien lo que se presenta es de lo más importante.

Aguilera, Carmen, *Flora y fauna mexicana. Mitología y tradiciones*, prol. de Luis Suárez, fots. de Juan Francisco Ríos, León, España, Everest, 1985.

Alcina Franch, José, «Los dioses del panteón zapoteco», en *Anales de Antropología*, México, IIH-UNAM, 1972, v. IX, pp. 9-43.

Anguiano, Marina y Peter T. Furst, *La endoculturación entre los huicholes*, México, INI, 1987.

Augurios y abusiones, (textos de los informantes de Sahagún), int., trad. y notas de Alfredo López Austin, México, UNAM, 1969.

Báez-Jorge, Félix, *Los oficios de las diosas. (Dialéctica de la religiosidad popular en los grupos indios de México)*, Xalapa, Veracruz, Universidad Veracruzana, 1988.

Balsalobre, Gonzalo de, *Relación auténtica de las idolatrías, Supersticiones y vanas Observaciones de los indios del Obispado de Oaxaca, 1656*, en Jacinto de la Serna et al., *Tratado de las Idolatrías, Supersticiones, Dioses, Ritos, Hechicerías y otras Costumbres Gentílicas de las razas Aborígenes de México*, 2 v., ed. Francisco del Paso y Troncoso, México, Ediciones Fuente Cultural, 1953, v. II, pp. 337-390.

Barrera Vásquez, Alfredo y Silvia Rendón, *El libro de los libros de Chilam Balam*, 4 ed., México, FCE, 1969 (Colección Popular: 42).

Brundage, Burr Cartwright, *El quinto sol. Dioses y mundo azteca*, trad. de R. Quijano R., México, Diana, 1982.

Burgoa, Fray Francisco de, *Geográfica descripción*, 2 v., México, Talleres Gráficos de la Nación, 1934.

Burland, C. A., *The gods of Mexico*, Londres, Eyre & Spottiswoods, 1967.

Carrasco Pizana, Pedro, *Los otomíes. Cultura e historia prehispánica de los pueblos mesoamericanos de habla otomiana*, Toluca, Edo. de México, Gobierno del Estado de México, 1987.

Caso, Alfonso, *El Pueblo del Sol*, México, FCE, 1978.

———, *El tesoro de Monte Albán*, México, INAH, 1969.

———, *La religión de los aztecas*, México, Enciclopedia Ilustrada Mexicana, 1936.

Códice Bodley, ed. facsimilar, interpretación de Alfonso Caso, México, SMA, 1960.

Códice Borbónico, Manuscrito mexicano de la Biblioteca del Palais Bourbon (Libro adivinatorio y ritual ilustrado), ed. facsimilar de la de 1899 de París por Ernest Leroux, México, Siglo XXI, 1979.

Códice Borgia, 3 v., ed. facsimilar y comentarios de Eduard Seler, México, FCE, 1963.

Códice Boturini, en *Antigüedades de México*, (basado en la recopilación de Lord Kingsborough), México, SHCP, 1964-1967, vol. II, pp. 7-29.

Códice Chimalpopoca, Anales de Cuautitlán y Leyenda de los Soles, 2 ed., México, IIH-UNAM, 1975.

Códice de Dresde, ed. facsimilar y comentario de J. Eric S. Thompson, México, FCE, 1988.

Códice Fejérváry-Mayer, en *Antigüedades de México*, (basado en la recopilación de Lord Kingsborough), México, SHCP, 1964-1967, vol. IV, pp. 185-275.

Códice Florentino. Manuscrito 218-20 de la Colección Palatina de la Biblioteca Medicea Laurenziana, 3 v., ed. facsimilar, México, SG-AGN, 1979.

Códice Madrid o Trocortesiano, ed. facsimilar, en *Los códices mayas*, int. de Thomas A. Lee Jr., Tuxtla Gutiérrez, Chiapas, UACH, 1985, pp. 81-140.

Códice Matritense del Real Palacio, (textos de los informantes de Sahagún), ed. facsimilar de Francisco del Paso y Troncoso, v. VIII, Madrid, Fototipia de Hauser y Menet, 1907.

Códice Nuttall, int. y comentarios de Zelia Nutall, México, La Estampa Mexicana, 1974.

Códice Peresianus (Codex Paris), (Biblioteca Nacional de París), Einleitung und summary von F. Anders Akademische Druck-und Verlagsanstalt, Graz, Austria, 1969.

Códice Pérez, trad. maya castellano de E. Solís Alcalá, Mérida, 1949 (Contiene *Chilam Balam de Maní*).

Códice Selden 2, 3135, ed. facsimilar interpretación de Alfonso Caso, México, SMA, 1964.

Códice Telleriano-Remensis, en *Antigüedades de México*, (basado en la recopilación de Lord Kingsborough), México, SHCP, 1964-1967, vol. I, pp. 151-337.

Códice Vaticano A Latino 3738 o Códice Vaticano Ríos o Códice Ríos, en *Antigüedades de México*, (basado en la recopilación de Lord Kingsborough), México, SHCP, 1964-1967, vol. III, pp. 7-314.

Códice Vindobonensis o Códice de Viena o Mexicanus, en *Antigüedades de México*, (basado en la recopilación de Lord Kingsborough), México, SHCP, 1964-1967, vol. IV, pp. 51-184.

Corona Núñez, José, *Mitología tarasca*, México, FCE, 1957.

Chilam Balam de Tizimín, The Ancient Future of the Itzá. The Book of Chilam Balam of Tizimín, trad. y notas de Munro S. Edmonson, Austin, University of Texas Press, 1982.

Chimalpain Cuauhtlehuanitzin, Domingo de San Antón Muñon, *Relaciones Originales de Chalco Amaquemecan*, trad. de Silvia Rendón, México, FCE, 1965.

Dahlgren, Barbro, *La Mixteca. Su cultura* e *historia prehispánicas*, 2 ed., México, UNAM, 1966.

Durán, Fray Diego, *Historia de las Indias de Nueva España e islas de Tierra Firme (Atlas de Durán)*, 2 v., 2 ed., ed. de Ángel María Garibay K., México, Porrúa, 1984 (Biblioteca Porrúa: 36-37).

El libro de los libros de Chilam Balam, int. y trad. de Alfredo Barrera Vásquez y Silvia Rendón, México, FCE, 1949.

Furst, Peter T. y Salomón Nahmad, *Mitos y arte huicholes*, México, SEP-Diana, 1972, (Sep 70s: 50).

Garza, Mercedes de la, *El universo sagrado de la serpiente entre los mayas*, México, IIFil-UNAM, 1984.

Estudios de lingüística y filología nahuas, ed. de Ascención H. de León-Portilla, México, IIFil-UNAM, 1977.

González Torres, Yolotl, *El culto a los astros entre los mexicas*, México, SEP-Diana, 1979 (Sep 70s: 217).

———, *El sacrificio humano entre los mexicas*, México, FCE-INAH, 1988.

———, "El Panteón mexica" en *Boletín INAH*, México, INAH, 1979, núm. 25, pp. 9-19.

Guiteras Holmes, Calixta, *Los peligros del alma. Visión del mundo de un tzotzil*, México, FCE, 1965.

Heyden, Doris, *Mitología y simbolismo de la flora en el México prehispánico*, 2 ed., México, IIA-UNAM, 1985.

Historia Tolteca-Chichimeca, eds. Paul Kirchhoff, Lina Odena Güemes y Luis Reyes, México, CISINAH-INAH-SEP, 1976.

Ibach, Thomas J., "A man born of a tree: A Mixtec origin myth", en *Tlalocan*, México, Casa de Tláloc, 1980, vol. VIII, pp. 243-247.

Ichon, Alain, *La religión de los totonacas de la sierra*, trad. de José Arenas, México, SEP-INI, 1973.

Kelly, Isabel, "World view of a Highland-Totonac pueblo", *en Summa anthropologica en homenaje a Roberto J. Weitlaner*, México, SEP-INAH, 1966, pp. 395-411.

Krickeberg, Walter, *Mitos y leyendas de los aztecas, incas, mayas y muiscas*, trad. de Johanna Faulhaber y Brigitte von Mentz, México, FCE, 1985.

Landa, Fray Diego de, *Relación de las cosas de Yucatán*, 12 ed., int. de Ángel María Garibay K., México, Porrúa, 1982 (Biblioteca Porrúa: 13).

León-Portilla, Miguel, *México-Tenochtitlan: su espacio y tiempo sagrados*, México, INAH, 1978.

———, *Tiempo y realidad en el pensamiento maya. Ensayo de acercamiento*, 2 ed., prol. de J. Eric S. Thompson, apéndice de Alfonso Villa Rojas, México, IIH-UNAM, 1986.

Lopéz Austin, Alfredo, *Cuerpo humano e ideología. Las concepciones de los antiguos nahuas*, 2 v., México, IIA-UNAM, 1980.

———, *Hombre-dios. Religión y política en el mundo náhuatl*, México, UNAM, 1973.

———, *Los mitos del tlacuache. Caminos de la mitología mesoamericana*, México, Alianza Editorial, 1990.

Lumholtz, Carl, *El arte simbólico y decorativo de los huicholes*, México, INI, 1986.

Matos Moctezuma, Eduardo, *Muerte a filo de obsidiana*, México, SEP, 1986 (Lecturas mexicanas, 2a. serie: 50).

McIntosh, John, "Cosmogonía huichol", en *Tlalocan*, México, Casa de Tláloc, 1949, v. III, núm. 1, pp. 14-21.

Memorial de Sololá. (Memorial de Tecpan-Atitlan). Anales de los Cakchiqueles. Título de los señores de Totonicapán, ed. de Adrián Recinos, México, FCE, 1980.

Mendieta, Fray Gerónimo de, *Historia eclesiástica indiana*, (Ed. facsimilar de la de 1870), 2 ed., est. int. de Joaquín García Icazbalceta, adv., de Fray Juan de Domayquia, México, Porrúa, 1980 (Biblioteca Porrúa: 46).

Mitos cosmogónicos del México Indígena, coord. Jesús Monjarás Ruiz, México, INAH, 1987.

Montoliu Villar, María, "Reflexiones sobre el concepto de la forma del universo entre los mayas", en *Anales de Antropología*, México, IIA-UNAM, 1983, v. XX, núm. 2, pp. 9-38.

Münch, Guido, "La teogonía zapoteca y sus vestigios en Tehuantepec" en *Anales de Antropología*, México, IIA-UNAM, 1983, v. XX, núm. 2, pp. 39-63.

Muñoz Camargo, Diego, *Descripción de la ciudad y provincia de Tlaxcala de las Indias y del Mar Océano para el buen gobierno y ennoblecimiento dellas*, ed. facsimilar del Manuscrito de Glasgow, est. prel. de René Acuña, México, IIFil-UNAM, 1981.

Nájera C., Martha Ilia, *El don de la sangre en el equilibrio cósmico. El sacrificio y el autosacrificio sangriento entre los mayas*, México, IIFil-UNAM, 1987.

Nicholson, Henry B., "Religion in Prehispanic Central Mexico", en *Handbook of Middle American Indians*, Austin, University of Texas Press, 1975, vol. X, 1a. parte, pp. 395-441.

Ponce, Pedro, *Breve relación de los dioses y ritos de la gentilidad*, en Jacinto de la Serna et al., *Tratado de las Idolatrías, Supersticiones, Dioses, Ritos, Hechicerías y otras Costumbres Gentílicas de las Razas Aborígenes de México*, 2 v., ed. Francisco del Paso y Troncoso, México, Ediciones Fuente Cultural, 1953, v. I, pp. 369-380.

Popol Vuh. Las antiguas historias del Quiché, int., trad. y notas de Adrián Recinos,

7 ed., México, FCE, 1964 (Colección popular: 11).

Primeros memoriales, (textos de los informantes de Sahagún), ed. facsimilar de Francisco del Paso y Troncoso, v. VI, Madrid, Fototipia de Hauser y Menet, 1905.

Quezada, Noemí, *Amor y magia amorosa entre los aztecas*, México, IIA-UNAM, 1975.

Ramón, Adela, *Dioses zapotecos*, México, SEP-INAH, 1972.

Relación de las ceremonias y ritos y población y gobierno de los indios de la provincia de Michoacán (1541), ed. facsimilar, transcripción de José Tudela, est. prel. de José Corona Nuñez, Morelia, Michoacán, México, Balsal Editores, 1977.

Religión en Mesoamérica, XII Mesa Redonda, eds. Jaime Litvak King y Noemí Castillo Tejero, México, SMA, 1972.

Ritos, Sacerdotes y Atavíos de los dioses, (textos de los informantes de Sahagún), int., pal., versión y notas de Miguel León-Portilla, México, UNAM, 1958.

Rivera Dorado, Miguel, *La religión maya*, Madrid, Alianza Editorial, 1986 (Alianza Universidad: 464).

Robelo, Cecilio A., *Diccionario de mitología náhuatl*, 2 ed., México, Ediciones Fuente Cultural, 1951 (Con un suplemento que contiene el *Códice Matritense*).

Ruiz de Alarcón, Hernando, *Tratado de las supersticiones y costumbres gentílicas que hoy viven entre los indios naturales de esta España, escrito en México, año de 1629*, en Jacinto de la Serna et al., *Tratado de las Idolatrías, Supersticiones, Dioses, Ritos, Hechicerías y otras Costumbres Gentílicas de las Razas Aborígenes de México*, 2 v., ed. Francisco del Paso y Troncoso, México, Ediciones Fuente Cultural, 1953, v. II, pp. 17-130.

Sahagún, Fray Bernandino de, *Historia general de las cosas de Nueva España*, 4 v., 4 ed., edición y notas de Ángel María Garibay K., México, Porrúa, 1981 (Biblioteca Porrúa: 8-11).

Schele, Linda y Mary Ellen Miller, *The Blood of Kings, Dynasty and Ritual in Maya Art*, Japan, Kimbell Art Museum, Fort Worth, 1986.

Séjourné, Laurette, *Pensamiento y Religión en el México Antiguo*, México, FCE, 1975 (Breviarios: 128).

———, *El pensamiento náhuatl cifrado por los calendarios*, México, Siglo XXI, 1981.

Serna, Jacinto de la, *Manual de ministros de indios para el conocimiento de sus idolatrías y extirpación de ellas*, en Jacinto de la Serna et al., *Tratado de las Idolatrías, Supersticiones, Dioses, Ritos, Hechicerías y otras costumbres Gentílicas de las Razas Aborígenes de México*, 2 v., ed. Francisco del Paso y Troncoso, Ediciones Fuente Cultural, 1953, v. I, pp. 47-368.

Sotelo Santos, Laura Elena, *Las ideas cosmológicas mayas en el siglo XVI*, México, IIFil-UNAM, 1988.

Soustelle, Jacques, *El pensamiento cosmológico de los antiguos mexicanos. (Representación del mundo y del espacio)*, trad. de María Elena Landa, Puebla, México, Federación Estudiantil Poblana, 1960.

———, *El universo de los aztecas*, trad. de José Luis Martínez y Juan José Utrilla, México, FCE, 1982.

Spence, Lewis, *The gods of Mexico*, London and Aylesbury, Great Britain, Frederick A. Stokes Company Publishers of New York, 1923.

Spranz, Bodo, *Los dioses en los códices mexicanos del grupo Borgia. Una investigación iconográfica*, trad. de María Martínez Peñaloza, México, FCE, 1982.

Teogonía e historia de los mexicanos. Tres opúsculos del siglo XVI, ed. de Ángel María Garibay K., México, Porrúa, 1965 (Sepan cuantos: 37).

Thompson, J. Eric S., *Historia y religión de los mayas*, 2 ed., trad. de Lauro José Zavala, México, Siglo XXI, 1975.

Tonalámatl de Aubin, (antiguo manuscrito mexicano en la Biblioteca Nacional de París), ed. facsimilar de la de Berlín y Londres de 1900-1901, pres. de Mercedes Meade de Angulo, est. int. de Carmen Aguilera, tablas y diagramas de Eduard Seler, Tlaxcala, México, Gobierno del Estado de Tlaxcala, 1981.

Torquemada, Fray Juan de, *Monarquía indiana*, (edición preparada por el seminario para el estudio de fuentes de tradición indígena, bajo la coordinación de Miguel León-Portilla), 7 v., México, IIH-UNAM, 1975.

Veinte himnos sacros de los nahuas, (textos de los informantes de Sahagún), int., trad., versión, notas y apéndices de Ángel María Garibay K., México, UNAM, 1958.

Villa Rojas, Alfonso, *Los elegidos de Dios. Etnografía de los mayas de Quintana Roo*, prol. de Miguel León-Portilla, apéndices de Howrad F. Cline, México, INI, 1978.

Vogt, Evon Z., *Ofrendas para los dioses. Análisis simbólico de rituales zinacantecos*, trad. de Stella Mastrangelo, México, FCE, 1983.

——— *et al.*, *Los zinacantecos. Un pueblo tzotzil de los Altos de Chiapas*, México, INI, 1966.

Whitecotton, Joseph W., *Los zapotecos, Príncipes, sacerdotes y campesinos*, trad. de Stella Mastrangelo, México, FCE, 1985.

Zingg, Robert M., *Los Huicholes. Una tribu de artistas*, 2 v., trad. de Celia Paschero, México, INI, 1982.

Esta obra se terminó de imprimir y encuadernar en abril
de 2003 en Programas Educativos, S.A. de C.V.
Calz. Chabacano No. 65 México 06850, D.F.

La edición consta de 7 000 ejemplares

Empresa Certificada por el Instituto Mexicano de Normalización
y Certificación A. C. Bajo las Normas ISO-9002:1994/
NMX-CC-004:1995 con el Núm. de Registro RSC-048
e ISO-14001:1996/NMX-SAA-001:1998 IMNC/
con el Núm. de Registro RSAA–003